필리핀
한인100년사

[일러두기]

1. 이 책은 필리핀 한인총연합회 25대 이사회(이사장 변재홍)에서 기획 진행하고, 한국 재외동포청에서 후원하였으며, 필리핀 한인사회 기관, 단체, 기업 등 각계 각층의 협조와 후원으로 제작되었다.

2. 이 책에 실린 원고 및 사진, 기타 자료 중의 일부는 한국의 관련 논문과 도서, 신문과 잡지, 안터넷 등에 공개된 자료를 사용하였으며, 주요 참고자료는 책의 말미에 일괄 기록하여 두었음을 밝힌다.

3. 필리핀 한인사회의 기관이나 단체, 기업의 명칭은 필리핀에서 통용되는 표기를 준용하였으며, 필리핀이라는 국가명이 앞에 표기된 명칭의 경우 띄어쓰기를 기본으로 적용하였다. 필리핀 지명이나 인명의 경우 외래어 표기법을 준용하였으나 일부 현지화된 용어는 현지 발음 그대로 표기하였다.

4. 원고 내용 중 강조 표기는 홑따옴표 ' ', 인용 표기는 겹따옴표 " ", 도서, 신문, 잡지명의 경우 『 』, 원고명의 경우 「 」로 표기하였고, 행사명의 경우에는 〈 〉와 ' '를 혼용하여 사용하였다.

5. 제8부 「필리핀 한인사회의 발전과 도전-원로들에게 듣는다」에 수록된 원고는 서면 인터뷰 자료를 재정리한 것이며, 일부 원고는 관련 도서나 인터넷 자료에 수록된 인터뷰 원고를 발췌하여 재수록한 것임을 밝힌다.

6. 부록에 수록된 사진 화보 「사진으로 보는 필리핀 한인 100년의 발자취」 자료는 2019년 필리핀 한인총연합회에서 발간한 한필 수교 70주년 기념 「사진으로 보는 필리핀 한인 이주 발자취」 자료를 근간으로 재편집하여 수록하였음을 밝힌다.

7. 이 책은 다양한 필리핀 한인 단체가 구비하고 있는 자료를 중심으로 집필되었다. 본문 내용이나 사진 자료 등 출판물에 대한 문의는 필리핀 한인총연합회 사무국(이메일 ukca@korea.com.ph)으로 하기 바란다.

필리핀
한인 100년사

100 Years of Korean History in the Philippines

| 필리핀 한인사회의 발전과 도전 |

100년사 편찬위원회 편저

필리핀한인총연합회
United Korean Community Association in the Philippines

재외동포청
Overseas Koreans Agency

새로운 100년의
희망을 함께!

한·필 외교수립 75주년을 맞이하여 '필리핀 한인사회의 발전과 도전'이라는 부제로『필리핀 한인 100년사』를 편찬하게 되어 매우 기쁘게 생각합니다. 이 기쁨을 존경하는 필리핀 한인 동포 여러분들과 함께 나눌 수 있음에 깊은 감사를 드립니다.

필리핀의 한인 이주 역사는 초대 한인회장이었던 박윤화 회장이 남긴 기록에 의하면, 1946년『신한민보』에 게재된 글인 "재필 동포들의 비도(比島) 진출 45년의 장구한 역사"에 1901년 필리핀에 한인들이 진출한 것으로 기록되어 있으므로, 올해로 124년이 되었다고 할 수 있습니다.

역사적으로 보면, 한국과 필리핀의 교류는 삼국시대 백제 왕족인 흑치상지(黑齒常之)의 선조가 몽고반점이 있는 흑치국(黑齒國, 필리핀)이라는 일부 사료와 연구가 있고, 1801년 우이도 어상 홍어장수 문순득이 필리핀 북쪽 일로코스 수르 지역에 표류하여 9개월 간 살았던 기록인 정약전의『표해시말(漂海始末)』이 있습니다.

또한 김대건 신부께서 1839년 4월 불라칸 도미니코 수도원에서 1년 남짓 신학공부를 하셨고, 1929년 2월 도산 안창호 선생께서 필리핀에 독립운동 기지를 건설하고자 방문했던 당시 기록에는 52명의 한인들이 마닐라에 거주하고 있었다고 합니다.

이런 기록들과 사료들을 바탕으로 필리핀 한인 거주 역사를 100년으로 묶어 이번에『필리핀 한인 100년사』를 편찬하게 되었습니다.

역사는 기록입니다. 기록이 없는 역사는 실재했을지라도 잊혀지기 마련이고, 기억하는 이들이 존재하지 않으면 역사는 왜곡됩니다. 지금은 한국의 위상이 높아져 필리핀의 다양한 분야에 한국인들이 진출해 국익을 위해 애쓰고 있습니다. 특히 한류와 K-Culture의 열풍이 필리핀 전 지역으로 확산되고 있는 현 시점에서『필리핀 한인 100년사』의 편찬은 필리핀에 살고 있는 한인들과 다음 세대들에게 한국인으로서의 정체성을 확인하고 자긍심을 심어주는 매우 뜻깊은 일이라 할 수 있습니다.

점점 잊혀져 가는 기억들을 되살려 필리핀 한인들의 이주와 정착 역사를 기록하고 발굴함은 현재를 살아가는 우리들뿐만 아니라 앞으로 살아갈 다음 세대들을 위해서도 중요한 일이 아닌가 생각합니다. 필리핀 한인 다음 세대들이 자신의 꿈을 펼칠 수 있도록 더 많은 기회를 제공하고 그 기반을 든든히 세워가는 일이야말로 지금 이 시대를 살아가는 우리들의 책무이기도 합니다. .

이런 뜻깊은 작업인『필리핀 한인 100년사』편찬을 위해 지난 2년간 함께 애써주신 부산외국어대학교 김동엽 교수님과 필리핀국립대학교 배경민 교수님께 특별히 감사드립니다. 또한 한국과 필리핀 관련 외교기록을 꼼꼼히 찾아서 정리해 참고자료로 전해주신 한동만 전 대사님께도 깊이 감사드리며, 한인언론인협회 기자님들 그리고 오랜 세월 동안 필리핀 한인사회를 헌신적으로 이끌어 오신 원로 고문님들께도 특별히 감사드립니다. 아울러『필리핀 한인 100년사』발간을 위해 아낌없는 지원과 응원을 보내주신 이상화 대사님과 필리핀 한인회 및 직능단체 회장님들, 그리고 편집과 출판을 위해 애써주신 좋은아침 김구정 대표님과 편찬에 뜨거운 성원과 격려를 보내주신 모든 분들께 머리 숙여 감사드립니다.

마지막으로 앞으로 기회의 땅 필리핀을 찾아오는 한국의 다음 세대들에게 이 책이 미래를 새롭게 바라보는 이정표가 되기를 희망합니다. 아울러 새로운 100년을 준비하기 위해 마음을 모으고 역량을 결집하는 원동력이 되리라 믿습니다.

"우리 새로운 100년의 희망을 함께 열어 갑시다!"

다시 한번 필리핀 한인사회의 무궁한 발전과 영광을 기원하며, 존경하는 한인동포 여러분들 가정에 항상 행운이 함께하시길 기원합니다.

편찬위원장 **변 재 홍**
한인총연합회 이사장

뜻깊은 역사의
이정표 앞에 서서

　　우리는 필리핀 거주 한인 100년의 역사를 담은『필리핀 한인 100년사』발간이라는 뜻깊은 역사의 이정표 앞에 함께 섰습니다. 먼저 지난 한 세기 동안 이 땅에 뿌리를 내리고 피와 땀으로 공동체를 일구어 온 모든 동포 여러분께 진심 어린 감사와 존경의 인사를 드립니다.

　　첫 한인이 필리핀 땅에 발을 디딘 이래, 한 세기에 걸친 우리 동포사회의 발자취는 결코 짧지 않았습니다. 초창기 이주자들의 고단했던 삶, 공동체를 이루기 위한 끈질긴 노력, 그리고 오늘날까지 이어지는 경제·문화·교육 등 다방면의 성장과 기여는 이 땅의 역사 속에서 더욱 값진 의미를 지닙니다.

　　이번에 발간된『필리핀 한인 100년사』는 단순한 기록을 넘어, 우리 모두의 뿌리를 되돌아보게 하는 거울이자 다음 세대에게 물려줄 소중한 정신적 유산입니다. 또한 필리핀 사회와의 우호와 협력, 동반 성장을 함께 걸어온 여정을 고스란히 담아낸 한국과 필리핀 간 우정의 기록이기도 합니다.

　　오늘의 발간은 지나온 백 년을 기리는 동시에, 새로운 백 년을 준비하는 출발점입니다. 이 책이 앞으로도 우리 한인사회의 정체성과 자긍심을 높이는 귀중한 지침서가 되기를 기대합니다.

　　끝으로『필리핀 한인 100년사』를 처음부터 기획하고 발간하기 위해 수고와 노력을 아끼지 않으신 변재홍 한인총연합회 이사장님과 편찬위원들, 그리고 재정적으로 도움을 주신 모든 분들께 깊은 감사의 말씀을 드립니다.

윤 만 영

필리핀 한인총연합회 회장

미래의 필리핀 이주 100년을
그려나가는 디딤돌

필리핀은 동남아 국가 중 우리 대한민국과 가장 먼저 외교관계를 맺은 나라이자 한국 전쟁 때 아시아에서 가장 먼저 대규모 군 병력을 파병해 준 우방국입니다. 한국과 필리핀은 경제 분야의 협력 강화뿐만 아니라 인적·교육·문화 등 분야에서도 교류를 지속적으로 확대해 왔으며, 그 결과 필리핀의 주요 교역국으로 자리잡는 성과를 이루어 내기도 하였습니다.

낯선 땅 필리핀에 첫발을 내딛은 한인 1세대들은 상이한 언어와 문화, 생활 환경의 어려움을 극복하고 정착의 기틀을 다졌습니다. 1세대 동포분들의 도전과 헌신이 있었기에 오늘날 필리핀 한인 동포사회가 안정적으로 형성될 수 있었고, 이를 바탕으로 필리핀에서 뿌리내리고 성장한 한인들은 양국 우호증진의 가교역할을 수행하며 양국 관계 발전에 크게 기여하였습니다.

『필리핀 한인 100년사』는 단순한 역사 기록을 넘어 필리핀 한인사회의 여정과 발자취, 발전 과정을 담아냄으로써, 지난 세기 선배들의 족적을 돌아볼 수 있는 유의미한 기록물이 될 것이며, 미래의 필리핀 이주 100년을 그려나가는 디딤돌이 될 것입니다. 재외동포청도 전세계 한인사회의 이민 역사 전승을 위한 노력을 적극 지원해 나가겠습니다.

끝으로 책자 발간을 위해 노력해주신 필리핀 윤만영 한인총연합회장님과 변재홍 편찬위원장님을 비롯한 관계자 여러분들의 노고에 깊은 경의를 표합니다.

김 경 협
재외동포청장

미래 세대를 위한
소중한 유산

 100여 년 전 이주 한인들이 이 땅에 첫걸음을 디딘 이후, 필리핀 한인사회는 이역만리의 어려운 환경 속에서도 우리 민족 고유의 성실함과 끈기를 바탕으로 성공적으로 정착할 수 있었습니다. "빨리 가려면 혼자 가고, 멀리 가려면 함께 가라"는 속담처럼, 필리핀 한인사회는 단순한 정착을 넘어 필리핀 국민들과 우정을 쌓고 존경을 받으면서 필리핀 사회의 발전에 기여하는 상생의 관계를 유지해 왔습니다. 그리고 지금, 그 여정을 되돌아보고 기록한 이 책자는 우리 모두에게 잔잔한 감동을 줍니다.

 1929년 도산 안창호 선생께서 새로운 독립운동 기지 건설을 위해 필리핀을 방문하셨을 때 한인 52명을 만났다는 『신한민보』의 기록이 있습니다. 20년 뒤인 1949년 3월 3일에는 대한민국과 필리핀이 공식 외교관계를 수립하였습니다.

 필리핀은 1950년 한국 전쟁이 발발했을 때, 아시아에서는 최초로 7,420명의 군인을 파병한 고마운 나라입니다. 우리나라는 참전국들의 도움으로 전쟁의 폐해를 딛고 일어서 자유 민주주의와 경제적 번영을 누리게 되었으며, 우리 필리핀 한인사회는 그 고마움을 잊지 않고 참전용사 가족에 대한 장학사업과 지역사회에 대한 봉사활동을 꾸준히 펼치고 있습니다.

 1970~80년대에는 한국의 기업과 선교사, 자영업자들이 필리핀에 잇따라 진출하면서, 경제, 교육, 문화, 종교 등 여러 분야에서 활발한 교류와 협력이 시작되었습니다. 한때는 필리핀 전역에 약 11만 5천여 명의 한인 동포들이 거주할 정도로 동남아시아에서 가장 큰 규모의 동포사회를 형성하기도 하였으나 코로나 팬데믹을 계기로 크게 감소하였다가 지금은 다시 회복기를 맞고 있습니다. 한-필 관계는 오랜 우방이자 중요한 경제·문화 파트너로 다방면에서 협력이 심화되어 왔고, 최

근에는 인프라, 방위산업, 에너지, 디지털 경제 등 미래 지향적 분야로 협력의 폭을 넓혀가고 있습니다.

이렇듯 양국 관계는 어려운 시기에 깊은 우정을 나누고 서로의 문화와 전통을 존중하면서 자유와 경제 번영의 길을 함께 걸어왔습니다. 그 과정에서 100여 년 이주 역사를 가진 필리핀 한인사회가 그 가교 역할을 훌륭히 수행한 것을 자랑스럽게 생각합니다.

2024년에는 한·필 수교 75주년을 맞아, 양국의 우정을 기념하는 다채로운 행사가 대사관과 동포단체 주관으로 개최되었으며, 양국 정상회담 계기 양국 관계가 전략적 동반자 관계로 격상되었습니다. 또한 2024년 말 한-필 FTA 발효를 통해 교육과 투자 촉진을 위한 중요한 이정표도 세웠습니다.

존경하는 필리핀 한인 동포 여러분!

『필리핀 한인 100년사』는 단순한 기록을 넘어, 우리가 함께 만들어 온 역사에 대한 자긍심이자, 미래 세대를 위한 소중한 유산입니다. 지난 100년을 돌아보며, 앞으로의 100년이 더욱 희망차고 의미 있는 동행이 되기를 기대합니다.

끝으로 이 소중한 작업을 기획하고 집필해주신 필리핀 한인총연합회 변재홍 이사장님을 비롯한 집필진과 물심양면으로 후원해주신 한인사회 관계자들께 깊은 감사의 말씀을 드립니다.

이 상 화
주필리핀 한국대사관 대사

필리핀 한인 100년의 여정,
그 발자취를 기록하며

 　　100년은 한 개인에게는 길고도 버거운 시간일지라도, 하나의 공동체에게는 정체성을 확립하고 미래를 그려나가는 데 있어 소중한 역사의 궤적이 됩니다. 필리핀 한인 100년의 역사를 집대성하는 이 뜻깊은 여정에 참여하게 되어 남다른 감회와 함께 무거운 책임감을 느낍니다.

　　학자의 길을 가고 있는 저에게 필리핀은 단순히 연구의 대상을 넘어 깊은 사랑과 감사의 마음으로 품은 제2의 고향입니다. 약 9년간 이 나라에서 수학하며 인연을 맺었고, 이후에도 필리핀 관련 연구와 교육의 끈을 놓지 않고 이어오고 있습니다. 특히 2016년부터 3년간 필리핀 한인사회를 연구하며 쌓은 경험이 없었다면, 이처럼 엄중한 100년의 역사를 기록하는 사업에서 집필위원장이라는 중책을 맡을 용기를 내지 못했을 것입니다.

　　이 방대한 100년의 역사를 정리하고 책으로 엮어내기까지, 필리핀 한인 공동체의 적극적인 참여와 헌신적인 노고가 없었다면 불가능했을 것입니다. 무엇보다 이 편찬 작업에 남다른 애정을 가지고 추진해 주신 변재홍 이사장님의 뜨거운 열정과 확고한 의지가 이처럼 의미 있는 기록을 세상에 내놓을 수 있게 한 원동력이었습니다.

　　또한 방대한 자료들을 꼼꼼하게 정리하고 내용을 집필해 주신 배경민 교수님의 탁월한 역량과 진지함이 본서의 골격을 단단하게 세웠습니다. 그리고 수집된 글과 자료들이 독자들에게 친근하게 다가갈 수 있는 책의 모양을 갖출 수 있게 해 주신 김구정 대표님의 탁월한 감각이 본서의 구성과 디자인에 고스란히 담겨있습니다. 세 분의 헌신적인 노력이 모여 필리핀 한인 100년의 역사를 이토록 생생하게 기록으로 남길 수 있게 되었습니다.

이 책이 필리핀에 거주하는 모든 한인들에게는 공동체의 정체성을 확인하는 거울이 되고, 미래 세대에게는 선조들의 개척 정신과 용기를 기억하는 값진 역사적 유산이 되기를 간절히 기원합니다. 감사합니다.

집필위원장 **김 동 엽**
부산외국어대학교 아세안연구원 원장

다음 100년을 향해
함께 나아가는 한 걸음

개인적으로 필리핀으로 이주하여 산 지 16년의 시간이 흘렀음에도 불구하고 언제 어디에서 어느 누구를 만나도 여전히 "어떻게 필리핀에 오게 되었냐?"는 질문을 받게 됩니다. 한인 밀집지역이 필리핀 대도시에 발생하고 한류를 위시한 문화 공간과 식당 등이 눈에 띄게 자리를 잡으면서도 필리핀에 사는 한국인은 여전히 '이방인'이라는 수식어를 떼지 못하는 존재입니다.

하지만 지난 100년의 시간 동안 필리핀 한인은 비단 이방인에 머물지만은 않았습니다. 필리핀인들의 삶 속에 들어가 함께 살고자 노력하였으며 상생과 공동의 번영을 위해 함께 눈물을 흘리기도 하였습니다. 이제 필리핀은 여러 한인 동포들이 단순히 고국을 떠나 정이 들어 거주하는 '제2의 고향'이 아닙니다. 필리핀인과 동일한 사회구성원으로 누구보다도 필리핀을 사랑하는 마음을 가진 'Pusong Pinoy(뿌송 삐노이)'로 하루하루 살아가는 한인들의 감동적인 삶의 모습을 곳곳에서 볼 수 있습니다.

100년사 집필이라는 큰 걸음에 참여해주신 모든 분들께 일일이 감사드리지만 특히 지난 2년간 끈끈한 동지애로 집필에 전념하고 헌식적으로 이끌어주신 변재홍 이사장님께 진심으로 존경을 표합니다. 필리핀국립대학교 동문으로서 현재는 한국에서 필리핀학 선도를 위해 노력하시는 김동엽 교수님께는 학자로서의 면모를 배울 수 있었습니다. 또한 세심하고 탁월하게 저희 사업을 완성해주신 김구정 대표님께도 진심으로 감사의 말씀을 전합니다.

이번 필리핀 한인 이주 100년사 집필에 참여하면서 제가 살아보지 않은 지난 100년의 시간을 거슬러 올라가 필리핀에 발을 디딘 선구자들의 삶과 전 세대의 역동적인 삶에 대해 더욱 깊이 알게 된 것은 큰 영광이었습니다. 100년이라는 시간은 단순히 활자로 이해하는 것과는 차원이 다른 문제라고 생각합니다. 현재의 한인사회를 일군 모든 분들의 노력에 감사드리며, 이 책을 통해 현세를 사는 필리핀 한인 동포들이 공동체 정신을 가지고 앞으로 더욱 더 전진할 수 있기를 바랍니다.

Mabuhay ang pagkakaibigan ng Korea at Pilipinas!

수석집필위원 **배 경 민**
필리핀국립대학교 한국학연구소 소장

제1부

필리핀, 낯설지만 친숙한 땅

제4부
공공기관 및 국제기구 진출 발자취

제6장. 공공기관 및 국제기구의 필리핀 진출 현황 ················· 184

제5부
필리핀 한인총연합회와 지역한인회의 발자취

부록

사진으로 보는 필리핀 한인사회 100년의 발자취

제1부

필리핀, 낯설지만 친숙한 땅

제1장
이주지, 필리핀의 이해

1
필리핀 국가 개관

필리핀의 공식적인 국가 명칭은 필리핀 공화국(The Republic of the Philippines)이라고 불리며, 1897년 독립 영웅 아귀날도(Emilio Aguinaldo) 장군이 디자인한 국기를 사용한다. 이 국기는 평등과 우애를 상징하는 흰색 삼각형, 평화와 정의를 상징하는 파란색, 애국심을 상징하는 빨간색으로 구성된다. 노란 태양은 자유를 뜻하고, 여덟 갈래의 빛은 스페인 식민통치에 맞서 봉기한 8개의 주를 나타내며, 세 개의 별은 필리핀의 주요 지역인 루손, 비사야스, 민다나오를 상징한다.

필리핀의 수도는 마닐라이며, 이는 마닐라시와 인근 10개 시(군)을 포함한 메트로 마닐라를 의미한다. 메트로 마닐라에는 지방 자치정부와 의회가 있으며, 메트로마닐라개발국(MMDA)이 주요 도시 문제를 다룬다. 2020년 기준 메트로 마닐라의 인구는 약 1,348만 명이다. 필리핀의 인구는 2024년 기준 약 119백만 명이 넘으며, 인구 증가율은 약 1.51%이다. 높은 인구 증가율은 빈곤과 연관되어 있어 정부는 이를 낮추기 위한 정책을 추진 중이나, 종교

필리핀 국기와 지도

단체의 반대로 실행에 어려움을 겪고 있다.

필리핀은 약 7,000여 개의 섬으로 구성되어 있으며, 전체 면적은 한반도의 약 1.3배이다. 다양한 민족으로 이루어진 필리핀은 중국계 화인들이 경제적으로 큰 영향력을 발휘하고 있다. 종교적으로는 가톨릭이 전체 국민의 약 80%를 차지하여 지배적인 종교이며, 개신교도가 약 10%, 그리고 무슬림이 약 6%를 차지한다. 지리적으로 무슬림은 민다나오 중서부 지역에 주로 분포하고 있으며, 역사적으로 주류 카톨릭 정부에 대한 저항운동을 이어오고 있다.

필리핀 사람들은 2~3개 언어를 구사하며, 스페인 통치 시절에는 스페인어, 미국 통치 시절에는 영어를 배웠다. 필리핀에는 170여 개의 지방어가 있으며, 이 중 100만 명 이상이 사용하는 언어는 12개이다. 타갈로그어(Tagalog)를 중심으로 필리핀 국어인 '필리피노(Filipino)'가 지정되었으며, 영어도 공용어로 사용된다. 필리핀어와 영어는 교육과 관공서에서 함께 사용되며, 영어는 경제적으로 큰 이점을 제공한다.

필리핀은 고온 다습한 아열대성 기후로, 2월부터 여름이 시작되고, 6월부터 10월까지 우기, 11월부터 건기가 이어진다. 북부 산악도시인 바기오(Baguio)는 한여름에도 선선한 기온을 느낄 수 있는 휴양도시로 유명하다.

2
필리핀의 역사와 국민

  필리핀의 역사는 기원전의 원시생활로 거슬러 올라가지만, 문헌상으로는 약 6세기경 중국과의 교류를 기록한 중국 문헌이 가장 오래된 기록이다. 8세기경 자바를 중심으로 흥기한 사일렌드라(Shailendra) 왕조의 세력권 하에 필리핀 남서부 지역이 포함되었고, 이 시기의 전통문화에는 인도의 영향이 남아 있다. 해상무역이 활발했던 술루(Sulu) 지역은 일찍부터 중국의 영향을 받아 10세기 말에 중국인이 방문한 기록이 있으며, 명대(1368-1644)에는 많은 교류가 있었던 것으로 추정된다.

  스페인 식민지가 개척되기 전, 필리핀의 정치 체제는 부족 단위의 공동체인 '바랑가이(barangay)'였다. 바랑가이는 말레이 종족이 타고 온 배의 이름을 따서 지어진 것으로 추정되며, 규모는 대개 30~100가구 정도였다. 바랑가이는 단순한 지배구조를 가지며, 중심에는 부족장 역할을 담당하는 다투(datu)가 존재했다. 다투는 행정권자, 입법가, 재판관, 군사지배자의 역할을 모두 담당했다.

이슬람은 14세기 후반 경 막둠(Karimul Makdum)이라는 인물에 의해 술루에 전파되었으며, 약 1450년경 이슬람 술탄이 등장했다. 16세기 중반 스페인의 식민통치는 필리핀 무슬림의 역사적 진화를 멈추게 했으며, 무슬림 지역의 고립화와 경제적 주변화를 초래했다. 스페인은 필리핀 무슬림을 이베리아 반도와 북아프리카 지역에 살던 이

호세 리잘

슬람계 사람을 지칭하는 용어인 무어인(Moor)의 스페인어 발음인 모로(Moro)로 불렀으며, 이는 오늘날까지 필리핀 무슬림을 통칭하여 부르는 이름이 되었다.

필리핀의 존재는 스페인 왕실의 지원을 받은 포르투갈인 마젤란(Ferdinand Magellan)이 1521년 필리핀 중부 비사야스의 한 섬에 도착하면서 서구세계에 알려지기 시작했다. 이후 스페인은 여러 차례 탐험대를 파견하였으며, 1565년 레가스피(Miguel Lopez de Legazpi)가 도착하면서 본격적으로 식민지를 개척했다. 식민지 행정의 중심은 세부에서 마닐라로 옮겨졌고, 마닐라와 멕시코의 아카풀코를 잇는 갈레온(galleon) 무역이 시작되었다.

19세기 후반 서구의 자유주의와 계몽사상은 필리핀 민족주의 운동에 영향을 주었다. 필리핀의 국민적 영웅 호세 리잘(Jose P. Rizal)은 『놀리 메 땅에레』(Noli Me Tangere, 나를 만지지 마라)와 『엘 필리버스테리스모』(El Filibusterismo, 폭로자)라는 소설을 통해 식민지의 불평등한 현실을 알리고, 1892년 필리핀민족동맹(La Liga Filipina)을 결성하여 사회개혁을 시도했다. 1896년 스페인 당국에 의한 리잘의 처형은 필리핀 민족주의자들이 무장 독립투쟁에 뛰어드는 계기

가 되었고, 1898년 필리핀 독립군은 스페인으로부터 독립을 선언했다.

그러나 미국-스페인 전쟁에서 스페인이 패배하자, 필리핀은 미국의 식민지로 넘어갔다. 필리핀 독립군은 1899년부터 1901년까지 미국과 전쟁을 벌였으며, 이 때 필리핀 독립군을 비롯한 수많은 민간인이 학살되었다. 전쟁이 미군의 승리로 끝나고, 미국은 소위 우호적 동화정책(benevolent assimilation policy)을 통해 필리핀에 공립학교를 설립하고 근대적 교육을 실시했으며, 선거를 실시하여 지방 정부를 구성하는 등 민주주의 제도를 이식했다.

미국의 식민통치 시기였던 1935년에 필리핀의 독립을 보장하는 자치(commonwealth) 헌법이 제정되었다. 본 헌법에는 10년간의 자치 경험을 거쳐 1945년에 필리핀을 미국으로부터 완전 독립시키겠다는 약속이 들어 있다. 그러나 1941년 일본이 필리핀을 점령하면서 독립은 지연되었고, 1946년 7월 4일에 필리핀은 공식적으로 독립국가가 되었다. 독립 후에도 미국은 필리핀의 정치, 경제, 안보적 측면에서 막강한 영향력을 미치고 있다.

독립 직후 필리핀은 제도적으로 민주주의 정치체제를 유지하였으나, 경제적 발전의 지체와 빈곤의 증가로 인해 1960년대 말 사회적 갈등이 급증했다. 이러한 상황에서 페르디난드 마르코스(Ferdinand Marcos) 대통령은 1972년 계엄령을 선포하고 독재체제를 구축하였다. 마르코스 독재 정권은 경제발전에 실패하고 측근 위주의 부패한 정권으로 국민들의 많은 비판에 직면했다. 결국 마르코스 독재 정권은 1986년 국민혁명(People Power I)으로 종식되었고, 아키노(Corazon C. Aquino) 여사가 대통령에 취임하며 민주주의 정치체제를 회복했다. 아키노 정부는 1987년 독재정권의 부활을 막기 위한 방안으로 대통령 6년 단임제를 골자로 한 1987년 헌법을 제정하였다.

아키노 대통령에 이어 1992년 라모스(Fidel V. Ramos)가 대통령에 당선되었고, 1996년에는 필리핀 내전의 주요 세력인 이슬람 반군(MNLF)과의 평화협정을 체결하였다. 1998년 에스트라다(Joseph Estrada)가 대통령에 당선되었으나, 2001년 부정부패로 인해 하원에서 탄핵되었고, 상원에서 탄핵 심판이 진행되는 도중 시민들의 시위가 격화되자 자리에서 물러났다. 이를 국민혁명 II(People Power II)로 부르기도 한다. 당시 부통령이었던 아로요(Gloria Macapagal-Arroyo)가 대통령직을 승계하였으며, 2004년 대선에 출마하여 당선되었다.

2010년 대선에서는 노이노이 아키노(Benigno "Noynoy" Aquino III)가 대통령에 당선되었고, 정부 내 부정부패 척결을 최우선 국정과제로 내세웠다. 2016년 집권한 두테르테(Rodrigo L. Duterte)는 전통적인 필리핀 외교노선에서 벗어난 친중반미 외교정책과 무자비한 '마약과의 전쟁'을 통해 인권유린과 관련된 많은 논란을 일으켰다. 2020년에는 독재자 마르코스의 아들인 봉봉 마르코스(Ferdinand "Bong Bong" Marcos Jr.)가 두테르테 대통령의 딸인 사라 두테르테(Sara Zimmerman Duterte)와 정치적 연합을 통해 대통령에 당선되었다. 마르코스 가문과 두테르테 가문의 정치적 연합은 오래 가지 않고 깨어졌으며, 2025

필리피노

년 중간선거에서 양 가문이 정면으로 충돌했다. 두 가문 간의 정치적 경쟁은 2028년 대선을 향해 더욱 본격화될 것으로 전망한다.

필리핀 국민들은 동양의 가족 중심적 가치관을 가지고 있으며, 가톨릭 세계관이 깊이 뿌리내리고 있다. 필리핀 국민성에는 식민지 경험과 종교적 영향이 반영되어 있으며, '히야(Hiya)', '바할라나(Bahala Na)', '우땅나로옵(Utang na Loob)', '빠끼끼사마(Pakikisama)' 등의 문화코드를 통해 이해할 수 있다.

'히야'는 보통 부끄러움이나 수치심으로 이해할 수 있다. 그러나 '히야'는 단순한 부끄러움 이상의 복합적인 감정으로, 사회적 체면, 존경심, 예의범절, 수줍음 등을 포괄하는 개념이다. 이는 개인의 행동이 자신뿐만 아니라 가족, 공동체의 명예에 영향을 미친다는 인식에서 비롯된 것으로 해석한다. '히야'는 겸손함, 존중, 배려와 같은 긍정적인 가치를 함양하는 데 기여하며, 사회 질서를 유지하는 중요한 역할을 한다. 반면, 지나친 '히야'는 자신의 권리를 제대로 주장하지 못하거나, 불합리한 상황에 대해 침묵하게 만드는 원인이 되기도 한다.

'바할라나'는 어려움이나 불확실한 상황에 직면했을 때, 인간의 노력을 넘어선 초월적인 힘(주로 신)에 의지하며 긍정적으로 상황을 받아들이는 태도를 의미한다. 이는 강한 가톨릭 신앙의 영향을 받은 것으로 해석된다. 어려운 시기에 '바할라나'는 심리적인 안정감을 제공하고, 스트레스를 완화하는 역할을 하지만, 지나친 '바할라나' 정신은 철저한 계획이나 준비 없이 상황에만 의존하는 태도로 이어질 수 있다는 비판도 있다.

'우땅나로옵'은 타인이 베풀어준 호의나 은혜에 대해 깊이 감사하고, 언젠가 반드시 갚아야 한다고 생각하는 강한 의무감을 의미한다. 이는 개인주의보다는 공동체 중심적인 가치관에서 비롯된 것으로 본다. '우땅나로옵'은 가족, 친척, 친구 등 공동체 구성원 간의 상호 의존성을 강화하고, 끈끈한 유대감을 형성하는 데 중요한 역할을 한다. 그러나 때로는 '우땅나로옵' 때문에 원치 않는 부탁을 거절하기 어렵거나, 불공정한 관계를 지속해야 하는 상황이 발생할 수도 있다. 이는 필리핀에서 만연한 정치적인 부패나 족벌주의의 원인으로 지적되기도 한다.

'빠끼끼 사마'는 집단 내에서 조화롭고 원만한 관계를 유지하려는 강한 성향을 의미한다. 필리핀 사람은 갈등을 피하고, 다른 사람들과 잘 어울리며, 협력적인 분위기를 조성하는 것을 중요하게 생각한다. 이는 공동의 목표를 달성하기 위해 협력하고 서로 돕는 팀워크를 강조하는 측면도 있지만, 때로는 자신의 솔직한 의견을 표현하지 못하거나, 잘못된 것을 알면서도 묵인하는 부정적인 측면도 있다.

이러한 필리핀 국민성은 오랜 역사 속에서 다양한 문화적, 사회적 요인들이 복합적으로 작용한 결과이다. 필리핀 사람들을 이해하기 위해서는 이러한 국민성 특성을 단순히 피상적으로 이해하는 것을 넘어, 그들의 역사적, 문화적 맥락 속에서 깊이 있게 이해하려는 노력이 필요하다.

3
필리핀의 정치와 경제

필리핀 정치체제의 특성

　필리핀의 정치체제는 대통령중심제와 상·하 양원 의회제도를 기반으로 하며, 필리핀 자치법으로 알려진 1934년 타이딩-맥더피법(Tydings-McDuffie Act)에 근거하여, 1935년 제정된 자치정부 헌법에서 출발했다. 이 헌법은 독립 이후 일부 수정을 거쳐 사용되었으며, 마르코스 독재 체제 동안 의원내각제가 도입되기도 했다. 1986년 독재정권이 붕괴되고 출범한 민주정부 하에서 제정한 1987년 헌법도 1935년 헌법에 그 근간을 두고 있다.

　필리핀은 대통령중심제 정부 형태를 이루며, 국민이 선거를 통해 대통령을 직접 선출하고 많은 권한을 부여한다. 대통령제는 입법부, 행정부, 사법부가 독립적으로 권위를 갖고 상호 견제와 균형을 통하여 국정을 운영하는 정치제도이다. 하지만 필리핀의 경우 대통령의 권한이 그 어느 대통령제 국가보다 강력하여 입법부와 사법부에 의한 적절한 견제가 이루어지지 못하고 있다.

필리핀 정치체제는 일부 엘리트 정치가문에 의해 독점되는 '대지주 민주주의'나 '엘리트 민주주의'의 개념으로 설명된다. 미국의 정치학자 베네딕트 앤더슨(Benedict Anderson)은 필리핀의 정치 체제를 지역의 강력한 보스들이 마치 군벌과 같은 힘을 행사하며 지배하는 봉건적인 정치 시스

필리핀 제17대 현 필리핀 대통령, 마르코스 주니어

템을 의미하는 군벌 민주주의(cacique democracy)로 설명했다. 이러한 상황에서 정치 엘리트들은 공적 영역과 사적 영역을 명확히 구분하지 않으며, 권력을 이용해 부를 축적하고 이를 통해 권력을 재창출하는 폐쇄적 순환구조를 보인다. 이는 대다수의 민중들이 정치과정에서 소외되는 현실을 초래하며, 오랜 식민지 과정에서 형성된 정치구조가 독립 이후에도 지속되고 있다.

필리핀의 행정부는 대통령과 부통령, 각부 장관으로 구성되며, 대통령과 부통령은 임기 6년의 단임제로 선출되고 각부 장관(secretary)은 대통령이 임명한다. 1991년 지방정부구성법에 따라 지방 단체장과 지방의원도 주민들이 직접 선출한다.

입법부는 상원(senate)과 하원(house of representative)으로 구분되며, 상원은 전국 선거로, 하원은 지역구와 정당비례대표제(party-list) 선거로 구성된다. 상원은 24명의 의원으로 임기 6년이며, 하원은 19대(2022-2025) 기준 318명이며 정원의 20%는 정당비례대표제로 선출되며 임기는 3년이다. 하원의 정당비례대표제는 사회의 소외계층에게 의회에서 스스로를 대변할 수 있는 길을 열어주기 위한 취지이다.

현행 필리핀헌법에 따르면 상원의원은 필리핀 출생으로 35세 이상, 하원의원은 필리핀 출생으로 25세 이상이어야 한다. 양원의 공석이 발생할 경우 남은 임기에 한하여 새로운 의원을 선출해야 한다. 의회의 권한에는 예산심의, 사면동의, 예산 및 세금에 관한 권한 등이 있으며, 하원은 탄핵발의권, 상원은 탄핵심판권과 국제조약 인준권을 가진다.

필리핀에는 다수의 정당들이 존재하며, 선거기간에는 연합하여 선거를 치르는 경우가 흔하다. 그러나 정치권은 소수의 엘리트들에 의해 지배되며, 정당정치는 인물을 중심으로 한 체제로 작동한다. 대부분의 정당들은 정당원 없이 지인들의 모임에 불과하고, 정당 조직도 안정되지 않아 선거 후보자들의 자금으로 운영된다.

필리핀 사법부는 대법원, 고등법원, 지방법원, 순회법원으로 구성되며, 3심제로 운영된다. 대법원은 일반적인 사안에 대한 판결뿐만 아니라 헌법재판소의 역할도 겸하고 있다. 대법원장은 사법평의회가 추천한 후보 중 대통령이 임명하며, 대법관으로 임명되기 위해서는 필리핀 출생으로 40세 이상, 최소 15년 이상의 법조 경험이 필요하다. 대법원은 사법체계 전반을 감시하고 법조계 인사권을 관할하며, 행정부와 입법부의 행위에 대한 사법적 해석을 내린다.

필리핀의 정치엘리트는 지역적 기반을 가지고 있으며, 대표적으로 일로코스 지역의 마르코스 가문과 싱손 가문, 세부의 가르시아 가문, 마카티시의 비나이 가문, 딸락의 아키노 가문, 다바오의 두테르테 가문 등이 있다. 이들 지배가문은 막대한 경제력과 지역적 기반을 바탕으로 전국적으로 정치적 영향력을 행사하고 있다. 정치엘리트는 주로 법학을 전공하여 변호사 자격을 취득한 후 가문의 일원이 은퇴하거나 출마 제한 제도로 인해 공석이 발생할 때 정치에 진출하는 경우가 일반적이다. 이러한 엘리트 가문 정치를 극복하기 위해 정당명부 비례대표제도가 도입되었으며, 사회의 소외계층이 정치적으로 자신을 대변할 수 있도록 만든 제도이다.

필리핀 경제의 특징

필리핀의 경제체제는 스페인의 식민지배를 받았던 333년간의 기간을 1800년을 기점으로 크게 두 시기로 나눌 수 있다. 1800년 이전은 필리핀이 스페인을 중심으로 하는 세계체제의 영향을 크게 받았던 시기이고, 1800년 이후는 필리핀이 세계체제의 주변부로 본격 편입되면서 스페인뿐만 아니라 영국, 미국 등 자본주의 열강의 영향을 크게 받게 되는 시기이다.

필리핀은 스페인과 갤리온 무역으로 연결되어 있었다. 필리핀에서의 갤리온 무역은 1570년대 초부터 시작되어 1815년까지 계속되었다. 이는 중국 등 아시아 각국과 필리핀, 그리고 스페인령 멕시코를 잇는 삼각무역의 형태를 띠는데, 주로 중국 상인들이 아시아 각 지역에서 비단, 도자기, 향신료 등 사치성 소비재를 마닐라로 싣고 오면, 이를 스페인 상인들이 다시 갤리온선에 옮겨 실어 멕시코로 가져갔다. 돌아오는 갤리온은 멕시코, 페루 등에서 생산되는 은 또는 은화를 싣고 왔다. 이러한 갤리온 무역이 엄청난 이윤을 남겨주었기 때문에 필리핀의 스페인인들은 다른 경제적 활동에 눈을

갤리온 무역

돌리지 않았다.

스페인의 필리핀에 대한 식민지배의 특성은 조방적이며 소극적이고, 느린 속도로 전개되었다. 스페인 본국인들이 대량으로 이민 가서 식민지를 개척하였던 아메리카 대륙과 달리, 필리핀은 소수의 정부 관리나 가톨릭 수도사들만이 이주하여 머물렀다. 그 결과로 필리핀의 농업경제는 주로 토착 필리핀인들 손에 남아 있었다. 갤리온 무역이 시작되면서 많은 중국계 상인들이 마닐라와 그 인근의 푸에블로(Pueblo)에서 영업활동을 하였다. 이들 중 상당수는 가톨릭으로 개종하고 푸에블로에 머물러 살았으며, 이들 중에는 원주민 상층계급의 딸과 결혼하는 경우가 많았다. 이를 통해 '중국계 메스티조 집단'이라는 새로운 이종집단이 형성되었다. 이들 중국계 메스티조 집단은 대부분 정치, 경제적 영향력을 가진 엘리트 계층을 이루었으며, 이들이 토착 지배세력의 맹아로 성장하였다.

이전까지 '자본주의 세계체제'의 외부지역에 머물던 필리핀은 1800년을 기점으로 세계체제의 내부로 편입되어, 주변부의 역할을 맡게 된다. 이 시기

스페인 식민 시기 하시엔다

에 필리핀은 설탕, 담배, 마닐라삼, 코코넛 등을 생산하고 수출하는 열대성 상업 작물의 주된 생산지 역할을 맡게 되었다. 1815년 갤리온 무역이 중단된 후, 1820년대부터 필리핀에서 플랜테이션 농업이 시작되었다. 이러한 수출 농업의 발전은 수출농업의 핵심적 생산자요, 대규모 농장의 소유자였던 필리핀 토착 지배계급의 경제적 입지를 크게 강화시켰다.

스페인들을 비롯한 유럽인들도 플랜테이션 개발에 참여하였지만 대부분 실패하였다. 가장 큰 이유는 노동력을 구하기 힘들었다는 점이다. 유럽계 농장주들은 대규모 노동력을 필리핀에서는 확보할 수 없었다. 반면에 토착 필리핀 지배집단은 필요로 하는 노동력을 비교적 수월하게 확보할 수 있었다. 임금노동을 사용해서 플랜테이션 경영을 하려 했던 유럽인들과는 달리, 토착 지배 집단은 바랑가이 주민들에 대한 소작제도와 같은 다양한 노동력의 동원 방법을 활용할 수 있었다. 19세기 말 이들 토착엘리트들은 높아진 경제적, 사회적 지위에 걸맞는 정치적 역할을 요구하면서 스페인 식민당국과 충돌하게 된다.

독립 이후 필리핀의 경제는 다섯 단계로 구분해 볼 수 있다. 첫째, 1946년 독립한 이후 1953년까지는 미국과의 다양한 경제, 군사적 조약들로 인하여 미국의 식민지적 영향이 그대로 남아 있던 시대였다. 이 기간 동안 미국의 원조와 농산물의 수출에 의존한 필리핀 경제는 거의 파탄 지경에 이르렀다. 대미 농산물 수출이나 광산개발 등으로 이윤을 추구하는 세력들은 대부분 전통적 엘리트 계층이라고 할 수 있는 지주계급들이었다. 극도로 악화되어가는 경제적 곤경은 급진적 사회세력의 확산과 더불어 사회적 혼란을 가져오기도 했다.

둘째, 1953년부터 1961년 막사이사이(Ramon Magsaysay) 대통령과 가르시아(Carlos P. Garcia) 대통령 재임 기간에는 미국의 묵인 하에 수입대체산업화(import substitution industrialization, ISI) 정책과 필리핀 제일주의(Filipino First Policy)

와 같은 민족주의적 보호주의 경제정책을 전개했다. 이 기간 동안에는 이전의 자유주의적 경제, 무역정책에 따라 대미 농산물 수출로 이윤을 추구하던 전통적 엘리트 계층과 국가의 보호에 따라 새롭게 등장하는 산업자본가들 간의 갈등이 표면화되었다. 국가에서는 산업자본가들에게 유리한 여러 가지 경제정책을 펼쳤다. 이와 같은 보호주의적 경제정책은 파탄에 이른 필리핀의 경제실태를 파악하기 위해 미국 의회에서 파견한 위원단의 조언에 따른 것이고, 또한 경제적 파탄에 따라 공산세력이 확대되는 것을 염려한 냉전시대 미국의 대외경제정책의 결과이기도 했다.

셋째, 산업 자본가에 대한 우대는 전통적 엘리트들의 저항에 직면했고, 민족주의적 보호주의 경제정책은 해외, 특히 미국의 자본가들로부터 필리핀 정부에 많은 압력을 가하게 되는 결과를 낳았다. 이러한 배경 하에 1961년 집권한 마카파갈(Diosdado Macapagal) 정권은 여러 가지 경제자유화 정책을 도입하였고, 이러한 경제정책 기조는 마르코스 독재체제가 시작되는 1972년까지 지속되었다. 대외 경제정책의 자유화와 더불어 막대한 해외자본이 외채의 형태로 유입되었고, 이는 곧 필리핀의 대외적 경제 의존도를 한층 더 심화시키는 결과를 가져왔다.

넷째, 1972년 계엄령과 더불어 시작된 마르코스 독재정권은 사회적인 안정과 강력한 경제개발 의지의 표명으로 1970년대 중반 급속한 경제발전을 이룩할 수 있었다. 그러나 장기집권과 측근주의 정치는 전통적 엘리트 계층과 외국 자본가들을 소외시키는 결과를 낳았고, 이들의 저항에 직면하게 되었다. 표면적으로는 민족주의적 경제정책을 추구하였지만, 막대한 해외원조와 채무에 의존한 경제는 이미 많은 부분 국제금융기구, 특히 세계은행의 영향에 따른 자유주의적 경제정책을 지속할 수밖에 없었다. 1970년대 말부터 시작된 경제적 불황과 이에 따른 사회적 혼란은 다시금 필리핀 경제를 파탄의 지경으로 몰아갔다.

필리핀 백화점

다섯째, 1986년 민주화 이후 필리핀의 경제정책은 마르코스 시대와 별 차별이 없으며 단지 그 주도세력이 마르코스 측근들로부터 전통적 엘리트계층으로 변화되었다는 것뿐이었다. 1992년 집권한 라모스 행정부 시기는 각종 경제개혁의 성공적인 시행으로 높은 경제성장률을 보였으며, 이는 필리핀 경제가 동남아의 새로운 신흥공업국으로 부상할 것이라는 희망을 갖게 했다. 그러나 1998년 에스트라다 대통령의 등장과 함께 그 영향이 본격적으로 파급된 동아시아 경제위기는 다시금 필리핀 경제를 곤경으로 몰아갔다.

필리핀 경제는 서구와 동아시아의 경제 경쟁에서 뒤처지며 "아시아의 병자(sick man of Asia)"라는 오명을 얻었다. 자본가는 지주계급이 주류를 이루며, 농업과 채광업 주도세력으로 정치와 경제에서 지배적인 위치를 차지하고 있다. 최근 경제 성장률이 높아졌으나, 실업률과 저소득 노동자의 비율은 여전히 높다. 서비스업이 국내총생산(GDP)에서 가장 큰 부분을 차지하며, 글로벌 기업들의 아웃 소싱(BPO) 산업이 큰 성장세를 나타내고 있다.

필리핀의 주요 무역 상대국은 중국, 미국, 일본, 인도네시아 등이 있다. 경제 성장의 동력은 정부 주도의 인프라 개발, 해외 파견 근로자의 송금, 그리고 국내 소비 산업이 중요한 역할을 담당하고 있다. 필리핀 정부는 부패 척결과 인프라 개발을 주요 경제 정책으로 추진하며, 민간 자본과 협력을 통해 대형 인프라 사업을 유치하고 있다.

필리핀의 대외관계

필리핀 외교정책의 3대 축은 1991년에 발효된 필리핀 외교법령(Republic Act No. 7157)에서 규정하고 있다. 첫째, 국가안보의 확보와 증진을 추구하며, 둘째, 경제안보를 증진하고 경제발전을 성취하고, 셋째, 해외에 거주하는 필리핀 국민들의 권리를 보호하고 이들의 복지와 이익을 증진시키는 것이다. 이세 가지 외교정책의 기본 축은 상호 긴밀히 연결되어 있으며, 필리핀 외교부는 이들을 서로 분리해서 생각하지 않는다.

필리핀은 외교정책의 목표인 국가안보를 성취하기 위해 동남아시아 국가들과의 관계를 공고히 하고자 노력하고 있다. 동남아국가연합(ASEAN)을 21세기 필리핀 외교정책의 초석으로 간주하며, 회원국들과 양자관계를 공고히 하고 아세안을 통해 영토 분쟁을 해결하며 아세안 공동체의 실현을 위해 노력하고 있다. 필리핀은 또한 아세안을 통해 중국, 인도, 일본, 한국, 호주, 뉴질랜드 등과 상호 호혜적 안보·국방 협력을 논의하는 것을 기본 외교정책으로 하고 있다. 미국과의 협력관계를 강화하고 상호방위조약을 공고히 하는 것을 국가방위 근대화의 결정적 요소로 인정하고 있으며, 중동 국가들과의 긴밀한 협력을 통해 민다나오 문제, 팔레스타인 문제, 국제테러리즘에 대처하고 있다. 필리핀 정부는 전통적인 국가안보에만 집착하지 않고 초국가적 범죄, 해적, 테러리즘 등 인권을 위협하는 요소들에 대한 국제적 협력을 증진시키고 있다.

필리핀은 경제외교에서 동아시아, 미국, 유럽뿐만 아니라 남아시아와 중앙아시아, 남미, 중동과 아프리카 등과도 긴밀한 외교적 협력을 추구하고 있다. 각종 국제협약에서 필리핀과 입장이 유사한 개발도상국들과 협력을 강화하고 국제적 불평등 구조를 개선해 가는 정책을 추진하고 있다. 재외국민들의 권리를 보호하고 복리를 증진시키는 것은 필리핀 외교정책에서 중요한 부분을 차지한다. 해외에서 곤경에 처한 국민들에 대해 필리핀 정부는 최대한의 지원을 제공하며, 비록 판결된 불법행위라 할지라도 선처를 요구하는 외교적 노력을 경주하고 있다. 재외국민들과 관련된 사안들이 광범위해짐에 따라 필리핀 정부는 해외근로자와 관련된 양자간, 역내 혹은 국제적 협정을 추구하고 있다.

필리핀 외교의 역사적 맥락을 살펴보면, 필리핀은 주변국들과의 관계를 중시하는 지역주의 외교정책을 적극적으로 추진해 왔다. 냉전이 한창이던 1954년에 필리핀은 동남아조약기구(SEATO)에 참여하였고, 1955년 인도네시아 반둥에서 개최된 아시아-아프리카 비동맹 회의에도 참여하여 유연한 외교적 행태를 보여주었다. 1960년대 필리핀은 동남아 지역에서 지역주의 움직임을 촉발시키는 데 중요한 역할을 담당했다. 1961년 필리핀의 가르시아 대통령은 동남아 국가들 간의 경제와 문화적 교류를 확대하기 위한 방안으로 동남아연합(ASA)을 제안하여 동남아에 지역주의의 토대를 놓았다. 1963년에는 마카파갈 대통령이 말레이시아, 인도네시아, 필리핀 간에 유사연방체제인 마필린도(Maphilindo)를 만들 것을 제창했으나, 말레이 연방의 확대와 필리핀의 사바(Saba)지역 영유권 주장으로 추진력을 상실했다.

이후 마르코스 대통령 때인 1967년에는 동남아국가연합(ASEAN)이 발족하

2017년 제19차 아세안 정상회담, 마닐라

는 데 필리핀이 적극적으로 관여했다. 1960년대 말 마르코스 행정부는 필리
핀 외교정책의 중심기조 3가지를 발표했는데, 이는 국가이익 추구, 경제발
전, 지역협력의 증진과 평화애호 국가들과의 우애였다. 이러한 지역주의 외
교기조는 1970년대 독재정권 시기에도 지속되었다. 마르코스 대통령은 필
리핀 외교 가이드라인을 통해 필리핀 외교의 최우선 순위로 동남아 문제에
깊이 관여할 것을 지시했다.

1986년 민주화는 필리핀 외교정책에서 아세안의 중요성을 더욱 강화하는
결과를 낳았다. 아키노 대통령은 취임 후 최초의 순방국으로 인도네시아와
싱가포르를 방문하여 새로운 외교 기조를 천명했다. 필리핀은 탈냉전과 민
족주의 감정의 부상 속에서 아세안 자유무역지대(AFTA)와 아세안 지역포럼
(ARF)에 적극적으로 참여하며 국가 안보와 영토 분쟁 해결에 대한 의존도를
높였다. 필리핀은 스프라틀리 군도(Spratly Islands) 영유권을 둘러싸고 베트남,
말레이시아, 브루나이, 중국, 대만 등과 다투고 있으며, 아세안을 중심으로

한 다자간 틀에서 문제를 해결하려는 기본 입장을 유지하고 있다.

1992년 미군기지 철수 이후 필리핀은 경제적 어려움과 외교적 불안을 겪었으나, 수빅만을 자유무역항으로 전환하여 경제 회복에 성공했다. 미국과 필리핀은 1951년 체결된 상호방위조약(Mutual Defense Treaty, MDT)과 1999년 체결된 방문군사협정(Visiting Forces Agreement, VFA), 그리고 2014년 체결된 방위협력확대협정(Enhanced Defense Cooperation Agreement, EDCA)을 통해 군사적 협력을 지속하고 있다. 필리핀은 중국의 경제적 영향력과 미국의 정치·군사적 영향력 사이에서 외교적 줄타기를 하는 모습을 보여주고 있다.

제2장
필리핀 속 한인의 발자취

1
한인의 필리핀 관련
초기 기록

　한국과 필리핀의 교류는 삼국시대까지 거슬러 올라가며, 백제 왕족인 흑치상지(黑齒常之) 가문이 필리핀과 밀접한 관련이 있었다는 주장도 있다. 흑치상지 묘지명 비문에 따르면, 부여씨 왕족이 흑치 지역에 봉해졌으며, 이 흑치는 현재의 필리핀으로 추정된다. 필리핀인들의 몽고반점과 한국과 유사한 농기구 및 장독대 사용은 이러한 주장을 뒷받침하는 증거로 제시되고 있지만, 보다 철저한 학술적 고증이 필요한 부분이다.

　기록으로 확인할 수 있는 한인의 필리핀 접촉은 1597년 정유재란 때 왜군의 포로가 된 조완벽을 통해 이루어졌다. 그는 1604년부터 1606년까지 남부 베트남과 필리핀을 방문하였으며, 임진왜란 이후 천주교도 박해를 피해 필리핀으로 망명한 일본인 신부들과 함께 한국인 천주교 신자들도 마닐라에 정착하였다. 이들은 마닐라 인트라무로스(Intramuros) 외곽의 산미구엘 마을에 살았던 것으로 전해진다.

조선시대『표해시말(漂海始末)』에 언급된 필리핀

필리핀(여송국, 呂宋國)이 조선의 공식 문서에 처음 등장한 것은 1807년『조선왕조실록』으로, 제주 목사 한종원이 표류한 외국인의 처리에 관해 상소한 내용에서 확인된다. 조선 조정은 외국인 표류인들은 청나라 조정으로 이송하여 본국에 송환하라고 명하였고, 청나라 조정은 이들의 국적을 특정하지 못한 채 돌려보냈다. 그 중 두 명이 사망하고 세 명만이 남아 있었다.

이보다 앞서, 1801년에 흑산도 홍어 장수 문순득은 해상에서 표류하여 오키나와를 거쳐 여송국에 도착했으며, 그의 경험은 정약전의『표해시말』에 기록되어 있다. 문순득은 필리핀에서의 경험을 바탕으로 이들의 국적을 밝혔고, 9년 만에 이들이 여송국인임을 확인할 수 있었다.

문순득은 흑산도에서 홍어를 거래하던 상인으로, 1801년 유구국(琉球國, 현 오키나와)에 표류한 후 필리핀에 도착하여 9개월을 머물며 현지 생활과 언어를 습득했다. 『표해시말』에 기록된 필리핀 문화는 한국인들이 최초로 접하게 된 필리핀에 관한 상세한 자료이다. 문순득은 필리핀 사람들의 예법, 식사 문화, 음식, 담배, 민간요법, 언어, 춤, 닭싸움, 형벌, 주거 형태, 교회 및 의복 등을 기록했다. 이는 19세기 초 필리핀의 다양한 문화를 한국에 소개한 중요한 자

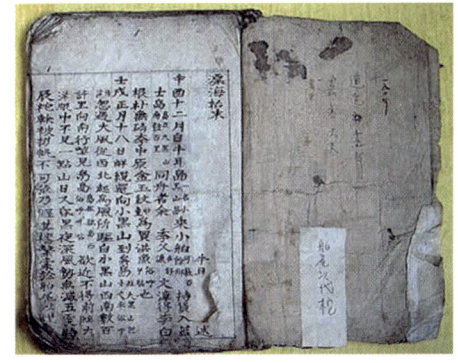

표해시말, 문순득

불라칸주 김대건 신부 성지

료로 평가된다.

1800년대에는 또 다른 한국인인 김대건 신부가 필리핀을 방문하여 체류한 기록이 있다. 김대건 신부는 1837년에 마카오에서 수학하던 중 민란을 피해 필리핀으로 피신하여 약 6개월간 머물렀으며, 오늘날 불라칸주 롤롬보이(Lolomboy, Bulacan)에 김대건 신부를 기리는 성지가 조성되어 있다.

필리핀 식민지 자료,『The Philippine Islands, 1493~1898』에 언급된 한국

필리핀은 왕조 역사와 고대 기록 문화가 발달하지 않았기 때문에 공식적인 사료가 존재하지 않는다. 그러나 스페인 식민지 시기에 작성된 공문서와 서신 등을 영어로 번역하여 편찬한 자료집,『The Philippine Islands, 1493~1898』(BR)이 있다. 이 자료집에서는 한국(당시 조선)을 'Acoray, Coray, Core, Corea, Coria, Correa' 등 다양한 용어로 지칭하고 있다. 인덱스를 참조해 보면, 한국에 관한 언급은 1592년 자료에 처음 나타나고 1640년 자료에 마지막으로 언급되며, 총 9권에서 다루고 있다.

16세기 말 스페인 식민정부는 일본의 도요토미 히데요시로부터 입조를 강요받았고, 스페인 당국자들이 받은 외교문서나 선교회 서신에 그 내용이 언급되고 있다. 1592년 도요토미 히데요시 정부의 서신에서는 유구와 한국을 점령했다며 중국 침략 계획을 밝히고 조속히 굴복할 것을 요청한다. 1593년 일본 정부와 주고받은 서신에서는 저항하는 한국을 본보기로 삼아 경고하고 있으며, 스페인 측 문서에는 한국이 가난한 나라로 묘사된다. 1598년 프란시스코 텔로(Francisco Tello)가 스페인 국왕에게 보낸 서신(10권 171쪽)에서는 일본에 있는 한국인 장수 겐티오(Gentio)와 주고받은 서신이 언급되며, 겐티오는 기독교도와 친밀하게 지내며 중국에 관심이 있다고 밝혔다.

The Philippine Islands, 1493-1898

임진왜란 이후 중국에서 보내온 외교문서나 스페인 본국으로 보낸 서신에서는 한국을 중국의 속국으로 기록하고 있다. 전체 자료 중 도미니크 선교회의 활동에 관한 부분은 한국으로 선교사를 파견하려고 시도한 내용을 담고 있다:

한국은 중국과 일본 사이에 있는 나라로, 사람들은 친절하고 단순하며 속이지 않는다. 한국은 1593년 일본으로부터 침략을 당해 많은 한국인이 일본에 노예로 끌려갔다. 이 중 한 명이 기독교로 개종해 마닐라에 도착했으며, 그는 토마스(Tomas)라는 이름으로 불렸다. 그의 부친은 한국 조정의 고위층 인사였다. 토마스는 선교 준비가 되기 전까지 귀국하지 않겠다고 했으며, 이를 기회로 삼아 1618년 6월 13일에 세 명의 선교사가 그와 함께 일본으로 파송되었다. 그러나 나가사키에서 선교사들의 신분이 탄로 나면서 헤어졌고, 그 후로 토마스의 소식을 듣지 못했다. 두 명의 선교사는 마닐라로 돌아왔고,

한 명은 일본에 남아 순교했다(32권 88-89쪽).

이 기록에서 스페인 선교회가 1618년에 이미 한국에 선교사를 파견하려 했음을 알 수 있다. 한국에 기독교를 알린 최초의 문헌은 1614년 이수광의 『지봉유설(芝峰類說)』로 알려져 있지만, 필리핀에서 활동하던 스페인 선교사로부터 기독교가 전파될 수도 있었다. 특히 일본에서 개종한 토마스의 행적은 흥미로운 연구 주제이며, 한국의 기독교 선교 역사에서도 중요한 부분을 차지할 수 있다.

2
일제강점기 필리핀 한인

 한인의 필리핀 진출이 본격화되는 시기는 1900년대 초이며, 개인 사업과 유학 목적도 있었지만, 식민지 상황이라는 특수한 상황에서 이루어진 타율적 진출이 많았다. 일제강점기 상해 임시정부는 인도나 필리핀의 독립 추진 세력과 교류하면서 서로의 행사에 초대하고 방문했던 것으로 보인다.

 도산 안창호는 일제의 압력이 증가하고 있는 만주를 대신할 한인 이주지를 모색하기 위해 필리핀을 방문했다. 도산은 중국 정부로부터 여행권을 발급받고, 1929년 2월 9일 상하이에서 미국회사 선박을 타고 마닐라항에 도착했다. 그가 필리핀을 방문한 가장 주요한 목적은 만주 지역에서 동포들

도산 선생과 필리핀 원주민, 1929

을 위한 이상촌 건설과 독립운동 기지 개척이 여의치 않은 관계로 '남방'지역에서 이를 진행해보기 위함이었다. 즉 그는 만주의 한인들을 필리핀으로 이주시켜 독립운동 기지를 건설하고자 한 것이었다. 그는 제일 먼저 필리핀 이민국을 방문하여 한인들의 이주 문제를 협의하였다. 그러나 그의 희망과는 달리 한인들의 필리핀 이주는 쉽지 않았다. 당시 필리핀 이민국장은 "조선인은 일본인임으로 여행권과 보증금으로 50원 이상만 지니고 오면 입국을 선선히 허가하겠노라"는 입장을 보였다(김도형 2015: 54-55).

그렇지만 현실적으로 일본 여권을 받는 것도 불가능하였거니와 보증금으로 한 사람당 50원의 자금을 확보한다는 것은 더더욱 어려운 일이었다. 이에 도산은 만주 지역에서 필리핀으로 한인을 이주시키는 것이 어렵다고 판단하게 되었다. 그런데도 그는 당시 필리핀 상원의장 케손(Manuel L. Quezon)을 비롯한 민주당 영수들과 만나 계속해서 한인의 이주 문제를 협의한 것으로 전해진다(김도형 2015: 54-55).

도산이 필리핀을 방문했을 당시 그곳에 체류하는 한인들은 모두 52명 정도로 추정된다. 이들은 조국을 잃은 국제적 미아 신세임에도 불구하고 조국의 독립을 위한 열성을 갖고 있었다. 그래서 중국 상하이에 있는 도산 안창호 선생을 필리핀으로 초청하여 대한인국민회의 사업을 남방의 필리핀에서도 계승하려 했다. 도산은 필리핀 한인 동포들의 뜻을 받아들여 필리핀 최초의 한인 단체인 '대한인국민회 필리핀지부'를 설립도록 했다. 이는 1929년 3월 1일 자로 필리핀 한인 강진수가 신한민보사에 보낸 소식에 "조국에 대한 의무를 만분지일이라도 다하여 볼까 하는 열렬한 생각으로 금년에 우리 국민회가 성립되게 되었습니다"라고 말하는 것을 통해 알 수 있다(강진수 1929). 필리핀 한인들이 국민회의 '지부' 혹은 '지방회'를 설립한 것은 분명히 독립운동을 지원하고자 하는 열망이 있었기 때문으로 해석된다(김도형 2015: 55).

도산의 마닐라 방문에서 언급된 필리핀의 한인은 모두 52명이었는데 대부분은 인삼 장수였던 것으로 추정되며, 이들이 필리핀 한인사회의 초기 진출자들로 볼 수 있다(Kutsumi 2007: 61). 한인 인삼 장수들은 일찍이 1910년대 이전부터 싱가포르에 와서 여권을 신청하여 인도, 태국, 필리핀, 인도네시아 등지로 나갔다. 1930년대 역시 필리핀의 한인 대부분이 마닐라에 있던 한인 약방에 기거하는 인삼 장수나 약재상들이었다(김민정 2015: 259). 한편, 김동성의 여행기를 통해 추측해볼 수 있는 것은 인삼 장수 외에 동남아지역 한인들은 주로 차이나타운에서 생활을 영위하고 있었을 것으로 판단된다. 왜냐하면 완바오산 사건이 발생하였을 때 필리핀에 거주하고 있던 "40여 명의 우리 조선 동포가 1931년 평양사건(平壤事件) 후로 중국 사람에게 버림을 받고 아무 직업 없이 곤궁에 빠져있음을 목격"하였다는 언급이 있다. 동남아지역 한인들은 주로 중국인 상점의 점원이나 일꾼으로 있었을 것으로 보이지만 정확한 기록은 발견되지 않는다. 인삼 장수 외에도 동남아지역에는 빙수상, 자수상 등 소규모 행상을 하는 사람들도 있었다(김도형 2015: 56).

필리핀 순방을 마친 도산은 원래의 목적을 달성하지 못했지만, 필리핀에 대한인국민회 필리핀지부를 설립하고, 앞으로 만주의 한인들을 이주시킬 수 있는 곳을 둘러보는 등 어느 정도 성과를 거두었다. 그는 일제의 감시를 피해 그해 3월 30일 동포들

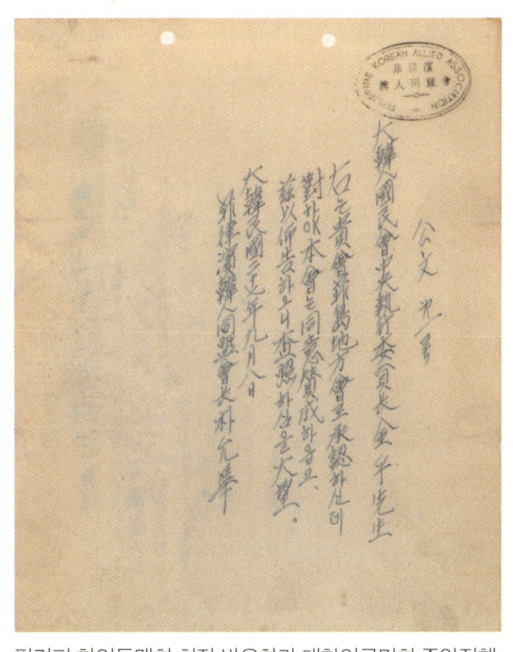

필리핀 한인동맹회 회장 박윤화가 대한인국민회 중앙집행위원장 김호에게 보낸 공문

필리핀 제1호 한인 유학생 오영섭

의 뜨거운 송별을 받으며 선편으로 필리핀을 떠나 중국으로 돌아갔다. 1929년에 설립된 필리핀 국민회는 그 후 『신한민보』에 거의 언급되지 않는 것으로 보아 별다른 활동을 하지 않은 것으로 판단된다. 1942년 일본군이 필리핀을 점령하면서 필리핀의 한인들은 뿔뿔이 흩어졌다가 1945년 2월 마닐라가 미군에 의해 탈환되면서 3·1절을 기해 '필리핀 한인동맹회'를 조직했다. 이 조직은 그해 9월 8일 '대한인국민회 필리핀지방회'로 재건되었다. 이때 재건된 대한인국민회 위원장은 박윤화였다(김도형 2015: 56-57).

오른쪽에서 두번째가 오영섭

일제강점기에 필리핀에 유학한 대표적 한국인은 오영섭(吳永燮)이 있었
는데, 그는 1935년 6월부터 1938년 3월까지 필리핀유니온대학교(Philippine
Union College)에서 유학을 하였다. 『삼천리』 잡지에 기고한 그의 글은 성현경
(2015)의 저서에 포함되어 출판되었다. 그가 유학하고 있었을 당시 마닐라에
거주하는 한인들에 대해 기록한 부분을 통해 필리핀 한인들의 생활을 유추
해볼 수 있다. 그의 필리핀 유람기에 "이 큰 도회지에 조선 사람의 집이라고
는 543 Juan Luna Binondo Manila에 약업(藥業)을 개업한 최명집 씨 댁(崔命楫
氏宅) 하나뿐이고 조선 사람이라고는 최명집 씨 부부와 그 외 동거(同居)하는
조상복(趙尙福) 등 10여 인이 있을 뿐입니다"라는 대목이 있다(성현경 2015: 286-
322, 재인용). 이를 통해 당시 필리핀 마닐라에 거주하는 최명집은 '약방'을 운
영하고 있었고, 함께 동거하는 조상복 등 10여 명의 인삼 행상인이 있었음을
짐작할 수 있다.

《삼천리》 잡지 7권 11호에 실린 오영섭 씨의 편지

오영섭은 1942년 『조광』지와의 좌담에서 "약 40명 있다던가요. 금광(金鑛) 기사가 한 사람, 그러고는 인삼 장사하는 사람도 있는 모양이에요"라고 언급했다. 또한, 그는 "조선 인삼이라면 거기서도 영약(靈藥)으로 치는 것이라 수입이 훌륭한데 그 수입을 가지고 전업(轉業)을 해서 고정해 있으면 상당한 지반(地盤)을 가지고 살 수 있지요"라고 하여, 당시 한인의 인삼 장사가 어떠했는지를 짐작게 한다. 또한, 위의 좌담회에는 미주지역에서 대한인국민회 총회장을 역임한 바 있던 최정익도 참석하였는데, 그가 필리핀을 방문하였을 때, "내가 갔을 때도 고려상점이란 간판을 붙인 집이 있었지요. 조선 부인이 베치마를 입고 빙수(氷水)를 팔고 있더군요"라고 하였다. 1939년 4월 필리핀 마닐라의 유니온대학교를 졸업한 이여식(李呂湜)의 여행기에도 "비도(比島) 내에는 바기오 근방에 있는 대금광(大金鑛)에 조선인 기사(技師) 이의창(李宜昌) 씨가 중요한 지위에서 활약하고 있다"라는 언급이 있다(장달수의 한국학 카페, 재인용).

[해방 이전 필리핀 내 추정 한인 수](1929-1938)

	1929	1931	1935.10	1935	1938
한인 수	52	40+	42	10+	18
자료	『신한민보』에 기고한 안창호의 글, "비도에 우리동포"	『삼천리』에 실린 김동성의 글, "南洋(남양) 遊記(유기)"	조선총독부	『삼천리』에 기고한 최초의 유학생 오영섭의 글, "比律賓(비율빈) 대통령을 회견코저, 신국도의 그의 就任式(취임식) 준비 장면"	조선총독부

한국독립운동사편찬위 편(2005), 김민정(2015: 260) 재인용

문틴루빠 수용소

　일제강점기에 동남아지역에 거주했던 한인들에 대한 정확한 통계가 없지만 1935년 10월 조선총독부에서 세계 28개국에 산재한 한인들의 숫자를 발표한 자료가 있다. 이를 보면 한국 밖에 산재한 한인의 총수가 278만 3,254명이라고 한다. 그 가운데 아시아지역인 홍콩 22명, 마카오 2명, 베트남 54명, 인도 15명, 필리핀 42명, 말레이반도 18명, 타이완 1,604명이 거주하고 있었다고 한다. 이를 볼 때 아시아지역에서 한인들이 가장 많이 진출한 곳은 타이완이었으며, 그다음이 베트남, 필리핀, 말레이반도 순이었다. 또한 1938년 조선총독부가 발표한 통계에 따르면, 홍콩 7명, 마카오 3명, 베트남 54명, 말레이 15명, 인도 13명, 필리핀 18명이 있었다(장달수의 한국학 카페, 재인용).

　앞의 1935년 총독부의 발표는 동남아지역 한인들에 대해 정확한 정보를 가지고 있지 않은 상태에서 발표된 자료로 추정할 수 있다. 왜냐하면 일제강점기 동남아지역에 진출한 한인들은 상당히 유동적인 상태에 있었기 때문에 통계에 잡히지 않는 경우가 상당수 있었다. 이들 한인은 사업과 생계를 위해 이곳저곳으로 옮겨 다녔기 때문에 정확한 숫자를 파악하기는 어려웠다. 이는 1929년 안창호가 필리핀을 방문하였을 때 그곳의 한인들이 52명이었다는 『신한민보』의 기사를 통해서도 알 수 있다 (장달수의 한국학 카페, 재인용-).

한편 태평양전쟁의 발발과 함께 많은 한국인 징용병들이 필리핀에 들어왔다. 필리핀은 태평양전쟁기 150만 명에 달하는 엄청난 사상자가 발생한 곳이며, 전쟁의 와중에서 이곳에 강제 동원되었던 한인들도 대부분 희생당할 수밖에 없었다. 필리핀에서 한인 병사들이 소속된 부대는 제19사단, 제26사단, 제30사단 등이었으며, 이들은 1944년 필리핀전의 절정기에 파견되었다. 이들은 1945년 8월 15일 태평양전쟁이 끝나고 대부분 루손섬 라구나의 호반 근처에 있는 문틴루빠 포로수용소에 수용되었다가 1945년 11월부터 순차적으로 귀환하였다 (김도형 2014: 188-189).

필리핀 사람들 사이에는 일본군이 필리핀을 점령할 당시 행했던 대부분의 잔악 행위가 일본인이 아니라 한국인에 의한 것이었다고 믿는 사람들이 많다. 이런 소문의 근원이 정확히 어디에서 비롯되었는지는 알 수 없으나, 일제강점기 징병으로 끌려가 전선에 배치된 한국인들과 관련된 것으로 추측할 수 있다. 특히 종전 후 필리핀에서 전범으로 재판을 받고 처형당한 일본군 장교가 일본인이 아닌 한국인 홍사익이라는 사실이 그런 소문에 일조했음을 짐작할 수 있다.

일본군이 항복한 이후 남아 있던 패잔병들에 대한 전범 재판이 미군에 의해 진행되었다. 홍사익은 1944년 12월 필리핀에 주둔하고 있던 남방 총군 제14 방면군 병참총감, 즉 포로수용소 소장으로 재직했으며, 재직 시기에 연합군 포로에 대한 불법 처우와 포로 학대, 살해의 원인을 제공한 혐의로 마닐라에서 진행된 전범 재판에서 사형선고를 받았다 (송건호 1991). 당시 한국인이 처해 있던 불행한 역사적 맥락을 고려하지 않은 채 일본군 점령 기간 중 가장 잔혹했던 현장으로 간주되는 포로수용소의 소장이 한국인이었다는 사실만으로 점령 시 모든 잔혹 행위에 대한 책임이 한국인에게 전가된 것으로 볼 수 있다(박정현 외 2015: 73-74). 일본군 점령기 필리핀에서 행해진 잔혹 행위가 한국인에 의해 저질러졌다는 소문에 관한 학술적 연구가 한 필리핀 학자(Jose 2011)에 의해 이루어졌으며, 당시 일본군의 필리핀 파병에 관한 일

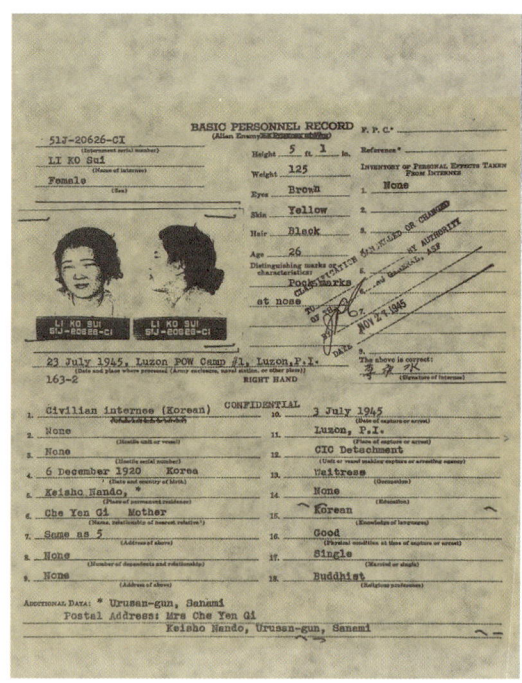

한인 위안부 여성 개인정보지

본 측 자료를 바탕으로 소문이 사실이 아님을 주장했다.

일제 치하에서 한인 여성이 동남아시아 등지에 위안부로 끌려가 착취당한 정황이 필리핀에서도 발견된다.

제2부

한-필 관계의 변화와
필리핀 한인사회

제3장
한국-필리핀 관계의 변화

1
외교·안보 관계

한국과 필리핀 관계는 1949년 3월 3일에 공식적으로 수립되었지만, 그 이전부터 양국 간에는 다양한 교류와 관계가 존재해 왔다. 특히 일제강점기 시기에 한국의 독립운동가들이 필리핀에서 활동하며 독립운동을 전개하였고, 필리핀은 유엔 무대에서 한국의 독립을 지지하는 등, 양국은 수교 이전부터 역사적 연결고리를 맺어왔다.

1927년, 몽양 여운형 선생은 상하이 푸단대학교 축구단을 이끌고 필리핀을 방문하여, 현지 환영 행사에서 "남방 식민지 민중이 제국주의에 맞서 연대해야 한다"는 연설을 했다가 일본 측의 항의로 미국 경찰에 의해 억류되는 사건이 있었다. 그러나 그는 필리핀의 진보적인 신문들과의 인터뷰를 통해 조선 독립의 당위성과 반제 연대 투쟁을 주장하며 필리핀 내에 한국 독립운동의 필요성을 알렸다.

한편, 도산 안창호 선생은 일제강점기에 독립운동가로서 활동하며, 만주의 한인들을 필리핀으로 이주시켜 이상촌을 건설하려는 계획을 세우고 필리핀을 방문하기도 했다. 1928년부터 그는 중국과 만주 외에 새로운 독립운동 거점을 개척하고자 했고, 만주에 거주하는 동포들을 일본의 감시와 위협으로부터 벗어나게 할 방안으로 필리핀 이주를 추진했다. 그러나 당시 필리핀 정부는 일본 여권을 소지하고 1인당 50원의 지참금을 가져와야 한다는 조건을 내걸었고, 이는 당시 한인들에게는 매우 큰 부담이었다. 결국 안창호 선생의 계획은 좌절되었지만, 필리핀에 '대한인국민회 필리핀지부'를 설립하는 등 부분적인 성과를 거두기도 했다.

이처럼 일제강점기 한국의 독립운동가들의 필리핀 내 활동은 당시 일본과 미국의 가쓰라-태프트 협약(Katsura-Taft Agreement)이라는 시대적 배경 속에서 이루어졌다. 1905년 체결된 가쓰라-태프트 협약은 일본이 한국에 대한 보호권을 확립하는 것을 미국이 인정하고, 미국은 필리핀에 대한 통치상의 안전을 보장받는다는 내용의 일종의 '구두 양해'였다. 이 협약은 당시 한국의 독립운동에 큰 제약으로 작용했다.

필리핀은 스페인과 미국의 식민지배를 거쳐 1946년 7월 4일 미국으로부터 정식 독립하였다. 제2차 세계대전 이후 냉전이 심화되는 국제 정세 속에서, 필리핀은 유엔에서 한국의 독립을 지지하는 입장을 표명했다. 1947년 10월 30일, 유엔 총회 정치위원회에서 조선에 유엔감시위원회를 파견하는 결의안이 채택되었을 때, 필리핀 대표인 카를로스 P. 로물로(Carlos P. Romulo) 외교부 장관은 한국의 독립을 강력하게 옹호했다. 필리핀은 1948년 12월 12일 유엔에서 대한민국 승인 결의안에 찬성하며 한국의 독립을 지지했다.

필리핀은 아시아 국가들 간의 집단 안보 체제 결성을 제안하며, 공산주의 확산에 대응하기 위한 국제 협력을 강조했다. 1949년 3월, 퀴리노(Elpidio Rivera Quirino) 필리핀 대통령은 아시아 군사 동맹 수립을 주장하며 미국의 참여를 촉구했고, 이승만 대통령 또한 필리핀의 제안에 적극적인 지지를 표명했다. 그러나 미국의 소극적인 태도로 인해 필리핀의 제안은 결실을 맺지 못

필리핀 파병부대 환송	부산에 도착하여 환영 받고 있는 필리핀 군
한국 도착한 필리핀 파병대 방문한 UNCURK 필리핀 대표	필리핀 부대 표창식(1952.6.11)

필리핀군의 한국전쟁 파병 장면

했다. 1949년 3월 3일, 한국과 필리핀은 공식적으로 수교하였고, 필리핀은 세계에서 다섯 번째, 그리고 동남아시아 국가 중에서는 최초로 한국과 수교한 국가가 되었다. 1949년 1월 27일, 변영태가 주필리핀 특사로 임명되어 마닐라로 부임하였다.

1950년 6월 25일 시작된 한국전쟁에 필리핀은 유엔군의 일원으로 참전하여 한국을 지원하였으며, 이는 양국 관계 발전에 중요한 계기가 되었다. 한국전쟁이 발발한 당시 유엔 총회 의장이었던 필리핀의 카를로스 로물로 전 외무장관과 미국 주재 필리핀 대사였던 미구엘 엘리살데(Miguel Elizalde)는 한국의 상황을 신속하게 파악하고 파병을 적극적으로 주장하였으며, 필리핀군

피델 라모스 전 대통령

의 파병을 이끌어냈다. 필리핀은 유엔 헌장 공동 서명국으로서의 의무를 이행하기 위해 미국, 영국에 이어 세 번째로 지상군을 파병하였으며, 이는 아시아 국가 중 최대 규모였다.

필리핀군은 한국전쟁 기간 동안 1950년 11월 개성-평양 간 주 보급로 경계 작전, 1951년 4월 연천 군자산 전투와 율동 전투, 1952년 5월 연천 아스널 및 이리고지 전투, 1953년 7월 강원도 양구 크리스마스 고지 전투 등 여러 전투

500페소 구권에 새겨진 아키노 전 상원의원의 한국전 종군기자 참전상

에 참전하여 용맹을 떨쳤다. 특히 율동 전투에서 필리핀군은 900명의 병력으로 4만 명의 중공군에 맞서 싸워 혁혁한 전공을 세웠으며, 아스널·이리 고지 전투에서는 중공군과 치열한 백병전을 벌여 고지를 사수하였다. 이 과정에서 필리핀군은 용기와 끈기, 그리고 전우애를 보여주었으며, 유엔군과 함께 공산군에 맞서 싸웠다. 라모스(Fidel V. Ramos) 전 필리핀 대통령도 한국전쟁에 참전하여 이리 고지 전투에서 공을 세웠으며, 이는 그의 군 경력과 정치 인생에 큰 영향을 미쳤다.

한국전쟁에서 필리핀군은 112명의 전사자를 포함하여 398명의 사상자를 냈으며, 이는 필리핀의 희생과 헌신을 보여주는 것이다. 필리핀은 한국전쟁 참전의 의미를 되새기고 참전용사들의 숭고한 희생을 기리기 위해 다양한 기념 사업을 추진하고 있다. 마닐라 국립묘지에는 한국전 참전비가 건립되어 있으며, 필리핀 북부 휴양도시 바기오에도 한국전 참전 기념비가 세워져 있다. 또한, 필리핀 500페소 구권 지폐에는 한국전쟁 당시 종군기자로 활동했던 베니그노 아키노 주니어(Benigno S. Aquino Jr.) 상원의원의 한국전 관련 기사가 실려 있기도 했다. 필리핀한인총연합회는 한국-필리핀 수교 70주년을 맞아 한국전 참전용

사들을 한국으로 초청하여 보은행사를 개최하는 등, 한국과의 우호 협력 관계를 이어가고 있다.

전후 양국은 다양한 분야에서 협정을 체결하며 우호 협력 관계를 발전시켜왔다. 1954년

신임장을 수여받는 김훈 대사, 1957.

제2부

박정희 대통령의 필리핀 방문(1966)

1월 19일에는 주필리핀 한국 공사관이 설치되었다. 1954년 11월에는 서울에 주한 필리핀 한국 공사관이 설치되었으며, 1958년 2월 양국은 공사관을 대사관으로 승격하였다. 초대 주필리핀 대사로 임명된 김훈 대사는 신임장 제정사에서 양국 공사관의 대사관 승격이 양국 우호 관계를 더욱 강화하는 계기가 될 것이라고 말했으며, 가르시아(Carlos P. Garcia) 필리핀 대통령은 한국 전쟁에서의 한국의 승리를 언급하며 한국의 통일을 지지하겠다는 뜻을 밝혔다.

한국과 필리핀은 지속적인 정상 외교를 통해 양국 간 우의를 다져오고 있다. 1966년, 한국 대통령으로는 최초로 박정희 대통령이 베트남 지원국 정상회의 참석을 위해 필리핀을 방문했다. 당시 한국은 필리핀에 비해 경제적으로 열세였으며, 필리핀은 외교적으로도 우위에 있었다. 1981년 전두환 대통령은 필리핀을 공식 방문하여 마르코스(Ferdinand Marcos Sr.) 대통령과 정상회담을 가졌다. 양국은 국제 및 지역 정세에 대해 의견을 교환하고, 경제 협력 증진, 투자 보장 협정 및 이중과세 방지 협정 체결, 과학 기술 협력 등에 합의하였다.

　1993년 피델 라모스 필리핀 대통령이 김영삼 대통령의 초청으로 한국을 공식 방한하였다. 양국은 북한 핵 문제, 경제 및 군사 협력 강화 방안 등을 논의하였으며, 한국 기업의 필리핀 투자 확대를 위한 협력이 이루어졌다. 1994년 김영삼 대통령은 필리핀을 방문하여 라모스 대통령과 정상회담을 갖고 양국 간 협력 증진 방안과 한반도 평화 문제 등을 논의하였다. 필리핀은 한국 기업의 필리핀 통신 및 건설 사업 참여를 지지하고, 한국, 호주와 함께 기업인 대상 무비자 입국을 허용하는 비즈니스 카드를 발급하기로 합의하였다.

　1999년 에스트라다(Joseph Ejercito Estrada) 필리핀 대통령이 김대중 대통령의 초청으로 한국을 국빈 방문하여 양국 수교 50주년을 기념하였다. 양국은 우호 협력 증진, 아시아 경제 회복 협력, 한-ASEAN 협력 등에 대해 논의하였으며, 한국의 대북 포용 정책에 대한 필리핀의 지지를 확인하였다. 1999년 김대중 대통령은 아세안+3 정상회담 참석차 필리핀을 국빈 방문하여 에스

두테르테 대통령 환영 만찬, 2018, 청와대

트라다 대통령과 정상회담을 가졌다. 양국은 통상 협력 관계 강화, 한국 기업의 필리핀 해군 현대화 및 발전소 사업 참여 확대, 필리핀 농산물 관세 인하 등에 합의하였으며, 민주주의와 시장경제라는 공동 가치를 바탕으로 양국 관계를 더욱 발전시켜 나가기로 하였다.

2005년 노무현 대통령은 필리핀을 국빈 방문하여 아로요(Gloria Macapagal Arroyo) 필리핀 대통령과 정상회담을 가졌다. 양국은 에너지, 자원, 정보기술(IT) 분야에서의 협력을 강화하고, 필리핀 내 인프라 건설에 한국 기업의 참여를 확대하기로 합의하였다. 아로요 대통령은 필리핀의 안정과 한반도 비핵화가 깊은 연관이 있다고 언급하며, 북한 핵 문제에 대한 우려를 표명하였다.

2011년 이명박 대통령은 필리핀을 방문하여 아키노(Benigno Aquino III) 대통령과 정상회담을 가졌다. 양국은 경제 협력 관계를 한 단계 격상시키고, 한국이 필리핀의 사회간접자본 시설 구축에 참여를 확대하기로 하였다. 필리핀은 한국의 신아시아정책을 환영하며 한국과 같은 우방국들과 협력하여 공동의 염원을 이루어야 한다고 밝혔다. 2015년 박근혜 대통령은 APEC 정상회의 참석을 계기로 필리핀을 방문하여 아키노 대통령과 정상회담을 가졌다. 박 대통령은 필리핀 내 한국 국민의 안전 확보를 강조하며 필리핀 정부에 우리 국민 보호 강화를 요청하였다. 양국은 교역 및 투자 확대를 위한 노력을 지속하고, 보건의료 분야에서의 협력을 강화하기로 하였다.

2017년 문재인 대통령 아세안+3 정상회의 참석차 필리핀을 방문하여 두테르테(Rodrigo Roa Duterte) 필리핀 대통령과 정상회담을 가졌다. 2018년 6월 두테르테 대통령은 한국을 방문하여 두 정상 간 우의를 다졌다. 문 대통령은 한국과 필리핀이 지난 70여 년간 정치, 경제, 문화 등 모든 분야에서 눈부신 성과를 이루고 있다고 평가하며, 필리핀은 한국의 5대 교역국임을 강조했다. 두 정상은 교역 및 투자 확대, 방산 협력, 인프라·에너지 협력, 인적 교류 등 다양한 분야에서의 양국 관계 발전 방안에 대해 논의하였다.

아라우부대원들이 필리핀 레이테주 팔로시 바라스초등학교에서 현지 어린이들과 함께 찍은 기념사진

2024년 윤석열 대통령은 필리핀을 국빈 방문하여 마르코스(Ferdinand R. Marcos Jr.) 대통령과 정상회담을 가졌다. 윤 대통령은 양국 관계를 '전략적 동반자 관계'로 격상시키고, 경제 협력을 더욱 강화하며 공급망, 인프라, 에너지, 방산 등 미래지향적 분야로 협력을 확대해 나가겠다고 밝혔다. 양국은 한-필리핀 자유무역협정(FTA)의 연내 발효를 기대하고, 바탄 원전 재개를 위한 타당성 조사 업무협약(MOU)를 체결하여 원전 협력을 본격화하기로 하였다.

이러한 활발한 정상 외교를 통해 한-필리핀 양국은 정치, 경제, 군사, 사회 등 다양한 분야에서 협력 관계를 발전시켜왔다. 그동안 필리핀은 한국의 국제기구 진출을 지지하고, 남북한의 유엔 동시 가입, 유엔 안전보장이사회 진출 등 주요 외교 현안에 대해 한국을 지지해 왔다. 필리핀은 황장엽 망명 당시 한국 정부에 협조하여 임시 은신처를 제공하는 등, 한반도 문제 해결에 있어 한국을 지지하는 입장을 견지해 왔다. 필리핀은 북한의 핵실험을 규탄하고, 대북 교역 중단을 선언하는 등, 한반도 비핵화와 평화 유지를 위한 한국 정부의 노력에 지지를 보내고 있다. 또한, 필리핀 의회는 한국전 참전 결정, 한반도 평화 정착 지지 결의안 채택, 한국-필리핀 수교 70주년 기념 결의안 채택 등을 통해 양국 관계 발전에 기여하고 있다.

이처럼 한국과 필리핀은 오랜 안보 협력의 역사를 가지고 있으며, 한국은 필리핀 군 현대화 사업에 기여하며, 함정 및 FA-50 전투기 수출 등을 통해 필리핀군의 전력 증강을 지원하고 있다. 한편 한국은 2013년 필리핀을 강타한 태풍 하이엔 피해 복구를 위해 아라우 부대를 파병하여 재해 복구 및 인도적 지원 활동을 펼쳤다. 아라우 부대는 필리핀 정부의 요청에 따라 재해 복구 활동을 수행하였으며, 이는 한국군의 해외 파병 역사상 최초의 합동부대이자, UN이나 다국적군의 일원이 아닌 재해 당사국의 요청에 의한 최초의 파병 사례였다. 또한, 한국 정부는 한국국제협력단(KOICA) 사업을 통해 필리핀의 태풍 피해 지역의 재건 복구를 지원하였다.

2
경제협력 관계

　한국과 필리핀의 경제협력은 점진적으로 발전해 왔으며, 교역, 투자, 개발 협력 등 다양한 분야에서 협력이 이루어지고 있다. 초기에는 교역 규모가 미미했으나, 한국의 경제 성장과 함께 필리핀에 대한 투자가 확대되고 교역 품목이 다변화되면서 양국 경제 관계는 양적으로, 질적으로 성장하였다.

　1950년대 한-필리핀 교역은 매우 제한적인 수준이었다. 한국은 필리핀 시장에 제공할 수 있는 상품이 부족했으며, 필리핀은 한국전쟁 이후 재건을 위한 일부 물자를 한국에 수출하는 정도의 교류가 이루어졌다. 1959년 한국의 대 필리핀 수출은 6,572.25달러 상당의 인삼주가 전부였으며, 필리핀은 주로 한국에 재건 물자를 수출하여 무역수지는 필리핀에 유리한 양상을 보였다.

　1961년 2월 24일 체결된 최초의 한·필리핀 무역 협정은 필리핀으로부터의 수입품에 대해 50%의 관세를 적용하고, 한국의 대 필리핀 수출품을 3배로 늘리는 내용을 담고 있어 한국에 다소 유리한 측면이 있었다. 그러나 이 시기 양국 간 교역은 양국 경제에서 차지하는 비중이 크지 않았으며, 한국이

1965년 합판공장 모습

필리핀의 10대 교역국에 포함된 것은 주로 한국 합판 산업 성장에 필요한 필리핀산 원자재(목재) 수입 증가에 기인했다.

1970년대 한국은 유럽, 남미, 일본 등과 다수의 무역 협정을 체결하였으나, 필리핀은 주요 수출 시장으로 간주되지 않았다. 이는 양국의 보호 무역 정책과 세계 시장에서 유사한 경제적 지위 등이 복합적으로 작용한 결과였다. 그러나 1970년대 중반부터 양국 간 경제적 격차가 확대되기 시작하였고, 한국은 고도의 경제 성장을 이루었으나 필리핀은 상대적으로 성장이 둔화되었다. 1973년 한진중공업의 필리핀 도로 건설 사업 진출을 계기로 한국 기업의 필리핀 투자가 본격화되었다.

1970년대까지 한국은 필리핀으로부터 주로 목재와 같은 원자재를 수입하는 반면, 필리핀에 대한 수출은 상대적으로 미미했다. 그러나 1980년대에 들어서면서 이러한 교역 구조에 변화가 생기기 시작했다. 필리핀은 한국 시장의 목재 수요를 충족시키기 위해 노력하는 동시에 당밀, 설탕, 마닐라 삼, 청동과 같은 다른 원자재의 수출도 확대하고자 했다. 그러나 필리핀 수출품의 가격 경쟁력 약화로 인해 수출 산업은 어려움을 겪었다. 반면, 한국은 1980년대에 경제가 빠르게 성장하면서 필리핀에 대한 수출이 크게 늘어났고, 1982년부터는 필리핀과의 무역에서 흑자를 기록하기 시작했다. 이러한 변화는 필리핀의 정치적, 경제적 불안정과 한국의 급속한 경제 성장이 맞물려 나타난 현상이었다.

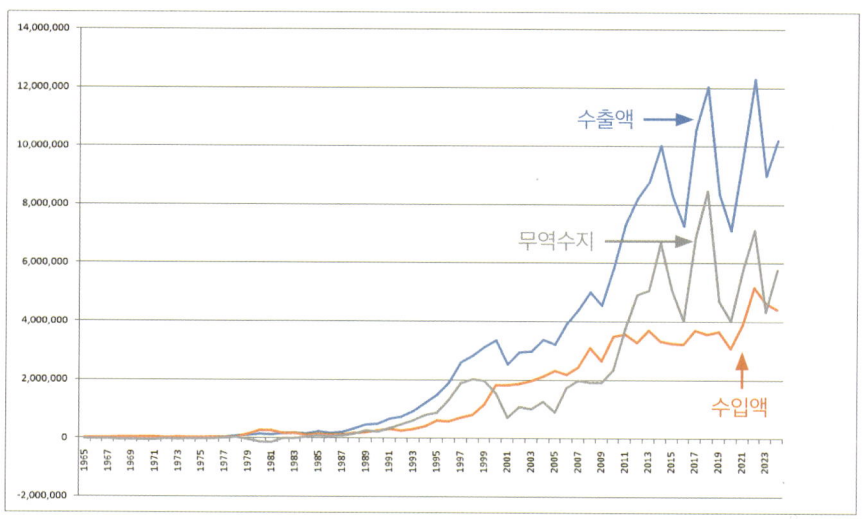

한국의 對 필리핀 무역, 1965-2024(단위: 천불)

　　1980년대에는 양국 간 경제협력이 교역뿐만 아니라 투자, 기술 협력 등 다양한 분야로 확대되었다. 1983년에는 경제 및 기술 협력 협정, 1986년에는 이중과세 방지 협정, 1994년에는 투자 보장 협정 등이 체결되어 협력을 위한 제도적 기반이 마련되었다. 1980년대 중반부터 한국의 상품, 자본, 인력이 필리핀으로 활발하게 진출하면서 필리핀 시장에서 한국 제품의 인지도가 높아졌다. 특히, 1986년 필리핀의 민주화 이후 경제 자유화 정책이 추진되면서 양국 간 교역이 더욱 활성화되었다.

　　1980년대 후반부터 한국 기업의 필리핀 투자가 본격화되었으며, 특히 노동집약적인 산업 분야에서 필리핀의 저렴한 노동력을 활용하기 위한 진출이 활발했다. 1994년 기준 한국의 필리핀 투자 건수는 306건, 투자액은 4,501만 6천 달러에 달했으며, 투자 분야는 섬유, 의류, 신발, 가죽 제품, 전기 제품 등에서 석유화학, 기계, 필리핀 내수 시장 등으로 다각화되었다.

　　1990년대는 한국과 필리핀 간의 경제협력 관계가 더욱 심화되고 확대된 중요한 시기였다. 1990년대 들어 양국 간 교역 규모는 1991년 10억 달러를 넘어섰고, 1999년에는 42억 8,600만 달러에 이를 정도로 빠르게 성장했다. 이는 필리핀의 경제 자유화 정책 추진과 한국 경제의 지속적인 성장이 맞물린 결과였다. 교역 품목도 다변화되었다. 한국은 필리핀으로부터 목재 외에 광물, 화학제품, 농수산물 등의 수입을 늘렸으며, 필리핀에는 전기·전자제품, 기계류, 수송 장비 등을 수출했다.

1990년대에는 한국 기업의 필리핀 투자가 더욱 활발해졌다. 특히, 노동집약적인 산업을 중심으로 필리핀의 저렴한 노동력을 활용하려는 기업들이 많이 진출했다. 1994년 기준 한국의 대 필리핀 투자액은 4,500만 달러를 넘어섰으며, 투자 분야도 섬유, 의류, 신발 등 경공업에서 석유화학, 기계, 전기·전자 등 중화학 공업으로 확대되었다. 삼성, 현대, 대우, LG 등 대기업들도 필리핀 시장에 적극적으로 진출하기 시작했다.

한편 1990년대 초반부터 필리핀 노동자들의 한국진출 현상이 본격적으로 나타나기 시작했다. 이는 한국의 노동력 부족 문제와 필리핀의 근로자 해외

한국에 입국한 필리핀 근로자들을 환영하는 디존-데 베가 전 주한필리핀대사

송출 정책이 맞물린 결과였다. 초기에는 주로 가수 등 연예 분야 종사자들이 한국에 진출했으나, 점차 제조업, 건설업 등 다양한 분야로 확대되었다. 한국 정부는 외국인 산업기술연수원 제도를 도입하여 필리핀을 비롯한 개발도상국 출신 노동자들을 받아들였으나, 이 과정에서 불법 체류, 임금 체불 등 여러 문제점이 발생하기도 했다. 1990년대에는 한국의 공적개발원조(ODA)가 확대되면서 필리핀에 대한 개발 협력도 진전되었다. 한국은 경제개발협력기금(EDCF)을 통해 필리핀의 경제 사회 발전에 필요한 자금을 지원하고, 한국국제협력단(KOICA)을 통해 기술 협력 사업을 추진했다.

1990년대에는 양국 간 경제협력을 위한 제도적 기반도 강화되었다. 1994년에는 투자 보장 협정이 체결되어 한국 기업의 필리핀 투자 활동을 지원하고 투자 자산을 보호하기 위한 장치가 마련되었다. 이처럼 1990년대는 한국과 필리핀이 경제적으로 더욱 긴밀한 관계를 맺게 된 시기였다. 교역과 투자

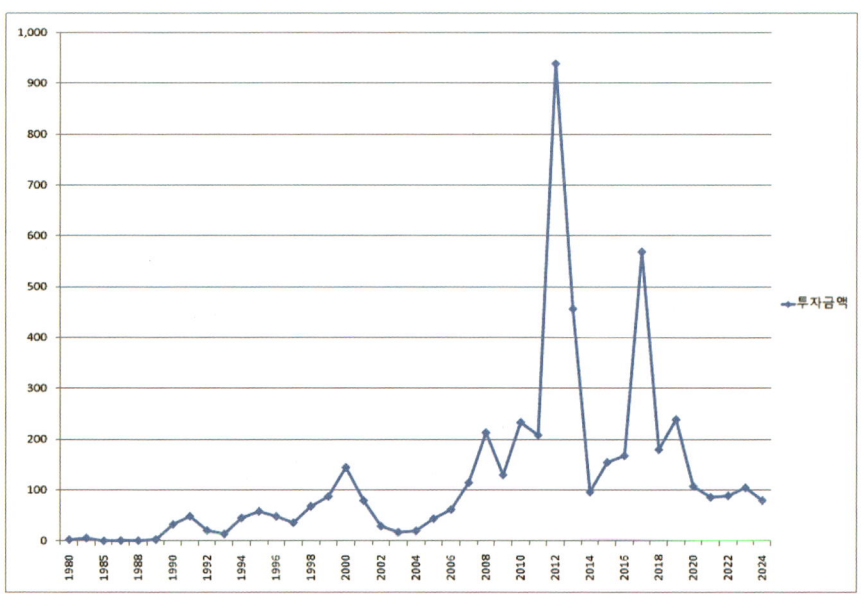

한국의 對 필리핀 투자 규모, 1980-2024(단위: 백만불)

가 확대되고, 인적 교류가 활발해졌으며, 개발 협력이 증진되는 등 다각적인 차원에서 협력이 이루어졌다.

2000년대는 한국과 필리핀 간의 경제협력이 양적으로나 질적으로 심화된 시기였다. 교역 규모가 꾸준히 증가하고 투자 분야가 다각화되었으며, 개발 협력도 활발하게 이루어졌다. 2000년에는 교역액이 50억 달러를 넘어섰고, 2014년에는 150억 달러를 돌파하는 등 가파른 성장세를 이어갔다. 필리핀은 한국의 주요 교역국 중 하나로 자리매김하였으며, 한국은 필리핀에 다양한 공산품을 수출하고, 필리핀으로부터는 주로 원자재를 수입하는 교역 구조가 지속되었다.

2000년대에도 한국 기업의 필리핀 투자는 활발하게 이루어졌다. 투자 분야는 기존의 제조업 중심에서 서비스업, 건설업 등 다양한 분야로 확대되었다. 특히, 2006년 한진중공업은 필리핀 수빅만에 대규모 조선소를 건설하기로 결정하고 13억 달러를 투자했다. 이는 필리핀 역사상 최대 규모의 외국인 투자였으며, 수빅 조선소는 필리핀을 세계 5위의 조선 강국으로 발돋움시키

한-필리핀 통상장관회담

는 데 크게 기여했다. 수빅 조선소는 2만 명이 넘는 현지인을 고용하여 필리핀 경제 활성화에도 중요한 역할을 했다. 2019년 1분기까지 한국 기업의 필리핀 투자 누계액은 56억 5,560만 달러에 달하며, 한국은 필리핀의 7위 투자국으로 부상했다. 그러나 2019년 한진중공업은 경영난을 겪으면서 수빅 조선소가 파산하는 아픔을 겪었다. 이는 필리핀 경제에 큰 손실을 주었을 뿐만 아니라, 한국 조선업의 위기를 보여주는 사례로 남았다.

한국은 필리핀에 대한 공적 개발 원조(ODA)를 확대하여 필리핀의 경제 사회 발전을 지원하였다. 한국국제협력단(KOICA)은 필리핀에서 농업 개발, 경제 인프라 구축, 보건 등 다양한 분야에서 개발 협력 사업을 추진하였다. 2011년에는 양국 정상회담에서 한국이 필리핀에 5억 달러 규모의 경제 개발 협력 기금을 제공하기로 합의하는 등 개발 협력이 더욱 강화되었다. 2000년대에는 양국 간 인적 교류도 더욱 활발해졌다. 필리핀은 한국의 중요한 노동 송출 국가 중 하나이며, 많은 필리핀 노동자들이 한국에서 일하고 있다. 양국 정부는 고용 허가제(EPS) 등을 통해 필리핀 노동자들의 한국 취업을 지원하고, 이들의 권익 보호를 위해 노력하고 있다.

한국과 필리핀 양국은 자유무역협정(FTA) 체결을 통해 경제협력을 더욱 강화하고자 2019년부터 협상을 본격적으로 진행했다. 필리핀은 아세안 국가 중 한국의 4번째로 큰 무역 상대국이며, 한국은 필리핀에 반도체, 석유화학 제품, 자동차, 기계류 등을 주로 수출하고 있다. 2021년 한국과 필리핀은 FTA를 체결하였고, 양국 의회의 비준을 거쳐 2024년 12월 31일 정식 발효되었다. FTA 발효는 양국 간 교역 및 투자 확대를 촉진하고, 경제협력 관계를 한층 더 고도화하는 계기가 될 것으로 전망된다. 또한, 인천국제공항공사의 마닐라 국제공항 개발 운영 사업 수주 등 인프라 분야 협력이 확대되고 있다.

한국과 필리핀의 경제협력은 양적으로나 질적으로 크게 발전하였으나, 몇 가지 과제도 안고 있다. 한국 기업의 입장에서는 필리핀의 정치 불안, 치안 문제, 인프라 부족 등이 투자 확대의 제약 요인으로 작용하고 있다. 필리핀의 입장에서는 한국과의 무역 불균형 심화가 해결해야 할 과제가 있다. 그럼에도 불구하고 양국은 앞으로도 경제협력을 더욱 확대하고 심화시켜 나갈 것으로 전망된다. 한국은 필리핀의 성장 잠재력과 풍부한 노동력을 활용하여 경제협력을 확대할 여지가 크며, 필리핀 역시 한국의 발전 경험과 기술력을 활용하여 경제 발전을 추진할 수 있을 것이다.

제4장
필리핀 한인사회의 형성과 발전

1
필리핀 한인 이주의
시기별 특징

 한인의 필리핀 이주 시기는 보다 세분하여 설명할 수 있겠지만, 크게 세 시기로 나누어 구분할 수 있다. 이 세 시기는 송출국인 한국과 수용국인 필리핀 간의 정치·경제적 상황 변화를 중심으로 분류할 수 있다. 특히 양 국가의 경제적 위상의 변화가 중요한 이유는 송출국과 수용국의 경제적 차이는 이주자들의 형태와 특성에도 많은 영향을 주기 때문이다. 즉 일반적인 이주 이론에서도 개발도상국에서보다 선진화된 국가로의 이주 형태와 선진국에서 개발도상국으로 이주하는 형태에는 차이가 나타난다.

 첫 번째 시기에 해당하는 한인 동포들은 1970년 이전에 필리핀에 이주한 한인들이다. 이 시기에 이주한 한인들은 일부 일제강점기하에서 군인의 신분으로 갔다가 정착하게 되었거나, 독립 후 유학이나 상업을 목적으로 필리핀에 이주하여 정착한 사람들이다. 또한, 이 시기 가장 특징적인 이주 유형은 한국전쟁 이후 필리핀 군인이나 군무원과 결혼하여 이주한 한국 여성들이다. 이들은 대체로 열악한 한국의 경제·사회적 환경에서 벗어나 보다 선진적인 필리핀 사회로의 이주를 선택한 것으로 볼 수 있다.

두 번째 시기에 해당하는 한인 동포들은 1970~1980년대에 이주한 한인들을 포함한다. 이 시기는 한국에서 경제적 발전이 급속도로 이루어지고 있었으며, 한국과 필리핀의 경제적 발전 수준이 전환되는 시기로 볼 수 있다. 한국 기업들이 필리핀에 진출하면서 기업 주재원으로 이주했다가 이들 중 일부는 필리핀에 남아 개인 사업을 시작한 사람들도 있고, 국제기구(ADB, WHO, IRRI)나 외국기업에 근무하던 사람들, 그리고 유학생과 선교사 신분으로 이주하여 정착한 사람들도 있다. 이 시기에는 한국에서 해외로 나가는 것 자체가 특별한 것으로 여겨졌던 시대였다. 따라서 이 시기에 필리핀에 이주한 한인들은 대부분 한국 사회에서도 해외 진출이 가능한 특별한 자격이나 여건을 갖춘 사람들로서 보다 자발적이고 진취적인 입장에서 필리핀에 이주한 것으로 볼 수 있다.

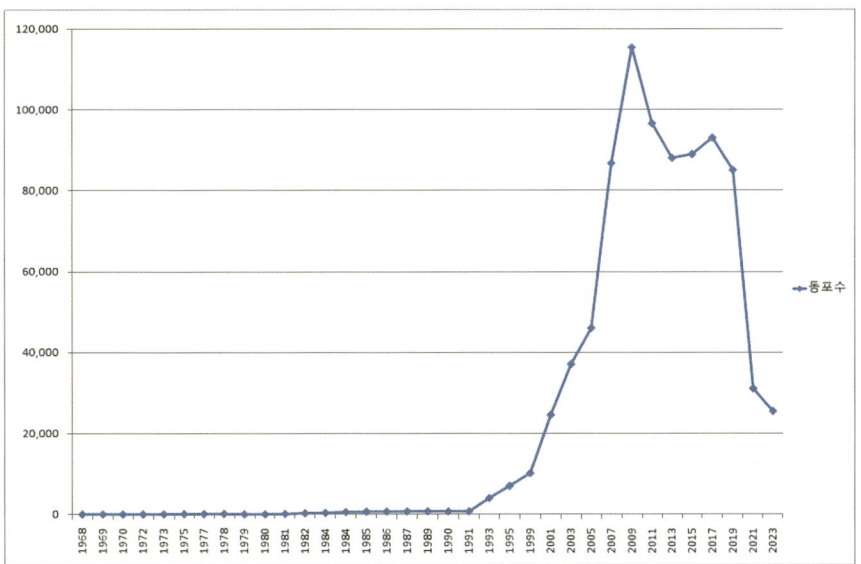

필리핀 한인 동포 수 변화 추이, 1968~2023

세 번째 시기에 해당하는 한인 동포들은 1990년대 이후에 이주한 한인들이다. 이 시기는 1988년 서울올림픽을 계기로 한국의 국제적인 위상이 높아진 반면, 필리핀은 해외로 가정부와 노동자를 송출하는 국가로 전락함으로써 양국 간의 경제적 격차가 확연히 역전된 상태였다. 특히 1989년 한국의 해외여행자유화정책과 2006년 해외자본투자자유화정책 등과 같은 해외 이주에 많은 영향을 미친 중요한 국가의 정책적 변화가 있었다. 또한, 1997년과 2008년 한국의 경제위기 상황은 한인의 필리핀 이주 흐름에 영향을 미치기도 했다. 한국의 경제위기 상황은 일시적으로 여행객의 감소와 유학생의 귀국 등으로 필리핀 한인사회를 위축시키기도 했다. 전반적으로 세 번째 시기에는 필리핀을 찾는 한국인 관광객과 어학연수생 수가 급속히 증가했으며, 이들을 고객으로 하는 여행업, 숙박업, 요식업 등 다양한 업종이 나타났고, 이러한 업종에 종사하는 한인들의 수도 급속히 증가했다.

　　필리핀 거주 한인 동포 수는 1993년부터 급속히 성장하는 추세를 보여 1999년에는 10,137명으로 증가했다. 급속한 증가세를 보인 필리핀 한인 동포 수는 2009년 115,400명으로 최고치에 이르렀다가 점차 감소하는 추세를 나타냈다. 필리핀 한인 동포 수의 감소는 다양한 원인이 있겠지만, 무분별한 해외 진출로 인한 부작용이 드러나기 시작하고, 치안 불안으로 인한 사건 사고가 잦아지면서 이주 유입수보다 유출수가 증가한 탓으로 볼 수 있다. 특히 코로나19의 여파는 필리핀 한인 동포 수를 결정적으로 감소하게 했다. 2023년 통계에 따르면 약 25,000여 명의 한인 동포가 필리핀에 장기 거주하는 것으로 나타난다.

2
격동기 필리핀 한인사회
(1945~1989년)

필리핀 내 한인사회의 형성 과정을 조사한 한 연구(Kutsumi 2007)에 따르면, 1953년 한국전쟁 휴전 이후부터 1960년까지 약 30명의 한국 여성이 파병 필리핀 군인, 군무원, 엔지니어 등과 결혼해 필리핀에 정착한 것으로 나타난다. 한국전쟁을 계기로 많은 외국 군인들이 한국에 주둔했으며, 전후 어려운 국내 사정으로 인해 파병 군인이나 군무원 등 외국인과 결혼해 외국에 나가는 것이 유행하기도 했다. 결혼 대상은 대부분 미국인이었지만, 필리핀인과 결혼하는 사례도 있었다. 미국과 오랜 군사적 동맹 관계에 있던 필리핀은 미군이 주둔하고 있는 곳에 함께 주둔하는 경우가 많았다. 실제로 전후 한국에서 필리핀은 미국 다음으로 널리 알려진 국가였다. 1962년 3월 한국에 새로 부임한 주한필리핀 대사의 부인은 박현숙이라는 이름의 한국 여성이었다. 대사로 부임한 막시미니 부에노 씨는 한국전 시기 유엔 한국재건위원회(UNCURK) 필리핀 대표로 한국을 방문하였는데, 부인 박 씨는 이화여고 출신으로 조선호텔 프론트 데스크에서 일하다가 부에노 씨를 만나게 되었다

필리핀 군인과 결혼한 한국 신부

고 전한다.(『동아일보』
1962.03.27. 1면 기사; 김민
정 2015: 265 재인용).

한편 필리핀으로 결
혼 이주한 여성들의
생활을 긍정적으로 묘
사하고 있는 기사도
찾을 수 있다. 1966년
12월 『경향신문』은 오
키나와로 징용되어 간 한국인들이 종전 후에도 그대로 머물면서 무국적으
로 사는 사정을 소개하고, 미군인과 결혼하여 온 국제결혼 한국 여성들도 다
른 교포들과 전혀 교류가 없다고 하면서, "국제결혼 한 이들끼리 깊이 유대
를 가지고 교민회에서 떳떳하게 활동하고 있는 곳은 '필리핀'이다"고 전하기
도 했다(『경향신문』. 1966.12.29. 3면 기사; 김민정 2015: 265 재인용). 신문에 소개될 정
도로 안정적인 상황에서 결혼한 사례도 있겠지만, 현지 조사를 통해 국제결
혼 신부들의 삶이 그렇게 긍정적인 것만은 아니었던 것을 발견할 수 있다.

[1950~1960년대 필리핀 한인 수]

	1958년	1966년
필리핀 한인 수	200여 명	150여 명
근거	필리핀 교민회장 박윤화 인터뷰 기사(『경향신문』 1977.02.28.)	유양수 대사가 회고한 박대통령 환영 인구 수(유양수 1988: 37)

김민정, 2015: 274 재인용

　　1970년대 초까지만 해도 필리핀 한인사회의 내부 구성은 국제결혼 한인
여성과 유학생, 아시아개발은행(ADB)이나 세계보건기구(WHO) 등 국제기구

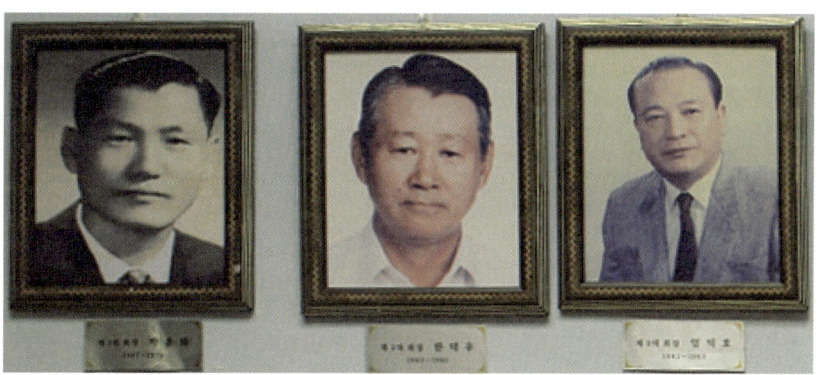
초기 한인회 회장, 박윤화, 한덕우, 엄익호

직원, 정부 기관 관계자 등에 국한되었고 별 변화가 없었다. 그러나 1975년 대한항공 직항 노선이 생기면서 1970년대 말까지 유학생 수와 지상사 주재원 수가 늘어났고, 1973년 현대건설을 필두로 하여 이듬해 남광토건이 진출하는 등 건설 회사들의 진출이 증가하면서 한인들의 수가 증가하였다. 이 시기에 필리핀에 들어와 정착한 사람들이 향후 필리핀 한인회의 주도적 인물들이 되었다. 오랫동안 필리핀에서 거주하던 박윤화 씨가 1969년에 필리핀 한인회를 조직하여 10년간 이끌었으며, 그의 뒤를 이어 1980년대부터 보다 안정된 조직체계가 갖추어진 한인회로 발전하게 되었다. 박윤화의 뒤를 이어 1979년에 제2대 한인회 회장으로 취임한 한덕우는 1965년에 무역업으로 필리핀에 이주해왔고, 1970년에 한글학교를 여는 데 기여하였다. 1982년에 제3대 회장으로 취임한 엄익호는 공군 중령 출신으로 역시 사업차 1975년에 이주해왔다(김민정 2015: 273).

1980년대 말까지만 해도 한국에서는 해외여행을 하려면 국가의 허락을 받아야 했기에 일반인들이 외국에 나가는 것은 극히 제한적이었다. 이 시기에는 일반인들이 여권을 발급받는 것 자체가 드문 일이었다. 외국에 나갈 수 있는 사람들의 신분은 대부분 외교관, 대기업 상사 주재원, 해운업계 종사

마닐라한인연합교회, 1974년

자, 국제경기 참가 운동선수, 그리고 일부 유학생들이 대부분이었다. 이 시기 필리핀 유학생으로는 평민당 부총재와 총재 권한 대행을 거쳐 민주당 최고위원을 지낸 박영숙 의원, 이성근 전 한성대 총장 등이 대학원 과정을 수학했다. 특히 필리핀국립대학교 로스바뇨스 캠퍼스(Univerisity of the Philippines, Los Banos)에 설치된 세계미작연구소(International Rice Research Institute, IRRI)가 한국의 농촌진흥청과 긴밀한 관계를 유지하면서 많은 한국 유학생들을 받아들이기도 했다. 이곳에서 1970년대 한국 녹색혁명의 대표적 품종인 통일벼 종자가 개발되기도 했다(박정현 외 2015: 104-105).

1970년대는 한국교회의 필리핀 선교가 시작된 시기이기도 하다. 한인의 규모가 점진적으로 증가하면서 한인교회의 필요성이 대두되었다. 이에 따라 1973년 한인 송년회에서 최초로 한인교회 설립을 위한 논의가 이루어졌다. 이를 계기로 마닐라 한인연합교회가 1974년 부활절을 기점으로 창립 예배를 드렸고, 당시 유학생 신분으로 있었던 한상휴 목사가 초대 목사로 취임했다. 마닐라 한인연합교회는 박윤화와 신용기 이사를 주축으로 1976년 11월에 필리핀 정부에 종교기관으로 정식 등록했다. 1977년에는 김활영 선교사가 필리핀 교회 초청 첫 선교사 신분으로 필리핀 땅에 도착하여 라왁(Laoag) 지역에서 1년간 사역하다가 마닐라에 내려와 사역을 이어갔다. 그는 한국에서 사역하다 필리핀에 온 미국 베커 선교사와 당시 필리핀인 남편과 함께 살던 김선호, 김병례 권사 등 여러분의 도움으로 장로교 선교단체(Evangelical Presbyterian Mission, Inc.)를 결성하여 1978년 8월에 선교단체로는 최초로 필리핀 정부에 정식 등록했다(한국교회 필리핀 선교 40년사 발행위원회 2016: 42).

필리핀에 진출한 초기 선교사들로는 1973년에 유학생 신분으로 들어온 한상휴 선교사, 1977년에 합동 측 총회 파송을 받은 김활영 선교사, 순복음교회에서 파송 받은 박정자 선교사, 1979년에 파송된 김유식 선교사가 있으며, 같은 해에 마원석 전도사가 유학생 신분으로, 그리고 김지주 목사가 비거주 선교사로 들어왔다. 1980년에는 합동 측 백병수 선교사가 들어온 것으로 기록되어 있다. 당시에는 한국교회가 선교에 대한 인식이 없었으며, 여권을 만들기도 쉽지 않은 상태였다. 더욱이 해외로 외화를 반출한다는 부정적 인식에 따라 해외투자나 유학도 부정적인 시각으로 보던 시기였기 때문에 이들 선교사의 필리핀 진출은 한국교회의 선교에 대한 열정과 소명의식의 발로로 평가되고 있다. 한편 1980년대에 들어서는 각 교단에서 파견하는 선교사의 수가 급속히 증가했다. 이처럼 1985년 이전까지 필리핀에 진출한 선교사의 많은 수가 유학생 신분으로 와서 공부와 사역을 병행했다. 이들 중 일부는 공부를 마친 후 선교사로 정식 파송을 받기도 했다. 1985년 중반 필리핀에서 활동하는 한국인 선교사의 수는 약 30여 명 정도였다(한국교회 필리핀 선교 40년사 발행위원회 2016: 44).

이 시기에 필리핀 내 한국 혹은 한인사회와 관련된 다양한 단체들이 만들어지기 시작했다. 특히 한국전쟁에 참전했던 필리핀 퇴역군인들은 1959년에 한국전필리핀참전용사회(Philippine Expeditionary Forces to Korea, PEFTOK)를 조직하여 한국

김유식 선교사와 현지 설립 학교

필리핀에서 유명한 한국 농구 국가대표
신동파

과 필리핀을 연결하는 상징적 가교 역할을 했다. 한편 한인회가 주도한 한글학교가 1970년 8월 15일 마닐라에 설립되어 매주 토요일마다 수업을 시행하였다.

필리핀 국민의 한국인에 대한 인식은 몇몇 이슈들을 통해 점차 널리 확산하기 시작했다. 1962년에는 언론인 장준하 씨가 당시 아시아의 노벨상이라고 불리는 '막사이사이상'을 수상하면서 필리핀 국민의 주목을 받았다. 한편 1969년에는 태국에서 열린 제5회 아시아농구선수권대회는 필리핀에 한국을 알리는 중요한 계기가 되었다. 당시 준결승전이었던 한국과 필리핀의 경기에서 한국이 필리핀을 95대 86으로 승리하면서 농구를 열렬히 좋아하는 필리핀 국민에게 깊은 인상을 심어주었다. 특히 그 경기에서 놀라운 능력을 발휘하며 혼자서 50골을 넣은 신동파는 이후에도 필리핀 국민의 기억 속에 오래도록 남게 되었다. 한편 1980년대 들어 한국의 경제성장과 더불어 필리핀 수출자유지역에 입주하는 한국기업의 수가 늘어났고, 필리핀 내의 한인사회 규모도 점차 확대되었다. 이에 따라 1980년 기존의 필리핀한인회가 필리핀한인총연합회(United Korean Community Association in the Philippines)로 개편되어 그 조직이 강화되기도 했다(박정현 외 2015: 79).

3

해외여행 자유화와
한인사회 (1990~2005년)

한국이 전 세계적인 관심을 받았던 1986년 아시안게임과 1988년 서울올림픽이 끝나고 이듬해인 1989년에 한국 정부가 실시한 해외여행자유화조치는 한국인의 해외 진출에 커다란 변화를 가져왔다. 기업들의 해외시장 개척 붐과 조기유학 열풍이 맞물리면서 관광, 어학연수, 사업 등 각기 다른 목적으로 많은 한국인이 필리핀을 방문했다. 1992년에 한국인의 필리핀 방문객 수는 2만 6천 명이었던 것이 1997년에는 13만 명으로 급속히 증가했고, 2003년에는 30만 명이 넘었다. 해외여행자유화정책은 기존의 공관원과 기업 주재원, 그리고 일부 유학생과 선교사들로 한정되어 있던 한국인의 필리핀 진출이 여행과 유학, 선교, 그리고 소상공인의 폭발적인 증가를 가져왔다. 특히 세계화의 물결과 함께 한국에 불어닥친 영어교육에 대한 열풍은 가까우면서도 저렴한 비용으로 영어를 공부할 수 있는 필리핀이 어학연수를 위한 목적지로 부상하기 시작했다. 이러한 수요에 맞추어 수많은 어학원이 설립되었고, 이들 학생이 생활할 수 있는 하숙집, 식료품점, 식당 등이 들어

한진중공업 수빅조선소

서면서 자연스럽게 한국인 커뮤니티가 형성되게 되었다. 메트로마닐라 북부 케손시의 돈 안토니오 인근의 한국인 밀집 지역이 이러한 유형으로 형성된 한인촌의 대표적인 사례이다.

한편 1980년대 말과 1990년대 초 한국에서는 노동집약적 의류산업이 경쟁력을 잃어감에 따라 필리핀의 카비테 수출자유지역(Cavite Export Processing Zone)으로 많은 한국의 중소기업들이 진출하였으며, 1995년부터는 삼성, 현대, 대우, LG 등 대기업들도 필리핀 시장진출을 본격화하기 시작했다. 필리핀에 진출한 한국기업들은 필리핀 경제에도 많은 영향을 주고 있으며, 특히 한진중공업이 수빅에 건설한 조선소는 필리핀을 세계 4번째의 선박 건조 국가로 만들었으며 약 2만 명의 고용을 창출하기도 했다. 필리핀 한진중공업은 2019년 1월 경영 악화를 이유로 파산신청을 하여 청산절차를 밟았다. 한편 한국전력은 필리핀에 건설한 발전소를 통해 필리핀 전체 전력 소비량의 약 14%를 생산하고 있음도 이를 말해준다(박정현 외 2015: 94-95).

한인들의 필리핀 진출은 기업뿐만 아니라 다양한 분야에서 이루어졌으며, 한국의 문화와 음식도 필리핀에 급속히 전파되기 시작했다. 한국문화교류단의 태권도 교관 자격으로 홍성천 한국국제학교 전 이사장이 필리핀에 처음 진출했다. 그는 1977~1986년까지 라살대학교 체육학 교수로 근무하면서 태권도 보급에 크게 공헌했다. 오늘날 필리핀에서는 태권도가 큰 인기를 얻고 있으며, 필리핀 국가대표가 국제 대회에서 금메달을 기대할 수 있는 몇 안 되는 종목이 되었다. 한편, 이 당시만 해도 필리핀 한인 식당은 손으로 꼽을 정도였다. 코리안 빌리지, 송림원, 코리안 팔라스 등이 마닐라를 중심으로 영업을 했으며, 이때부터 필리핀에 거주하던 한인들은 물론 필리핀 사람들에게 한식 전파의 첨병 역할을 했다. 당시부터 존재했던 한식당들 가운데 코리안 빌리지와 코리안 팔라스를 제외하고는 대부분 자취를 감추었고 그 기록도 찾아보기 힘들다(박정현 외 2015: 107).

1989년 해외여행자유화정책이 시작된 이후 한국인 선교사들도 필리핀에 대거 입국했다. 이들은 정식 선교사로, 혹은 유학생이나 일반인 선교사로 들어와 생활하면서 필리핀 한인사회의 중요한 축을 형성하게 되었다. 이러한 환경 속에서 1980년 후반 선교사들의 주요 관심사 중 하나는 한국인 선교사 자녀교육을 위한 한국적인 문화와 영성과 국제적 감각을 가진 학교를 설립하는 문제였다. 이러한 인식에 따라 학교 설립을 위한 모금 활동이 시작되었으며, 1994년 6월에 한국선교단체협의회에서 김활영 선교사를 초대 교장으로, 신기찬 선교사를 이사장으로 임명하고 뉴 마닐라 지역에 건물을 임대하여 개교하였다. 또한, 1990년대에 들어서면서 서서히 시작된 '전략적 선교센터' 설립 문제도 2000년도 들어 한국인 선교사들의 수가 더욱 많아지면서 본격화됐다. 당시 한국에서는 조기유학과 영어교육이 붐을 일으키고 있었다. 이러한 시기에 센터를 중심으로 한 선교 사역은 많은 선교사들에게 안정적으로 사역할 수 있는 기반을 제공하기도 했다. 한편 1991년 12월에는 개인회

필리핀 한국선교협의회 선교 역사관 개관

원을 중심으로 조직되어 있던 선교협의회를 선교단체를 회원으로 하는 조직
으로 개편하여 주비한국선교단체협의회를 출범시켰다. 본 협의회는 2006년
에 주비한국선교단체협의회와 주비선교사교단협의회로 분리되어 있다가,
2008년 6월에 이르러 한국선교사총연합회라는 이름으로 통합되었다(한국교
회 필리핀 선교 40년사 발행위원회 2016: 46, 52).

　1990년대 이후 필리핀 내에서 분야별로 다양한 종류의 한국인 단체들이
생겨났다. 이 시기 필리핀에 한인 수가 급속히 증가하고 장단기 유학생과 관
광객 수가 빠르게 늘어나면서 한인사회가 조직적인 측면에서도 전문화와 다
양화가 이루어졌다. 필리핀의 한인사회를 대변하는 필리핀한인총연합회를
비롯하여, 재필리핀한국부인회, 재필리핀선교단체협의회, 교포무역인협의
회, 지상사협의회, 민주평통자문회의동남아협의회, 재필리핀학생협의회, 그
리고 각 지방의 한인회가 조직되어 활동하게 되었다.

4

해외투자 자유화와
한인사회 (2006~2020년)

2009년은 한국과 필리핀이 수교를 맺은 지 60주년이 되는 해였다. 필리핀 이주 한인 수는 2005년 이후 급속히 증가하여 2009년에 11만 5,400명으로 최고치에 이르렀다. 이는 2006년부터 한국 정부가 실시한 해외투자자유화 정책과도 연관이 있다. 이 정책으로 인해 개인의 해외투자가 쉬워지면서 소자본 상공인들과 투자자들의 필리핀 진출이 많이 증가하였다. 필리핀을 방문하는 한국인의 수도 많이 증가하여 2012년부터 매년 100만 명이 넘는 한국인이 필리핀에 입국했다. 이는 필리핀에 입국하는 국가별 외국인 수로는 1위에 해당한다.

필리핀내 한인 규모가 클 뿐 아니라 내부 구성이 무척 다양하고 복잡해졌다. 영주권이나 시민권을 가진 한인이 전체 한인의 0.9% 정도에 불과하며, 이는 대부분 필리핀 한인들이 불안정한 체류 신분을 가지고 있음을 말해준다. 필리핀 한인의 많은 경우 체류의 선택지로 한국과 필리핀 사이의 양자택일이 아니라 다양한 영어권 선진국을 포함하고 있다. 즉 필리핀을 다른 영어권 국가로 가기 위한 일시적 경유지로 간주하는 예가 많다는 것이다. 이처럼 일시적 체류자격의 거주자가 절대다수고 내부 구성이 다양하다는 점은 필리 핀 한인 주거 지역과 상권이 현지 사회와 긴밀하게 연결되지 못하고 배타적 으로 형성되는 배경이 되기도 한다(김민정 2014: 230).

필리핀 내 한인은 이처럼 구성 요소들의 차이로 인한 다양성과 더불어 근 래에는 지리적인 다변화가 이루어지고 있다. 과거에는 필리핀을 방문하는 경우 대부분 마닐라에 도착하여 일정 기간 머물다가 지방으로 진출하는 패 턴이었지만, 이러한 이주 패턴에 변화가 나타나고 있다. 이는 항공 노선의 다변화와 연관된다. 근래 다양한 항공사에서 마닐라를 거치지 않고 중부의 세부나 북부에 있는 클락, 혹은 필리핀 관광지로 가장 잘 알려진 보라카이 인근의 깔리보 등으로 직접 운항하는 노선을 개설함으로써 굳이 복잡하게 마닐라를 거치지 않고 직접 목적지로 가는 경우가 많아졌다. 이는 필리핀을 방문하는 한국인 수는 증가하지만, 마닐라의 한인 수는 감소하는 결과로 나 타나고 있다. 이와 같은 구성원의 다변화와 지리적 분화는 필리핀 한인사회 의 결속력에 부정적인 영향을 미치고 있다. 비록 한인의 대표기관으로 필리 핀한인총연합회가 존재하지만 이에 회비를 내며 참여하는 수는 점차 감소하 고 있으며, 한인들은 지역별 혹은 그룹별로 분자화되고 있다.

필리핀 한인의 중요한 축을 형성하고 있는 그룹들로는 공무원 혹은 국제 기구의 파견 요원들, 기업의 주재원들, 한인회의 중심이 되는 현지 중소 상 공인들, 자녀교육을 위해 필리핀에 거주하는 기러기 가족들, 선교를 목적으 로 파송된 선교사 가족들, 그리고 유학이나 어학연수 등으로 일정 기간 필리 핀에 머무르는 학생들로 구성된다. 해외 한인사회의 일반적인 패턴이긴 하 지만, 이들은 직장 혹은 사업과 관련된 조직이나 단체에 소속되어 활동하며, 지역적으로는 자녀들이 다니는 학교의 학부모회, 그리고 신앙생활과 기타 정보교환을 위한 교회 공동체를 중심으로 커뮤니티를 형성하고 있다.

장기로 해외에 체류하는 한인들의 경우 자녀교육은 무엇보다도 중요한 관심사이며, 이는 또한 한국인으로서의 정체성과 관련된 문제이기 때문에 정부의 관심사이기도 하다. 이러한 관점에서 1970년대부터 주말학교 형식으로 한글학교가 시작되었지만, 필리핀에서 한국 교과 과정에 맞춘 교육이 시행되기 시작한 것은 2000년대 들어서이다. 2002년부터 논의되기 시작한 필리핀 한국국제학교가 2009년 3월 1일에 정식 개교됨으로써 필리핀에 거주하는 한인의 자녀교육을 담당할 최초의 정규 교육기관이 되었다. 한글학교와는 달리 한국의 정규 교육 과정을 따르는 국제학교의 경우, 장기체류 한인들의 자녀와 영어 연수를 위해 필리핀에 장기체류하는 학생들을 대상으로 한다. 한국국제학교는 한국 정부와 대사관, 한국 기업과 한인들의 후원금으로 설립되어, 유치원에서부터 고등학교 과정까지 운영하고 있다. 한국 교

한국국제학교 2014학년도 입학식 기사

필리핀한국국제학교 '대학 입학 설명회' 개최

연세대학교와 중앙대학교 관계자 초청해 학생 및 학부모 대상으로 실시

필리핀한국국제학교는 4월 18일(수)과 19일(목) 양일간 연세대학교와 중앙대학교의 입학처 담당자를 초청하여 입학설명회를 개최했다.

입학설명회에는 필리핀한국국제학교의 재학생은 물론 40여 명의 학부모도 참석하여 한국대학의 재외국민특별전형에 대한 깊은 관심을 반영했다.

입학설명회를 통해 연세대학교와 중앙대학교에서는 중고교과정해외이수자(3년) 및 해외전 교육과정 이수자(12년)에 대한 재외국민 특별전형 계획을 안내하였으며 지난해 전형과과 분석한 내용과 더불어 각 학과별 주의한 점 및 유망학부·학과에 대한 안내를 신입생이 학생 및 학부모의 이해를 도왔다. 또한, 약 한 시간에 걸친 설명회 이후에는 질의응답 시간을 가지고, 학생 및 학부모와 1:1로 개별면담을 진행하며 학생 및 학부모의 큰 호응을 받았다.

18일에 실시한 연세대학교 입학설명회에서 학원에 입학되며 입학대상은 재외국민 특별전형 이외에도 중고교과정해외이수자·학생이 지원 가능한 수시특기자전형(언더우드) 관련하여 지원 시전 및 지원 방법을 상세하게 소개하면서 서류 작성 시 유의해야 할 사항에 대해 안내했다. 또한 입학대상은 전형 과정에서 지향

기하는 요소는 고교과정 내에서 요구되는 학습역량과 문제해결능력을 가지고 있으며 전공 적합성과 대학 입학 후 학교에서 보낸 모범적 태도와 진학의지를 밝히며, 가장 중요한 요소이며 필요 이상의 오버 스펙은 오히려 역효과를 불러올 수 있다고 밝혔다. 이에 따라 내신을 철저하게 관리하고 학교 생활을 충실히 하면서 토론이나 글쓰기 연습을 꾸준히 할 것을 당부했다.

연세대학교에 이어 19일에 입학설명회를 개최한 중앙대학교는 필리핀 내에서 유일하게 한국국제학교에서 입학설명회를 진행하였는데 중앙대학교의 선지도 경쟁률 및 모집요강 및 충원율을 자세하게 안내하고 신입유망학부 등을 소개하여 학생들의 효율적인 학교 선택의 방향을 제시했다. 입학설명회를 진행한 조건부 입학 업무 담당 및 김두경 입학지원관은 연세대와 농일하게 적극적이니 생산관 교내활동의 여부가 진학에서 가장 중요한 요소로 작용함을 밝히면서 내신관리 및 학교생활기부의 중요성을 강조했다.

한편, 현재 10학년이 응시하게 되는 2021년 전형에서는 재외국민특별전형의 응시 자격요건이 매우 엄격해짐에 따라 두 대학의 관계자들은 중고교과정해외이수자(3년)의 경우 자격요건의 미달로 전형에 응시하지 못하는 사례가 빈번해질 것에 대비하여 집중하게 지적요건 변화에 여부를 확인할 것을 당부하였으며, 연세대학교에는 현재 11학년 학생들이 응시하게 될 2020년 전형 관련 예고사항도 안내하였는데, 서류간소화 차원에서 단계별 전형이 이루어지고 수시모집의 경우 특기자전형에서 학생부 종합전형으로 변화하면서 면접 반영비율이 현재 30%에서 40%로 상향됨을 예고했다.

양일간에 걸쳐 진행된 입학설명회에 대해 학생들은 학교에 대한 전반적이며 이해의 도움 수 있었으며 개별면담을 통해 대학입학에 대한 진학 전략을 수립할 수 있었다는 소감을 피력했다.

필리핀한국국제학교(교장 김종호)에서는 한국 대학 진학을 희망하는 학생들을 위해 매년 한국 주요 대학의 입학 관계자들을 초청하여 입학설명회를 개최함으로써 학생들에게 대학 진학에 대한 구체적이고 정확한 정보를 제공하고 있으며 그 결과 매년 원동한 대학 진학률을 보이고 있다. 오는 5월 3일(목)에는 서울대학교의 입학 담당자를 초청하여 입학설명회를 실시할 예정이다.

필리핀한국국제학교 대학입학설명회

육과학기술부에서 파견된 김성미 교장이 1대 교장으로 취임했고, 행정 직원을 포함 34명의 한국인, 원어민, 필리핀 교직원들이 근무하고 있다(박정현 외 2015: 106).

한국국제학교가 설립되면서 필리핀 한인 자녀들의 진로에도 일부 변화가 나타나고 있다. 과거에는 대부분 필리핀에서 고등학교를 졸업하고, 영어권의 대학 특히 미국의 대학으로 진학하는 것이 일반적이었지만, 최근에는 한국국제학교를 졸업한 학생들이 한국에 있는 대학으로 진로를 결정하는 경향이 두드러진다. 일례로 2019년 1월 11일 개최된 제10회 졸업식에서는 유치원 7명, 초등학교 13명, 중학교 17명, 고등학교 20명 등 총 57명의 졸업생을 배출했으며, 이들 중 고등학교를 졸업한 학생 20명 모두 한국 소재 주요 대학에 진학했다.

이 시기 한국에서 크게 유행했던 조기유학 열풍으로 필리핀에도 많은

한국인 초·중·고등학교 학생들이 유입되었다. 한국통계청 자료에 따르면, 2010년 6월 기준으로 2000년 이후 누적 집계된 조기유학생만 15만 4,345명에 달하는 것으로 나타났다. 2010년 6만 8,000명이 다녀간 필리핀에서 어학연수는 관광에 이어 방문 목적 2위를 차지했다. 필리핀은 주요 선진국보다 비교적 저렴한 유학비용으로 중산층 가정에서 조기유학 코스, 연계 연수의 시발점으로 주목을 받았다. 또한, 근래 한국의 대학들과 필리핀의 대학들이 교류협력(MOU 혹은 MOA)을 맺어 학생 교류와 공동연구 사업을 진행하는 경우가 급속히 증가하고 있다(박정현 외 2015: 115).

필리핀 한인의 한 축을 이루고 있는 선교사의 규모도 급속히 증가함으로써 지역별 협의회 활동이 더욱 강화되고 있다. 2014년 집계된 바로는 필리핀에서 사역하는 선교사 수가 약 1,500명이 넘는 것으로 나타나며, 이들은 전국에 흩어져 지방선교사협의회를 중심으로 활동하고 있다. 이에 따라 필리핀 전 지역을 아우르던 중앙선교협의회는 별로 큰 사역을 감당하지 못하고 있는 것으로 평가된다. 그동안 마닐라를 중심으로 전국적인 네트워크가 형성되었지만, 항공편의 다원화로 이제는 마닐라 중심의 선교사협의회 운영이 효율성을 가지기 힘들어졌다. 더 나아가 마닐라 지역 자체 내에서도 지역 선교부의 활발한 활동이 한국선교사총연합회의 통일된 지도력을 분산시킨 원인으로 간주하기도 한다(한국교회 필리핀 선교 40년사 발행위원회 2016: 54). 마닐라 중심에서 전국적으로 분산되고 있는 한인 분포의 변화 행태는 마닐라 한인 교회에도 많은 영향을 주고 있다.

한편 필리핀 정부는 실버산업 육성을 위해 은퇴한 외국인들에게 특별영주비자(Special Resident Retiree's Visa)를 제공하고 있다. 본 은퇴 비자는 취득조건이 비교적 단순할 뿐만 아니라, 제공하는 다양한 혜택으로 인해 필리핀 내에서 안정적인 생활을 할 수 있다는 장점이 있다. 이에 따라 2000년대 중반에 많은 필리핀 한인들이 이 비자를 취득했다. 은퇴 비자 발급 기관인 필리핀은

퇴청(Philippine Retirement Authority)의 자료에 따르면, 한국인의 은퇴 비자 신청자 수는 2000년에 79명, 2001년에 138명, 2003년에 152명, 2004년에 219명, 2005년에 372명, 2006년에 1,179명, 2007년 2,620명으로 급속한 증가세를 보였으며, 이후 점차 감소세를 나타냈다. 필리핀에서 은퇴 비자의 신청 조건은 연령이 35세에서 50세 사이이면 미화 5만 달러를 필리핀 은행에 예치해야 하고, 50세 이상인 경우에는 미화 2만 달러만 예치하면 된다. 예치금은 콘도미니엄 소유권 구입이나 주택, 토지, 연립주택의 20년 이상 장기 임대, 골프나 컨트리클럽 지분 소유권 구입, 필리핀 증권거래소에 등록된 법인의 지분 투자 등으로 사용할 수 있다. 그리고 은퇴 비자 취득 시 다양한 혜택을 약속하고 있다. 즉 수시 출입국 가능, 이민국에서 발행하는 출국 확인서 및 재입국 허가서 제출 면제, 이민국에 매년 등록해야 하는 외국인 등록 면제, 시가 미화 7천 달러 상당 개인 물품 반입 시 세금 면제, 입국일로부터 1년 이내 출국 시 여행세 면제, 특별 학업 허가(Special Study Permit) 면제, 연금 송금 시 면세 등의 혜택을 제공한다(김동엽 2009; 박정현 외 2015: 116-117).

한인들 사이에 필리핀 은퇴 비자를 발급받는 수요가 급속히 증가했던 것은 2006년 한국 정부가 실시한 외환규제 완화와 해외부동산투자규제 완화

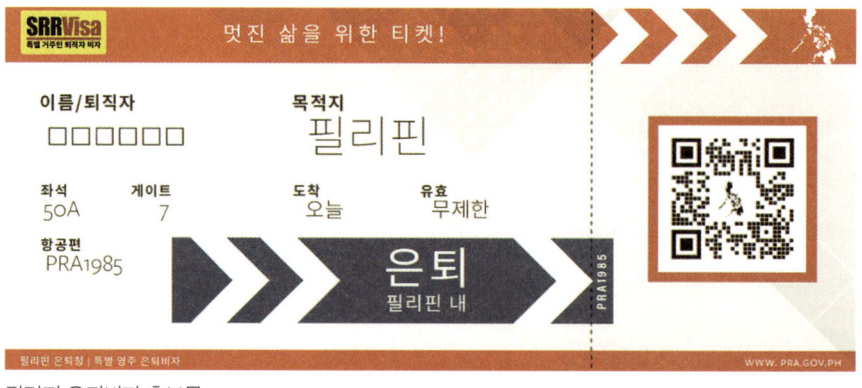

필리핀 은퇴비자 홍보물

정책과 무관하지 않다. 해외 진출과 투자가 보다 쉬워짐에 따라 보다 안정적인 환경에서 거주하기 위한 방안으로 은퇴 비자를 취득한 것으로 판단된다. 이러한 해외투자 활성화와 비슷한 시기에 한류(韓流) 바람이 시작되어 필리핀 한인사회에도 많은 영향을 미쳤다. 필리핀 주요 방송국의 황금 시간대에 한국 드라마가 연이어 방영됨으로써 필리핀 사람들 사이에 한국에 대한 이미지에 많은 변화를 가져왔다. 드라마의 유행

2017년 필리핀 독립기념일 행사에 참석한 산다라박

은 각종 한국산 제품과 식품, 기업의 이미지에도 많은 영향을 주었다. 한국동남아연구소(2010: 287-289)에서 마닐라 시민들을 대상으로 한 여론조사 결과에서도 한국인과 한국의 제품, 그리고 기업에 대한 이미지가 대단히 긍정적임을 볼 수 있다.

한국에 대한 필리핀 사람들의 호의적인 분위기는 일찍이 필리핀에 이주해 현지인과 함께 교육받은 한인 1.5세대들이 필리핀 방송가에 진출해 두각을 나타내는 현상으로 나타나고 있다. 국내 걸그룹 2NE1에서 활발한 활동을 펼쳤던 산다라 박이 대표적인 인물이다. 그녀는 당시 필리핀에서 가장 영향력 있는 방송사였던 ABS-CBN의 오디션 프로그램에 참여해 2등을 차지함으로써 필리핀 연예계에 데뷔했다. 이후 한국의 연예 기획사에 2NE1 멤버로 발탁되어 현재 한국 연예계에서 활동하고 있다. 이 밖에도 필리핀 방송 Q채널에서 MC와 DJ 등으로 활동 중인 오상미(Sam Oh), GMA 채널에서 활동 중인

필리핀한국문화원의 한-필 벽화

이경희(Grace Lee), 그리고 또 다른 오디션 프로그램에서 입상해 ABS-CBN 채널을 중심으로 MC와 코미디언으로 활약 중인 방성현(Ryan Bang) 등이 있다. 많은 필리핀 사람들은 이들이 한국인이며, 필리핀 방송가에서 대중적 인기를 바탕으로 확고한 기반을 다지고 있다고 보고 있다(박정현 외 2015: 110-111).

필리핀 내에서 한류 바람을 지속해서 이어가기 위한 노력이 한국 정부와 한인사회를 중심으로 지속되고 있다. 지난 2010년 주필리핀 한국대사관이 이전하면서 새롭게 개원한 한국문화원은 2011년부터 한국 문화를 알리는 사업을 추진하고 있으며, 한국어, 탈춤, 국악, 사물놀이, 서예, 공예, 태권도, 한국 노래 등 필리핀 대중을 대상으로 다양한 문화 프로그램도 진행하고 있다. 아직 초기 단계에 있는 한국문화원 활동이 일방적으로 한국의 문화를 필리핀 사람들에게 주입한다는 인상을 주기보다는 한국과 필리핀을 잇는 문화교류의 통로라는 인식을 심어주는 것이 필요할 것이다. 더불어 계층 간 소득격차가 심한 필리핀에서 고가의 한국제품이나 한국 음식 혹은 문화를 쉽게 소비할 수 없는 많은 필리핀 대중에게 좀 더 쉽게 한국 문화를 접할 수 있도록 유도하는 것도 필요한 과제로 지적되고 있다(박정현 외 2015: 111).

2010년대 후반부에 들어서는 필리핀 한인사회에 다양한 변화가 나타나는 것을 감지할 수 있다. 필리핀 현지 사정을 제대로 알지 못하고 막연한 기대감 속에 이주를 결정하고 필리핀에 와서 생활을 시작한 사람들이 각종 현실적인 문제에 봉착하면서 한국으로 돌아가는 경우가 많아졌기 때문이다. 이는 2018년 현지 한인과의 인터뷰를 통해 당시 한국과 필리핀 간의 이삿짐 물동량을 비교하여 필리핀으로 유입되는 것보다 한국으로 돌아가는 수량이 많다는 것을 통해 짐작할 수 있었다(김동엽 2021). 또한, 필리핀에서 발생하는 한인 피살사건 등이 한국의 언론에 자주 보도됨으로써 필리핀으로의 이주를 꺼리는 현상도 나타났다. 그런데도 여행 및 단기 체류를 위해 필리핀을 방문하는 한국인의 수는 계속 증가하여 2019년에는 178만 명을 넘었다. 이는 장기체류 한인 수는 줄어들지만, 여행이나 어학연수 등 단기 체류 한국인의 수는 여전히 증가하고 있음을 보여준다.

5

코로나19 사태의
충격과 한인사회 (2020년 이후)

　필리핀에서 코로나19 바이러스가 번지기 시작한 것은 2020년 2월부터이며, 사태의 추이가 심상치 않자, 필리핀 정부에서는 3월 초에 해외로 연결되는 모든 항공 노선을 폐쇄한다고 발표했다. 더불어 필리핀 내에 있는 모든 외국인에게 공항 폐쇄 전에 귀국할 것을 권유했다. 이에 따라 필리핀에 여행, 연수 혹은 기타 목적으로 단기 거주하던 많은 한인이 서둘러 귀국했다. 코로나19 사태는 필리핀 한인사회에도 커다란 파문을 가져왔다. 전 세계적으로 번지며 많은 희생자를 낳은 코로나19 사태에 대처하는 각국 정부의 태도는 자국민 보호 우선이라는 국수주의적인 특성을 분명히 드러냈다. 코로나19 사태가 심각한 해외에 나가 있는 자국민을 보호하기 위해 특별기를 편성하여 귀국시키는 것이 국가의 의무처럼 여겨지는 상황이 되었다.

　코로나19 사태의 장기화와 이로 인한 해외여행 중단은 해외 이주와 정착이라는 문제를 새로운 관점에서 바라보는 계기가 되었다. 특히 필리핀처럼 한인 이주의 형태가 국적을 취득하여 귀화하는 것이 아니라, 한국 국적을 보유한 채 장기체류 비자를 취득하거나 단기 체류 비자를 연장해가며 외국인 신분으로 거주하는 한인들로 이루어진 한인사회는 코로나19 사태를 통해 그 취약성이 여실히 드러났다. 이는 단지 필리핀 한인들의 법적 지위나 체류 자격의 문제뿐만 아니라 필리핀 한인사회의 많은 구성원이 필리핀을 방문하는

필리핀 코로나-19 사태 모습

한국인을 상대로 한 경제 활동을 통해 생계를 유지하는 상황에서 한국인의 필리핀 방문 중단은 곧 한인사회의 경제적 기반이 붕괴되는 것을 의미하는 것이나 다름없었다.

클락국제공항에 한국으로부터의 직항로가 개설되면서 필리핀에 새로운 한인 집단 거주지로 부상했던 앙헬레스 지역의 한인사회 소식은 이러한 상황을 대변해주었다. 소셜 미디어를 통해 알려진 앙헬레스 지역의 장기체류 한인 수는 코로나19 사태가 시작되기 이전인 2020년 3월만 해도 약 2만 5,000명에서 3만 명이었던 것이 8월경에는 겨우 2,500명 정도밖에 남지 않은 것으로 추정했다. 귀국한 한인 대부분은 필리핀 정부의 자국민우선정책과 불안한 의료 서비스로 인해 사태가 진정될 때까지 잠시 사업을 중단하고 귀국한 경우가 대부분이었다. 즉 언제라도 사태가 마무리되면 다시 돌아가 사업을 지속할 것을 기대하며 귀국한 것이었다. 그러나 사태가 장기화되면서 필리핀에 재입국할 길도 막히고, 현지에 남겨두고 온 사업장에 대한 관리도 제대로 이루어지지 못함에 따라 막대한 경제적 손실을 감수해야 했다. 이는 비단 앙헬레스 지역만의 문제가 아니라 필리핀 전역에 흩어져 있는 한인들 전반의 문제라고 볼 수 있다.

필리핀 정부의 외국인에 대한 시한부 철수 명령과 경제 활동 중단이라는 어려운 상황 속에서도 현지에 남아 생활하는 한인들은 나름대로 이유가 있었다. 비록 비자를 연장하여 체류하는 경우라 할지라도 해외 이주를 결심하고 가족과 함께 필리핀에 와서 정착한 사람들은 한국에 어떠한 삶의 터전도 남기지 않은 경우가 많다. 따라서 모든 가족과 삶의 터전이 필리핀에 있고 이를 제대로 정리할 시간적 여유나 환경이 되지 않은 상황에서 어쩔 수 없이 체류를 선택한 것이다. 필리핀 상황이 악화되고 한국으로의 귀국 특별기가 편성되어 한인들의 귀국행이 이어질 때 잠시 비를 피한다는 심정으로 귀국길에 오른 사람들은 사태가 장기화되면서 언제 끝날지 모를 이번 사태로 인해 많은 고통을 겪었다. 당시 소셜 미디어를 통해 짐작할 수 있는 현지 체류 한인들의 삶 또한 장기간 경제 활동을 제대로 할 수 없는 상황에서 많은 어려움을 경험한 것으로 보인다. 이처럼 어려운 상황 속에서도 필리핀에 체류를 결정한 한인들의 많은 경우가 필리핀 국민과 결혼한 국제결혼 가족이 많다는 점이 향후 필리핀 한인사회의 미래를 짐작하게 한다. 국제결혼을 한 한인들은 현지인 아내나 남편, 그리고 자녀를 두고 비교적 깊이 현지에 뿌리를 내리고 정착해 살고 있어서 한국으로의 귀국을 선택하기 어려운 상황이었다.

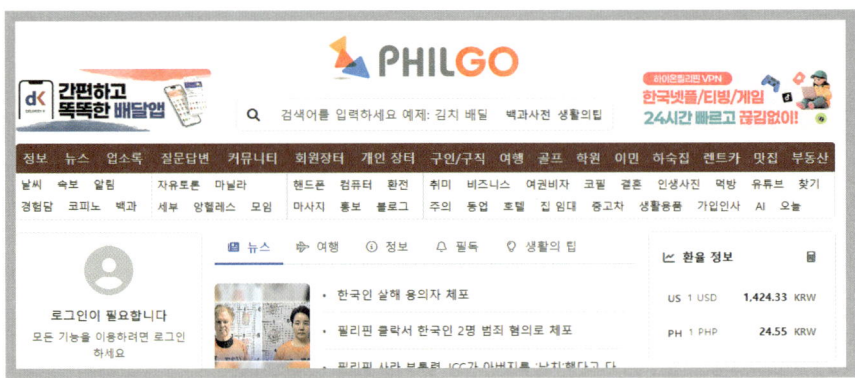
필고

피나이 TV 유튜브

　국내외적인 이동 통제와 이로 인한 경제 활동의 제한으로 나타난 필리핀 한인사회의 또 다른 현상은 소셜 미디어를 통한 소통이 증가한다는 점이다. 물론 코로나19 사태가 발생하기 이전에도 지역별 한인들이 중심이 된 온라인 카페나 단톡방이 개설되어 정보를 공유하고 소통하는 모습을 볼 수 있었다. 그러나 이번 사태가 발생하여 고립된 상태가 지속되면서 필리핀 현지에 남아 있는 사람들에 의한 유튜브 활동이 두드러졌다. 이들은 자신들의 주변에서 일어나고 있는 일상적인 모습을 영상에 담아 전하면서 필리핀 현지의 상황과 뉴스를 나름의 관점을 가지고 전달함으로써 구독자들과 소통하는 모습을 보여줬다.

　불과 몇 개월 되지 않는 유튜브 채널에 구독자 수가 급속히 증가하여 수천에서 수십만까지 증가하는 현상은 소통의 범위가 필리핀 체류 한인들을 넘어서 일반 대중에게도 퍼졌다. 특히 인기 있는 유튜버의 대부분이 필리핀 현지인과 결혼한 한-필 가족이라는 점이 특이하다. 국제결혼을 한 가족이 생활하는 일상의 모습과 주변 현지인과 소통하는 모습이 많은 사람의 시선을 끌었다. 더불어 그동안 한국에서 일반인들이 TV 프로그램을 통해 주로 시청해

세부필리핀 초이 사장 Owner Choi

왔던 동남아 국제결혼 가족의 모습과는 다르다는 점도 발견할 수 있다.

인기 유튜버들은 스스로 자신의 진솔한 이야기뿐만 아니라 필리핀의 역사, 문화, 뉴스 등을 나름 분석해 영상 콘텐츠로 담아 대중에게 전달함으로써 많은 공감을 얻고 있다. 특히 필리핀 현지에서 어떻게 자신들의 삶을 개척하며 살아가고 있는지를 소개함으로써 다른 필리핀 한인들뿐만 아니라 필리핀 이주를 생각하는 많은 한인들에게 비전과 현실을 동시에 제공하고 있다. 영상에 담긴 이들의 모습은 그동안 한국에서 동남아 출신 아내를 얻은 한국인에 대한 편협한 시각을 바로잡는 데에도 긍정적으로 이바지하고 있다.

2022년이 지나면서 코로나19 사태는 대부분 종료되었고, 일시 귀국했던 한인들도 필리핀으로 복귀하는 경우와 한국에 오래 체류하면서 복귀를 포기하는 경우로 나뉘었다. 2023년 외교부 집계 필리핀 한인의 수는 25,485명으로 최고치에 달했던 2009년 115,400명의 1/4 수준, 코로나 직전인 2019년 85,125명의 1/3 수준에도 미치지 못하는 규모가 되었다. 2024년에 약 157만 명의 한국인이 필리핀을 방문한 것으로 기록되면서 코로나19 이전의 규모를 거의 회복했다. 그러나 장기로 거주하는 필리핀 한인의 규모는 여전히 그 회복세가 느린 것으로 추측된다. 코로나19 사태는 외국인 신분으로 해외에 정착하여 살아가는 것이 얼마나 불안정한 것인가에 대한 인식을 높였다. 이러한 경험을 바탕으로 향후 필리핀 한인사회에서 국제결혼 가족의 역할이 더욱 증가할 것이라 예상할 수 있다. 이는 현지인과의 결혼이 공식적인 이민의 거의 유일한 통로가 되는 필리핀의 현실 속에서 현지에 깊이 뿌리를 내리고 살아가는 국제결혼 한인들의 입지가 더욱 강화될 것이기 때문이다.

제3부

산업별 한인기업
진출 발자취

제5장
필리핀 한인기업의 진출 현황

1
필리핀 내 한인기업
개척의 선구자들

　한국인 최초의 필리핀 산업 진출은 1935년 이전부터 소수의 한인들이 한국으로부터 인삼과 약초상 무역 중심의 개인 이주 형태의 소규모 상업 활동으로 그 흐름을 열었던 것으로 추측된다. 그 근거는 1935년 5월 박윤화 씨가 필리핀에 이주해 왔을 때 이미 한국인 최명집 씨가 마닐라 차이나타운에 고려약방(古麗藥房)을 설립하여 중국인들을 상대로 한국 인삼을 팔고 있었고, 당시 한국, 중국 베트남, 말레이시아 등을 왕래하면서 인삼장사를 하는 십여 명의 한국인 무역상인들이 있었다는 기록이 있다(1977년 2월. 경향신문).

　최명집 씨는 1930년대 중반에서 1950년대까지 인삼 및 한약류 무역업과 약방을 운영하면서 필리핀 내에서 한국 한약재의 효능을 전파하며 사업을 운영하면서 전후 한인사회에서 약방과 건강관련 분야의 기반을 마련하고, 필리핀 내 한국 전통 약재 유통의 선구자로서 경제 독립형 기업 모델을 시작한 이로 평가된다.

　1913년 평북 의주에서 태어나 1935년 필리핀으로 이주하여 정착한 박윤화(1913-1978) 씨는 1955년에 무역회사 Associate Commercial Trading사를 설립하여 기업인으로서 자리를 굳혀 나가면서 필리핀에서 생산되는 나왕 원목을 한국으로 수출하는 무역을 시작하다가 필리핀 정부의 원목 수출 규제가 시작된 1976까지 원목 사업을 진행했던 기록으로 봐서 필리핀 초창기 한인 기업 개척의 선구자는 박윤화 씨로 봐야 할 것이다. 아울러 박윤화 씨는 초창기 성공한 한인 기업인으로서 1946년 대한인국민회 필리핀지방회 위원장을 역임했고, 1967년에는 한인회를 설립하여 초대 회장을 맡으면서 필리핀 내 한국 이민자들의 단체화 및 교류 강화와 교민사회 운영기반 마련에 주도적인 역할을 했다.

1965년 필리핀으로 이주해온 한덕우(1933-2019) 씨는 무역회사 영성무역(Young Sung Trading)을 설립하여 무역업을 기반으로 한인 기업가들의 경제진출 기반을 닦았으며, 1972-77년에는 한국산 사과를 필리핀에 수출하여 크게 사업기반을 잡았다. 1978년부터는 한국 풍산금속과 거래를 시작하여 한국산 화약과 탄피를 구분하여 수입하였고, 주력 아이템으로는 필리핀 화폐를 용도에 따라 구별해 주는 '뱅크노트 프로세싱'이라는 사업을 펼치면서 크게 성공하였다. 아울러 1980년 제2대 한인회장과 1991년 한인무역협회 초대회장, 1996년 한인상공회의소를 창립하여 초대 회장을 하면서 한인들의 화합과 협력에 노력했으며, 한국인들의 정체성 확립에도 크게 기여하였다.

1970년대는 남광토건과 한일개발(현, HJ중공업)이 필리핀 진출 선봉에 서면서 한국 굴지의 대형 건설사들의 필리핀 진출 교두보 역할을 하였다. 1974년 남광토건이 루손 북부 고속도로 건설에 참여하여 필리핀 최초의 대형 인프라 프로젝트에 참여했다. 이후 현대건설, 삼성물산, GS건설, 대우건설, 대림건설, 포스코건설 등 대형 한국 건설사들이 필리핀 땅에 뿌리 내렸으며, 당시 남광토건 책임자로 파견되어 많은 프로젝트를 성공적으로 마치고 필리핀 현지에 남아 개인사업을 하면서, 동포사회에 합류해서 제 8대 한인총연합회장(1990-1991년)과 대한노인회 회장 (2014-2017년)을 역임하면서 한인사회에 이바지한 필리핀 건설산업의 선구자 김춘배 회장이 있다.

김춘배 회장

1977년에는 국제그룹의 조광무역에서 바타안경제특구지역에 PHIL-GER Apparel 현지 합작투자법인을 설립했고, 1979년엔 두산실업에서 DOOPHIL Apparel 합작법인을 설립하면서 한인 봉제산업이 필리핀에 진출하게 된 계기가 되었으며, 1990년대부터 카비테 투자공단이 문을 열면서 2010년대까지 약 60여 개의 한국 봉제업체들이 번성하였으며, 그 선봉에서 필리핀 한인 봉제산업을 이끈 주역은 1980년 2월 조광무역 현지법인에 파견 근무 발령을 받고 첫발을 디딘 박승태 씨와 이원주 씨가 있다. 특히 이원주 씨는 LHK Creation Inc.를 운영하면서 1996년 봉제협회를 설립해 초대회장과 제19대(2011-2012) 한인총연합회 회장을 역임했다.

1982년대는 한국 삼화고무에서 바탄 경제특구지역에 투자법인 LOTUS라는 신발업체를 설립하여 미국 나이키와 리복 등 대형 바이어와 손잡고 급격히 성장하였으나, 1992년 9월 수출 주문 감소와 본사 재정상태 악화로 도산되면서 문을 닫게 되었다. 이후 마리키나, 안티폴로 지역에 10여 개의 한국 신발 제조업체들이 설립하여 번성하였으나 코로나19 팬데믹을 겪으면서 지금은 3개 업체만이 운영하고 있다.

1975년에는 대한항공이 첫 취항을 하면서 마닐라에 지사를 개설했다. 1976년에는 현대종합상사와 쌍용 등이 진출했으며, 1990년대 들어 삼성과 대우 등이 진출했다. 1990년대 본격화된 한국 대기업들의 직접투자와 공장 이전 등으로 필리핀에 유입되는 교민수가 급속히 증가하고 유학생 및 관광객 수가 빠르게 늘어나면서 필리핀 한인사회는 다양한 측면에서 규모가 확장되었다.

1990년대 후반 IMF 외환위기 이후 한국인 해외 영어연수 수요가 높아져 미국, 캐나다보다 상대적으로 저렴한 지역인 필리핀을 선호하면서 마닐라, 클락, 바기오, 세부, 일로일로, 다바오 지역에 한국인이 직접 운영하는 사설 영어학원이 급증하여 한때는 필리핀 전국에 백여 개의 한국계 어학원이 설립, 운영되었다. 코로나19 이전까지는 연간 2-3만 명의 한국인 어학연수생이 방문하고 더불어 유학생도 동시에 증가하면서 2010-15년대에는 교민수도 더불어 증가하여 한때는 15만명을 넘어서면서 항공사, 여행사, 어학원, 기숙사, 식당, 노래방, 하숙집, 환전소, 한국 식자재 공급 업체 등의 관련업체들도 더불어 상생 발전하면서 교민사회 경제가 역대 최고의 호황을 맞기도 하였다. 그러나 2020년 코로나19 팬데믹을 겪으면서 한국인 어학연수산업은 직격탄을 맞으면서 거의 80%가 문을 닫았고, 현재는 클락, 바기오, 일로일로, 세부 등 일부 지역에서 한인들이 어학원 사업을 재개하여 운영하고 있다.

[CJ GROUP 필리핀 진출 현황]

CJ그룹사는 다양한 형태로 필리핀에 진출을 하였다. CJ Feed&Care 사료 법인은 1996년 진출 이후, 1997년 북부루손 불라칸 공장을 준공한 후 2018년 부킷논 공장 준공과 증설을 진행하였다. CJ대한통운 물류법인은 2006년 진출 이후, 2017년 로컬사업자인 TDG사와 합작법인을 설립하여 물류(창고/수송)사업을 확대하였다. 또한 CJ제일제당 식품법인은 2023년 수입유통법인 설립 후, 다양한 한식 식재료와 냉동식품으로 전세계에 알려진 브랜드 비비고(Bibigo)를 활용하여 K푸드 확대에 앞장서고 있다.

CJ 사료 사업
- CJ Philippines Inc. (Bulacan / Bukidnon)

1996년 필리핀 법인 설립 이후, '97년 북부 루손 불라칸 공장 준공 통한 사료 생산, 판매 사업을 시작으로 필리핀 시장에 진입하였다. 2018년 남부 민다나오 부킷논 공장 준공 및 증설 통해 양돈, 양계, 양어 사료를 필리핀 전역에 판매하여 총 생산 규모는 연간 30만톤(불라칸 16만톤, 부킷논 14만톤)에 이르렀으며, 우수한 품질경쟁력을 바탕으로 지속적인 성장을 통해 필리핀 500대 기업 중 하나로 성장하였다.

2023년에는 '리치메이드' 글로벌마스터 브랜드를 앞세워 뛰어난 기술을 바탕으로 고객만족을 실현하여 신뢰를 구축해 가고 있다.

CJ 불라칸 공장

CJ 부킷논 공장

CJ 물류 사업
- CJ Logistics PH Corp. CJ Transnational Philippines Inc.

　2006년 CJ GLS 법인 설립으로 필리핀 시장 진출 이후 2013년 CJ오쇼핑 ACJ 진출과 함께 B2C 택배사업으로 영역을 확대하였다. 2017년 이커머스 업체 라자다와 국경물류(Cross Border Transportation) 등 포워딩 사업영역 확대, TDG(Transnational Diversified Group) 그룹과 합작법인(Joint Venture) 설립으로 창고/ 수송 사업 영역에 진출하기도 하였다.

라자다와 택배사업 파트너십 계약 체결

TDG그룹과 합작법인 계약식

CJ 대한통운 Pasig 물류창고

CJ 대한통운 Bulacan 창고

CJ 오쇼핑
- CJ O Shopping Corp

　2013년 필리핀 최대 방송업체 ABS-CBN과 합작법인 설립으로 필리핀 시
장 진출, 홈쇼핑 채널을 런칭하였다. 이는 상품소싱, 방송제작, 콜센터, 배송
및 A/S까지 진행하는 필리핀 최초의 홈쇼핑 사업자로 등장한 것이었다. 이후
Sky Cable, ABS2, Studio23 등 3개 채널에 홈쇼핑을 런칭하고 인터넷/모바일
쇼핑몰도 동시에 운영하였으나 필리핀 내 온라인 이커머스 업체간 과다경쟁
영향으로 TV홈쇼핑 사업은 2000년 말 필리핀 시장을 철수하게 된다.

ABS-CBN과 합작법인 계약식

ACJ 오쇼핑 물류창고

CJ 식품 사업
- CJ Foods Philippines Corp.

2024 WOFEX 식품박람회

2007년부터 필리핀으로 식품 수출을 시작한 이후 2023년 식품유통판매법인을 설립하였다. 사업운영 안정화를 위해 현지 인력 채용 및 비비고 브랜드 (K소스, 만두, 김, 김치 등) 핵심제품 포트폴리오를 다양화하며 필리핀 현지의 대형 마트와 신규 거래를 추진하고 필리핀 현지 프랜차이즈 삼겹살 식당과 푸드코트 내 한식당 등에 김치, 튜브타입 고추장 등을 공급하기 시작하고, 필리핀 국제식품박람회(WOFEX)에 참가하면서 'K푸드 세계화 대표 브랜드' 입지 확보를 위해 부단히 노력해 오고 있다.

2 [목재산업]
필리핀 원목 수출입 중심

필리핀에서 한국인들이 기업 또는 조직 형태의 본격적인 최초의 상업 진출은 1960-70년대 필리핀산 원목 수출 중심의 무역할동으로 시작되었다고 볼 수 있다. 한국인들의 필리핀 목재산업 진출역사는 비교적 접근이 적은 분야로서 대규모 투자보다는 광범위한 벌채 수출 망 참여와 협업 위주로 시작하였다고 볼 수 있다.

필리핀은 풍부한 열대우림 자원을 기반으로 19세기 말부터 벌목산업이 성장했으며, 특히 일본, 한국, 대만 등지로의 원목 수출이 활발했다. 마르코스 정권시절 벌목허가가 대규모로 승인되면서 국토의 상당 부분이 벌채되었고, 주요 수출국 중 하나가 한국이었다.

1960년대 초에서 70년대 중반 한국은 자국건설 및 가구산업의 원자재 확보를 위해 필리핀산 목재 열대 Hardwood를 가장 많이 수입하는 국가중 하나였으며, 당시 한국 기업들은 목재 구매대행 및 조달망 형태로 사업에 참여했다.

필리핀 원목 벌크선 선적 장면

　당시 목재 무역업체로서는 한국, 말레이시아, 싱가포르 회사가 컨소시엄 형태로 설립한 KOMASI Plywood Consortium가 있었고, 필리핀 기업과 공동 설립한 Karamfil import & Export Co. Inc. (한국대표, 백호광)가 있었으며, 한국 대형 수입업체로서는 Daiil Enterprises 와 Tong Myung Timber(동명목재)가 있었다.

　특히 Karamfil사는 1970년경 설립하여 왕성하게 운영되었으나, 1980년대 이후 국제사회와 환경단체의 비판을 줄이기 위해 필리핀 정부의 벌목 라이센스(TLA : Timber License Agreement) 제한 및 각종 규제 강화와 생산량 감소로 사업을 종료하였다. 같은 시기에 한국 천지그룹에서 설립한 목재 무역사업 현지법인 유신㈜(법인장 유병희, 제4대 한인총연합회장, 1984-1985)가 존재하였으나 설립과 폐업 년도에 대한 정확한 정보가 없다.

　참고로, 1935년 필리핀으로 이주하여 1967년 한인회를 설립하여 제1대 한인회장을 역임한 박윤화 회장의 1977년 2월 경향신문 인터뷰 기록에 의하면, 1955년 무역회사 Associate Commercial Trading를 설립하여 필리핀 나왕 원목을 한국으로 수출하여 당시 가장 성공한 한인으로 꼽힐 정도였다는 기록으로 봐서 박윤화 회장이 필리핀 한인 목재산업 진출 선구자라고 할 수 있다. 그후 박윤화 씨는 필리핀 정부로부터 원목 수출 규제가 시작된 1976년까지 원목 수출 사업을 왕성하게 추진하였다

3 [건설산업]
필리핀 국가 인프라
건설 참여

　필리핀과 한국을 잇는 깊은 역사는 비단 사람의 이동에만 국한되지 않는다. 한국의 건설사들이 필리핀 땅에 뿌리내리고 일궈낸 수많은 프로젝트들은 필리핀 한인 100년사에서 빼놓을 수 없는 중요한 발자취로 기록된다. 이들의 땀과 기술은 필리핀의 인프라 발전에 크게 기여하였으며, 한인사회의 안정적인 정착과 양국간 경제협력의 든든한 토대가 되어 주었다.

　한국 건설회사들의 필리핀 진출은 1974년 남광토건이 루손 북부고속도로 마닐라~로사리오 라유니온 간 200㎞ 도로건설 참여와 한일개발(현, HJ중공업)이 민다나오 마벨~제너럴 산토스 간 147㎞ 도로 건설에 참여하면서 필리핀 최초의 대형 인프라 프로젝트에 진출하게 되었다. 이는 단순한 건설 참여를 넘어, 한국 건설 기술이 해외에서 인정받기 시작한 상징적인 사건이었으며, 한국 건설업체들의 필리핀 진출의 교두보 역할을 한 지점으로 평가된다.

　지난 50여년간 필리핀에는 30여개의 한국 종합건설업체 및 단종업체들이 진출하여 정부공사와 민간 투자공사의 설계, 감리, 시공 업무를 수주하여 총

약 150억불의 공사를 수주하여 수행하였다. 전체 기간을 크게 시장 진출 시작, 침체, 확장 등 세 단계로 구분할 수 있는데, 각 시기의 특징을 통해 한국 업체의 활동과 성격을 쉽게 파악할 수 있으며 한국 건설업체들의 기술적 역량 발전 수준에 맞추어 공사수행 범위도 발전한 것을 볼 수 있다.

특히 한진(HJ) 중공업은 70년대초 필리핀에 첫 진출부터 현재까지 필리핀에서 한번도 철수한 적이 없이 필리핀 건설 시장에 활동적이고 적극적으로 참여하고, 오랜 기간 적극적인 현지화 전략에 성공하여 공사의 공백없이 지속적으로 그동안 80여 개의 다양한 공사를 수주하여 약 40억달러의 공사를 수행한 좋은 예라 할 수 있다.

2025년 7월 현재, 공사수주 추정액

HJ중공업 40억불, DL대림 40억블, 현대건설/현대엔지니어링 30억불, 삼성물산건설 20억불, 포스코건설 10억불, 두산중공업 4억불, 남광토건 외 6억불 등

제1차 진출 시기 (1970 ~ 1990년)

1970년대초는 국내 건설시장의 협소로 인해 해외에서 시장을 개척하기 위해 동남 아와 중동으로 진출한 시기로 기술자와 숙련노동자의 결합으로 저렴한 시공비의 장점을 활용하여 필리핀 건설시장에도 여러 한국 건설업체들이 참여하였다.

해외 차관을 자금원으로 공사금액이 크고 공사기간이 2년 이상인 필리핀 정부 발주공사는 한국 건설업체들에게 큰 기회로 다가왔다. 그러나 치안 상태가 불안한 시기여서 필리핀 정부와 공산반군(NPA)의 대립속에서 일부 건설사 경우 현장 직원 피랍, 장비 소실 등의 피해를 입기도 하였다. 필리핀에 최초 진출한 업체로는 1974년 남광토건과 한일개발(현, HJ 중공업)에 이어 홍

파나이섬 할라우 댐 건설 공사 (대우건설)

화공업과 현대건설 등이 진출하였다.

현장 개설 후 처음 입국한 한국인 건설업체 직원들은 공사 완공 후 대부분 귀국하였으나, 일부 직원들은 잔류하여 시공업체 현지법인 설립, 장비업체 운영, 건설자재 인력 송출 등 계속 건설 관련 사업을 수행한 경우들이 있었으며, 특히 남광토건의 김춘배 공무부장은 마지막 공사인 올롱가포 도로공사를 마치고, 필리핀 현지에 남아서 DJ Builder 건설회사를 설립하여 사업을 수행하였으며, 후에 제8대 한인총연합회장(1990-1991년)과 필리핀 대한노인회장(2014-2018년) 등을 역임하면서 한인사회에 봉사하기도 하였다.

공사 수행사례

- **남광토건**: 루존 북부 Manila-Rosario, La Union, 200km 도로공사, Tarlac-Lingayen 85㎞ 도로 공사, 민다나오 Cotabato 항만공사, 이포(Ipo) 댐, 라 메사(La Mesa) 댐 연결 25㎞ 터널공사, 올롱가포 100㎞ 도로공사
- **HJ중공업**: 민다나오 마벨-제너럴산토스 도로공사, 민다나오 수력발전소,

민다나오 도로공사, 아구스 마라막 수력 댐 공사.

• **현대건설**: 아시아개발은행(ADB) 본부 빌딩 공사 (1983년 설계 시작, 1991년 5월 완공)

제2차 발전 시기 (1990 ~ 2010)

1983년 필리핀 상원의원 베니그노 아키노 주니어(Benigno Aquino Jr.)의 총격 피살로 촉발된 EDSA 혁명(1986년) 기간 중 불안한 정세와 경제적 혼란 속에서 건설업체 지사들은 거의 다 철수하였고 일부 건설사만 남아서 지속적으로 정부공사 위주로 수행하였다.

90년대 초 악화된 경제상황이 중반기 이후 회복되면서 여러 건설회사가 추가로 진입하였고, 대림건설(플랜트 부문), 현대건설(송전선), 삼미건설(토목, 건축), 신성건설(토목), 대우건설(토목, 주거용 콘도) 등이 이때 추가로 진출하였다.

이 시기엔 토목 공사 외에 플랜트 시장에 처음으로 DL E&C(구 대림건설)이 진출하여 한국전력 최초 해외투자 BOT 공사인 필리핀 최대 규모의

마닐라 북항만 공사(HJ 중공업 시공)

1200MW급 일리안 발전소를 성공리에 완공하였고, 한국전력이 20년간 운영하여 막대한 수익을 창출한 후에 필리핀 정부에 양도하였다. 두산중공업은 처음으로 필리핀 세부 나가 석탄 발전소(한국전력 투자) 시공에 참여하였다.

> **공사 수행사례**
> - **HJ 중공업**: 라메사 상수 공급용 댐공사, 마닐라 경전철 2호선 철도 및 역사 공사, 바탕가스 국제 신항만 공사, 보홀 농업용 댐공사, 마닐라 국립 철도, 다바오 신공항, 홍수 조절 시설공사, 수빅 조선소 공사
> - **DL E&C**: 일리얀 LNG 발전소
> - **신성건설**: 코타바토 댐 건설공사
> - **두산중공업**: 세부 나가 석탄발전소

제3차 활성화 시기 (2010 ~ 현재)

이 시기는 소규모 정부발주 공사의 수익성 약화로 더 이상 참가하지 않으면서 대형 프로젝트 위주의 플랜트, 토목공사, 민간 개발공사 등으로 범위를 확장하였다. 특화된 기술과 건설 관리, 적극적인 자금 동원으로 투자 후 수익을 실현하는 프로젝트 금융 공사로까지 건설시장 전부문으로 확대한 최고의 전성기로 자리를 잡았다.

특히 한국정부의 EDCF 공적 자금으로 발주된 팔라완 푸에르토 프린세사 국제공항, 민다나오 라긴딩안 공항, 파나이섬 할루어 댐 외에 민간투자성 건축 공사인 클락 힐스(포스코건설), 골프 리조트/호텔(동광), 콘도단지(베스코건설) 등으로 건설 영역을 확대하였다.

아울러, DL E&C(구 대림건설)는 필리핀 최대의 정유공장 프로젝트인 바타안 리마니 지역 페트론 정유공장 20억불 공사를 수주하여, 2011년 4월 착공

바타안 페트론 정유공장 프로젝트 (DL E&C 시공)

2016년 1월에 완공시켜 필리핀 정유산업의 현대화와 생산성 향상에 크게 기여하였다는 평가를 받았다.

2020년대에 들어서면서 두테르테 전 정부의 과감한 건설확대정책("Build Build Build")의 일환으로 대형 토목 인프라 공사 및 부동산 활황으로 인해 수억 달러 규모의 마닐라 남부, 북부 지역 철도공사와 민다나오 해상 교량 공사에 참여하였고, 한국 업체가 기술적 강점을 가지고 있는 해상 교량 쪽에서 앞으로도 꾸준히 수주가 기대되고 있다. 골프장, 리조트, 공동 주택단지(콘도와 빌라)를 개발하여 수익형 개발사업에도 활발히 참여하였다

필리핀에 진출한 한국제조업 공장도 주로 한국업체들이 건설하고 있으며 삼성전기 공장, 기타 공단입주 봉제, 전자업체 공장들을 삼성물산, 삼미건설, HJ 중공업 등이 시공하였다.

건설 시공 업체 이외에 설계, 공사설계 및 감리를 담당하는 엔지니어링 업체들도 활발히 진출하여 현재 도화, 수성, 평화, 경호, 삼보, 유신, 한미 글로

필리핀 남북철도 현대건설 시공 및 수주 구간

벌 등이 활발히 활동하고 있다. 도로, 철도, 교량, 수자원 관리, 공장건설 설계 및 감리를 수행하였다

　한국에 본사를 둔 지점 외에 필리핀 현지에서 설립된 현지법인 건설업체들도 토목, 건축, 설비, 전기, 기계업체 등 단종 업체 위주로 약 20여개 업체가 활동하고 있다. 이 업체들은 비교적 규모가 작은 민간공사나 KOICA공사를 맡거나 대형 공사의 협력사로 참여하고 있다.

필리핀 루손 남북철도 (NSCR : North-South Commuter Railway) 공사

빰빵가주의 뉴클락시티(New Clark City)에서 메트로마닐라를 거쳐 라구나의 깔람바(Calamba)를 잇는 35개 역 총 길이 147km에 이르는 대규모 공사로 총공사비는 미화 15.6달러(PHP873.6Billion)로 아시아개발은행 및 일본국제협력기금(JICA)의 자금 지원을 받아 2019년 2월 착공하여 2029년 완공 예정인 필리핀 내 최대의 철도공사로 한국건설업체 공사 수주액은 현대건설이 4개 구간 1조 9천억원, DL E&C이 1개 구간 3,600억원, 포스코건설이 1개 구간 3,500억원에 이른다.

공사 수행사례

- **현대건설** : 마닐라 루손 남북 철도공사(NSCR)
- **DL E&C** : 바탄 페트론정유공장, 마우반 발전소, 팍빌라오 발전소, 사랑가 니 발전소, 마닐라 루손 남북철도공사
- **HJ 중공업** : 수빅 조선소, 다바오, 라긴딩안 국제공항, 블라칸 정수장 공사, 앙갓댐 개선공사
- **두산중공업** : 세부 나가발전소
- **현대엔지니어링** : 톨레도 발전소
- **계룡,일성건설** : 일반국도 건설공사, 일로코스 국도 개선공사, 고속도로 공사
- **포스코건설** : 루존 남북 철도 공사, 마신록 발전소 공사
- **대우건설** : 파나이섬 할라우 댐 공사
- **금호/GS 건설** : 팔라완 푸에르토 프린세사 공항 확장공사
- **롯데건설** : 마닐라 루손 남북 철도공사
- **남광토건** : 민다나오 팡일만 해상교량공사

마닐라 루손 남북철도공사 (현대건설 시공)

제3부

필리핀 현지 한국인 중소건설 협력 업체(2025년 7월)

대아, 성창, 세보, 중산, 대성, DH, 진명, FS PHIL, SB, 대주, 아센트, 단성, 대명, 동협, 우진, 중선, 한영, 미동건설

팡일만 교량사업 조감도

HJ 중공업

한진중공업의 필리핀 진출 현황

필리핀 수빅항에 설립된 HHIC-Phil

한진중공업의 자회사 HHIC-Phil(Hanjin Heavy Industries and Construction Philippines)는 2006년 2월 필리핀 수빅항에 설립되었다. 같은 달 첫번째 선박 건조 계약을 체결했고, 레돈도(Redondo) 반도에 조선소 건설에 착수했다. 완공 당시 수빅 조선소는 세계에서 네번째로 큰 규모였으며, 2011년 기준 약 21,000명, 2016년에는 28,000명까지 고용 규모를 확대할 계획이었다.

수빅 한진중공업전경

주요 실적으로는 첫 선박으로 2008년 7월에 인도한 컨테이너선 Argolikos를 들 수 있으며, 이후 중대형 벌크선, 탱커, 가스 운반선 등 다양한 선박을 건조했다. CALM 부이 등 오프쇼어 설비도 제작하여 2015년까지 약 123척이 인도되었으며, 2013년에는 최초 유조선, 2016년에는 첫 가스 운반선을 인도하였다.

수빅 조선소는 2015년 기준 글로벌 상위 10대 조선소 중 하나였으며, 필리핀은 수빅 조선소의 영향으로 세계 5위 조선국가로 도약했

페르디난드 마르코스 주니어 대통령이 HD 현대 필리핀 수빅조선소 방문(2025.09.02.)

다고 알려져 있다. 2016년 고용은 최대 35,000명에 달하기도 하였다.

사업체가 운영되던 중 2019년 1월 HHIC-Phil은 시련을 맞게 된다. 2019년 1월 부채 규모 및 구조조정을 신청한 후, HHIC-Phil은 약 4억 1,200만 달러의 채무를 지고 필리핀 역사상 최대규모의 법정관리(구조조정)를 신청하기에 이른다. 이 채무는 필리핀 은행 대상이었고, 한국 측 대출까지 포함하면 총 약 13억 달러로 불어나게 되었다. 당시 올롱가포(Olongapo)시 법원이 법정관리 (rehabilitation)를 승인하고, 수빅 자유구역청(Subic Bay Metropolitan Authority, SBMA) 이사회의 스테파니 씨. 사뇨(Stefani C. Saño)가 수탁자로 선임되었다. 이후 주요 은행들의 손실을 우려한 Moody's의 부정적 전망도 이어졌다.

갱생을 위해 HHIC-Phil은 2006년과 2009년에 걸쳐 조세 및 관세 면제, 7년 소득세 감면, 5% 특례세율, 전력 보조금(P5.17B, 2009-2018) 등 다양한 인센티브를 받았으나, 당초 약속한 고용 유지와 투자(민다나오 조선소: 2B 달러, 30,000 일자

리 창출)는 이루어지지 않았다. 이후 2022년 3월, 미국 사모펀드(Cerberus Capital Management)가 수빅 조선소를 인수하고, Agila Subic Multi-Use Facilities로 개명 후 운영을 재개하였다.

2025년 8월, HD 현대중공업은 Cerberus 및 Agila Subic과 함께 10년 임대계약 체결을 발표했으며, 향후 550M 달러 규모를 투자해 최대 연간 10척의 제품 탱커 건조를 목표로 2026년부터 본격 선박 건조 재개 계획을 발표했다. 2025년 현재 310헥타르 규모의 시설이 HD Hyundai Heavy Industries Philippines, Subcom(해저 케이블 제조업체), V2X(물류), 필리핀 해군 등 4개 주요 임차기업으로 전부 임차 완료되었으며, 사업은 성공적으로 운영중이라는 평가를 받고 있다.

Agila Subic의 향후 전략

현재 Agila Subic는 다변화된 산업 거점으로 재탄생하며, 향후 수빅항과 필리핀 산업의 글로벌 중심지로 자리매김할 가능성이 높다.

① 대규모 일자리 창출과 투자 유치

Agila Subic는 2027년까지 약 10,000개의 직접 및 간접 일자리 창출을 목표로 하고 있다. 2025년 현재 약 4,000명을 고용중이며, 나머지는 공급망 및 지역 경제 활성화를 통해 증가할 예정이다.

총 투자 규모도 10억 달러 이상으로 예상되며, 이미 진행중인 투자와 앞으로 유입될 자본을 모두 합한 수치이다.

Cerberus Capital Management는 과거 선박 전용 구조에서 벗어나 선박, 해저 케이블, 물류, 방위 등 다양한 용도로 활용되는 멀티 유즈 시설로 전환하는 전략을 채택하였다.

② 시설 확장 옵션

현재 310 헥타르를 운영 중이며, 최대 50헥타르 추가 확장 가능성도 열어 두고 부두 추가 건설이나 임차사 맞춤형 시설 개발 등이 검토 중이다.

③ 해상풍력 중심의 제조 거점 구축

HD Hyundai KSOE는 향후 12-18개월 이내에 해상풍력 플랫폼 제조, 선박 블록 제작, 선박 수리 등의 제조 활동을 시작할 계획으로 약 5억 5,000만 달러 투자, 3-5년 내 수천 명 고용을 목표로 하고 있다.

이 외에도 MRO(정비·유지보수) 시설, 상업 선박 건조 가능성도 열려 있으며, 지역 방위 역량과 연계한 활동도 예상된다.

④ 디지털 인프라 및 해저 통신

SubCom은 아시아 지역의 전진 배치 센터로 Agila Subic을 활용하며, 전 세계 해저 케이블 프로젝트를 위한 물류거점 및 지원기지로 활용 중이다.

⑤ 지역 커뮤니티 활성화 및 산업 생태계 구축

Agila Subic의 활성화는 수빅지역의 소상공인, 음식점, 상점 등 주변 경제를 활성화시키고, 공급망에도 활력을 가져오는 지역 경제 촉진제가 되고 있다.

4 [의류봉제산업]
봉제산업 쇠퇴로 인한 기업 축소

　필리핀에 한국 의류제조업의 진출 역사는 마닐라 서북쪽에 위치한 1972년11월 20일 개장한 필리핀 제1자유무역수출공단인 바타안경제특구지역(BEPZ)에서 시작된다. 1977년 국제그룹 소속의 조광무역이 합자 투자한 PHILGER Apparel과 1979년 두산그룹에서 투자한 DOOPHIL Apparel의 현지 투자법인이 설립되면서 한국인 봉제 의류제조업의 필리핀 초기 진출 투자가 시작되었다.

　1980년 5월에 개장한 카비테 투자공단(CEPZ)에 한국기업들은 1980년 후반부터 1990년대 초반에 Philkor Garment 외 6~7개 스웨터를 제조하는 회사들이 주류를 이루었고, 90년 중반부터는 스웨터 주문량이 하향세를 타면서 니트류로 생산 품목이 전환되어 15개 니트 제조사와 협력회사 등 25개 업체가 활성화되었고, 양말, 숙녀복, 신사복 등 많은 의류 제조업체들이 늘어나 1990년도 후반부터 2010년대는 대경어패럴(Dae Kyoung Apparel) 외 20여 개 봉제회사와 10여 개 협력업체를 포함해 30여 개 업체가 약 2만 명 이상의 필리핀 현지 인력 고용창출을 하며 카비테 공단의 한국인 봉제업체의 전성기를 이루었다.

2010년 후반부터 코로나19 대유행 기간까지 필리핀의 인건비 및 간접자본의 경쟁력 약화로 인한 급격한 생산주문의 약세로 많은 봉제회사들이 폐업하였으며, 이후 미국 백화점에 납품되는 주문생산인 소량 다품종 여성의류로 전환하여 파크 어패럴(Park Apparel) 등 10여 개 업체가 운영 유지되고 있다. 현재는 주문량 부족과 제조비용 상승, 물류파동 등의 경쟁력 상실로 봉제회사 운영이 거의 소실되어 동승 외 7개 회사만 어렵게 운영을 유지하고 있다.

카비테 공단은 개인적으로 투자 설립한 무역회사는 일부이고 나머지는 한국에 본사가 있는 회사들이 필리핀에 투자하여 제 2의 생산기지를 확대하여

LHK Creation Inc. 회사 전경

LHK Creation Inc. 공장 생산라인

운영되고 일부 소자본 협력업체들로 구성되어 운영되고 있다.

　한국 봉제업체들이 전성기를 이루던 1996년 12개사 대표들이 모여서 필리핀 한국 봉제협의회를 설립하여 LHK Creation Inc. 이원주 대표가 초대 회장으로 취임하였다. 2000년대 중후반에는 카비테 공단을 제외한 의류제조업체가 30여 개 업체로 늘었으나, 2015년 이후 필리핀 의류 제조업은 임금과 물가상승 등으로 다른 아시아 인접 국가와의 가격 경쟁력에서 밀려 필리핀의 대형 의류제조회사들이 베트남, 캄보디아 등으로 이주하기 시작하였다. 그러자 필리핀의 봉제 의류제조 인프라가 자연스럽게 줄어들어 바이어들의 관심이 필리핀을 떠나기 시작해 오더 사정이 여의치 않아 힘든 과정에서, 2020년 코로나19로 큰 타격을 입게 되어 대부분의 필리핀 의류 제조업은 폐업하거나 다른 국가로 생산기지를 옮겨 현재는 일부 소규모 회사들만 남아 있는 실정이다.

카비테공단 내 의류 제조업체 (9개 업체)

- **필리핀 단독투자 설립회사** : • SEJIN Apparel Inc, • Kaylee Fashion Inc),
  • Kyung Sung Apparel, • Dhk Seung Garment, • J H Apparel
- **한국본사 필리핀 제2 생산회사** : • Dong Han Apparel, • East Ko Garment,
  • FTN Apparel, • Woo In Apparel

공단 이외 지역 봉제협의회 회원사 (24개 업체)

- Kay Lee Fashion, • Country Side Garment, • Kyung sung Apparel,
- Summit Garment, • Vine Dress, • 17 Esquire Garment,
- Lucky East Garment, • Sung San Apparel, • East Rizal Garment,
- Min Ji Apparel, • First Rival Apparel, • Han OL Apparel, • Best Fashion,
- Com Fashion, • Kae in Fashion, • Gana An Apparel, • Shin Woo Fashion,
- Ori on Garment, • Maxi Ma Garment, • Si On Apparel, • Ga Weon Apparel,
- Su Style, • N.Y Aapparel, • Shin Han Apparel, • Uni Garment,
- Vine Dresser

5 [신발제조산업]
수출 중심에서
필리핀 내수시장 중심으로

　부산 삼화고무는 일제 강점기 때 설립하여 범표신발을 출시하였고, 일본 고무와 기술제휴하여 타이거를 상표로 스포츠화 시장에 진출하여, 80년대 중반까지 대한민국 수출 실적 1-2위를 다투던 우리나라 대표적인 신발제조 판매업체이자 수출산업의 역군이었다. 1982년 필리핀 바탄경제특구지역에 한국업체 최초로 투자법인 LOTUS 라는 신발업체를 설립하여 미국 나이키 와 리복 등 대형 바이어와 손잡고 급격히 성장하였으나, 1992년 9월 수출 주 문 감소와 회사 재정상태 악화로 신발업체 최초로 한국 본사가 도산되면서 바탄 현지법인도 함께 문을 닫게 되었다. 당시 초대 법인장은 제13대 한인총 연합회장(2000년)을 역임했던 이세채 회장이었으며, 제2대는 김충사 법인장 이었다.

　그 후 필리핀에는 십여 개의 한국인 신발 제조업체가 필리핀 신발 제조 산업의 원산지인 마리키나, 안티폴로 지역에 진출하여 번성하고 있었으나, IMF와 코로나19 팬데믹을 겪으면서 대부분 회사 운영을 접었다.

FINE SOLE INC 신발공장 라인 전경

현재 안티폴로 지역에서 운영되고 있는 한인 신발 업체는 SOLE TEC INC. 1995년 설립, 장이만 대표, FINE SOLE 1996년 설립, 안우영 대표, IL-SIN INC. 2003년 설립, 강태수 대표 세 곳이다.

이들 업체들은 필리핀 업체들과 중국산 수입 신발업체들과 경쟁하고 SM에 납품하면서 100% 필리핀 내수시장에 판매하면서 안정적인 회사 운영을 하고 있다.

6 [물류산업]
한국인의 필리핀 진출과 함께한 역사

필리핀 한인 물류산업 진출의 역사는 한국인의 필리핀 진출과 그 역사를 함께한다. 해외로 진출하는 한인들과 기업들은 무역업을 그 업으로 삼는 경우가 많고, 업이 아니더라도 필요한 생필품 등을 한국으로부터 조달하기 위해선 한-필리핀 간의 물류가 반드시 필요했기 때문이다.

역사적으로 옛 기록을 찾아보면 8세기경 통일신라 시대 유명한 '해상 왕' 장보고가 이웃 국가와 활발히 교역하던 시절 당나라를 통한 중개무역을 통하여 동남아 물품을 들여오던 곳을 볼 수 있으며 당시 간접적으로 필리핀과의 교역이 이루어졌으리라 짐작할 수 있다. 근대의 기록을 보면, 1935년 무렵 평안북도 의주의 인삼 상인들이 베트남을 거쳐 필리핀에 도착했다는 기록을 찾을 수 있다. 그러나 이는 개개인의 무역업에 가깝고 물류사업이라 부르기는 조금 어렵다고 볼 수 있다.

제대로 된 한인 물류회사의 시작은 한국경제가 고속성장을 하며, 필리핀 이주가 본격화하기 시작한 1990년대부터 시작된다. 몇몇 공장들이 필리핀

마닐라 북항 컨테이너 부두 광경

으로 사업장을 옮기고, 필리핀에서 사업하는 한국인들이 대기업 주재원들이나 공장 관리자들을 넘어 소상공업자 등으로 크게 늘어나게 되자 이들이 필요로 하는 물류 사업도 자연스럽게 시작되었다.

한국인 최초의 필리핀 물류회사는 대한항공 지사장을 역임하였던 이원웅 대표가 1989년 유닉인터내셔널(Unik CBS Phils.,Inc.)사를 설립하여 해상, 항공, PEZA, 세관 통관 등 물류 사업을 필리핀에 진출한 한국 기업 및 한인들을 상대로 물류회사를 운영한 것이 1991년 8월 1일자 한인신문 광고에 게재되었으며, 이어 두번째로 1991년 중동에서 필리핀으로 거점을 옮긴 안영찬 사장이 주식회사 신양을 설립하여 수출입 화물 세관 통관업을 주력으로 물류회사를 설립 운영했다.

1997년 한국최대 물류회사인 대한통운주식회사가 필리핀에 진출하여 현지법인을 설립하여 운영하였으나, IMF 여파로 본사인 동아그룹이 워크아웃되어 철수를 결정하면서, 당시 법인장으로 재직하던 변재홍 대표가 회사를 인수하여 마닐라에 코렉스해운항공을 설립하여 운영하고 있다. 한국에

서 필리핀으로 생필품 무역업을 운영하다 물류의 필요성을 느낀 1995년 장만석 사장이 설립한 럭키해운항공, 1998년 김성호 사장이 설립한 두라해운항공이 있으며, 이들 세 개 회사는 한국에 물류창고를 두고 한국으로부터 받은 교민들의 이사화물과 해상, 항공 택배화물을 필리핀 전국에 30여년 간 DOOR 물류 서비스를 하고 있는 대표적인 기업들이다.

1990년대 후반부터 2000년대 초에는 기하급수적으로 증가하는 한국 교민들의 이사화물과 생필품과 개인사업 화물에 대한 수요의 증가로 기업과 개인들을 상대로 하는 물류회사들이 다수 등장하게 된다.

신양, 코렉스, 두라, 럭키 등의 물류사들이 이 무렵 설립되었고, 한편으로 카비테, 라구나, 클락 등 경제특구지역에 소재한 한국 제조기업을 대상으로 항공물류를 전문으로 하는 KORNET EXPRESS INC.(대표 김윤창), APEX(대표 장은갑)도 이 무렵 설립되었다. 이렇게 각양각색의 물류회사들이 교민들의 증가와 함께 성장하며 필리핀 한인사업의 한 축을 담당하게 되었다.

2000년대에 이르러서는 항공 물류 수요가 증가하여, KP항공, HS항공, 필공구, HANPASS 등의 항공특송 전문 회사들도 다수 생겨나게 되었으며, 필

마닐라국제공항 항공화물 하역 작업 광경

리핀 건설경기 호황으로 다수의 한국기업들이 필리핀에 진출하게 됨에 따라
물류에 대한 수요도 크게 증가하여 여러 물류회사들이 설립되었다. 이 무렵
수도 마닐라 외 세부, 민다나오 등 한인들이 거주하는 다양한 지역에 제각각
의 한인 물류사들이 설립되는데, 코로나 이전에는 세부에만 10여 곳이 넘는
물류사들이 존립했다. 2000년대 중후반에는 개개인들이 로컬물류사와 협업
하는 방식으로 운영하는 개인물류 브로커들도 여기저기 많이 생기는데 이들
이 야기한 물류사고로 교민사회에 많은 문제가 발생하기도 했다.

　이렇게 설립된 크고 작은 많은 물류사들은 2025년 현재까지 계속 설립되
었다가 사라지는데, 이는 비교적 적은 자본으로 시작할 수 있는 업종의 특성
으로 인한 것으로 볼 수 있다. 다만, 이러한 서비스를 이용하는 한인들이 존
재하는 한 물류는 사라질 수 없는 업종이며 물류회사는 필리핀 한인의 역사
와 함께 계속 지속 발전할 것으로 전망한다.

7 [금융산업]
필리핀 한인들의
생활동반자, 한국계 은행

1988년 서울올림픽 이후 한국의 위상이 높아지고 경제적 발전이 가속화되며 양국간의 격차가 커지게 되었다. 이로 인해 필리핀을 찾는 한국인 관광객과 어학연수생이 급속히 증가하고 여행, 숙박, 식당 등의 수요가 크게 늘어나고 한인 인구도 크게 늘어났다. 이렇게 경제 규모가 커지며 한국계 은행들의 진출로 이어졌다. 필리핀에 진출한 한국계 은행들은 한인들의 금융 생활을 지원하고, 한국 기업들의 현지 진출을 돕는 한편, 필리핀 경제 발전에도 기여하며 양국 관계의 가교 역할을 해왔다.

필리핀 진출 한국계 은행의 발자취

한국계 은행의 필리핀 최초 진출은 한국외환은행이 1981년 사무소 형태로 진출하여, 1995년 양국 정상간 합의에 따라 (구)한국외환은행이 마닐라에 Metro Bank 가 부산에 설립을 허가받으면서, 1995년 6월에 필리핀 중앙은행

(Banko Sentral ng Pilipinas, BSP)으로부터 Full Commercial Banking 서비스 인가를 받고, 한국외환은행 마닐라 지점을 개점하고 영업을 시작하였다. 2012년 2월 하나금융그룹이 한국외환은행을 인수하여 2015년 9월 현재의 KEB 하나은행 마닐라지점으로 상호를 변경하여 마카티에 본점을 두고 외국계 기업 중심의 금융 서비스를 제공하고 있다. 2020년부터는 기업금융 및 무역금융 중심의 소매, 법인영업을 강화하며 필리핀 시장에서의 입지를 굳히고 있다.

신한은행은 2015년 3월 필리핀 중앙은행(BSP)으로부터 설립 승인 인가를 받고, 같은 해 10월 19일 현지 법인인 'Shinhan Bank Philippines Inc.' 설립하고 보니파시오 글로벌시티(BGC)에 지점을 개설하여 영업을 개시했다. 이로써 신한은행은 필리핀 내 한국인 교민 및 한국기업 금융, 해외 송금 및 무역금융 등에 대응할 수 있는 현지 은행 네트워크를 확보하게 되었으며, Metro Bank 외 필리핀 유수 은행들과 전략적 제휴를 체결하여 무역금융, 대기업 및 중소기업 금융부문에서 협력을 강화하면서 활발한 영업을 펼치고 있다.

우리은행은 2016년 5월 필리핀 저축은행인 Wealth Development Bank 지분 51%를 인수하여 필리핀 중앙은행(BSP) 승인을 받고 세부 시에 본점을 두고 진출하여 영업을 시작하였다. 현재는 전국에 25개의 전략적 지점을 보유한 유일한 지방은행이 되었으며, 2018년부터는 세부 외 지역으로도 점포를 확장하며 접근성을 높였고, 2023년부터는 디지털 플랫폼을 통한 송금 및 계좌 서비스를 제공하며 현지화 전략을 더욱 공고히 하고 있다. 현재 우리은행은 현지화 전략 강화와 함께 교민 대상 서비스 및 기업금융을 병행하며 필리핀 내 입지를 다지고 있다.

특수 목적 은행과 현지 밀착형 은행

주요 상업은행 외에도 한국의 정책 금융기관들이 필리핀 경제 발전에 기여하고 있다. 산업은행(KDB)은 2007년 마닐라에 대표사무소를 설치한 이래, 2010년대부터 한국계 대기업의 필리핀 진출 시 금융 자문과 프로젝트 파이낸싱을 지원하며 핵심적인 역할을 수행하고 있다. 지점 전환 없이 대표사무소 중심으로 기업금융과 투자금융 기능을 수행하는 것이 특징이다.

수출입은행(Korea Eximbank)은 필리핀 인프라 사업의 든든한 지원군이다. 1990년 미사미스 오리엔탈의 전화망 확충 사업을 시작으로, 2007년 주재원 파견과 대외경제협력기금(EDCF) 운용 기관으로서 필리핀의 인프라 사업을 적극적으로 지원하고 있다. 2011년 10월 13일 마닐라 사무소를 개소한 이후 클락공항 확장, 철도사업, 수력발전 프로젝트 등 필리핀 정부의 다수 대형 인프라 프로젝트에 중요한 금융 협력을 제공해 왔다.

기업은행은 2015년 4월 30일 필리핀중앙은행(BSP)으로부터 설립 인가를 받고 11월 6일 BGC One World Place 건물에 마닐라 지점을 개설하고, 중소기업금융에 특화된 한국의 국책은행으로서 필리핀 내에서도 한국기업 및 중소기업 대상으로 맞춤형 금융상품 및 대출 무역금융, 리테일 및 기업 서비스

기업은행 마닐라지점 개점식(2015.12.)

를 제공하고 있다.

한편, 마닐라 동양은행(Orient Bank Manila)은 공식 명칭 'Orient Finance and Investment Bank Inc.' 또는 'Orient Bank Manila Branch'로 불리며, 1997년 9월 한국의 동양종합금융증권이 필리핀 현지에 설립한 은행이다. 순수 현지 등록 법인으로 본사는 마카티에 위치하며, 2008년 5월 23일 알라방 지점, 2011년 5월 24일 올티가스 지점을 개점하며 영업을 확장했다. 초창기에는 통장 개설 절차 간소화, 예금 및 해외 송금, 중소 기업 대출, 소액 금융 서비스 등 한인 교민 대상 서비스에 집중했다. 다른 대형 한국계 은행들과 달리 현지 중소형 은행 형태로 운영되며, 영어, 한국어, 타갈로그어 가능 직원을 다수 배치하여 교민 고객의 접근성을 높였다. 대형 은행 대비 비교적 유연한 심사 구조로 교민들 사이에서는 "소규모 실용 은행"으로 인식되고 있다.

한인 생활의 중심, 미래를 향한 변화

필리핀에 진출한 한국계 은행들은 모두 교민들을 위한 환전, 송금, 예금 상품을 제공하며 한인사회의 금융 생활에 필수적인 존재로 자리매김했다. 2023년 이후에는 모바일 기반 송금 서비스, QR 결제, 필리핀 내 전자결제 플랫폼 연계 등 디지털 전환을 적극적으로 추진하며 변화하는 금융 환경에 발맞추고 있다. 또한, 일부 은행들은 필리핀중앙은행(BSP) 및 국가경제개발청(NEDA), 재무부(DOF)와 양해각서 체결을 통해 핀테크 또는 인프라 금융 협력을 추진하며 필리핀 금융 시장 발전에 기여하고 있다.

이처럼 필리핀에 진출한 한국계 은행들은 단순한 금융 기관을 넘어, 한인 이주 100년의 역사 속에서 한인들의 삶과 함께하며 필리핀 사회와 한국의 경제 협력에 없어서는 안 될 중요한 축으로 성장해 왔다. 이들의 끊임없는 변화와 발전은 앞으로도 필리핀 한인들의 든든한 동반자가 될 것이다.

한국계 은행의 필리핀 진출사

KEB 하나은행 마닐라지점 (KEB Hana Bank Manila Branch)

날짜	내용
1981.07	한국외환은행 마닐라 사무소 개소
1983.05	Offshore Banking unit 로 부분 업무개시
1995.05	Full Banking service 업무인가
1995.06	한국외환은행 마닐라지점 개점
2012.02	하나금융그룹 한국외환은행 인수
2013.09	하나외환은행 클락지점 개점
2015.09	KEB 하나은행 출범, 명칭변경 : KEB 하나은행 마닐라지점
2018.01	클락지점 폐쇄 및 마닐라지점 통합 운영
2020.01	기업금융 및 무역금융 중심의 소매, 법인 영업 강화
2023.04	총 자본금 U$ 103.5M → U$122.5M 증액
2024.09	총 자산 275억페소(약 491백만불)

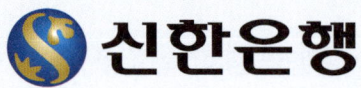

신한은행 (Shinhan Bank Philippines)

날짜	내용
2015년 3월	필리핀 중앙은행(BSP) 설립 승인
2015년 10월	마닐라 지점 개설 및 영업 개시
2019년	Metrobank & Trust Company 전략적 제휴를 체결
2020년	디지털 뱅킹 전환 및 한국 기업 대상 금융서비스 확대
2025년	현지 법인화 된 구조로 개인 및 기업 대상 영업 중

우리웰스은행 (Wealth Bank)

날짜	내용
2016년	필리핀 Wealth Development Bank 지분 51% 인수
2016년 5월	필리핀 중앙은행(BSP) 최종 승인 인가
2018년	세부 외 지역에도 점포 확장
2023년	디지털 플랫폼 통한 송금 계좌 서비스 제공 개시
2025년	현지화 전략 강화 중, 교민대상 서비스 및 기업금융 병행

산업은행 (KDB, Korea Development Bank)

날짜	내용
1997년	마닐라에 대표사무소 설치
2010년대	한국계 대기업 진출 시 금융 자문 및 프로젝트 파이낸싱 지원
2025년	지점 전환 없이 대표사무소 중심의 기업금융/투자금융 기능 수행

수출입은행 (Korea Eximbank)

날짜	내용
1990년	미사미스 오리엔탈의 전화망 확충 사업 지원
2007년	주재원 파견, 대외경제협력기금(EDCF) 운용 기관으로 필리핀 인프라 사업 지원
2010년대	필리핀 정부와의 다수 대형 인프라 협력 금융계약 체결
2011년 11월 13일	한국수출입은행 마닐라사무소 개소
대표 사례	클락공항 확장, 철도사업, 수력발전 프로젝트 등

기업은행 (IBK : Industrial Bank of Korea)

날짜	내용
2015년 11월 5일	BGC One World Place, 마닐라 IBK 지점 개설

마닐라 동양은행 (Orient Bank Manila)

날짜	내용
은행명	Orient Finance and Investment Bank Inc. 또는 Orient Bank Manila Branch.
1997년 9월	한국의 동양종합금융증권이 설립한 은행 순수 현지 등록 법인 은행으로, 본사는 마카티에 위치
2008년 5월 23일	알라방 지점 개점
2011년 5월 24일	올티가스 지점 개점
2015년 11월	대만 유안타은행으로 인수합병

초창기에 통장개설 절차 간소화, 예금 및 해외송금, 중소기업 대출, 소액 금융 서비스 제공, 다른 대형 한국계 은행들과 달리, 현지 중소형 은행 형태로 운영되며, 한인을 위한 서비스에 집중. 영어·한국어·타갈로그어 가능한 직원들 다수 배치, 교민 고객 접근성 높음. 대형 은행 대비 비교적 유연한 심사 구조로 교민들 사이에서 "소규모 실용 은행"으로 인식

8 [의료산업]
의약품, 의료기기 수출 및 제조 중심

제3부

필리핀 의료산업은 디지털 혁신, 의료 인프라 강화, 의료관광 강화라는 긍정적인 흐름을 타면서 의료기기 및 제약시장 전체 규모는 2024년 기준 약 481억달러 규모이며, 연평균 7-10% 성장율을 보이고 있고, 특히 의료기기 분야는 2025년 시장 규모가 7.3억달러 규모로 예상되어 향후 필리핀 의료산업은 크게 발전할 수 있을 것으로 전망된다.

필리핀에 진출한 한국인 의료산업 진출 유형은 크게 세 가지로 나누어진다. 한국 의약품을 수입하여 필리핀에 판매하는 회사가 있고, 한국 또는 제3국에서 의료기구를 수입하여 필리핀 의료 시장에 판매하는 회사가 있다. 그리고 필리핀에서 직접 의료기구를 제조 생산하여 한국 의료시장에 수출하거나 필리핀 내수 시장에 판매하는 회사가 있다.

첫번째 경우는 1962년 창립한 한국 신풍제약에서 2002년 필리핀에 Philippine Shin Poong Pharma, Inc. (유민호 법인장) 판매법인을 설립하여 운영하고 있으며, 대표적인 한국 의약제품 판매 회사로 활발한 영업활동을 하고 있다.

두번째 경우 대표적인 해외 의료기구 수입판매 회사로는 1995년 설립한 Cosmo Medical Inc.(이상훈 대표)가 있다. 한국의 첨단 의료장비와 실험장비를 필리핀에 수입 판매하는데 주력하고 있으며, 영상진단 장비, 초음파기기, 신생아 인큐베이터 등 다양한 장비를 필리핀 정부 및 주요 병원에 공급하고 있다.

그리고 세계 각국에서 방사선과, 마취과, 심장내과 진단 장비를 주력 장비로 수입하여 취급하고 있는 2005년 설립한 Robustan Inc.(대표 김형기)와 수술실, 중환자실, 재활의학과 의료장비를 전문으로 취급하는 2018년 설립한 Opus Healthcare Imaging Inc.(대표 김형기) 사가 있다. 한편 100% 한국 의료장비를 수입 판매하는 2009년 설립한 Filkohayes Services Inc.(김명기 대표)도 있다.

세번째 경우는 1995년 설립한 코스모메디칼(Cosmomedical Inc. 이동수 대표) 사는 필리핀 바탕가스 말바(Malvar) 지역에 6헥타르 면적의 주사기 제조공장을 건립하여 운영하면서 현재는 년간 약 6천만 개의 일회용 주사기 및 혈액 수혈세트 등 일회용/소모성 의료기기를 생산 유통하여 필리핀 전 지역에 공급하고, 특히 한국에 수출 판매하여 한국 수액세트 시장에 약 40%의 점유율을 차지하고 있다.

코스모메디칼 기업의
필리핀 진출사

코스모메디칼(COSMOMEDICAL, INC.)은 필리핀 의료기기 제조 산업의 혁신을 선도하며, 필리핀 의료기기의 대명사로 자리매김한 기업이다. 단순한 제조를 넘어, 국가 보건 인프라를 함께 설계하고 구현해 온 전략적 파트너로서, 필리핀 의료산업사의 한 축을 이루고 있다. 1995년 회사 설립 이래, 코스모메디칼은 필리핀 의료기기의 자국 생산화와 자립형 보건 시스템 구축을 목표로 성장해 왔으며, 현재는 24시간 생산체제를 통해 연간 6천만 개 이상의 수액 세트를 생산하고 있다. 이 제품들은 필리핀 전역의 국공립 병원뿐만 아니라, 한국을 비롯한 해외시장으로도 활발히 수출되며 아시아 의료기기 시장의 중심 공급처로 자리잡았다. 뿐만 아니라, 한국의 첨단 의료장비와 실험장비

코스모메디칼 회사

이동수 회장

를 필리핀에 도입하는 데에도 주력하고 있다. 영상 진단 장비, 초음파기기, 신생아 인큐베이터, 병원 용 침대, 수혈 냉장고, 수술대 등 다양한 장비를 필리핀 정부 및 주요 병원에 공급하며, 한국 의료기술의 우수성을 널리 알리고 양국간 기술 교류의 중심축으로 기능하고 있다.

코스모메디칼이 생산하는 제품의 95% 이상은 한국산 고급 원재료를 사용하고 있으며, 한국의 전문 기술진과 필리핀 현지의 숙련된 인력이 협력하여 글로벌 수준의 품질을 구현하고 있다. 이로 인해, 단순한 저가형 제품이 아닌, 생명을 지키는 신뢰받는 의료기기로서 확고한 입지를 다지고 있다.

필리핀 정부는 코스모메디칼의 사회적, 경제적 기여를 공식적으로 인정하여 이동수회장에게 감사패와 대통령 표창장을 수여했으며, 주요 국가 행사에 초청하는 등 그 공로를 높이 평가하고 있다. 단순한 기업의 차원을 넘어, 필리핀 의료산업 발전에 크게 기여한 국가적 자산으로 평가받고 있는 것이다.

코스모메디칼 이동수 회장은 기업 경영을 넘어 지역 사회를 위한 다양한 사회공헌 활동에도 앞장서고 있다. 지난 25년간 필리핀 호남향우회를 이끌며 교민 사회의 중심에서 소통과 연대를 주도해왔으며, 한인총연합회 이사와 감사로 서도 필리핀내 한인사회의 지속적인 발전에 기여해 왔다. 또한, 세계 호남향우회 총연합회장으로서 2017년 장학위원회를 출범시킨 이후, 매년 세계 호남인의 날' 기념식에서 전라남북도 42개 시·군·구에서 선발된 50명의 청소년에게 장학금을 수여하며 글로벌 인재 양성에 힘쓰고 있다. 아울러, 필리핀 망고장학회 이사장으로서 한국에 거주 중인 필리핀 다문화 가정 자녀들을 위한 장학 사업도 활발히 펼치고 있다. 매년 전국체전 개최 도시를 중심으로 40명의 학생을 선발해 장학금을 지원하며, 다문화 청소년들이 모국 필리핀에

COSMOMEDICAL INC. 공장 생산라인

대한 자긍심과 정체성을 가지고 성장할 수 있도록 돕는 민간외교의 새로운 모범을 제시하고 있다.

이회장의 국제 무역 및 사회 공헌에 대한 노력은 KOTRA 선정 우수 무역인, 지식경제부 장관상, 2018년 대한민국 대통령 표창 등으로 이어졌으며, 한국과 필리핀 양국을 연결하는 가교 역할을 지속적으로 수행해 오고 있다.

코스모메디칼은 오늘도 생명을 지키는 기술로 필리핀 의료 산업의 내일을 열어가고 있다. 그리고 그 여정은, 필리핀 한인사회 100년의 역사 속에서 찬란한 한 페이지로 영원히 기록될 것이다.

9 [해운산업]
한국인 선원
송출사업의 시작

한국 해운시장의 현실

현재 한국 경제를 이끌고 있는 5개 핵심산업은 반도체, 자동차, 철간, 조선, 해운이다. 이중 해운은 선주사를 축으로 하여 물류를 비롯한 해양 서비스업이다. 한국은 근대 경제발전 5개년 계획을 성공적으로 이끌어 '한강의 기적'을 이뤘는데, 그 결과 위와 같은 국가 기강산업을 발전시켰다. 그 중 해운이 발전한 사실에 대해 자못 나라의 미래를 위해 참 다행이라고 생각한다. 바다에 대한 냉대, 무관심했던 우리의 역사를 보면서 한국 해운의 역사를 통해 한국해운을 반석에 올린 선각자들의 위대함에 경의를 표할 따름이다.

한국해운은 국가 정책에 따라 1960, 70년대에 많은 인재들이 해양업계에 몸을 담게 되었고, 여기서 성장한 한국 해기사는 경제 성장과 함께 국내외로 눈을 돌리게 되었다. 1958년부터 시행한 해기사 병역특례 제도는 후에 승선 근무 예비역 제도로 바뀌었지만 대학을 졸업해도 육상의 직업도 변변찮은 그 시절에 젊고 유능한 해기사들에게는 청운의 꿈을 품게 한 제도임에는 틀림없었다. 1970년대 중반만 하더라도 나라 밖으로 여행을 간다는 것은 상상도 못하던 시절이라, 외항선을 타고 말로만 듣던 미대륙과 유럽 등을 갈 수 있다는 상상만으로도 한국 해양인들은 엄격한 학교규율과 선배들의 정신교육을 이겨낼 수 있었고, 아무리 기합이 강하고 고되어도 배고픔보다는 참을 만했다. 이러한 해양 선배들의 1980년대 후반에 필리핀 선원송출에 눈을 돌리게 된 것은 한국의 경제발전과 맥을 같이 한다.

필리핀 한국인 선원송출 산업의 시작

국내 사정이 1988년 서울올림픽을 계기로 물가가 오르고 민주화 물결과 함께 해외 여행자유화 조치 등으로 한국선원의 이탈이 가속화되기 시작하였다. 그리하여 올림픽 후 외국선원이 한국선사의 선박에 승선하기 시작하였다. 당시 재중동포인 조선족과 필리핀 선원을 놓고 저울질하다가 연변에 소재하는 조선족 선원학교를 통하여 선발 승선시키기 시작하였고, 통신장은 미얀마 국적 선원이 승선하기 시작하였다.

필리핀에서 한국인 최초의 선원송출 산업의 선구자는 목포해양대학교 출신인 민병후 회장이 필리핀 해외고용청(Philippine Overseas Employment Administration, POEA) 정식 인가를 받아 1993년 4월 설립한 Fair Shipping Corporation이 있으며, 그 이후 허범칠, 이장일, 심재신, 김종팔 대표 등이 이어 다양한 선원송출 회사를 설립하여 왕성하게 사업을 운영하고 있다.

현재 필리핀에는 HMM, POS, SM, SK MARINE, 고려해운 등 한국의 대형선사의 주재원들이 파견 근무중이며, 현재 10여 개의 한국인 선원 송출업체가 활발하게 영업을 유지하고 있다. 한국인 및 한국계 합자회사에서 한국과 제3국에 송출하고 있는 필리핀 선원의 수는 대략 15,000명 정도이다. 2024

년 기준 전세계 국제상선 분야에서 활동중인 선원은 약 2백만 명으로, 그 중 필리핀 선원이 약 50만4천 명으로 전체의 약 25%를 차지하고 있는 것으로 추정된다.

필리핀인은 영어를 유창하게 구사하고 낙천적인 성격에 해양에 대한 거부감이 없으며 동지애, 가족과의 유대감이 좋아서 선원으로서의 자격조건을 완벽하게 갖춘 셈이다. 현재 국민 개인소득이 미화 3,500 ~ 4,000달러 수준으로 필리핀 선원들의 외화 획득은 70년대 한국경제 발전을 이끈 것과 같은 산업 역군임에 틀림없다.

한국 선주사는 1990년대 중반부터 부족해진 한국 선원 수를 외국 선원 시장에서 충당하기 시작하여 현재는 주로 필리핀, 인도네시아, 미얀마 3국이 주축을 이루고 있다. 최근에는 미얀마의 국내정치 사정에 의해 선원시장이 위축을 보이고 있으며 우크라니아 전쟁으로 인해 동유럽 선원의 감소로 선원시장의 변화도 감지되고 있다. 최근에는 아프리카 선원 시장과 인도의 선원시장이 새롭게 부상하고 있다.

한인 운영 선원 송출 회사 (2025년 현재)

회사명	대표
Parola Maritme Agency Corp.	허범칠 회장
Eaglestar Marine Philippines Corp.	허원석 대표)
Abosta Ship Management Corp.	정기원 전무이사
Fair Shipping corp.	민원기 회장
Solpia Marine & Ship Management, Inc.	심재신 회장
FOSCON Ship Management, Inc.	김종팔 회장
KORPHIL Ship Management & Manning, Inc.	이장일 회장
KP Ocean, Inc.	이은호 대표
H. Ocean Manila	이재민 이사

Bridge Marine Corp.	강정현 대표
Baltic Asia Crewing Inc.	심종진 대표
CTI Group Phils Inc.	유재필 소장

한국 해운업 발전에 대한 기대

필리핀에서 선원 송출업을 하고 있는 한국 해양인들의 입장에서는 한국해운의 발전을 크게 기대하고 있다. 한국의 조선과 해운은 국운을 맞이하고 있는 호기라고 본다. 몇 년 전 메가 콘테이너선 "HMM AGECIRAS"호의 진수식에 문재인 대통령 내외가 참석하여 금빛 도끼를 들고 본선 명명식 테이프를 끊었다. 배의 길이가 400미터, 폭이 61미터로 시쳇말로 아침 먹고 걸어서 점심 때가 지나야 선수에서 선미에 도달한다는 말이 회자되기도 하는 사이즈의 대형선이다.

거제 DSME 옥포조선소에서 거행된 HMM ALGECIRAS 진수식(2020.4.23.)

앞으로 국력신장과 함께 한국해운은 무궁한 발전이 기대되는 것은 해운은 하루 아침에 발전할 수가 없다. 19세기 이전 이미 식민지 시대에 해운의 기득권 세력이 네트워크를 차지해 오고 있으며 서로서로 동맹을 맺어 새로운 선사 영업을 확장하는 것은 썩은 새끼줄로 바위 옮기기다. 다행히 한진해운을 잃고 외양간을 고쳐서 지금은 'K-얼라이언스'가 HMM의 혁혁한 성과 덕분에 세계 5위권의 물동량 운반국이 되었다고 한다.

참고로 2017년 2월 한진해운이 파산선고를 받고 세계 유수의 해운선사로 헐값에 찢겨 나갈 당시 단일 회사로 세계 7위를 마크하고 있었고, 무형자산까지 합하면 알래스카 대륙을 잃어버린 것에 비할 수 있다.

이러한 고난에도 불구하고 필리핀 한인 해양인들은 전진한다. 해운의 흥망성쇠를 겪고도 아무렇지 않게 세계 최고 해운으로의 목표로 뭐든지 이루어 내고 있는 현실을 보면 경이롭다. 앞으로는 북극해의 바닷길이 열리게 되고 한국이 '제2의 싱가포르'항을 선점, 건설하게 된다면 대륙으로의 해상 진출이 한층 활발해지게 될 것이다.

필리핀 한인 해양인들은 한국의 해운발전과 함께 한국선원이 기피하는 배를 필리핀 선원이 대신 탈 수 있도록 '한배를 타고' 꾸준히 앞으로 나아갈 것이다. 한국 선대에 승선할 질 좋은 선원의 양성과 교육은 필수이며, 이를 필리핀 선원 송출업체에서 할 수 있도록 한국해운협회에서도 일관성 있는 정책이 요구된다.

일본이 억지주장하고 있는 독도 문제, 아직 물 밑에 잠자고 있는 '제 7광구'와 한일 공동 개발 수역 문제 등의 배후에는 아마도 나라의 미래가 달린 해운의 미래와도 불가분의 연관이 있으리라 생각한다. 이러한 난제를 해결하고 선진 해운국이 되기 위해서는 국가정책과 해양인재 양성이 급선무일 것이다.

필리핀 한국인 해운산업의 선구자
UNI-SHIP INC. 장재중 대표

필리핀에서 한국인들이 할 수 있는 해운업의 큰 축은 선박관리업과 선원송출업이다. 1984년 한국 해양대학교 항해학과 출신이며 선장 경험이 있는 장재중(해대27기) 씨가 필리핀에서 해운회사를 운영하는 프랑스회사 SEAWOOD SHIPPING 에 General Manager로 취업을 하면서, 한국인 최초로 필리핀 땅에서 해운업에 첫 발을 디디게 되었다.

그로부터 2년 후인 1986년에 페르난도 마르코스 대통령이 People Power 민중혁명으로 물러났다. 이 민중혁명이 일어나기 몇달 전부터 필리핀 사회의 불안정으로 필리핀에서 사업을 하던 모든 미국인과 유럽인들이 회사를 폐쇄하고 필리핀을 떠나는 현상이 일어났다.

당시 필리핀과 교역을 하던 대부분의 나라는 교역을 멈추고, 해상운송도 폐쇄하게 되었다. 그후 프랑스 회사 본사로부터 영입제안을 거절하고 필리핀에 남은 장재중 씨는 필리핀에서 한국인 최초의 해운회사 UNI-SHIP INC. 을 1986년에 설립하여 해운용선운항업, 해운대리점업을 시작하였다. 이후 꾸준하게 한국 해양인들이 필리핀에서 사업을 전개하여 해운대리점업에 KORPHIL SHIPMANAGEMENT 대표 이장일(해대31기), HANISHIP 대표 문종구(해대39기), SEAPINE MARITIME 이규초 대표(해대39기) 등이 해운의 각 분야에서 자리를 잡아갔다.

필리핀 국가는 외국인들의 국내 해운시장에 사업을 허용하지 않았다. 사실 7천여 개가 넘는 섬으로 이루어진 필리핀은 국내해운 사업의 발전 가능성이 굉장히 많은 나라이지만 외국인 투자가 허용되지 않아, 국내에선 해운대리점업과 인력 송출업 정도가 외국인이 할 수 있는 일이었기에 국내보다는 국제적인 해운사업에 힘을 쏟을 수밖에 없는 상황이었다.

장재중 대표는 해운용선운항업으로 화물선을 자체 용선하여 필리핀-아시아-미중해, 이탈리아, 스페인, 프랑스 항로를 개발 운항하였으며, 또한 호주와 필리핀 간의 정기선을 운항하였다. 화물은 주로 필리핀과 아시아에서의 합판과 제재목이었다.

이 당시는 콘테이너 화물 운송이 나오기 전이고 대부분 벌크화물로 운송되던 시기였다. 그 후에 정기적인 화물운송에 컨테이너가 사용되어 필리핀에서 컨테이너 해운대리점으로 대한민국의 '조양상선' '동남아해운'을 통하여 아시아권과 유럽 정기선 운항사의 대리점 일을 하였다. 또한 대만의 'CNC'와 중국의 'SINOTRANS' 의 대 중국 화물을 취급하였고, 프랑스의 CMA CGM 선사와 함께 전세계 해운 물류를 취급하였으며, 유일한 미국 국적선사의 'MATSON' 콘테이너 미주 화물 운송도 담당하였다.

10 [항공산업]
한국인 이주 및 산업,
문화의 연결 통로

　필리핀에 정기노선을 개설하고 현지 운영을 지속해온 한국 항공사들의 발자취는 한인 100년사에서 중요한 지점 중 하나로 꼽힌다. 1975년 대한항공의 첫 취항을 필두로 아시아나항공, 제주항공, 진에어 등 현재 8개사의 한국 국적 항공사들은 지난 수십년간 필리핀과 한국을 잇는 하늘길을 열고, 사람과 물류의 연결을 통해 필리핀 한인사회와 양국 관계의 발전에 크게 기여해 왔다.

　대한항공은 1941년 아시아 최초로 국적 항공사를 설립 운영하였던 나라 이곳 필리핀에 1975년 7월 1일, 서울-마닐라 노선을 개설하여 한국 항공사 중 최초로 필리핀에 정기 항공편을 취항시켰다. 이후 2007년 인천-세부, 2011년 부산-세부 등을 연이어 개설하며 필리핀 주요 도시로의 항공망을 확장했다. 인천공항이 운영되면서 2018년 1월 18일부터 인천-마닐라 노선이 운행되기 시작했다. 2022년 10월, 세부공항 착륙 중 활주로 이탈 사고가 발생했지만, 승객 전원의 생존과 신속한 대응으로 대한항공의 안전 체계가 주목받았다. 2024년 11월, 인천-마닐라 노선이 하루 4편으로 증편되었고, 같은 해 12월 12일 대한항공은 아시아나항공과의 합병이 완료되었다.

아시아나항공은 1994년 5월 26일 서울-마닐라 노선 첫 취항 이후 1999년 세부, 2003년 클락, 2004년 부산-마닐라, 2023년 보홀 국제공항에 취항하면서 필리핀 시장에 본격 진출했다. 북부 루손 지역의 교민과 기업 수요에 초점을 맞춘 클락 진출은 현지 관계자 루시아노(Victor Jose Luciano)의 조력으로 이루어졌으며, 이후 마닐라 노선까지 확대되었다. 그러나 2024년 말 대한항공에 인수되며, 아시아나는 20여 년간의 독립 운항을 마무리하게 되었다.

2010년부터는 저가비용 항공사(LCC)의 필리핀 진출도 본격화되었다. 제주항공은 2010년 11월 24일 인천-마닐라 노선을 주 5회 개시하며, 본격적인 LCC 시대를 열었다. 다음달에는 세부 노선도 주 2회로 운항을 시작, 필리핀 한인사회와 관광 수요 확대에 대응했으며, 2012년에는 본사 직영 지점이 개설되어 다문화 가정의 고향 방문을 지원하는 활동도 이루어졌다. 2020년 4월, 코로나19 팬데믹으로 어려움에 처한 189명의 교민을 본국으로 수송하며 책임 있는 항공사로서의 역할을 수행했다.

진에어는 2010년 10월 26일부터 인천-클락 노선으로 필리핀 시장에 진출했다. 이후 2015년 7월 세부-부산 노선, 2024년 10월 인천-클락 노선 재운항 등 운항망을 꾸준히 확대해왔다. 운항 중 2015년 세부발 부산행 항공편에서 도어 결함으로 회항한 사건이 있었으며, 이를 계기로 전체 기체 도어 점검이 이루어졌다.

필리핀 보라카이 섬 환경오염으로 로드리고 두테르테 대통령 명령으로 2018년 4월 26일부터 6개월간 전면 폐쇄되었고, 이후 회복 과정에서 코로나19 팬데믹으로 국제선 여객기 운항이 장기간 중단되면서 숙박업소 제한, 관광객 1일 입도제한 등으로 관광객들이 세부, 팔라완, 보홀섬 등 대체 휴양지로 분산되면서 현재는 티웨이(T'way Air) 한국 항공사만 유일하게 칼리보 공항으로 직접 취항하고 있다.

한편 코로나19 이후 필리핀의 새로운 관광지로 급부상하고 있는 보홀 지역에 2018년 11월 28일 정식 개항한 보홀 팡글라오(Bohol Panglao International Airport)국제공항으로 2024년 7월부터 현재까지 AIR SEOUL, JIN AIR, JEJU AIR 등 항공사들이 한국-보홀간 노선을 주야로 직항 취항하면서 신흥 관광지로 떠오르면서 한국 관광객들로부터 각광을 받고 있다. 또 에어로 케이(Aero K) 항공사가 2024년부터 청주-마닐라, 클락, 세부 공항에 취항하면서 필리핀 노선에 본격 진출하였다.

이처럼 필리핀에 진출한 한국 항공사들은 단순한 교통 수단을 넘어, 한국인 이주의 물리적 연결 고리이자 산업과 문화의 통로로서 기능해 왔다. 하늘 길 위에서 써 내려간 이들의 역사는 필리핀 내 한국인의 삶과 함께 성장한 공존과 상생의 기록이다.

한국 항공사의 필리핀 진출사

대한항공(KOREAN AIR)

일자	내용
1975.07.01.	서울-마닐라 노선 정기 취항 (한국 항공사 최초 필리핀 진출)
2007.04.22.	인천-세부 여객 노선 개설
2011.12.01.	부산-세부 여객 노선 개설
2024.11.24.	인천-마닐라 정기편 하루 4회 증편 운항개시
2024.12.12.	아시아나항공과 합병 완료

아시아나항공(ASIANA AIRLINES)

일자	내용
1994.05.26.	서울-마닐라 노선 정기운항 개시.
1999.07.16.	인천-세부 노선 정기운항 개시
2003.10.30.	인천-클락 노선 정기운항 개시
2004.08.16.	부산-마닐라 노선 정기운항 개시
2023.07.20.	인천-보홀 팡라오 정기 운항 개시, 주 2회 운항
2024.12.12.	대한항공에 합병, 아시아나 브랜드 독립운영 종료

제주항공(JEJU AIR)

일자	내용
2010. 11. 24.	인천-마닐라 노선 주 5회 운항 개시
2010. 11. 25.	인천-세부 노선 주 2회 운항 개시 (IRC여행사 총판 계약)
2012. 01. 01.	필리핀 출신 다문화 가정 고향방문 지원
2020. 04. 23.	코로로 19 상황 속, 마닐라 출발 교민 189명 긴급 귀국 지원

진 에어(JIN AIR)

일자	내용
2010. 10. 26.	인천-클락 노선 정기 취항(주 5회)
2015. 07. 27.	세부-부산 노선 개설(주 4회)
2024. 10. 27.	인천-클락 노선 재 운항 개시(주 7회)

티웨이 항공(T'way Air)

일자	내용
2016.12	대구-세부 노선 첫 취항
2022.06	인천-칼리보(보라카이) 노선 운항, 현재 주 2회 수, 토 취항

에어 부산(AIR BUSAN)

일자	내용
2025.01-	부산-세부 노선 재 운항 중
2024.07-08	7월-8월, 부산 및 인천 출발 보라카이 전세기 운항은 중단.

에어로 케이(Aero K)

일자	내용
2024.05.14	청주 - 마닐라, 주 3회 운항중
2024.10.05	청주 - 세부, 주 2회 운항중
2024.11.23	청주 - 클락, 주 2회 운항중

에어 서울(Air Seoul)

일자	내용
2024.07.18	인천-보홀 팡라오 직항 첫 운항, 주 7회 왕복 노선

항공사 고객센터 전화번호

항공사	전화번호
아시아나항공	1588-8000 마닐라지점: 63-2-8662-8000 마닐라공항: 63-2-5310-2173
대한항공	1588-2001, 02-2656-2001 마닐라 지점: 02-8789-3700 세부 지점: 032-494-7673
제주항공	1599-1500
진에어	1600-6200
에어부산	1666-3060 해외에서 이용 시: +82-70-7997-3060
에어서울	1800-8100
티웨이항공	1688-8686
에어로케이항공	1899-2299

11 [어학연수산업]
영어 학습시장 성장과
함께한 필리핀 어학연수

    필리핀 어학연수 산업은 지난 30년간 지속적으로 성장해온 유일한 "K-Business"로, 그 뿌리는 바로 대한민국 교육 사업가들의 끊임없는 노력과 열정에서 비롯되었다고 할 수 있다.

필리핀 어학연수 산업의 시작

    필리핀 어학연수 산업은 1990년대 중반부터 본격적으로 발전하기 시작했다. 당시 아시아 국가 중, 유일하게 고등교육 이상을 받은 국민들 중 영어 구사 능력이 가장 높았던 국가가 필리핀이었기에 이 시기에는 영어를 배우고자 하는 소수의 한국 학생들뿐만 아니라, 일본, 대만 등 아시아 국가들의 수요가 크지는 않았지만 시장성을 형성하기 시작하였고 특히, 필리핀은 영어가 공용어로 지정된 국가로서 아시아에서 유일하게 접근성이 용이하다는 점과 상대적으로 저렴한 체류 비용과 학비가 큰 매력으로 자리잡기 시작했다.

초기 발전단계

필리핀의 초기 어학연수 모델은 크게 두 가지로 볼 수 있다. 첫번째는 학생이 필리핀 대학교에 있는 부설 어학센터에 등록하여 수업하는 형태와 학생이 지내는 보딩하우스에서 "튜터(tutor)"를 소개받아 가정집에서 시행하는 "가정교습" 형태였다. 후자의 모델이 조금씩 발전하여 "튜터 & 하숙집"을 매칭해주는 소개업에서 시작한 것이 "한국형 어학연수 산업"의 시초로 알려져 있다. 이 모델이 시간이 지나면서 2000년도부터 일어난 한국의 "영어열풍"에 맞춰서 타 영어권 국가로의 유학 또는 어학연수보다 훨씬 저렴한 비용으로 할 수 있는 대체 시장으로 필리핀이 급부상하게 되었고, 이를 바탕으로 "한국형 영어학원"이 마닐라에 나오기 시작했으며 이 초기 모델이 발전에 발전을 거듭하여 지금의 "필리핀 어학연수 시장"을 형성하게 된 것이다.

필리핀 정부의 역할

필리핀 정부는 1990년대 중반부터 어학연수 산업을 위한 정책을 준비하였으며 필리핀 공화국 이민법에 따라 "Special Study Permit(SSP)" 발급으로 별도의 학생비자 없이 외국인이 일반 사설학원 및 초등학교~고등학교까지 필리핀에서의 모든 교육을 받을 수 있는 행정의 간소화 정책을 시행하였고, 이를 통해 필리핀은 "아시아에서 영어 교육의 허브"로 자리잡게 된다.

어학연수 시장의 성장과 글로벌화

2000년대 초반, 한국 대학생들의 졸업과 취업 요건으로 영어 구술 능력과 검증시험이 필요해지면서 단기어학연수를 통해 높은 효과를 발휘할 수 있는 시장으로 필리핀이 대두되었고 이는 새로운 "어학연수" 시장의 시발점이 되었다.

시간이 흘러 한국인에게만 국한된 고객층이 일본, 대만, 중국 순으로 확장되

산업별 한인기업 진출 발자취 **175**

일로일로 MK Language Training Center (원장 문대진)

있고 지금은 베트남, 태국, 중동, 러시아, 인도네시아, 심지어 중동 국가에까지 널리 퍼져 필리핀 어학연수 시장은 아시아 전역을 아우르는 성장을 하고 있다.

한국인의 저력으로 필리핀 내에 영어 어학연수 산업을 일구게 된 것 외에, 높은 교육 수준을 바탕으로 헌신적으로 외국 학생들을 가르치고자 노력한 필리핀인 강사들의 노력이 아니었다면 오늘날의 상생이 가능치 않았을 것이다.

학원 모델의 변화

2010년대에 접어들면서 필리핀의 어학연수 산업은 빠르게 변화를 겪게 된다. 온라인 교육의 확산과 함께, 필리핀 어학원들도 다양한 학습 방식과 프로그램을 도입하여 학생들의 다양한 요구를 충족시키기 시작했다.

스파르타식 학원 도입

당시 스파르타식 어학원 모델이 주목받기 시작했다. 엄격한 규율과 집중적인 학습 환경을 제공하며, 학생들이 더 효과적으로 영어 학습의 목표를 이룰 수 있도록 돕는 모델로, 많은 한국 학생들이 이러한 스파르타 학원을 선호하게 되었으며, 이는 필리핀 어학연수의 새로운 트렌드를 만들었다.

온라인 화상 영어

2000년대 초반 그 누구도 생각지 못했던 온라인 화상 영어 교육이 필리핀 어학연수와 결합되며 작은 시장을 형성하다가 팬데믹 이후 무시할 수 없는 큰 인기를 바탕으로 성장하고 있다. 특히, 한국을 비롯한 아시아 국가들은 온라인을 통해 필리핀의 영어 교육을 손쉽게 이용할 수 있게 되었고, 이는 필리핀의 어학연수 산업을 더욱 글로벌화 시키는 계기가 되었다.

현재 필리핀 어학연수 산업의 현황

필리핀 어학연수는 꾸준히 성장하고 있으며, 세계 여러 나라의 학생들이 필리핀을 찾아 영어를 배우고 있다.

다양한 국가의 학생들

필리핀의 어학연수는 이제 한국 학생들만을 대상으로 하지 않는다. 일본, 중국, 대만, 베트남, 인도네시아 등 다양한 아시아 국가들의 학생들이 필리핀을 찾아 영어를 배우고 있으며, 그 수는 해마다 증가하고 있다.

마닐라 시 이지플러스 어학원(원장 황종일) 야외 수업 광경

교육의 질 향상

모든 필리핀 어학원들은 "교육의 질 향상"에 힘쓰고 있다. 필리핀 교육 당국과 연계하여 다양한 인증 프로그램과 평가 시스템을 도입하고 있으며, 이를 통해 학생들에게 더욱 전문적인 영어 교육을 제공한다. 동시에 최근에는 대부분의 학원 시설이 수업뿐 아니라 숙소, 과외활동 등을 포함하는 일체형

시스템으로 업그레이드된 경향을 보인다.

미래 전망과 도전

필리핀 어학연수 산업은 앞으로도 성장할 가능성이 무궁무진하다. 하지만 필리핀 내 영어 교육 경쟁력을 유지하고 더욱 발전시키기 위해서는 몇 가지 중요한 도전 과제가 있다.

첫째는 글로벌 교육 경쟁이다. 이제는 필리핀만이 영어 공용어 국가로 영어 교육을 제공하는 것이 아니라, 말레이시아와 베트남 같은 다른 아시아 국가들에서도 경쟁력 있는 영어 교육을 제공하고 있다. 한인이 운영하는 필리핀 내 영어 어학원들은 이러한 경쟁에서 살아남기 위해 안주하지 않고 지속적으로 Software & Hardware를 발전시키고 특히, 교육과정 측면에서는 과감하고 혁신적인 새로운 영어 교육 패러다임을 구상해야 할 것이다.

둘째는 기술혁신과 변화이다. 온라인 교육의 비중이 더욱 커질 것으로 예상된다. 필리핀을 기반으로 한 온라인 교육 업체들은 이제 AI 시스템을 도입한 교육 플랫폼을 개발하기 위한 투자가 이미 시작되고 있다. 신개념 신기술을 적용한 플랫폼이 활성화된다면 필리핀은 명실상부한 영어 교육의 중심 허브로 그 자리를 굳건하게 지킬 수 있을 것이다.

셋째는 필리핀 정부의 지원이다. 안타깝게도 필리핀 주정부 및 지방정부 차원에서 영어 어학연수 사업을 필리핀의 새로운 경제 발전의 모멘텀으로 보는 시각은 현재로서는 존재하지 않는 것 같다. 점점 하락세에 직면한 국가 관광산업을 어학연수 시장으로 대체하여 영어를 배우러 오는 모든 외국인 학생들에게 지원을 해 줄 수 있는 정책들이 수립된다면 필리핀어학연수 시장은 제2의 황금기를 맞이할 수 있을 것이다.

필리핀 진출 한국업체 현황
(2025년10월)

회 사 명		성 명 / 직위	연 락 처
한국전력	KEPCO Philippines Corporation	전용수 법인장	02-8848-0232
한전 KPS	KEPCO KPS	최영길 법인장	0917-712-9864
한국철도공사	Korea Railroad Corporation Philippines Branch	강규현 지사장	02-8643-7591
한국수자원공사	K-Water	나덕규 단장	02-8651-7485
한국관광공사	Korea Tourism organization Manila Office	김형준 지사장	02-7358-0856
삼성전자	Samsung Electronics Philippines Corp.	김태균 법인장	02-7214-7777
삼성전기	Samsung Electro-Mechanics Phils. Corp	박선철 법인장	049-508-8400
삼성물산	Samsung C&T Corporation	양재호 소장	02-8815-2937
삼성 SDS	Samsung SDS	최성호 법인장	0917-858-4957
삼성전자연구소	Samsung R&D Institute Philippines	황용덕 소장	02-795-7600
제일기획	Cheil Worldwide	장만석 법인장	0917-709-0241
L G 전자	LG Electronics Philippines Inc.	김성재 상무	02-7902-5544
C J 사료	CJ Philippines Inc.	손영익 법인장	0998-845-7634
C J 대한통운	CJ Logistics PH Corp.	최용식 법인장	02-8541-3904
C J 식품	CJ Foods Philippines Corp.	최준우 소장	0915-418-2155
현대건설	Hyundai Engineering & Construction	최진우 법인장	02-5310-3489
한진중공업건설	Hanjin Heavy Industries & Construction Co.LTD.	전국일 지점장	02-8837-8880
디엘이앤씨	DL Engineering & Construction Co., LTD	심상식 지사장	0917-570-5108
남광토건	Namkwang E&C	윤태식 지사장	0945-762-9121
롯데건설	Lotte E&C	김택진 지사장	0929-291-6370
포스코건설	VENTANAS Philippines Construction Inc.	최정철 법인장	02-8877-2053

제3부

회사명		성명 / 직위	연락처
포스코	POSCO-PMPC	고금만 법인장	043-405-6195
포스코 인터내셔널	POSCO International	윤현호 지사장	02-8818-1031
두산중공업	Doosan Heavy Industries & Construction Co.,LTD	오정영 차장	02-8801-4619
기업은행	Industrial Bank of Korea Manila Branch	김은선 지점장	02-8643-0707
신한은행	Shinhan Bank Manila branch	장신택 지점장	02-8405-6310
KEB 하나은행	KEB Hana Bank-Manila Branch	윤태선 지점장	02-8848-1988
우리은행	Woori Bank Philippines Inc.	최성현 지점장	02-8829-3976
한국산업은행	Korea Development Bank	윤경환 지점장	0632-8643-0700
한국수출입은행	Korea Exim Bank Manila office	문재정 소장	02-864-0624
대한항공	Korean Air Lines Co.,LTD	이병권 차장	02-8817-505
아시아나항공	Asiana Airline Inc.	황정준 지점장	0917-569-9868
제주항공	Jeju Air Manila	이근우 지점장	0917-163-7599
SFA 반도체	SFA Semicon Philippins Corp.	임동환 법인장	045-499-1701
아모레퍼시픽	Amorepacific Philippines, Inc.	곽영호 법인장	0915-059-4186
이지바이오	Easy Bio Philippines, Inc.	이지훈 법인장	02-8635-4692
오씨아이(OCI)	Philko Peroxide Corporation	이해원 법인장	02-8727-9467
현대상선	Hyundai Merchant Marine (Philippines) Co,Inc.	김지식 법인장	0917-620-9498
고려해운	KMTC Philippines Corporation	임현진 법인장	02-8518-0902
장금상선	Sinokor Merchant Marine	이지환 소장	02-8756-5530
코차이나	Korchina logistics Philippines, Inc.	정영일 법인장	02-8310-5215
판토스	Pantos Logistics Phils Inc.	박홍민 법인장	02-717-4425
하나투어	Hana Tour	최용원 법인장	0917-707-7193
현대로템	Hyundai Rotem	권오갑 지사장	0977-230-1039
현대상사	Hyundai Corporation	박준필 지사장	02-8814-0595

회사명		성명/직위	연락처
도화엔지니어링	Dohwa Engineering	이연세 지사장	02-8362-5317
경호엔지니어링	Kyong-Ho Engineering & Architects Co, Ltd	유재헌 지사장	0921-545-1583
유신엔지니어링	Yooshin Engineering	이진호 지점장	0956-029-4175
롯데펩시	Pepsi Cola products Philippines Inc.	조형일 수석	02-887-3774
KT 필리핀 법인	KTP Services, Inc.	유공선 실장	02-7752-3032
한컴 SPI	Hancom SPI Inc.	이중이 법인장	049-521-7130
신풍제약	Philippine Shin Poong Pharma, Inc.	유민호 법인장	02-8687-8277
피에스엠피	PSMC Philippines, Inc.	김영수 법인장	045-599-2773
LX 인터네셔날	LX International	이준택 법인장	02-7751-2251

제3부

제4부

공공기관 및
국제기구 진출 발자취

제6장
공공기관 및 국제기구의
필리핀 진출 현황

1 [공공기관]
주필리핀 대한민국대사관

　필리핀은 1948년 대한민국 정부 수립 후 미국, 영국, 프랑스, 대만에 이어 다섯 번째로 우리나라와 수교한 오랜 우방이자, 6.25전쟁에 7,420여 명을 파

주필리핀한국대사관

병해 준 혈맹국이다. 필리핀은 6.25전쟁 참전국으로서 우리정부의 대북정책을 일관되게 지지해 왔으며, 아세안 회원국 중에서 가장 친한(親韓)적인 국가 중 하나로 미국과 동맹 관계를 유지하고 있는 등 우리와도 안보 이해를 공유하고 있다.

양국의 공식 수교는 1949년 3월 3일 시작되어 1954년 1월 19일 마닐라에 공사관이 설치되고 같은 해 11월 11일 서울에도 필리핀 공사관이 설치되었다. 1958년 2월 1일 양국의 공사관이 각각 대사관으로 승격되었다.

주필리핀 대한민국대사관의 설립 및 활동 역사

대사관의 설립과 초기 역사 (1949년 ~ 1960년대)

주필리핀 대한민국대사관은 1949년 3월 3일 수교와 함께 필리핀 수도 마닐라에 개설되었으며, 이는 아시아 지역에서 한국의 외교 지평을 넓히는 중요한 발걸음이었다. 초기 대사관의 역할은 신생 독립국으로서의 한국을 필리핀 사회에 알리고, 전후 복구 과정에서의 양국 간의 관계를 다지는 데 집중되었다. 특히 6.25 전쟁 당시 필리핀이 UN군의 일원으로 참전하여 한국의 자유 수호를 도운 것은 양국 관계의 굳건한 기반이 되었으며, 대사관은 이러한 우호 관계를 더욱 공고히 하는 데 주력했다.

관계 발전과 한인사회 성장 지원 (1970년대 ~ 1990년대)

1970년대 이후 한국의 경제 발전과 함께 필리핀으로의 교류가 점차 활발해지면서, 대사관의 역할 또한 확대되었다. 한국 기업들의 필리핀 진출이 늘어나고, 어학연수 등을 목적으로 하는 한국인들의 이주가 증가하면서 한인사회의 규모가 성장하기 시작했다. 이 시기 대사관은 ▲한국 기업들의 현지 활동 지원 ▲교민들의 안전과 권익 보호 ▲영사 서비스 제공 등을 주요 활동으로 수행했다. 또한 필리핀 정부 및 민간 부문과의 교류를 증진하며 한국에 대한 이해를 높이고, 양국 간의 경제 협력 및 문화 교류의 폭을 넓히는 데 힘썼다.

교류 심화와 다문화 시대의 역할 (2000년대 ~ 현재)

2000년대 이후 한류(K-Pop, K-Drama)의 확산과 더불어 양국 간의 인적, 물적 교류는 비약적으로 증가했다. 필리핀은 한국인들이 가장 많이 방문하는 관광 및 교육 목적지 중 하나가 되었고, 한국 역시 필리핀 이주 노동자와 결혼 이민자들이 증가하며 다문화 사회로 발전했다. 주필리핀 대한민국대사관은 이러한 변화 속에서 더욱 복합적이고 다층적인 역할을 수행하고 있다.

주필리핀 대한민국대사관의 주요 활동 내용

대사관의 주요 활동은 크게 6가지로 나눠볼 수 있다.

첫째로는 영사서비스 강화 활동이다. 급증하는 재외국민들의 여권, 비자, 공증, 국적 업무 등 영사 민원을 신속하고 효율적으로 처리하며, 재외국민 보호를 위한 비상 연락망 구축 및 사건·사고 대응에 만전을 기하고 있다.

둘째로는 경제협력 증진 활동이다. 한국 기업들의 안정적인 필리핀 투자 환경 조성과 교역 확대를 지원하며, 필리핀 정부와의 경제 협력 프로젝트를 발굴하고 이행을 조율한다.

셋째로는 문화교류 확대 　활동이다. 한국문화원을 통해 K-Pop, K-Drama, 한국어 교육 등 한류 콘텐츠를 확산시키고, 필리핀 내 한국 문화 행사를 지원하며 양국 국민 간의 상호 이해를 증진하고 있다.

넷째로는 공공외교 강화 활동이다. 필리핀 주요 인사 및 오피니언 리더들과의 교류를 통해 한국의 정책과 문화를 홍보하고, 필리핀 사회에 대한 한

2012.8.31. 이혜민 대사 환송연

국의 긍정적 이미지를 제고하는 데 힘쓰고 있다.

다섯째로는 개발협력(ODA) 지원 활동이다. 코이카(KOICA) 등 개발 협력 기관과의 연계를 통해 필리핀의 경제 사회 발전에 기여하는 다양한 공적개발원조(ODA) 사업을 추진하며 양국 간의 선린 관계를 강화하고 있다.

여섯째로는 교민사회 지원 및 협력 활동이다. 필리핀 한인총연합회 등 한인단체들과 긴밀히 협력하여 필리핀 거주 한인들의 안정적인 생활을 지원하고, 한인사회의 역량을 강화하며, 필리핀 한인 100년사와 같은 역사 기록 사업에도 적극 동참하고 있다.

주필리핀 대한민국대사관은 이처럼 다양한 활동을 통해 한국과 필리핀의 미래 지향적인 동반자 관계를 구축하고, 필리핀 내 재외국민들의 안전과 권익을 보호하며, 양국 간의 깊은 우정과 협력을 이어나가는 데 중추적인 역할을 담당하고 있다.

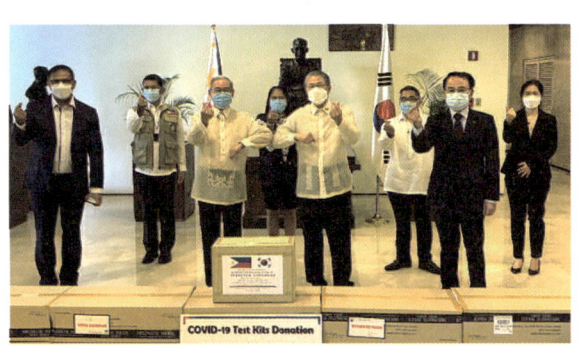
코로나19 팬데믹 당시 테오도로 록신 주니어 필리핀 외교장관과 한동만 대사

역대 한국대사

2대 대사(1961)
신 동 기

3대 대사 (1961-1962)
이 형 근

4대 대사 (1962-1963)
김 용 식

5대 대사 (1963-1967)
유 양 수

6대 대사 (1967-1969)
윤 석 헌

7대 대사 (1969-1973)
김 세 린

8대 대사 (1973-1976)
장 지 량

9대 대사 (1976-1980)
강 영 규

10대 대사 (1980-1981)
송 광 정

11대 대사 (1981-1984)
이 남 기

12대 대사 (1984-1987)
김 창 훈

13대 대사 (1987-1989)
안 재 석

14대 대사 (1989-1993)
노 정 기

15대 대사 (1993-1995)
이 창 수

16대 대사 (1995-1997)
이 장 춘

17대 대사 (1997-1999)
박 동 순

18대 대사 (1999-2001)
신 성 오

19대 대사 (2001-2004)
손 상 하

20대 대사 (2004-2005)
유 명 환

21대 대사 (2005-2008)
홍 종 기

22대 대사 (2008-2010)
최 중 경

23대 대사 (2010-2012)
이 혜 민

24대 대사 (2012-2015)
이 혁

25대 대사 (2015-2018)
김 재 신

26대 대사 (2018-2020)
한 동 만

27대 대사 (2020-2023)
김 인 철

28대 대사 (2023-2025)
이 상 화

제 4 부

[한국 대통령 필리핀 방문]

방문연도	주요 인 사
1966년 10월	박정희 대통령 공식 방한 (베트남전 참전국 정상회담)
1981년 7월	전두환 대통령 공식 방문
1994년 11월	김영삼 대통령 공식 방문
1996년 11월	김영삼 대통령 공식 방문 (APEC 정상회의, 수빅)
1999년 11월	김대중 대통령 국빈 방문
2005년 12월	노무현 대통령 국빈 방문
2007년 1월	노무현 대통령 공식 방문 (한-아세안 정상회의, 세부)
2011년 11월	이명박 대통령 국빈 방문
2015년 11월	박근혜 대통령 공식 방문 (APEC 정상회의, 마닐라)
2017년 11월	문재인 대통령 공식 방문 (한-아세안정상회의, 마닐라)
2024년 10월	윤석열 대통령 국빈 방문

[필리핀 대통령 한국 방문]

방문연도	주요 인 사
1993년 5월	라모스 대통령 공식 방한
1999년 6월	에스트라다 대통령 국빈 방한
2003년 6월	아로요 대통령 국빈 방한
2005년 11월	아로요 대통령 공식 방한 (APEC 정상회의, 부산)
2009년 5월	아로요 대통령 공식 방한 (한-아세안정상회의, 제주)
2013년 10월	아키노 대통령 국빈 방한
2014년 12월	아키노 대통령 공식 방한 (한-아세안정상회의, 부산)
2018년 6월	두테르테 대통령 공식 방한
2019년 11월	두테르테 대통령 공식 방한 (한-아세안 정상회의, 부산)
2025년 11월	마르코스 대통령 공식 방한 (APEC 정상회의, 경주)

[협정 및 조약 체결 현황]

일자	양자 조약 및 협정
1960.11.11	비이민여권의 사증수수료 면제각서
1961.1.1	소포우편협정
1961.2.24	무역협정(1964.8.8 개정)
1969.8.11	항공운수협정(1994.4.12, 2009.4.22, 2016.2.22 개정)
1970.9.1	외교관 및 관용여권 사증면제 교환각서
1973.4.27	문화협정
1978.11.6	무역협정(1961년 및 1964년의 무역협정 대체)
1985.6.13	경제기술협력협정
1986.8.12	과학기술협력협정
1986.11.9	이중과세방지협정
1991.1.30	대외경제협력기금 차관공여 교환각서
1994.6.23	한-필리핀 군수·방산협력 양해각서
1995.5.12	대외경제협력기금 차관공여 교환각서
1996.9.25	투자보장협정
1996.11.30	범죄인인도조약
1997.10.24	대외경제협력기금 차관공여 교환각서
1997.10.27	아시아태평양우편연합(APPU) 헌장 추가의정서 수락서 기탁
2001.2.8	한-필리핀 친선병원 건립을 위한 사업 시행약정
2003.6.3	대외경제협력기금 차관협정
2003.6.3	한-필리핀 다바오시 직업훈련원의 건립약정
2003.6.3	한-필리핀 정보기술훈련센터 및 직업훈련원 건립약정
2004.1.29	대외경제협력기금 차관약정
2005.12.15	대외경제협력기금 차관약정
2007.12.13	대외경제협력기금 보충융자 차관 공여약정
2007.12.21	대외경제협력기금 차관(2007~2009년) 기본약정
2008.11.17	형사사법공조조약
2009.5.30	미곡종합처리장 건립사업 무상원조 시행약정

일자	양자 조약 및 협정
2011.9.7	라권딩간 공항 항법지원설비 공급사업 대외경제협력기금 차관 약정
2011.11.21	대외경제협력기금 차관(2011~2013년)에 관한 기본약정
2014.1.2	무상원조 기본협정
2015.9.14	군사비밀정보보호협정
2016.4.28	팡일만 교량사업 대외경제협력기금 차관약정
2018.5.4	대외경제협력기금 차관(2017~2022년) 기본약정
2023.9.7.	한-필리핀 자유무역협정

연락처

주 필리핀 한국대사관

주 소 122 Upper McKinley Roads, McKinley Town Center, Fort Bonifacio, Taguig City 1634, Metro Manila, Philippines

주 세부 분관

주 소 12F Chinabank Corporate Center, Lot2, SamarLoop, Cor. Road 5, Cebu Business Park, Mabolo, Cebu City, Philippines

2 [공공기관]
필리핀 코리안데스크

KOREAN HELP DESK

필리핀 코리안데스크(Korean Help Desk)는 필리핀 내 한국 교민보호와 범죄대응을 위해 한국 경찰청이 파견한 경찰관이 필리핀 경찰청(Philippine National Police, PNP)과 합동으로 근무하면서 협력하여 운영하는 제도로, 2005년 마닐라를 시작으로 점차 주요 도시로 확대되어 7개 지역까지 확대 운영하다가 현재는 마닐라 경찰청 본청에 본부를 두고 있으며, 전국 3개 지역에 코리안데스크가 설치 운영 중이다.

2005년 6월, 필리핀 마닐라에서 한국인 대상 강력범죄가 잦아지자, 필리핀한인총연합회와 주필리핀한국대사관의 요청으로 한국 경찰청과 필리핀 경찰청이 협약을 맺어 최초의 코리안데스크를 설치했다. 이후 2006~2010년 사이 한인 거주자 및 관광객 증가에 따른 치안 수요 반영을 위해 2013년에는 마닐라 외 세부, 앙헬레스, 까비떼, 바기오시 등 필리핀 전역 주요 도시에서 코리안데스크를 운영하기 시작하였다.

필리핀 경찰청을 비롯한 주요 관서에서 한국인 관련사건을 전담하여 취급

한인총연합회의 필리핀경찰청 면담(2025.3.5.)

하기 위하여 '코리안데스크'를 설치 운용하던 중, 2012년 5월부터는 한국 경찰청에서 직접 경찰관을 파견하여 필리핀 경찰과 주요 사건에 대해 정보를 공유하고 필요시 합동수사를 진행하고 있다.

2018년 이후, 납치, 강도, 살인사건 등, 필리핀 내 한인 범죄 사건 급증으로 인해 상주 경찰관 파견 확대, 필리핀경찰청 조사관리국(Directorate for Investigation and Detective Management) 산하에 정식 편제되어 활동 중이다.

2025년 3월에는 한인총연합회 윤만영 회장과 임원단이 필리핀경찰청 본청을 방문하여 한인 단체들의 활동상을 공유하고 한인의 안전과 치안 유지를 위한 경찰청의 협조를 요청하였다. 또한 2025년 9월 30일 윤주석 외교부 영사안전국장은 마닐라에서 안 할란도온 루이스(Anne Jalando-on Louis) 필리핀 외교부 영사 담당 차관보와 제6차 한-필리핀 영사협의회를 개최하여 필리핀 내 우리 국민 보호, 우리 국민들의 필리핀 출입국 및 체류 편익 증진 등 양국

한-필 영사협의회(2025.9.30.)

앙헬레스 코리안 헬프 데스크 출범(2025.8.21.)

간 영사 현안 전반에 대해 폭넓게 논의했다. 이에 앞서 한-필리핀 영사협의회는 제4차(2017. 12., 마닐라), 제5차(2023. 9., 서울) 개최된 바 있다.

2025년 현재 마닐라 본청을 포함해 앙헬레스, 세부 등 필리핀 3개 지역에서 활동 중이며, 한국 경찰관이 직접 파견되어 필리핀 경찰과 합동으로 한국인 관련 범죄 수사, 한인 안전 활동, 범죄예방 교육, 긴급 대응 등을 지원하고 있다.

'코리안 헬프 데스크'는 앞으로 필리핀 한인과 관광객들이 직접적인 법적, 행정적 도움을 받을 수 있는 창구 역할을 하게 되며, 이는 지역 사회와의 조화로운 공존에도 긍정적으로 기여할 것으로 전망된다.

❖ 코리안데스크 주요 역할
- 한국인 관련 사건·사고 접수 및 수사 지원
- 범죄 예방 활동 및 교민 대상 안전 교육
- 한국인 실종·납치·피해 사건 시 필리핀 경찰과 공조 수사
- 주필리핀한국대사관·총영사관과 협력하여 긴급 구조

한인 사업가 지익주 씨를 기리며

지익주 씨는 필리핀으로 이민 와 앙헬레스에서 인력업체를 운영해오던 건실한 사업가이다. 2016년 10월 18일 지 씨는 여느 때처럼 오전 업무를 마치고 점심을 먹기 위해 집으로 향했다. 얼마 후 초인종이 울리고 지 씨는 갑자기 들이닥친 남성들에 의해 납치되었다. 아내 최경진 씨는 남편과 연락이 닿지 않아 경찰에 신고하고 남편의 행방을 수소문했다. 건너편 이웃이 촬영한 납치영상과 주변 CCTV 영상 등을 통해 사고 당일 남편의 차를 미행하던 범인의 차를 발견하고 필리핀 경찰청 납치전담반에 넘겼다. 하지만 경찰에게 알려도 사건 해결에 진전이 없었다. 마침내 최 씨가 이 사건을 필리핀 언론에 알리고서야 사회적 여론이 들끓고 양국 정부의 관심을 받게 되었다.

사건이 언론에 오르내리자 납치범 한 명이 스스로 경찰에 출두했는데, 그는 마약 단속반 경찰관 로이 빌레가스였고 공범으로 마약 단속반 경찰관인 산타 이사벨을 지목했다. 이사벨은 최 씨가 확보한 CCTV 영상 속에서 지 씨의 카드로 현금을 인출하던 이였다. 이후 교도소에 구속 수감된 산타 이사벨은 모든 범죄를 계획하고 실행한 주모자는 자신의 상관인 마약 단속반 팀장 라파엘 둠라오라고 털어놨다.

지 씨의 사건이 알려지면서 2017년 1월 당시 대통령이었던 두테르테 대통령은 사태 수습을 위해 최 씨를 직접 만나 사과하고 범인들에 대한 강력한 처벌을 약속했다. 또한 최 씨의 신변안전을 보장하며 경찰청 내 공식 분향소 설치, 고 지익주 씨 명예 회복을 위해 정부가 최선을 다하겠다고 약속했다.

납치·살해 후 7년이 지난 2023년 6월, 산타 이사벨 등 공범 2명에게 무기징역이 선고됐다. 공범 2명은 지난해 6월 무기징역을 선고받았지만, 주범인 전직 필리핀 경찰청 마약단속국 팀장 라파엘 둠라오는 무죄가 선고됐다. 이후

항소심 판사는 이례적으로 1심 판사의 '중대한 재량권 남용'을 인정해 주범에게 '가석방 없는 무기징역'을 선고했다. 그러나 법원이 체포영장을 발부하기 전 도주해 현재 행방이 묘연한 상태다.

최 씨는 9년이 지난 현재까지도 남편 지익주 씨를 위한 싸움을 이어가고 있다. 매년 한인총연합회는 고 지익주 씨 추모행사를 매년 지 씨가 살해된 필리핀 경찰청 내에서 개최하며 지 씨의 넋을 기리고 있다. 주필리핀한국대사관과 한인단체 대표들 역시 추모행사에 참석하여 최경진 씨를 위로하고 지 씨의 정의가 구현되기를 바라며, 앞으로는 한인 대상 범죄가 일어나지 않기를 함께 기원하고 있다.

생전의 지익주 씨와 부인 최경진 씨

MBC PD수첩에 출연한 최경진 씨

필리핀경찰청 내에서 치러지는 고 지익주 씨 추모행사

3 [공공기관]
주필리핀 한국문화원
KOREAN CULTURAL CENTER IN THE PHILIPPINES (KCCPH)

　주필리핀 한국문화원은 한국의 문화에 대한 이해와 관심을 널리 넓히고 한국과 필리핀 양국의 더욱 활발한 문화 교류 활동을 지원하기 위해 2011년 7

2017년 주필리핀대한민국대사관과 필리핀 교육부의 양해각서 서명

월 19일 공식적으로 개원했다. 문화원은 문화체육관광부 및 주 필리핀 한국대사관 산하기관으로 전세계에 위치한 문화원들 중 20번째로 문을 열었다.

문화원은 필리핀의 문화 및 예술 분야에 관해 필리핀 정부 및 비정부 단체 그리고 민간 단체와 활발한 협업을 이어나가고 있으며 한국어 수업뿐만 아니라 케이팝 댄스, 태권도, 한식, 민화 등 문화 수업도 진행하고 있

필리핀한국문화원 전경

제4부

다. 다양한 연례행사를 개최하는데 매년 한국문화축제와 필리핀한국영화제를 전국적으로 대규모로 개최하고 있다. 또한, 현지 국공립 중고등학교와 여러 대학 및 기관 등에 찾아가는 문화행사를 정기적으로 열어 문화원 밖에서도 한국 문화를 체험할 수 있는 기회를 제공하고 있다.

그리고, 2017년 제2외국어 특별과정(Special Program in Foreign Languages, SPFL)에 한국어가 정식 채택되어 매년 필리핀 전역에서 선정된 공립고등학교에서 한국어 과목을 담당할 현지 교사 양성 교육과 한국어능력시험(TOPIK) 시행도 전담하여 필리핀 내 한국어 확산에도 힘쓰고 있다.

문화원은 특히 K-friends, K-rew라는 젊은 필리핀 친(親)한파를 육성하는데 큰 힘을 쏟고 있는데 한국에 관심 있는 필리핀 젊은이들이 능동적으로 필리핀 내에서 자국민을 대상으로 한국과 한국 문화에 대해 알리고 긍정적인 파급 효과를 기대하며 문화 행사와 체험, 블로그와 동영상 제작 등 다양한 활동을 선보이고 있다. 또한 주필리핀한국문화원의 도서관은 1,000여 종이

문화원의 한식 수업

넘는 한국 문학, 한국어, 한식, 영화, 드라마 시리즈 등의 도서자료와 영상자
료를 소장하고 있다.

❖ 문화원 연혁
- **2010. 10. 15.** 황성운 문화원장 부임(초대)
- **2011. 07. 19.** 주필리핀 한국문화원 개원
- **2014. 02. 10.** 오충석 문화원장 부임(제2대)
- **2017. 04. 07.** 이진철 문화원장 부임(제3대)
- **2020. 05. 20.** 임영아 문화원장 부임(제4대)
- **2022. 03. 21.** 주필리핀 한국문화원(국유화) 재개원
- **2023. 05. 22.** 김명진 문화원장 부임(제5대)

2011년 문화원 개설 이래 필리핀 유관기관 및 한인총연합회와 기타 한인
단체들과 지속적으로 협력을 구축하여 다양한 행사를 개최해오고 있다. 한
인총연합회와는 연례행사인 〈한-필 문화교류 축제〉를 공동개최하여 한인

2022년 문화원 재개원 기념행사

들은 물론 필리핀인들이 축제에 참여할 수 있도록 장려하며, 필리핀문화예술위원회, 필리핀문화센터, 필리핀 외교부, 관광부 등 한국 문화와 관련한 사업이나 행사에 관심이 있는 정부기관과도 긴밀한 관계를 유지하고 있다.

또한 필리핀국립대학교, 아테네오데마닐라대학교 등 한국학 과정이 개설된 현지 대학과도 협력하여 젊은층과 대중을 위한 특강, 북토크, 세미나 등의 행사를 조직해오고 있다.

2022년 현재 문화원 건물로 이전한 후에는 5층 전시실에서 단기, 특별 전시 등을 진행하고 있으며 필리핀메트로폴리탄갤러리(MET), 필리핀국립박물관 등과 예술문화 행사를 공동 개최하기도 한다.

한-필 양국 간의 상호 문화교류 활동이 강화될 수 있도록 다양한 프로그램과 행사를 개최하고, 한인 동포 사회와도 긴밀히 협력하여 많은 교민들이 문화원의 행사에 참여할 수 있도록 노력하는 문화원이 되고자 한다.

2024년 한인회장 문화원방문

4 [공공기관]
한국국제협력단
필리핀사무소

KOREAN INTERNATIONAL COOPERATION AGENCY (KOICA)

한국국제협력단(KOICA)과 필리핀 정부와의 협력은 1990년 한국인 해외 자원봉사자들이 필리핀에 파견되면서 시작되었다. 1991년 KOICA가 설립되었고 같은 해 필리핀 정부 공무원들이 KOICA의 한국 초청 연수프로그램에 참여하게 되었다. 그러다가 마침내 1994년 12월에 KOICA 필리핀사무소가 정식으로 설립되어 대 필리핀 무상원조사업을 본격적으로 추진해 오고 있다. 2012년은 한국 정부가 필리핀을 위한 첫 번째 국가지원 전략을 수립한 해였으며, 2019년에는 KOICA가 필리핀을 위한 자체 국가지원 계획을 수립했다.

❖ KOICA의 목표
- 개발도상국과의 우호 관계를 강화하고 빈곤을 줄이고 삶의 질을 높이며 지속 가능한 개발을 촉진하며 인도주의적 프로세스를 추구
- 포용적인 개발 협력을 통해 인류의 공동 번영과 세계 평화를 촉진
- 보편적 가치를 추구하고 상호 번영을 촉진하며, 지속 가능한 개발 협력을 실현

현재 KOICA의 필리핀에 대한 원조 규모는 1991년 50만 달러에서 2024년 3,350만 달러로 증가했다. 2024년 예산 기준으로 필리핀은 베트남에 이어 두 번째로 규모가 큰 KOICA 수혜국이다.

KOICA의 주요 사업유형 및 활동

KOICA의 주요 사업 유형은 다음과 같다. 첫째, 인프라, 장비, 전문가 파견, 역량 강화를 혼합하여 통합적으로 지원하는 개발 프로젝트 사업을 진행하고 있다. 지금까지 필리핀 전역에 89개의 프로젝트를 실행했으며, 그중 65개 프로젝트가 완료됐으며 24개가 현재 진행 중이다. 둘째, 월드프렌즈코리아 봉사단 사업을 통해 지금까지 743명의 봉사단원이 파견되어 한국어교육, 컴퓨터교육, 체육교육 등 다양한 분야에서 활동하였다. 또 글로벌연수사업으로 약 3,850명의 필리핀 공무원이 단기 연수과정 및 석박사 학위과정에 참석하였다. 셋째, 시민사회협력사업을 통해 34개 프로젝트를 운영하였으며,

필리핀 현지 NGO와 필리핀 도시 빈민의 코로나19 대응 지원을 위한 약정을 체결(2020)

장재중 전 한인총연합회 회장의 코이카 필리핀 봉사단원 교육

이 중 26개는 완료되었고 8개가 진행 중이다. 넷째, 중소기업(SME), 기업, 재단, 국제 NGO와 협력하여 혁신적인 비즈니스 모델을 지원하는 혁신적개발협력사업을 통해 8개의 프로젝트 중 6개는 완료되었고 2개가 진행 중이다.

사업규모로 보면 개발 프로젝트 사업이 66%로 가장 큰 비중을 차지한다. 그리고 월드프렌즈코리아 봉사단 사업이 18%, 민관협력사업이 8% 순이다. 개발컨설팅, 글로벌연수사업, 인도적 지원 및 재난구호, 다자협력이 그 뒤를 잇는다.

KOICA는 지난 30년 동안 농업, 인적자원 개발(HRD)/교육, 보건, 교통인프라, 거버넌스, 재난 구호 및 완화, 기후 변화 등의 분야에서 8개 프로젝트 사업을 시행해 왔다.

❖ 모범 사례

농업 분야: 농업 분야에서 쌀 및 종자 가공, 작물 생산, 응용 농업 개발, 카라바오 및 낙농 개량, 어업 개발 등을 포함한 12개의 프로젝트를 완료했다. 그 중 필리핀 파나이섬 고지대 농촌종합개발사업 프로젝트는 농업 생산성을 증대시

키고, 수혜자들의 소득을 78% 증가시키며 해당 지역의 빈곤율을 감소하는 데 일익을 담당하였다.

HRD/교육 분야: 다바오 지역에서 산업기술 분야의 최고 직업 교육 기관으로 널리 인정받고 있는 다바오 한-필 직업훈련원은 매우 성공적인 사례로, 2005년에 필리핀 기술교육개발청(TESDA)과 함께 이 센터를 설립한 이후 총 56,270명의 훈련생을 배출하였으며, 이들은 필리핀 전역의 산업현장에서 활동하고 있다.

보건 분야: 유니세프와 공동으로 추진한 '필리핀 생애초기 1,000일 영양 개선 사업'은 영아 발육부진 유병률을 낮추고 저체중을 27% 줄이는 데 기여하였으며, 관련 국가 정책 및 법제화 하는데 도움을 주었다.

KOICA ODA 프로그램은 UN 지속가능발전목표(SDGs), 필리핀개발계획(PDP), 한국정부의 필리핀 국가협력전략(CPS)에 근간을 두고 추진되고 있다. 특히 필리핀 국가협력전략에 명시된 교통, 보건 및 위생, 기후변화 및 환경, 식량 안보에 우선순위를 두고 사업을 발굴형성, 추진, 모니터링, 평가를 진행하고 있다.

5 [공기업]
마닐라 한국무역관
KOREA TRADE-INVESTMENT PROMOTION AGENCY (KOTRA)

코트라 마닐라무역관은 1968년 9월 25일 설립 이래 56년간 한국과 필리핀의 경제협력 활성화와 국내기업의 필리핀 수출 및 투자 활동을 지원해 왔다. 1968년 마카티에 처음 설립되었으며 현재는 따긱시 BGC 내 Ore Central 건물 내에 자리잡고 있다.

[마닐라무역관 역대 관장]

대수	성함	대수	성함
초대 관장	김영준	10대 및 12대 관장	홍태원
2대 관장	김연식	11대 및 13대 관장	임인택
3대 관장	전명진	14대 관장	손성만
4대 관장	김만율	15대 관장	정호원
5대 관장	박용찬	16대 관장	최조환
6대 관장	박풍	17대 관장	이중선
7대 관장	박영복	18대 관장	고상훈

코트라 마닐라 입주 건물 BGC Ore Central 전경

대수	성함	대수	성함
8대 관장	성기룡	19대 관장	김명수
9대 관장	안재건	20대 관장	이수정

마닐라무역관의 주요 활동은 ① 해외 마케팅 지원, ② 해외 투자 진출 지원, ③ 정보조사, ④ 거점 및 센터 운영, 크게 네 방면으로 나눌 수 있다.

첫째, 한국 기업들의 제품 및 서비스를 필리핀 시장에 홍보하고, 필리핀 기업들과의 상담 및 파트너십 구축을 지원한다. 둘째, 한국기업들의 필리핀 진출을 지원하고, 관련 현지 법 및 규제·규정 등 필요한 정보를 제공한다. 셋째, 필리핀 시장동향 및 비즈니스 환경을 조사하고 분석하여 한국기업에 제공하고 있다. 넷째, 서비스산업 해외진출 거점, 방산 G2G 지원 거점, 한국 투자기업 지원센터, FTA 활용지원 센터, 온실가스 국제감축 지원센터, IP-

DESK, 스마트시티 해외 협력 센터 등 다양한 거점 및 센터를 운영하고 있다.

마닐라무역관은 주필리핀한국대사관 등 여러 정부기관 및 단체와 협력하여 국내기업의 투자 진출 및 수출을 지원하고 있다. 특히, 무역 및 투자지원의 수행업무와 밀접하게 관련된 필리핀한국상공회의소, 필리핀한인무역협회와 주재지상사협의회 등 단체들과 협력을 통해 한국기업의 현지 비즈니스 환경 개선 등에도 힘쓰고 있다.

마닐라무역관은 국내기업의 필리핀 진출 지원을 통해 필리핀 지역 경제 활성화에 기여하고 있다. 한국기업들의 필리핀 진출을 위한 관련 현지 법 및 규제·규정 등 필요한 정보를 제공하고, 연간 40편 이상의 필리핀 해외 시장 뉴스, 수출입 현황 및 규제 자료 등을 발간하고 있다. 특히 사업체를 운영하고 있는 한인들의 온라인 커뮤니티를 통해 매일 소식지 및 뉴스를 전하는 노력이 주목할 만하다. 궁극적으로 양질의 일자리와 첨단 기술을 가진 한국기업들이 필리핀에 많이 진출할 수 있도록 가교 역할을 하고 있는 것이다.

코트라 마닐라무역관 입구

마닐라무역관은 무역 및 투자 진출지원과 관련하여 필리핀 한인사회 발전을 위해 노력을 하고 있다. 첫째, 한국기업들의 현지 비즈니스 성공을 위해 지재권보호, 경영지원세미나 등 여러 가지 정보 제공 설명회를 개최하고 있다. 또한 전시회 개최 및 무역사절단 지원사업을 수행하면서 한국제품의 현지 수출과 이들 한인 무역인의 사업에도 도움을 제공하며, 마지막으로 필리핀 현지 한인 청년들을 위한 취업 정보를 공유하고, 필리핀 진출 한국기업들과의 연결 지원을 통해 일자리 창출에 기여하고 있다.

마닐라무역관은 앞으로도 한국기업의 필리핀 시장 진출을 적극 지원할 계획이다. 특히 디지털 무역 확대, 맞춤형 서비스 지원, 해외 프로젝트 수주지원 등 다양한 방면에서 활동을 강화하여 더욱 많은 한국 기업들이 필리핀 현지에 진출함으로써 필리핀 한인사회에 직간접적으로 기여할 수 있도록 노력할 계획이다.

제 4 부

6 [공기업]
한전 필리핀

KOREA ELECTRIC POWER CORPORATION (KEPCO)

1987년 필리핀 정부가 민간발전사업자에 발전소 건설 및 운영 허용한 이후 한전은 1995년 말라야(650MW) 화력발전소 성능복구 및 운영사업 수주로 필리핀 시장에 진출하였다. 이는 한전 최초의 해외사업이라는 점에서 아주 중요한 순간이었다.

1996년 세계 최대 규모인 일리한(Ilihan) 가스복합화력발전소(1200MW) 사업 수주, 2011년 세부에 유동층 석탄화력발전소(200MW) 준공 및 상업운전 시작, 2018년 칼라타간 태양광 발전소(50MW) 지분(38%) 인수 등 굵직굵직한 사업에서 항상 한전이 큰 역할을 했다.

한전 필리핀은 현재까지 파견직원 40명, 현지직원 290명으로 총 330명 이상의 규모로 조직을 운영해오고 있다.

[한전 필리핀 법인장 목록]

성명	재임 기간	주요 업적
함희공	'95. 9. ~ '98. 9.	초대 법인장 / 2대 KCCP 회장 역임 ('96~'97)
오인택	'98. 10. ~ '01. 9.	말라야 발전소 성능복구 완료
최병철	'01. 10. ~ '02. 9.	일리한 발전소 상업운전 시작
이길구	'02. 10. ~ '07. 1.	세부 석탄발전 사업개발 / 6대 KCCP 회장 역임 ('05~'06)
이강원	'07. 1. ~ '08. 12.	필리핀 내 사기업 순이익 순위 28위 달성
김 훈	'09. 1. ~ '09. 12.	일리한 발전소 Asian Power Gold Award 수상
이복렬	'09. 12. ~ '12. 3.	세부 발전소 준공 및 상업운전 시작
황규병	'12. 3. ~ '13. 12.	필리핀 공무원 등(DOE, PSLAM 등) 대상 서울대 교육 프로그램 개설
유향열	'13. 12. ~ '15. 12.	일리한 차관 상환 완료, 말라야 발전소 성공적 이관
고재한	'15. 12. ~ '18. 12.	SPCC 태양광 발전사업 인수(38%), 세부 차관 상환 완료
김정인	'18. 12. ~ '20. 10.	COVID-19 기간 안정적 발전소 운영
윤종류	'20. 10. ~ '21. 12.	Industrial Safety Award 수상 (필, 안전협회)
이달훈	'21. 12. ~ 현재	일리한 발전소 성공적 이관

2011년 기준으로 한전 필리핀의 전력생산량은 전체 설비용량 2,000MW 로 필리핀 내 13.82%의 전력을 공급했다. 한편 한전 필리핀의 말라야 발전

ISO 45001 안전보건 국제인증(2019)

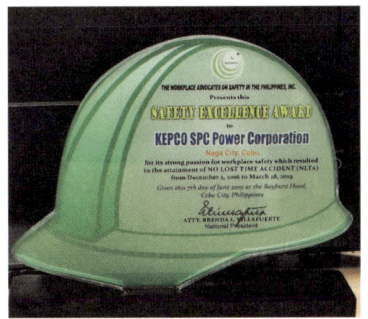

Safety Excellence Award (2019)

소는 사업기간 동안 무고장 운전으로 안정적인 전력을 생산했다. 일리한 발전소는 2019년 안전보건경영시스템 ISO 45001 국제인증을 획득해 2003년에는 세계적인 전력전문지 〈Power지〉로부터 세계 최고 12개 발전소 중 하나로 선정되기도 하였다. 또한 세부 발전소는 500일 무고장 달성으로 2019년 Safety Excellence Award 수상의 영예를 안았다.

❖ **한국기업 동반진출**: 미화 약 7억불 이상의 경제 파급효과 발생
- 발전소 건설시 참여실적: 미화 약 3.1억불

[한전 필리핀 발전소 현황]

일리한 발전소	말라야 발전소	세부 발전소
• 규모 : 미화 1.4억불 • 대림산업(시공), 효성(기자재)등 10개社	• 규모 : 미화 0.7억불 • 이성 엔지니어링 (정비용역)등 67개社	• 규모 : 미화 1억불 • 두중(보일러)등 97개社

- 발전설비 정비 및 운영관리: 미화 약 3.8억불 (22년 누적기준)

한전 필리핀은 필리핀 내 한인 단체와의 협력과 지원도 지속적으로 이어오고 있다. 2004년 필리핀한국국제학교 설립 당시 설립을 위한 모금에도 참여하였으며, 필리핀한인총연합회, 여성협회, KCCP 등 유수의 필리핀 한인 단체에도 정기적 기부하고 있다.

[한전 필리핀의 기부 현황] (2020년 기준)

단체	금액
필리핀 한인회	미화 2,000불/연
필리핀 한국 여성협회	미화 1,000불/연
필리핀 대한 상공회의소(KCCP)	미화 1,000불/연

또한 필리핀 지역사회에 대한 공헌도 다방면으로 이어오고 있다. 이러한 공헌으로 2018년에는 주필리핀한국대사관이 주관한 필리핀 투자 한국기업 CSR 활동으로 최우수상을 수상하였다. 1995년 말라야 법인 이후 2018년까지 수혜인원 120만 명, 18백만 불을 지원하고 필리핀 전화사업, 발전소 주변 지역 교육, 의료 지원, 재해복구 등에 적극적으로 참여한 데 대한 뜻깊은 결과로 보인다.

여러 사업 중 농어촌 전화사업 지원은 글로리아 마까빠갈 아로요 정부 당시 실시한 국가균형발전사업에 적극적으로 동참해 이룬 결과물이라고 할 수 있다. 2001년에 시작한 1차 사업이 3차까지 이루어져 2010년까지 총 760여 개의 바랑가이 균형발전을 위해 필리핀 정부와 손을 맞잡았다.

[한전 필리핀의 필리핀 농어촌 전화사업 지원사업] (2001-2010)

	1차지원(2001)	2차 지원(2004~5)	3차 지원(2007~10)
대상	60개 바랑가이 (일리한 인근 민도로섬)	200개 바랑가이 (VISAYAS)	500개 바랑가이 (LUZON, VISAYAS)
사업비	미화 약 1백만불	미화 약 3백만불	미화 약 10백만불

또 한전 필리핀은 2014년부터 필리핀 정부기관 소속 직원 등을 대상으로 KEPCO 장학생을 선정하여 서울대학교 행정대학원 학비를 지원하고 있다. 장학생당 연 4,000만원을 지원하는 장학 프로그램으로 친한파를 육성하면서 장학생들이 서울대학교 글로벌공공행정 석사학위를 취득한 후 더욱 전문적인 인력으로 성장해 필리핀 발전에 이바지할 수 있는 발판을 마련하고 있다.

아울러 가정형편이 어려운 바랑가이에서 선발된 학생들을 위한 대학 장학금 및 입학금 지원, 발전소 주변 학교 에어컨, 컴퓨터 등 필요 기기 기부, 필요시 발전소 인력을 이용한 봉사활동 등도 꾸준히 시행하며 지역사회의 모범이 되고 있다. 세부 나가 지역의 초등학교를 위해 급식소 건물 증축 및 졸

서울대학교 행정대학원 KEPCO 장학금 수여

업식 행사 선물을 지원하여 자라나는 꿈나무들을 위한 초석을 다지는 모습도 보인다.

　의료 시설과 서비스가 열악한 필리핀 현지 사정을 파악하여 2001년 이후부터는 매년 의사 및 간호사 지원을 통해 발전소 주변 지역 주민을 대상으로 연 2회 치과 치료, 연 4회 무료 건강검진을 제공하고 있다. 발전소가 위치한 세부에서는 필리핀 적십자를 통해 세부 시민들의 개안수술 지원금 전달, 2018년 세부 비센트 맨디올라 보건센터(Vicente Mendiola Center for Health)에 신형 구급차를 기부하여 훈훈함을 전했다.

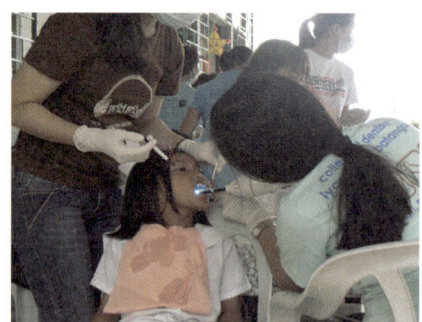

한전 필리핀의 다양한 지역사회 지원 활동

한전 필리핀의 환경보호 활동

　한국에 비해 자연재해가 더욱 잦고 정도가 심한 필리핀 특성상 지속적으로 환경을 보호하고 보존할 수 있는 활동이 적극적으로 요구되는데 한전 필리핀은 지역사회 환경보호 활동에도 앞장서왔다. 2009년부터 2012년까지 필리핀 전 지역에 5,796 그루 식재를 제공하고 정기적으로 해안청소 자원봉사를 시행하였다.

[한전 필리핀의 각종 재해 기부금 전달]

내 용	지원금액(미화)
'06년 레이떼 산사태	12,000불
'09년 태풍 '온도이'	7,300불
'11년 태풍 '와시'	11,500불
'12년 네그로스 지진	2,400불
'13년 보홀 지진, 태풍 '하이안'	47,620불
합 계	80,820불

　코로나19 대유행 당시에도 의료 지원 및 구호물품 지원을 아끼지 않았다. 방가지난주, 일리한 바랑가이 등에 COVID-19 백신(AstraZeneca) 약 750명분 및 구호물품을 지원하였다.

[코로나19 관련 의료 지원]

대상기관	지원내용	지원금액(페소)
Pangasinan주 Sual시	팡가시난사업 발전소 부지 주민 1,100가구 생필품 지원	43.3만
일리한 바랑가이 등	식료품 등 구호물품 지원	144.8만
바탕가스 시	현금 전달	100.0만
필리핀 정부	백신 전달	41.1만
합 계		329.2만

　　한전 필리핀은 지난 30여년간 축적한 필리핀에서의 전력사업 경험을 통한 무재해·무고장 발전 운영으로 필리핀 전력 안정화에 앞으로도 기여할 포부를 밝혔다. 또한, 다변화하는 필리핀 전력시장에서도 경쟁력 있는 한전 필리핀이 될 수 있도록 그동안 일궈낸 브랜드 가치를 활용하여 新에너지 사업개발에 선도적인 역할을 수행할 계획이다.

7 [국제기구]
세계보건기구

WORLD HEALTH ORGANIZATION (WHO)

세계보건기구(World Health Organization, WHO)는 1948년 4월 7일 유엔 산하 전문기구로 정식 출범하였으며, 이 날은 "세계 보건의 날"로 지정되어 매년 기념되고 있다. WHO는 제2차 세계대전 이전부터 활동하던 국제공공위생 사무소 (Office Intenational d'Hygiene Publique, OIHP)와 국제연맹 보건기구의 기능 을 통합해 설립되었으며, 2023년 말 기준 194개 국가가 회원으로 가입되어 있다. WHO는 "모든 인류가 가능한 최고 수준의 건강을 달성하는 것" 을 설립 목적으로 삼고 있으며, 국제 보건 사업의 조정, 질병 퇴치, 보건 시스템 강화, 글로벌 보건 기준 수립 등을 핵심 임무로 수행하고 있다.

WHO는 6개 지역으로 나뉘어 운영되고 있는데, 이 중 서태평양지역을 관할하는 서태평양지역 사무처(WPRO: Western Pacific Regional Office)는 필리핀 마닐라에 본부를 두고 있다. 관할 지역은 한국, 중국, 일본, 호주, 뉴질랜드, 태평양 도서국 등 28개국과 10개 부속령(미국, 영국, 프랑스)으로, 아래와 같은 고유한 보건 과제를 다루고 있다.

내 용	방법
고령화 대응	일본과 한국의 초고령사회 문제 해결을 위한 정책 개발
감염병 관리	신종 감염병(예: SARS, 코로나19) 및 열대성 질병 감시 및 관리
보건의료 격차 해소	태평양 도서국의 보건의료 인프라 지원

한국의 WHO 가입과 협력

　한국은 1949년 8월 17일 WHO의 65번째 정회원국으로 가입하였으며, 현재 WPRO에 소속되어 있다. 북한(1973년 가입, 동남아시아지역 소속)보다 24년 앞선 기록으로, 특히 한국은 한국전쟁 이후 황폐화된 보건 시스템을 복구하는 과정에서 WHO로부터 많은 지원을 받았다.

　한국과 WHO는 전략적 협력을 통해 국제 보건 거버넌스 강화에 기여하

세계보건기구 서태평양지역 한국인 직원들

고 있다. 양측은 다양한 분야에서의 협력을 지속적으로 확대하고 있는데, 이제 한국은 단순한 협력국을 넘어 국제 보건분 야의 주도적 역할을 수행하며, WHO의 중장기 전략 수립과 실행에 적극적으로 참여하고 있다. 특히 신종 감염병 대응, 보건 시스템 강화, 환경보건 등 다각적 분야에서 구체적인 성과를 내고 있다.

> ❖ 최근의 주요 협력 사례
> **코로나19 대응:** 국제적인 감염병 대응 구상인ACT-A(Access to COVID-19 Tools Accelerator) 참여 및 코백스(COVAX)를 통해 총 5.11억 달러를 기여하며, 한국이 단순 기여국을 넘어 국제 보건 협력의 주도국으로 도약하는 계기를 마련
> **고위급 정책 대화:** 2019년 시작된 후 코로나19로 일시 중단되었던 고위급 회의가 2024년 8월 제2차 회의로 재개되었고, 한국은 이에 참여하여 WHO의 중장기 전략인 14차 중장기 일반사업(General Programme of Work, GPW 2025-2028) 에 대해 논의

아시아태평양 국제보건의회 포럼(Asia-Pacific Parliamentarian Forum on Global Health, APPFGH)은 WHO 서태평양지역사무처와 대한민국 국회가 주최하는 국제 보건 포럼으로 아·태 지역 보건 정책 결정자의 네트워크를 형성하고, 입법자들의 보건정책에 대한 이해를 높이며, 보건외교 확대와 지속 가능발전 목표(Sustainable Development Goals, SDGs)의 달성을 도모하고 있다.

WHO 아태환경보건센터(Asia-Pacific Centre for Environment and Health, ACE) (종로구 소재)는 지역특화 전문사무소(GDSO: Geographically Dispersed Specialized Office)로서 2019년 8월 WHO 서태평양지역사무처와 대한민국 환경부, 서울시가 공동으로 설립했다.

제4부

한국인 지도자의 글로벌 보건 기여

WHO 핵심 직위에서 지속적으로 활동해온 한인들은 다음과 같다.

[WHO 파견 한인]

성 명	직 위	임 기	주 요 업 적
한 상 태	서태평양지역사무처장	1989-1998	태평양 도서국 보건시스템 구축
이 종 욱	WHO 사무총장	2003 -2006	최초 비 서방국 출신 총장 전염병 경보 체계 강화
신 영 수	서태평양지역사무처장	2009-2019	감염병 위기대응 강화, 지역 맞춤형 보건 솔루션, K-보건의료의 글로벌 가치 제고

한국인 직원 현황

2022-23 회기연도 기준 WHO 직원은 8,983명(본부 2,978명)이며, 그중 한국인은 공식 집계되지 않았으나 주 직군에서 활약 중이다. 파견 직원의 경우 보건복지부·질병관리청 소속 인력이 본부 및 지역사무소에서 근무하고 있으며 공중보건, 감염병, 백신 분야. 긴급방역 등 전문직에도 다수 진출중이다.

WPRO의 특징과 도전 과제

- **보건 격차** 호주·한국 등 고소득국과 태평양 도서국 간 의료 접근성 차이 극복
- **혁신 선도** 디지털 헬스 기술(한국의 K-바이오 솔루션) 적용 확대
- **기후보건** 열대성 감염병 확산과 해수면 상승에 따른 보건 위기 대응

8 [국제기구]
아시아개발은행
ASIAN DEVELOPMENT BANK (ADB)

아시아개발은행과 한국

아시아개발은행(Asian Development Bank, ADB)은 1966년 11월 일본 도쿄에서 31개국 대표가 참석한 창립 총회를 통해 설립되었으며, 같은 해 12월 필리핀 마닐라에 본부를 두고 공식 출범했다. 설립 목적은 아시아·태평양 지역의 경제 성장과 협력을 촉진하고, 개발도상국의 경제 발전을 지원하는 것이다. 현재 ADB는 69개 회원국을 보유하고 있으며, 이 중 50개국이 아시아·태평양 지역에 속한다. ADB는 공공 및 민간 부문을 아우르는 다양한 운영, 자문, 기술 지원, 지식 공유를 통해 지역 개발 프로젝트를 종합적으로 지원하고 있다.

한국은 ADB 창립 초기부터 적극 참여한 국가로, 1966년 12월 창립 회원국으로 가입했다. 당시 한국은 1인당 국민소득이 약 130달러에 불과했고, 전쟁의 폐허에서 재건을 시작하는 개발도상국이었다. 그럼에도 불구하고 한

아시아개발은행 전경

국 정부는 ADB의 미래 가능성을 높이 평가해 당시로서는 매우 과감한 결정인 약 633만 달러(총 지분 5%)의 초기 출자금을 납입하며 전략적 협력 기반을 다졌다. 이는 당시 극히 어려운 재정 여건을 고려할 때 매우 이례적이고 선제적인 국가 전략이었다.

이후 ADB는 한국의 산업화 기반 조성에 핵심 역할을 수행했다. 대표적인 사례가 ADB가 승인한 한국의 첫 지원 사업인 경인고속도로 건설 프로젝트다. 이 고속도로는 인천과 서울을 연결해 수출 중심 산업화에 필요한 물류 인프라를 제공했고, 한국 경제 도약의 초석이 되었다.

1968년부터 2005년까지 ADB는 한국에 총 47건의 정부차관(Sovereign Loan)을 제공하며 약 2억 5천만 달러 규모의 재정 지원을 실시했다. 이 기간 동안 교통, 에너지, 수자원, 도시 인프라 등 다양한 분야에서 사업을 추진하며 한국의 국가 발전에 실질적인 도움을 주었다. 이러한 성공적인 협력 결과로 한국은 1988년 개발도상국 수혜국 지위를 졸업한 첫 번째 ADB 회원국이 되었다.

그러나 1997년 IMF 위기 당시 한국은 다시 ADB에 자금 지원을 요청했다. ADB는 약 40억 달러 규모의 구조조정 및 사회안전망 자금을 제공하며 금융 개혁, 기업 구조조정, 고용 안정화, 사회적 약자 보호를 위한 긴급 대응을 지원했다. 이는 ADB가 단순한 개발 파트너를 넘어 위기 상황에서 중요한 국제 안전망으로 기능했음을 보여주는 의미 있는 사례다.

이후 한국은 개발도상국 수혜국에서 공여국으로 전환하며, ADB와의 관계는 더욱 성숙한 동반자 관계로 발전했다. 현재 한국은 Asian Development-ment Fund(ADF)와 Technical Assistance Special Fund(TASF) 등 여러 양허성 기금에 재정을 지원하며, 아시아 최빈국에 대한 기여를 강화하고 있다. 특히 2006년부터 운영 중인 'e-Asia and Knowledge Partnership Fund(EAKPF)'는 ICT 기술과 지식 공유를 활용한 개발 협력의 대표적 모델이며, 한국의 개발 경험을 전수하는 Knowledge Sharing Program(KSP)은 ADB와의 주요 협력 플랫폼으로 지속적인 성과를 내고 있다.

2025년 6월 기준, ADB 내 한국 국적 인력은 총 95명에 달한다. 이들은 정책 수립, 인프라 개발, 환경 지속성, 재정 관리, 디지털 전환 등 다양한 분야에서 활발히 활동하며, 한국과 ADB, 필리핀 간 협력을 연결하는 핵심 인력이다. 이들은 기술 자문뿐 아니라 한국의 개발 경험을 ADB 프로젝트에 접목시키며 지역 개발에 시너지를 내고 있다.

그동안 한국은 ADB 에 세 명의 부총재와 두명의 사무총장의 고위직 진출을 통해 영향력을 지속 확대해 왔고, 정책 결정과 운영에 중요한 역할을 수행했으며, ADB 조직 전략과 내부 운영을 총괄해왔다. 또한 이창용 한국은행 총재는 2011년부터 2014년까지 ADB 수석 경제학자(Chief Economist)로 활동하며 경제 정책 수립에 큰 영향을 미쳤다. 이들 고위직 인사의 활약은 ADB 내 한국의 위상과 정책 영향력 확대에 기반이 되고 있다.

직위	이름	파견기간
부총재	정인용	1988. 8. 1 - 1993. 7. 31
	이봉서	1993. 8. 1 - 1998. 7. 31.
	신명호	1998. 8. 1 - 2003. 7. 31.
사무총장	이영회	2003. 9. 15 - 2006. 9. 14.
	엄우종	2021. 2. 22 - 2024. 7. 31.
대외협력총재보	김성욱	2025. 5. 22. - 현재

엄우종 전직 사무총장

한국은 현재 ADB 내 약 4.311%의 투표권을 보유해 일본, 미국, 중국, 인도, 호주, 인도네시아, 캐나다에 이어 8번째로 높은 비율을 차지한다. 또한 ADB의 12개 이사국 중 하나로서 영구 이사직(Permanent Board Seat)을 유지하며 정책 결정 과정에서 한국 입장을 적극 반영할 수 있는 제도적 기반을 확보하고 있다.

필리핀은 ADB 본부가 위치한 국가로, 아시아 개발 협력의 중심지 역할을 해왔다. 비록 경제 인프라 미비와 빈부 격차라는 구조적 문제를 안고 있으나, 영어 사용 인구, 풍부한 노동력, 자원, 개방적인 사회 문화는 필리핀을 높은 성장 잠재력을 가진 국가로 만든다. 한국은 이러한 필리핀의 전략적 가치를 인식하고 ADB를 매개로 한 협력을 적극 추진하고 있다.

ADB와 한국 기업 필리핀 내 인프라 사업 참여

최근 ADB가 필리핀에서 추진하는 주요 인프라 사업에 한국 기업과 기관의 참여가 빠르게 확대되고 있다. 대표 사례로 라구나 호수 동부순환도로(Laguna Lake Road Network, LLRN) 프로젝트가 있다. 약 12억 달러 규모의 이 사업은 ADB와 한국수출입은행(KEXIM)이 공동 재원을 조달해 마닐라 동부 교통 정체 해소와 기후 회복력 강화를 목표로 한다. 한국 기업들은 설계, 감리, 시공 등 여러 단계에서 핵심 역할을 맡고 있다.

또 다른 대표 사업은 바타안-카비테 연결교(Bataan-Cavite Interlink Bridge, BCIB) 프로젝트로, 루손섬 남부를 잇는 해상 교량 건설 사업이다. 총 사업비 약 30억 달러로 완공 시 아시아 최장 교량 중 하나가 될 전망이다. 이 사업에도 여러 한국 건설사와 컨설팅사가 참여하며 한국 기술력과 경험이 중요한 역할을 하고 있다.

이처럼 ADB 프로젝트를 통한 한국 기업과 전문가 참여는 단순한 비즈니스 기회를 넘어 국제 개발 생태계로의 구조적 진입을 의미한다. 현지 활동 한국 기업은 ADB 사업을 기반으로 고급 일자리를 창출하고 국제 파트너십을 강화하며, 필리핀 한인사회의 질적 성장에도 기여한다.

ADB를 통한 인재 교류, 기술 협력, 청년층 국제기구 진출은 차세대 한인 리더들이 국제 무대에서 역량을 발휘할 발판이 된다. 마닐라라는 지정학적 거점을 바탕으로 ADB는 한인사회 영향력과 정체성을 확장하는 지속 가능한 성장 플랫폼으로 기능하며, 필리핀 한인 공동체 미래 비전에 핵심 동반자로 자리매김하고 있다.

2026년 필리핀이 아세안 의장국을 맡게 되면서 한국과 필리핀 간 협력은 한층 강화될 전망이다. 특히 ADB를 중심으로 한-필리핀-아세안 간 삼각 협력 모델은 향후 한-아세안 전략적 동반자 관계 심화에 중요한 발판이 될 것이다.

궁극적으로, 한국과 ADB의 관계는 단순한 수혜국과 공여국 관계를 넘어 공동 목표와 비전을 공유하는 미래 지향적 개발 파트너십으로 발전하고 있다. 필리핀이라는 가능성의 땅에서 ADB는 한인사회 성장의 축이자 다음 100년을 준비하는 필리핀 한인 공동체의 핵심 동반자로 자리할 것이다

❖ 바타안- 카비테 교량사업(BATAAN -CAVITE INTERLINK BRIDGE, BCIB) 프로젝트

아시아개발은행(ADB) 과 아시아인프라투자은행(AIIB)이 발주한 총사업비 30억 달러의 사업으로 필리핀 바탄주에서 마닐라만을 횡단 및 코레히도 (Corregidor) 섬을 경유하여 카비테주까지 연결되는 교량으로 해상교량 25.2KM 와 육상교량 도로 7KM 로 구성되는 메가 프로젝트(Mega Project)

9 [국제기구]
국제미작연구소
INTERNATIONAL RICE RESEARCH INSTITUTE (IRRI)

국제미작연구소(國際米作研究所, International Rice Research Institute, IRRI) 는 필리핀 마닐라에서 남동 65km의 로스바뇨스(Los Baños)에 있는 국제농업연구협의단 산하의 농업연구기관

이다. 국제미작연구소는 아시아에서 가장 큰 국제농업연구소로서 1960년에 필리핀 정부 및 포드 재단, 록펠러 재단의 협력에 의해 설립되었으며, 아시아와 아프리카의 14개국에 파견 기관을 두고 벼에 관한 연구와 교육을 하는 기관이다.

한국정부는 1960년대 후반부터 한국농촌진흥청 및 국립식량과학원과 협력 관계를 유지하면서 많은 한국인 과학자들이 IRRI에 파견되어 공동 연구를 수행하고 있으며, 현재도 한국인 박사급 연구원이나 프로그램 매니저로 근무하는 많은 한국인들이 있다. 국제미작연구소와 우리나라 농촌진흥청

과학자들이 협력하여 한국 기후와 토양에 맞게 개량한 통일벼 IR667 품종은 벼 품종의 국산화와 자급률 향상에 크게 기여하였으며, 이는 1970년대 한국의 새마을운동과 맞물려 녹색혁명을 일으켜 식량자립 국가로 도약하는 기반이 되는 역사적 의의가 있다.

당시 농촌진흥청에서 파견된 연구관 3명이 신품종 종자증식을 위해 이곳을 찾아 수원 295호와 이리 346호 및 347호 볍씨 농사에 열을 올렸다. 이는 열대국가에서의 원정농사로 신품종 선발에서 농가 보급까지 당시 기간을 1년이나 단축하는 데 공헌했다(1981년 2월 16일 동아일보). 1970년대 대한민국의 식량자급을 가능케 한 통일벼는 서울대학교 허문회 교수가 IR8에 일본의 조기숙성형 벼인 Yukara와 대만의 Taichung Native 1 (TN1)을 교배한 것을, 농촌진흥청에서 개발 및 육성하여 보급한 것이다. 현재 한국의 농촌진흥청과 종자증식사업 등의 연구협력을 지속적으로 유지하고 한국에 사무실을 두는

국제미작연구소(IRRI) 전경

등의 지속적인 관계를 유지하고 있다.

국제미작연구소의 연구 사명은 빈곤과 기아의 박멸, 벼농사 농민과 소비자의 건강증진, 지속가능한 벼농사 기술의 확립이다. 국제미작연구소의 본부는 필리핀국립대학교 로스바뇨스 캠퍼스에 인접하고 있다. 연구 설비, 연수 숙박설비 252ha의 실험포장을 갖추고 있다.

제5부

DONATION CEREMONY
Cebu Provincial Capitol, March 24, 2020 - 3pm

세부한인회

필리핀 한인총연합회와
지역한인회의 발자취

제7장
필리핀 한인총연합회
활동 현황

1. 필리핀 한인회의 설립 역사 및 변천 과정
2. 필리핀 한인총연합회의 조직과 주요 활동
3. 필리핀 한인총연합회의 활동 방향과 목표

1
필리핀 한인회의
설립 역사 및 변천 과정

광복 이전 (1900년대-1940년대)

1900년대 초반부터 무역, 선교사, 유학, 포로송환자 등의 형태로 극소수 한국인들이 필리핀에 거주 하였다. 1936년 8월 7일 〈조선일보〉 기사에 의하면 필리핀 1935년 12월 7일 한인 17명이 참석한 고려인회의 창립총회가 마닐라에서 개최되었다는 기록으로 봐서 이는 필리핀 최초의 조직적인 한인 단체의 기록이었다고 볼 수 있다.

고려인회(高麗人會) 조직

1936년 8월 7일 〈조선일보〉 기사 「比律賓 在留同胞 高麗人會 組織 (비율빈 재류동포 고려인회 조직)」에 의하면 최초의 필리핀 내 한인단체인 고려인회(高麗人會)는 1935년 12월 7일에 설립된 것으로 나온다.

비률빈에 전출한 조선동포의 수효는 아직도 확실지 못하나 우선 그곳에 재류하는 유력자들이 지난 일천구백삼십오년십이월칠일에 재류 비률빈 고려인회(高麗人會)를 조직하였고, 그해 그 달 삼십일에는 비률빈 수도 마닐라시에서 제일회 창립총회를 열고 장차 남양 방면에 진출하는 조선동포들을 위하야 여러 가지 협의 한바가 잇섯다 한다. 이상은 최근 비률빈 고려인회로부터 본사를 통하야 조선내 지 동포에게 그 존재를 알리어 달라는 부탁이 잇는 동시에 제일회 총회의 긔념촬영의 한조각을 보내왔다. (1936. 8. 7. 조선일보)

당시 필리핀 고려인회 제1회 총회 기념 촬영
(1936년 8월 7일, 조선일보 원문 제목: "재류 비률빈 고려인회 제 일회 총회 긔념 촬영")

당시 기념촬영 사진을 보면 넥타이 정장차림의 한인 유력자 17명의 한인 동포 참석자들의 모습이 보인다. 본 고려인회는 지금까지 밝혀진 필리핀 내 한인들이 창립한 최초의 조직적이고 공식적인 한인 단체라고 할 수 있다.

광복 직후 (1945년대)

1945년 9월 대한인국민회 필리핀 지방회가 창립되어 마닐라에 거주하는 9~10명의 임원단을 선출하였으며, 광복 직후 해외 한인사회가 독립운동 조직을 기반으로 교민회를 꾸린 사례 중 하나로 볼 수 있다. 그러나 당시 전후의 혼란과 소수에 불과한 한인 수로 인해 장기간 유지되지는 못한 것으로 보인다.

❖ 대한인국민회 필리핀 지방회

(大韓人國民會, Korea National Association, Philippine Branch)

대한인국민회는 1909년 2월 안창호, 박용만, 이승만 등이 주도하여 미국 샌프란시스코에서 결성된 한인 독립운동 조직으로, 해외 주요거점에 지방회를 두어 교민을 조직화했다. 필리핀 지방회는 제2차 세계대전 후 일본이 패망하고 한국이 해방된 직후 마닐라 한인들을 중심으로 결성되었다. 주도 인물인 박윤화 씨는 당시 〈필리핀한인동맹회〉 회장을 맡고 있었으며, 이를 기반으로 대한인국민회 필리핀 지방회를 설립했다. 설립시기는 1945년 9월 8일 박윤화 회장이 필리핀 지방회의 승인 요청 공문을 발송하고 10월 21일 승인되어 공식적인 단체로 등록되었다.

당시 조직구조는 마닐라에 거주하고 있는 한인 총 9~10명의 소규모 간부 체제로 박윤화 회장을 비롯하여, 부회장, 총무, 재무 등으로 운영되었다. 광복 직후 혼란한 상황에서 소수 교민들을 단합하고 임시정부를 지지하며 독립운동의 정통성을 계승하는 해외조직의 하나로서 그 역할은 물론 해방 이후에는 필리핀 내 한국인 사회의 공식적인 구심점이 되었다.

한국에서 정부가 들어서고 한인들이 늘어나면서 당시 교포사회에서 가장 존경받던 박윤화 회장은 1956년 필리핀 한인회를 설립한 교두보가 되었다. 대한인국민회 설립 승인 이전에 존재했던 "필리핀 한인동맹회"는 대한인국민회 필리핀 지방회를 승인받기 위한 임시 단체로 추측되나 실재했는지 여부에 대한 기록은 어디에서도 찾지를 못했다.

한국전쟁 이후 (1950년-1960년대)

한국전쟁(1950-1953) 이후 한국과 필리핀 간의 인적 교류가 늘어나고 한인 수가 100명 내외로 추정되는 상황에서, 1956년 박윤화 씨가 중심이 되어 작은 친목 성격의 한인 모임인 필리핀 '한인회'가 설립된 것은 필리핀 한인사의 출발점으로 평가되며, 필리핀 내 한국인들이 처음으로 조직적인 대표기구를 갖게 되면서 한국-필리핀 민간교류의 상징적인 의미를 지니게 되었다.

1960년 이후 마닐라뿐만 아니라 세부, 디바오, 앙헬레스 등지로 교민 수가 300명 이상으로 늘어나기 시작했다. 1969년 이때 다시 박윤화 씨의 주도로 공식적이고 제도화된 필리핀 한인회(Korea Association in the Philippines)가 재설립되어 필리핀 정부에 공식적으로 등록된 필리핀 한인사회의 대표기구가 되었다. 이 단체가 2001년 법인 명칭이 변경된 현재의 필리핀한인총연합회(United Korean Community Association In The Philippines, UKCA)의 전신이다.

> ❖ 1956년 필리핀 한인회 설립
>
> 1977년 2월 3일 〈경향신문〉 3면, 「해외에 사는 한국인 : 살아 있는 필리핀 이민사 박윤화 씨」라는 제목의 강신귀 특파원과의 인터뷰 기사에 의하면, "1956년 한인회가 조직된 이래 나는 줄곧 한인회장을 맡으면서 한인의 일이라면 궂은 일도 마다하지 않았다."라고 적혀 있는 것으로 봐서 1956년 당시 한인사회는 규모가 크지 않았고 비공식적인 조직형태였던 것으로 보인다. 광복 이후 필리핀 내 교민 사회가 정비되기까지는 상당히 많은 시간이 걸렸을 것으로 추측되고, 공식적인 한인 단체 성격이라기보다는 소규모 친목 모임 형태로 초기 한인회가 운영되었을 것으로 보인다.

한국 경제 성장기 (1970-1990년대)

1970년대 이후 한국의 경제 성장과 함께 필리핀에 진출하는 기업, 유학생, 선교사들의 증가로 1980년대에는 한인사회가 점차 확대되면서 한인회가 교민사회의 대표기관으로 자리잡았다. 한인회에서는 교민의 안전문제, 한국학교 설립 문제, 대사관과의 가교 역할 등을 수행하였다.

성장 발전기 (2000년대 이후)

2000년대 들어 필리핀에 거주하는 한국인들은 최대 약 15만 명까지 증가했다. 다바오, 바기오, 세부, 보라카이, 수빅, 중부루손, 마닐라남부, 일로일로, 카가얀데오로, 마닐라동부 한인회가 속속 설립되었다. 현재는 마닐라 한인총연합회를 비롯하여 10개의 지역한인회와 10개의 지회가 필리핀 전국에서 활동하고 있으며, 치안문제, 한인교육, 교민보호, 한국문화 전파에 주력하고 있다.

2
필리핀 한인총연합회의
조직과 주요 활동

UNITED KOREAN COMMUNITY ASSOCIATION IN THE PHILIPPINES

필리핀 한인총연합회가 걸어온 길

필리핀한인총연합회는 필리핀에 거주하는 모든 한인들을 대표하는 단체이다. 한인들의 친목과 유대를 강화하고 복리를 증진하며, 한국정부와 긴밀한 관계를 유지하여 재외동포 교류사업을 바탕으로 한-필 양국의 발전과 친선 도모에 기여한다. 아울러 차세대의 육성과 한인들의 정체성 확립을 위해 노력하며, 필리핀 국민들과의 조화로운 삶을 추구한다.

한인들의 위상제고는 물론 조국 발전에 기여함을 목적으로 1969년 박윤화 씨의 주도로 필리핀 한인회(Korean Association Philippines Inc., KAPI)가 공식적으로 설립되고 박윤화 씨가 초대회장을 맡았다. 2001년에는 한인회의 명칭을 한인총연합회(United Korean Community Association in the Philippines, UKCA)로 변경하여 필리핀 내 최대 규모의 한인 단체로 성장했다.

초창기 한인회는 1969년을 기점으로 한인들을 위한 네트워크 구축과 교육, 종교, 가족지원 등 다양한 활동을 통해 공존과 정체성 유지의 기반을 마련해 왔으며, 한인회가 구심점이 되어 토요 한글학교, 마닐라연합교회, 어머니회 등이 설립되기도 했다.

당시 한인회는 한국인 2세들의 모국어 교육의 중요성을 인지하여 1970년 8월 15일 아시아개발은행(ADB)에 파견되어 근무하는 한국인들이 주축이 되어 해외 한인사회에서는 처음으로 토요 한국어학교(Korean Community School)를 만들었다. 필리핀이라는 특수한 환경 속에서 우리 말과 글 그리고 우리의 문화를 배우고 익히며, 한글과 한국의 문화를 통해 한국인으로서의 정체성을 심어주기 위함이었다. 당시는 한인회와 ADB에 근무하는 한국 직원들이 자발적으로 한글학교 교장과 교사가 되어 학교를 운영하였고, 그 후 한글학교는 필리핀 한글학교(Korean School of Philippines)로 학교명을 변경하여 한인총연합회 직속 산하단체로 편입되어 현재까지 55년간 운영되고 있다. 토요 한국어학교는 보니파시오 글로벌시티에 있는 한국국제학교 건물을 함께 사용하고 있다.

아울러 한인회는 필리핀 내 한인 공동체의 중심 역할 수행은 물론 종교적 기반 형성을 위하여, 1974년에 당시 감리교 필리핀 유니온 신학대학원 유학생 신분이던 한상휴 씨와 함께 필리핀 최초의 한인연합교회(Korean Union Church of Manila, KUCM)를 설립하는데 기여했다. 필리핀한인연합교회는 필리핀 한인교회의 모체로서 선교사 파송, 교민 사회봉사, 현지인 사역 등을 해왔으며, 필리핀 선교역사의 시작이기도 했다. 초대 담임목사는 한상휴 목사(1938-2024)가 맡았다.

또한 한인회는 1975년 한국전쟁 중 필리핀 군인, 엔지니어들과 결혼하여 이주해온 25명의 한국 여인들과 함께 주축이 되어 결성한 단체인 어머니회(Mothers Association)를 설립하여 필리핀 한인사회 초기 여성 커뮤니티 형성과 한국전쟁 관련 유대가 생긴 중요한 계기가 되었으며, 그 모임은 오늘날 필리핀한국여성연합회(Korean Women's Association)의 전신이 되었다.

2000년대 들어서면서 한국의 영어 열풍 여파로 어학연수생과 유학생, 관광객이 늘어나고, 필리핀 전국에 건설, 부동산 투자, 리조트, 관광업 진출이 활발하게 이뤄지면서 한인들의 수도 급격히 증가했다. 이때 한인총연합회 산하로, 다바오한인회(1992년), 바기오한인회(1995년), 세부한인회(2001년), 보라카이한인회(2002년), 수빅한인회(2002년), 중부루손한인회(2004년), 마닐라남부한인회(2008년), 일로일로한인회(2009년), 카가얀데오로한인회(2009년), 마닐라동부한인회(2025년)가 순차적으로 설립되어 현재 10개의 지역한인회가 활동중에 있다. 한인총연합회 산하 지회로는 마닐라, 마카티, 퀘존 지역과 소규모 한인들이 거주하고 있는 팔라완, 보홀, 제너럴산토스 등지에 10개 지회가 설립되어 운영중이다.

❖ 주요 활동
지역한인회, 지회, 직능단체와의 협력 및 지원

① 한인들의 생활안전 대책 강화
• 필리핀 내 한인 사건사고 지원을 위한 대사관 및 필리핀 경찰청, 이민청 및 관계기관과의 협력체계 구축
• 비상연락망 시스템 구축 활용
② 문화 체육 지원
• 한.필 문화축제, 한인체육대회, 세미나 개최, 어버이날 행사 등 각종 행사 개최 및 지원
③ 한인 건강, 복지증진
• 필리핀 병원과의 MOA 체결 및 필리핀인 및 한인을 위한 의료봉사
• 무료 법률상담 서비스, 비자 업무 대행 및 상담
④ 교육 및 장학 지원
• 필리핀 한글학교 운영지원, 불우 한인 및 다문화 가정 장학 지원
⑤ 필리핀 정부 및 관련기관 단체와의 우호 증진
• 한인안전대책 강화 회의
• 재난, 재해, 긴급 구호사업, 의료봉사 및 기타 사업

역대 한인총연합회장

초대 회장(1967-1978)
박 윤 화

2대 회장 (1980-1981)
한 덕 우

3대 회장 (1982-1983)
엄 익 호

4대 회장 (1984-1985)
유 병 희

5대 회장 (1986)
이 철 민

6대 회장 (1987)
김 용 직

7대 회장 (1988-1989)
이 계 목

8대 회장 (1990-1991)
김 춘 배

9대 회장 (1992-1993)
이 관 수

10대 회장 (1994-1995)
강 영 배

11대 회장 (1996-1997)
김 봉 일

12대 회장 (1998-1999)
박 현 모

13대 회장 (2000)
이 세 채

14대 회장 (2001-2002)
홍 성 천

15대 회장 (2003-2004)
장 재 중

16대 회장 (2005-2006)
신 철 호

17대 회장 (2007-2008)
이 영 백

18대 회장 (2009-2010)
박 일 경

19대 회장 (2011-2012)
이 원 주

20대 회장 (2013-2014)
이 장 일

21대 회장 (2015-2016)
김 근 한

22대 회장 (2017-2018)
강 창 익

23대 회장 (2019-2021)
변 재 흥

24대 회장 (2022-2023)
심 재 신

25대 회장 (2024-2025)
윤 만 영

제5부

한인총연합회 조직 및 기구

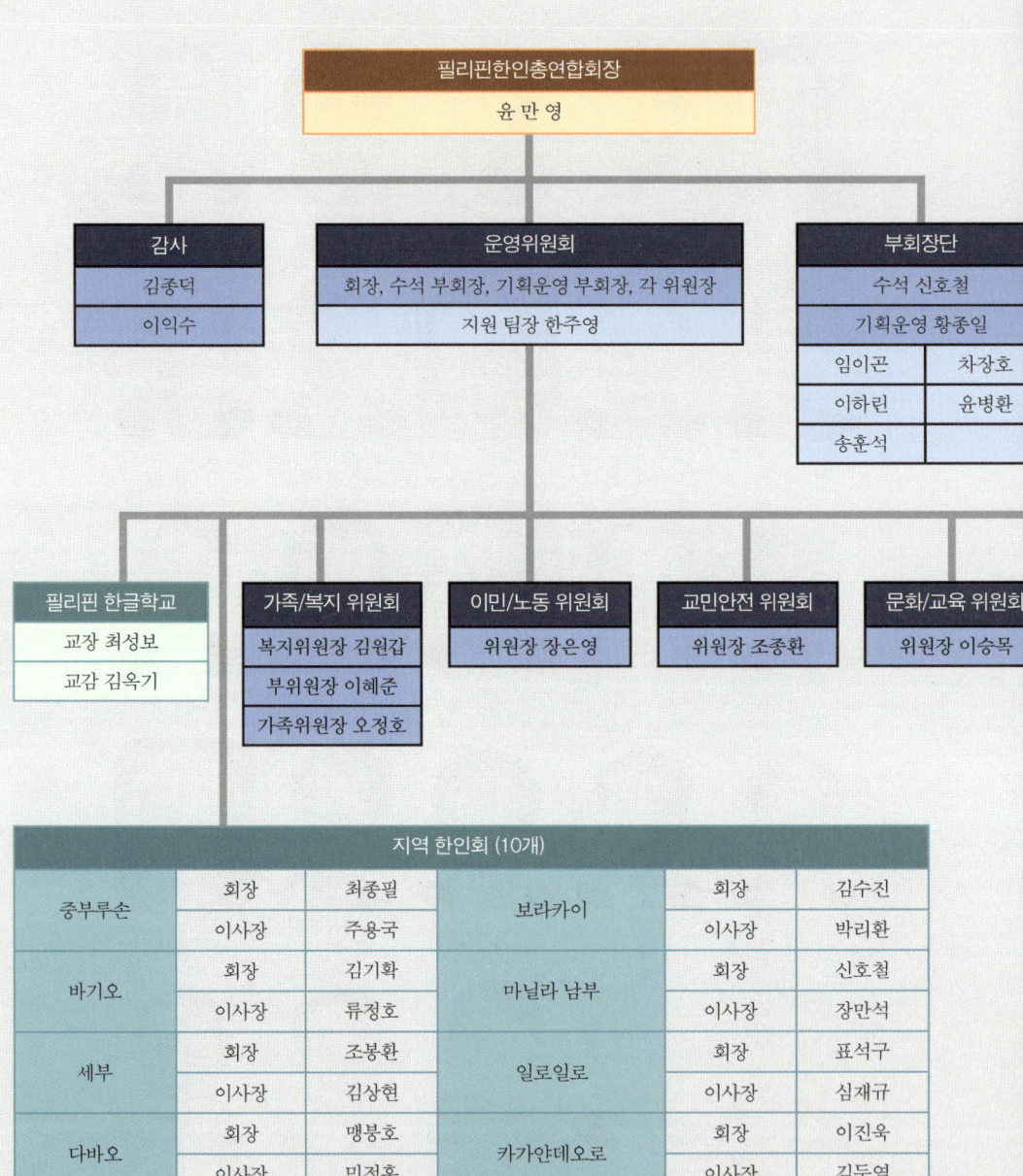

필리핀한인총연합회장
윤 만 영

감사

김종덕
이익수

운영위원회

회장, 수석 부회장, 기획운영 부회장, 각 위원장
지원 팀장 한주영

부회장단

수석 신호철	
기획운영 황종일	
임이곤	차장호
이하린	윤병환
송훈석	

필리핀 한글학교

교장 최성보
교감 김옥기

가족/복지 위원회

복지위원장 김원갑
부위원장 이혜준
가족위원장 오정호

이민/노동 위원회

위원장 장은영

교민안전 위원회

위원장 조종환

문화/교육 위원회

위원장 이승목

지역 한인회 (10개)

중부루손	회장	최종필	보라카이	회장	김수진
	이사장	주용국		이사장	박리환
바기오	회장	김기환	마닐라 남부	회장	신호철
	이사장	류정호		이사장	장만석
세부	회장	조봉환	일로일로	회장	표석구
	이사장	김상현		이사장	심재규
다바오	회장	맹봉호	카가얀데오로	회장	이진욱
	이사장	민정훈		이사장	김두열
수빅	회장	이상숙	마닐라 동부	회장	최상구
	이사장	장종대		이사장	전대구

제25대 필리핀한인총연합회 조직도
(2025년 8월)

고문단

김춘배	이관수
박현모	홍성천
장재중	박일경
이원주	이장일
강창익	

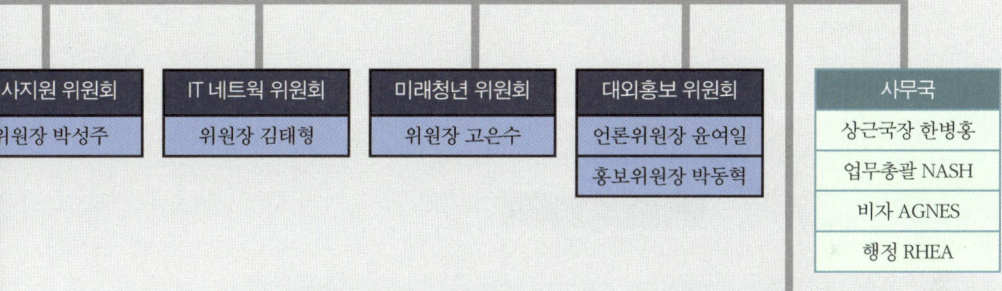

행사지원 위원회	IT 네트웍 위원회	미래청년 위원회	대외홍보 위원회	사무국
위원장 박성주	위원장 김태형	위원장 고은수	언론위원장 윤여일	상근국장 한병홍
			홍보위원장 박동혁	업무총괄 NASH
				비자 AGNES
				행정 RHEA

지회 (10개)

마닐라/파사이	박종대	바탕가스	서보상
마카티/보니파시오	이수영	민도르	심동섭
퀘존	김민주	팔라완	강옥수
라구나/산타로사	박용완	보홀	김효진
카비테	이창우	제네랄 산토스	김상식

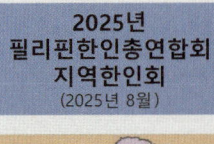

2025년 필리핀한인총연합회 지역한인회
(2025년 8월)

지역한인회
① **바기오**
회장 김기확
② **중부 루손**
회장 최종필
③ **수빅**
회장 이상숙
④ **마닐라 동부**
회장 최상구
⑤ **마닐라 남부**
회장 신호철
⑥ **보라카이**
회장 김수진
⑦ **일로일로**
회장 표석구
⑧ **세부**
회장 조봉환
⑨ **카가얀데오로**
회장 이진욱
⑩ **다바오**
회장 맹붕호

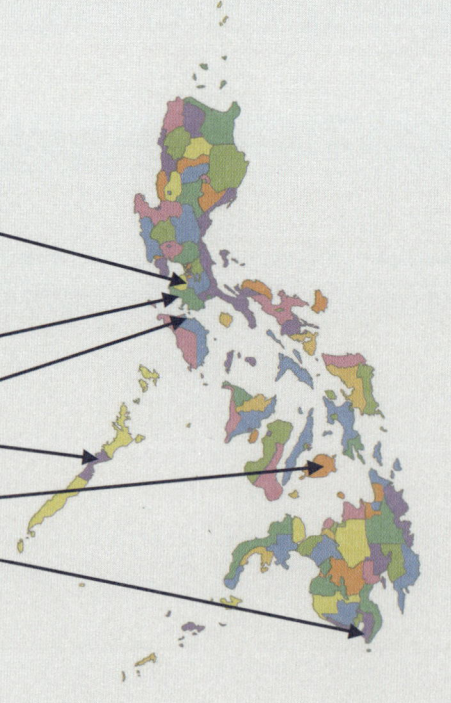

2025년 필리핀한인총연합회 지회
(2025년 8월)

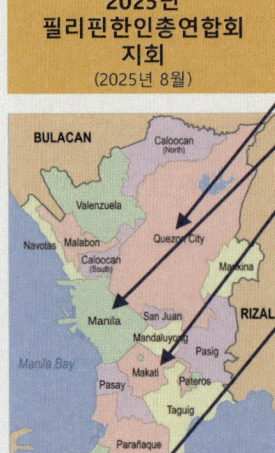

지회명
① **퀘존**
지회장 김민주
② **마닐라/파사이**
지회장 박종대
③ **마카티/보니파시오**
지회장 이수영
④ **라구나/산타로사**
지회장 박용완
⑤ **카비테**
지회장 이창우
⑥ **바탕가스**
지회장 서보상
⑦ **민도르**
지회장 심동섭
⑧ **팔라완**
지회장 강옥수
⑨ **보홀**
지회장 김효진
⑩ **제네랄산토스**
지회장 김상식

한인총연합회 이사회

필리핀 한인총연합회 정기이사회

　한인총연합회 이사회는 필리핀 한인회와 직능단체들이 가입되어 있는 한인사회 대표적 최고 의결 기구로서, 상임이사인 이사장, 부이사장, 총무이사와 10개 지역한인회 회장, 이사장, 21개의 직능단체 회장, 10명의 선출이사가 가입되어 현재 총 54명의 이사들로 구성되어 있으며, 한인총연합회 회장과 감사를 선출하고, 예산 결산의 승인, 재무, 행정, 감사, 포상, 징계, 각종 규정의 제정, 개정을 하고, 한인총연합회에 재정지원의 기능을 가지고 있다.

　이사회는 이사 과반수 이상의 출석으로 성원이 되며, 별도로 규정되어 있지 않는 대부분의 안건은 과반수 출석에 출석인원 2/3의 이상의 찬성으로 결의된다. 이사회는 분기별로 연 4회 정기이사회 개최를 원칙으로 하고 있고, 중요 안건 심의 사항이 발생할 때마다 수시 임시이사회를 개최하고 있다.

[2025년 필리핀한인총연합회 이사회] (2025년 8월)

이사회(총 54명 / 공석 3명)

명칭	이름	명칭	이름	명칭	이름
이사장	변재홍	필리핀 한인불교단체협의회	허춘	카가얀데오로 회장	이진욱
부이사장	심재신	필리핀 한인상공회의소	엄현종	카가얀데오로 이사장	김두열
한인총연합회 회장	윤만영	필리핀 한국선교사협의회	이영석	마닐라 동부 회장	최상구
대한노인회 필리핀 지회	김인덕	필리핀 천주교단체협의회	박종권	마닐라 동부 이사장	전대구
마닐라 코리아타운협회	안일호	중부루손 회장	최종필	선출이사	김학진
민주평화통일자문회의 필리핀지회	김대중	중부루손이사장	주용국	선출이사	문대진
세계한민족여성네트워크 필리핀 지회	김가연	바기오 회장	김기확	선출이사	조영익
아시아개발은행 한인협의회 (ADBK)	이선화	바기오 이사장	류정호	선출이사	노준환
자유총연맹 필리핀 지부	김기영	세부 회장	조봉환	선출이사	양철승
주필리핀 지상사협의회	(공석)	세부 이사장	김상현	선출이사	천찬영
재필리핀 대한체육회	강정식	다바오 회장	맹붕호	선출이사	고영훈
재필리핀 해병대전우회총연합회	한삭연	다바오 이사장	민정훈	선출이사	문기호
재향군인회 필리핀지회	이동우	수빅 회장	이상숙	선출 이사	양한준
카비테 한인투자자협의회	(공석)	수빅 이사장	장종대	총무 이사	황종일
필리핀 한국관광협회	이동준	보라카이 회장	김수진		
필리핀 한국여성연합회	(공석)	보라카이 이사장	박리환		
필리핀 한글학교협의회	조성일	마닐라 남부 회장	신호철		
필리핀 한인경제인총연합회	박복희	마닐라 남부 이사장	장만석		
필리핀 한인교회협의회	이정철	일로일로 회장	표석구		
필리핀 한인무역협회	이주영	일로일로 이사장	심재규		

한인총연합회 직능단체

필리핀 한인총연합회 산하에는 총 21개의 산하단체가 소속되어 있다. 각 직능단체는 기능과 역할에 따라 성격을 달리하며, 한인사회의 핵심 멤버들이 모여 각 단체간 상호 교류와 유대관계 지속을 통해 궁극적으로 필리핀 한인 동포사회와 한·필 양국의 발전에 기여함을 목표로 한다.

[2025년 재 필리핀 한인총연합회 직능단체]

단체명	회장	단체명	회장
대한노인회 필리핀지회 Korean Senior Citizens Association in the Philippines	김인덕	필리핀 한국여성연합회 Korean Women's Association in the Philippines	공석
마닐라 코리아타운협회 Manila Koreatown Association	안일호	필리핀 한글학교협의회 Philippine Association of Korean Schools	조성일
민주평화통일자문회의 필리핀지회 The Peaceful Unification Advisory council	김대중	필리핀 한인경제인총연합회 Korean Businessmen Association in the Philippines	박복희
세계한민족여성네트워크 필리핀지회 Korean Women's International Network (KOWIN)	김가연	필리핀 한인무역협회 World Overseas Korean Traders Association (OKTA) Phils	이주영
아시아개발은행 한인협의회 The Asian Development Bank Korean Council	이선화	필리핀 한국상공회의소 Korean Chamber of Commerce in the Philippines (KCCP)	엄현종
한국자유총연맹 필리핀지부 Korean Freedom Foundation in the Philippines	김기영	필리핀 한인교회협의회 The Korean Church Association in the Philippines	이정철
주필리핀 지상사협의회 Korean Companies Association in the Philippines	공석	필리핀 한인불교단체협의회 Federation of Buddhist Organizations in the Philippines	허 춘
재필리핀 대한체육회 Korean Sports Council of the Philippines	강정식	필리핀 한인선교사협의회 Korean Missionaries Association Philippines	이영석
재필리핀 해병대전우회총연합회 R.O.K Marine Corps Veterans Association in the Philippines	한삭연	필리핀 한인천주교협의회 Korean Catholic Churches in the Philippines	박종권
재향군인회 필리핀지회 Korean Veterans Association in the Philippines	이동우	필리핀 한국해양협회 Korea Ocean and Maritime Agency Association Philippines	김종팔
카비테 투자자협의회 Korean Investors Association in Cavite	공석	재필리핀 한인언론인협회 Korea Journalist Association in the Philippines Inc.	양한준
필리핀 한국관광협회 Korea Tourism Association in the Philippines	이동준		

◈ 원로고문단 회의

한인총연합회 운영에 관한 자문과 한인 및 한인단체들 간의 분쟁을 조정 중재하고 한인 안전대책 등 필리핀 한인사회의 화합과 단결을 제고하는 데 그 목적을 두고, 한인총연합회 산하에 고문단 회의를 두고 있다. 고문단의 자격은 전직 한인총연합회장과 주필리핀 한국대사는 당연직 고문이 되며, 고문단의 추천과 이사회의 결의에 따라 고문단을 추대할 수 있다.

현재 고문단은 총 13명으로 구성되어 있으며. 회의는 매년 상반기와 하반기 연 2회 정기회의를 개최하고, 필요시 수시로 임시회의를 개최하여 당면 문제들을 협의하고 있다.

한인총연합회 고문단 간담회 (2025.7.21. HYATT HOTEL)

◈ 한인안전대책위원회

본 위원회는 필리핀에 거주하는 모든 한인들이 안전하고 편안한 삶을 영위하기 위하여 안전 의식을 고취시키는 한편, 합리적인 예방 대책을 수립하여 사건사고 발생시 보다 신속하고 효과적인 대처와 대응을 통하여 한인들의 안전을 최대한 확보하는 데 기여함을 목적으로 한다. 위원회의 구성은 한인총연합회장이 당연직 위원장이 되며, 20명 이하의 상임위원으로 구성되어 있다.

◈ 한인분쟁중재위원회

본 위원회는 필리핀에 거주하는 모든 한인 및 한인단체들 간에 일어날 수 있는 민감한 분쟁을 보다 객관적이고 전문적인 판단에 의해 원만하고 합리적인 합의를 도출 중재해 줌으로써, 한인사회 내에 불협화음을 최대한 방지하여, 필리핀 한인사회의 화합과 단결을 제고하는 데 기여함을 목적으로 한다. 한인분쟁중재위원회의 조직은 이사회에서 추대한 위원장을 포함하여 11명 이하의 상임위원으로 구성되어 있다.

◈ 필리핀 한국장학위원회(Korean Scholarship Committee in the Philippines)

본 위원회는 필리핀 한인단체나 개인들이 시행하고 있는 장학사업을 더욱 안정적이고 지속적인 형태로 발전시켜 나갈 뿐만 아니라 한국 및 필리핀 한인사회의 위상을 높이기 위한 목적으로 한인총연합회 산하에 필리핀 한국장학위원회를 두고 있다.

장학금 수혜 대상은 필리핀과 한인사회에 공로가 있는 자, 한국전 참전용사의 후손, 가정사정이 빈곤하여 학비 조달이 곤란한 자, 한·필 다문화 가정 자녀 중 학업성적이 우수한 자, 한인단체, 기업체 및 개인이 선정한 자나 장학위원회에서 필요하다고 인정되는 자이다. 위원회의 구성은 한인총연합회장이 위원장이 되며, 20명 이하의 상임위원으로 구성되어 있다.

3
필리핀 한인총연합회의
활동 방향과 목표

　필리핀 한인총연합회는 필리핀 내 건강하고 건전한 한인사회를 이룩하고 필리핀의 발전에 기여하고자 설립되었다. 한인들의 필리핀 정착에 도움을 주어 안정적으로 적응하며 살 수 있도록 돕는다. 뿐만 아니라 필리핀인과 한인 간의 유대를 강화하기 위해 문화, 예술 교류를 통한 상호 이해 증진에도 힘을 쓰고 있다.

　한인총연합회가 주관하는 연례행사로는 설날 떡국행사(설날), 한인체육대회(3월), 어버이날 행사(5월), 한필 문화축제(10월), 연말 정기총회(12월)을 포함해 한인총연합회 초청 골프대회, 김치축제(11월), 의료봉사 등이 있다. 여러 국적과 민족이 더불어 사는 필리핀에서 불우한 이웃을 돕고 각종 재해 발생시 긴급구호 활동도 전개하는 등 모범적인 한인의 모습을 보여준다.

　또한 한인 대상 사건사고가 종종 발생하는 만큼 한인의 생활안전 대책을 마련하고 대사관 및 필리핀 경찰청과 핫라인 구축, 비상연락망 구축과 활용 등을 통해 한인들의 안전과 권익 보호를 위해 노력한다. 외국인으로서 의료

보험, 병원 이용이 용이하지 않은 필리핀에서 한인 의료 복지 지원을 위해 각 지역의 필리핀 병원과 상호협력을 체결하고 의료봉사, 무료 법률상담 서비스, 비자 업무 대행 및 상담 역시 한인총연합회의 주요 업무이다.

아울러 필리핀에서 한인 후손들이 더욱 안정적으로 자리를 잡아나갈 수 있도록 한인 교육과 장학사업에도 수고를 아끼지 않고 있으며 한·필 가정과 같은 다문화 가정을 위한 장학사업 역시 지속적으로 시행하고 있다.

❖ 정기 행사

- 1월 신년 인사회
  - 사업계획 및 자금운영 보고
- 3월 삼일절 행사
- 5월 어버이날 행사
- 6월 6·25 참전용사 기념탑 헌화 행사
- 7월 의료봉사
- 8월 광복절 행사
- 9월 한인체육대회
- 9월 한인회 후원 골프대회
- 10월 한.필 문화교류 축제
- 10월 세계한인회장대회
- 10월 마닐라코리아타운 축제
- 12월 정기총회 및 송년의 밤
  - 사업·재무·운영·감사·결과 보고
- 이민·노동·사업·안전 세미나
  - 연 2회 / 반기별 개최
  - 분기별 한인 안전대책 세미나 개최
- 지역한인회 및 지회 순환방문
  - 월별, 분기별
  - 지역한인회(분기별), 지회(매월) 순환 방문 및 교민 간담회 개최

2024년 정기총회 및 송년의 밤
포스터

한인총연합회의 활동 방향

한인총연합회의 교민사회 활동 방향은 크게 4가지로 나눌 수 있다, 첫째는 교민이 직접 참여하고 주인이 되는 한인회 활동이다. 이를 위해 한인총연합회에서는 SNS 단톡방을 만들어 교민들과 직접 소통하고, 교민들의 요구사항을 파악해 맞춤 지원하며, 한인회 회원 가입을 위해서도 지속적으로 독려하고 있다.

둘째는 안전한 교민생활을 위해 사건사고 예방에 주력하는 것이다. 이를 위해 한인총연합회와 지역한인회, 지회를 연결하는 비상연락망을 구축하고, 긴급재난 발생 시 신속하게 대처하며, 대사관과도 유기적으로 협력 체제를 구축해 교민 안전을 위한 코리안데스크를 운영하고 있다. 또한 불법으로 장기 체류중인 한인들의 귀국을 지원하는 프로그램도 운영중이다.

셋째는 한인회관 건립을 위해 5개년 계획을 수립하고 추진위원회도 발족시켜 교민들의 오랜 숙원사업인 한인회관 건립을 위해 지속적으로 노력하고 있다. 이를 위해 교민 1인 1계좌(1,000 페소) 모금 운동도 전개하고 있다.

넷째는 한인총연합회 운영을 위한 건전한 재정확보 시스템을 구축하는 것이다. 이를 위해 한인회비 납부 및 후원을 독려하고, 재정 확보를 위한 사업 발굴에도 지속적으로 노력하고 있다.

향후 한인총연합회 한인회관 건립 목표

한인총연합회는 현재 마카티시에 소재한 Antel Coperate Center에 자리잡고 있다. 한인총연합회 사무실은 한인상공회의소와 함께 사용하며 행정사무만 볼 수 있는 극히 제한된 공간이다. 한인회의 역할이 점점 더 강화되고 대사관 본연의 업무 외에도 한인회가 주축으로 해야 할 일들이 증가함에 따라 한인회관 건립이 시급한 실정이다.

　대사관과 공조하여 한인들의 안전을 지키고, 한인사회와 필리핀 사회 상호간의 관계 증진을 위하여 그리고 민간차원에서 한인사회를 통합하고 어우르는 구심체의 역할을 감당하고, 다양하고 적극적인 문화, 교육활동을 통해 필리핀 사회에 깊게 뿌리내리기 위해서 한인총연합회는 빠른 시일 내에 한인회관을 건립하기 위해 노력하고 있다.

연락처

주소 1104 Antel Corporate Center, 121 Valero St., Salcedo Village, Makati
　　City
전화 +63-2-8886-4898/4848
이메일 ukca@korea.com.ph, 카카오톡 goukca

제 5 부

제8장
필리핀 지역한인회
활동 현황

1
필리핀 지역한인회의 조직

　필리핀 한인사회 조직은 필리핀 전역에 총 10개 지역한인회가 설립 운영되고 있으며, 수도 마닐라에 위치한 한인총연합회와 유기적으로 연결되어 있다. 지역한인회 설립은 한인총연합회 이사회에서 승인하며, 지역한인회는 그 지역에 관한 모든 활동을 독립적으로 운영한다. 단, 지역 활동의 차원을 넘어서 대정부 및 범 지역 국가적 활동은 한인총연합회의 지휘 감독 및 지원을 받는다.

[지역한인회 회장, 이사장 현황] (10개)

한인회명	직책	성명	한인회명	직책	성명
중부루손	회장	최종필	보라카이	회장	김수진
	이사장	주용국		이사장	박리환
바기오	회장	김기확	마닐라 남부	회장	신호철
	이사장	류정호		이사장	장만석

한인회명	직책	성명	한인회명	직책	성명
세부	회장	조봉환	일로일로	회장	표석구
	이사장	김상현		이사장	심재규
다바오	회장	맹봉호	가가얀데오로	회장	이진욱
	이사장	민정훈		이사장	김두열
수빅	회장	이상숙	마닐라동부	회장	최상구
	이사장	장종대		이사장	전대구

2
중부루손한인회
CENTRAL LUZON KOREAN COMMUNITY ASSOCIATION

제 5 부

중부루손한인회는 2001년 비영리단체로 앙헬레스에 설립되어 21년의 역사를 가지고 있다. 앙헬레스(Angeles)와 클락(Clark) 지역을 중심으로 하여 필리핀 루손섬 Region3 지역인 빰빵가(Pampanga) 지역에 거주하는 한인 동포들을 지원하고 있다. 중부루손 지역 내의 한인들을 대표하면서 한·필 문화교류, 한인의 안전 유지를 위한 봉사, 친목 및 단결 도모를 함과 동시에 궁극적으로 대한민국의 국위를 선양하는 단체로 자리매김하고 있다.

격동의 역사 현장에 둥지를 튼 한인들

중부루손한인회가 자리한 프렌드십하이웨이(Filipino-American Friendship Highway)는 빰빵가 주의 앙헬레스와 산 페르난도를 횡단하는 2급 국도이다. 이곳은 원래 지역 내 자리잡았던 클락공군기지(Clark Air Base) 거주자를 위한 주택지, 상업지역으로 개발된 곳이었다. 그런데 1991년 피나투보화산

프렌드십하이웨이 내 코리아타운 표석

(Pinatubo Volcano) 폭발 이후 미군이 철수하고 지역 상권이 침체되어 한국인 상인과 기업가들이 기회의 땅으로 정착하면서 현재 비공식적으로 빰빰가 내 한인타운으로 잘 알려져 있다.

클락공군기지는 빰빰가 주 앙헬레스 시의 북서부에 있던 미국 공군 기지이다. 필리핀에서 초대 비행대장을 지낸 미국 공군 해럴드 멜빌 클락(Harold Melville Clark)의 이름을 기려 그가 사망한 1919년에 필리핀 주재 미국 항공기지의 이름을 클락 필드(Clark Field)라 명명하였다. 그 후 이 지역의 미군기지 전체를 클락 공군기지(Clark Air Base)로 명명함으로써 클락이 지역명으로까지 발전하게 된 것이다.

코로나19 대유행이 일어나기 전인 2019년 기준 필리핀을 찾은 외국인 1위는 한국인(약 198만 명)이며, 2023년 상반기 기준 필리핀을 찾은 외국인 1위도 한국인(약 67만 명)일 정도로 필리핀은 한국인에게 인기가 많은 관광지다. 특히 아름다운 바다로 유명한 보라카이나 세부, 팔라완, 골프와 유흥으로 유명한 수도권인 메트로 마닐라와 앙헬레스 등은 한국인에게 널리 알려져 있다.

2024년 현재 한인 교민 수는 약 1만 5,000명이며, 1km에 이르는 프렌드십하이웨이 내에는 약 300여 개의 한국 업체가 운영중이다.

한인의 안전을 우선으로

앙헬레스 내 한인이 늘어나면서 교민 및 관광객의 안전과 권익 향상을 위해 2001년 중부루손한인회가 설립되었다. 한인회 창립 8년 후인 2010년 6월 중부루손한인회는 앙헬레스 한인학교 설립을 필두로 2011년 8월 코리아타운 한인 파출소 설립, 2012년 1월 중부루손 문화센터 설립, 2018년 1월 제2한인 파출소 설립 등 한인 동포 2세 교육과 치안 유지에 필요한 시설 마련에 힘쓴 것을 볼 수 있다.

또한 2014년 7월에는 교민안전대책위원회를 설립하고, 2017년 7월에는 교민생활지원센터를 설립했으며, 2018년 지역교민 자동차 보험 MOU 체결, 2023년 7월 자영업자를 위한 요식업 협회 발대식, 2024년 앙헬레스, 클락 지역의 경제발전을 위한 관광협회 발대식 등 한인회 산하 각 지역 동포들이 적극적으로 참여할 수 있도록 다방면으로 실질적인 장을 만들기도 했다.

클락은 경제특구 지역으로 앙헬레스 지역과는 다른 행정시스템을 가지고 있다. 한인 동포들이 다수 거주하는 만큼 CDC 시장 및 부시장과의 만남도 자주 가지며 동포들에게 도움이 될 개선사항들에 대해 많은 논의를 하고 있다. 2014년 교민안전대책위원회가 설립되면서 가장 많이 도움을 받고 있는 경찰 관계자와의 유대관계도 끈끈하게 유지하고 있다. 현재 폴리스 스테이션 2, 3, 4, 5와 HPG, CIDG 등에 정기 지원금을 제공하며 앙헬레스의 안전과 교민들의 사고(사망, 강도, 소매치기, 교통사고 등) 발생 시 적절한 대응 도움을 받고 있다. 앙헬레스 경찰서장뿐만 아니라 각 파출소장들과도 정기적으로 회의를 개최하고 있다.

[중부루손한인회 산하단체 및 유관단체]

산하단체	유관단체
앙헬레스 한인학교 중부루손 교민생활 지원센터 중부루손 한인문화원 교민안전대책위원회	중부루손 여행사협의회 중부루손 선교사협의회 중부루손 한인교회협의회 해병전우회 클락 앙헬레스 풀빌라 연합회 중부루손 경제인연합회 다문화 가정 연합회

주 관공서와의 유대관계를 통한 동포 이익 증진

한인회는 빰빵가 주지사의 아낌없는 후원으로 현재까지 좋은 유대관계를 유지하고 있다. 한인들을 위한 문제 관련해서 한인회 측의 요구사항이 있을 시 흔쾌히 회의 참석에 응해주고 있다. 2021년 당시 재외동포들의 경우 코로

앙헬레스 경찰서 '코리안 헬프 데스크(Korean Help Desk)' 출범 발대식(2024.8.11.)

나 백신을 맞을 방법이 희박한 상황에서 중부루손한인회가 빵빵가 주지사 및 주 관공서와 협업하여 한인들에게 백신이 제공될 수 있게 하여 교민들의 안전 활동에 발빠른 대응을 할 수 있었다.

또한 인천-클락 직항 노선이 증가하면서 클락국제공항을 통해 필리핀으로 입국하는 한국인이 증가함에 따라 입국 시 한국인들이 겪는 불편사항, 즉 세관검사지, 무분별한 가방검사, 불합리한 이유로 검색대에서 장시간 붙잡혀 있는 등의 보고가 접수되어 좀더 신속한 대처 방안을 모색하는 미팅을 지속적으로 개최하며 협조를 요청한 바 있다.

라자틴 앙헬레스 시장과의 미팅도 지속적으로 해오고 있다. 시청은 한인 자영업자들에게 필요한 주 업무가 많은 만큼 한인업체 업주들의 의견을 반영하는데 많은 도움을 받고 있다. 또한 앙헬레스 주변 환경개선에 대한 의견들에 대해서도 많은 정보를 공유하고 있다.

현재 중부루손한인회는 한인안전을 우선순위로 하여 CCTV 사업에 주력하고 있다. 노후화된 CCTV를 성능 좋은 28대의 새로운 CCTV로 교제하고 추가 설치하는 계획을 가지고 있다. 또, 앙헬레스 시 아누나스 지역의 바랑가이에서는 방범 이외에도 시설 관리에 적극적으로 참여하고 있다. 현재 바랑가이에서 지역 내 CCTV 자료 공유에 협조한다는 약속도 받아내고, 특히 한인들을 타깃으로 하는 소매치기, 날치기 등 범죄에도 협조해줄 것을 요청했다. 한인회는 바랑가이에 방범조끼를 후원하는 등 다양한 방법을 통해 현지 지역사회가 한인타운의 치안을 개선하는 데 지속적으로 도움을 주도록 독려하며 우호적인 관계를 유지하고 있다.

문화를 통한 한인타운 거리 살리기

앙헬레스는 1991년 피나투보 화산 폭발로 해외 최대 규모의 미 공군 기지가 철수하면서 지역경제가 크게 침체되었다. 이후 휴양도시로 이름이 알려지면서 해외 관광객을 유치하는 관광산업이 지역경제를 견인하고 있다. 특히 많은 한국인 관광객이 이곳을 찾으면서 앙헬레스의 도시 외관도 깨끗해지고 일자리가 늘어나 상권이 살아나고 있다. 따라서 앙헬레스 지방정부도 지역 경제 활성화에 다방면으로 공헌한 앙헬레스 한인 사업가들과의 협력적인 관계 구축을 위해 지속적으로 노력하고 있다.

중부루손한인회는 한·필 문화교류 행사 중 하나로 한국과 필리핀 사이 우호를 증진하고 한인사회의 요구에 부응할 수 있도록 지난 2011년부터 앙헬레스 시청 및 클락개발공사(Clark Development Corporation)의 도움을 받아 한비문화축제를 13년째 진행하며 지역사회와의 유대를 강화하고 양국이 서로를 알아가는 시간을 만들고 있다. 2024년 제13회 한비문화축제 & 2023 송년의 밤 행사는 클락자유무역지구 내에 있는 힐튼 호텔에서 열렸다. 한비문화축제가 말 그대로 지역 사회와 함께 하는 축제로 자리를 잡기 위해서는 더 많은 인원이 함께 할 수 있도록 규모를 확대하는 방안을 마련하고 있으며 앞으로도 양국의 선린우호 및 소통을 증진하기 위해 한비문화축제가 지역 내 영향력을 키우기를 희망하고 있다.

또한 한인타운 상징물 건립을 목표로 하여 한인타운 거리 살리기뿐만 아니라 한인의 위상을 높이기 위해 노력하고 있다. 상징물 건립 추진위원회를 만들어 2024년 7월 한인타운 지역발전을 위한 청사초롱 설치를 하는 등 다양한 사업을 계획하고 있다.

필리핀과 세계를 위한 한인의 손길

중부루손 한인회에서는 자체 기부 활동도 하지만 외부 단체에서의 봉사활동에 협력하여 필리핀 취약계층을 위한 생필품 전달, 의료봉사 등을 지속해

오고 있다. 외부 단체에서는 앙헬레스의 실정을 잘 모르기 때문에 필리핀 지역 단체 및 교회 등을 연결하는 다리 역할을 하며 한인의 위상을 높이기 위해 노력하고 있다. 필리핀을 넘어서 2023년 2월에는 튀르키예 대지진 모금활동을 진행하여 아시아 한인총연합회에 전달하는 등 솔선수범하기도 하였다.

[중부루손한인회 역대 회장]

회차	성명 (재임 기간)
1대 회장	전태일 (2004 - 2005)
2대 회장	김근한 (2005 - 2006)
3대 회장	이종환 (2006 - 2007)
4대 회장	민동기 (2007 - 2008)
5대 회장	김진열 (2008 - 2009)
6대 회장	윤기영 (2009 - 2010)
7-9대 회장	김광호 (2010 - 2013)
10대 회장	김철수 (2013 - 2014)
11대 회장	김기영 (2014 - 2015)
12대 회장	정의권 (2015 - 2016)
13대 회장	한형교 (2016 - 2017)
14대 회장	김광태 (2017 - 2018)
15대 회장	김순식 (2018 - 2019)
16-17대 회장	김기영 (2019 - 2021)
18-19대 회장	이창호 (2021 - 2023)
20~21대 회장	최종필(2023 - 현재)

연락처

주소 Lot 10, Blk 4-6, Amur St, Riverside Anunas, Angeles City, Pampanga
연락처 0917-893-1355

3
세부한인회

CEBU KOREAN COMMUNITY ASSOCIATION IN THE PHILIPPINES

2001년 6월 발족된 세부한인회는 필리핀의 대표적인 관광도시 세부 한인들의 단합을 도모하고자 조직되었다.

필리핀 남부의 여왕 도시, 세부

세부는 필리핀 중부에 위치한 정치, 경제, 문화의 중심지로 스페인 통치에 훨씬 앞선 시점부터 이미 이웃 국가와의 교역에서 중요한 역할을 해온 도시이다. 역사적으로는 스페인 탐험가 페르디난드 마젤란(Ferdinand Magellan)이 1521년 세부에 당도하였을 때 세부의 통치자였던 라하 후마본(Raja Humabon)이 최초로 세례를 받은 곳이기도 하다. 이곳에는 마젤란의 십자가가 보관되어 있어 관광지에서도 빠지지 않는 곳이며, 세부 막탄섬의 족장 라푸라푸가 마젤란의 목숨을 끊어 영웅심을 고취시킨 곳이기도 하다. 하지만 역사의 아이러니 속에서 세부는 초대 필리핀 총독이었던 레가스피(Legazpi)가 최초로 정착촌을 건설한 곳이기도 하다.

활발한 직항 운항

한국과 세부 사이 직항이 운항되고 있어 관광객 수도 점차 증가하여 코로나19 확산 이전에는 세부-한국간 직항이 일일 16편 이상 운행되어 연간 120만여 명의 한국인이 필리핀을 방문할 정도였다, 2024년 현재 한국-세부간 직항 9편, 한국-보홀간 직항 4편, 한국-칼리보간 직항 3편이 일일 운항되며 한국과의 교류가 매우 활발하게 이루어지고 있다. 필리핀의 타 지역에 비해 도시문화와 휴양문화가 동시에 발전하여 일석이조의 즐거움을 주는 곳으로 알려져 신혼여행, 골프, 해양스포츠 여행지로 한국인들에게 꾸준한 사랑을 받고 있다.

한인회와 재외공관의 협조 및 재외선거 지원

세부는 필리핀 제2의 도시로 주 세부 대한민국 분관이 있는 곳이기도 하다. 다수의 동포가 거주하며 필리핀 북쪽의 루손 섬과 남쪽의 민다나오 섬 사이의 비사야스 제도에 위치해 지정학적으로 이점이 있는 덕에 주 세부 분관은 비사야스 지역 16개 주를 관할하고 있으며, 근교에 거주하는 한인들이 영사 업무를 보며 권익 및 신변 보호에 도움을 받고 있다.

세부한인회는 주 세부 분관과 연계해 동포간담회, 안전 교육 등을 통해 지역사회에서 사고 없이 지낼 수 있는 방안들을 함께 모색하고, 그 결과 세부한인회장 임기 중 한국인 대상 범죄가 감소하였으며, 동포가 연루된 사건은 주 세부 분관과 협력하여 사건을 해결해오고 있다. 주 세부 분관을 비롯한 공관에서의 공지사항 등을 한인회 단톡방을 이용하여 빠르게 전파하고, 한인들의 문의나 애로사항 등을 공관으로 전달, 해결하는 역할도 수행하고 있다.

아울러 매회 총선, 대선 시에 재외국민, 국외부재자를 대상으로 재외선거인 및 국외부재자 신고·신청과 투표권 행사를 위해 캠페인 등을 진행하였으며, 동포들로 하여금 해외에 거주하더라도 한국인의 기본적인 권리를 행사해야한다는 국민의식을 고취시키고, 선거라는 공통분모 공유를 통해 동포간의 단합으로까지 이어지도록 유도하고 있다.

연례 최대 문화 행사 '한국의 날'

세부 시는 매년 10월 '한국의 날'을 지정하여 세부한인회에서도 최대 규모의 연례행사로 '한국의 날' 행사를 개최해 오고 있다. 매년 행사에서는 한국의 전통 문화와 현대 문화를 홍보하면서 현지에서 한국 문화를 향유하는 대학생과 동호회 등을 초청해 공연 및 경연대회를 개최한다. 매년 10월 첫째 주 토요일에 개최되는 한인주간 행사를 확대 개편하여 세부 최초로 국내 K-pop 공연단을 초청해 공연함으로써 지역민들이 K-pop 등 한류문화를 접하고 느끼는 데 기폭제 역할을 했다는 평가를 받는다.

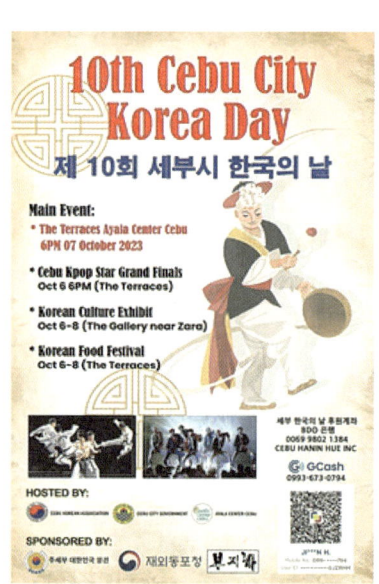

세부시 한국의 날 행사 포스터

2015년 제1회 행사를 시작으로 필리핀 현지인들에게 한국의 전통 문화(사물놀이, 판소리 등), K-pop 커버 댄스 콘테스트 등을 선보였으며, 문화 체험관을 설치하여 부채 등 공예품 제작, 한복 체험 행사 등을 진행하고 있으며, 한국 음식 체험 부스를 마련해 한국 음식을 소개하는 등 한국의 날 행사를 통해 한국 문화를 직접 경험할 수 있는 행사를 기획하고 진행하였다.

2016년에는 동포 체육대회, 골프대회, 한국어 경연대회, K-pop 경연대회 등을 개최, 후원하여 세부 주 및 세부 시에 거주하는 한국인의 위상을 높이며 현지인과 동포가 함께하는 우호의 장을 마련하였다. 또한, 주필리핀한국문화원의 연례행사인 한국영화제도 세부 한국의 날과 같은 시기에 개최하여 한국 문화의 전파를 전폭적으로 지지하였다. 매년 12월에는 세부한인회 정기총회를 개최한다.

세부 거주 동포 권익 증진 및 사업 지원

세부한인회는 정직한 마음으로 합리적인 가격에 동포들의 먹을거리, 여가 및 휴가활동을 제공하는 사업체들을 우수업체로 자체 선정하고 있다. 기존 우수업체는 지속적으로 사업을 지원하고, 신규 사업자들에게는 동포사회에서는 무엇보다 정직하여야 한다는 인식을 심어주고 있다. 정기적이고 지속적으로 한인업체를 이용해 한인들 간 원활한 경제순환에 이바지하도록 기여하고 있다. 또한 블랙박스 달기 운동 등을 통해서 한인사회의 안전 활동을 적극적으로 전개해 나가고 있다.

정기적으로 한인회 이사회를 소집하여 가능한 가까운 거리에서 한인들과 소통하는 방법을 강구하고, 각 지역에 거주하고 있는 한인회 이사들로부터 동포들의 목소리와 애로사항을 직접 청취하여 그에 대한 해결책을 적재적소에서 찾아내 동포들의 갈증을 해결하기 위해 앞장서고 있다. 아울러 필리핀에 오랜 기간 거주하며 좋은 관계를 유지해온 필리핀 정부 각 부처 고위관료층에게 협조를 요청하여 우리 동포가 차별 받거나 부당한 대우를 받는 일이 없도록 상시 당부하는 등 우리 동포들의 권익 증진과 안전을 위하여 적극 활동하는 모범 사례를 보인다.

필리핀 지역사회에의 공헌

세부한인회는 한국 지자체 및 봉사단체 등이 의료 봉사, 한-필 한부모 가정 지원, 불우이웃돕기 등의 활동을 위해 세부를 찾을 때도 세부 현지 정부기관과 연계해 진행될 수 있도록 중간역할을 도맡아 수행하고 있다. 일례로 한국의 소방청에서 기증받은 소방차, 구급차 등을 세부 현지 시정부 등에 전달하고, 한국 정부와 필리핀 지자체간 자매도시 체결 등에도 앞장서는 등한-필 양국 간 교류의 다리 역할을 톡톡히 하고 있다.

필리핀 중남부의 중심 도시가 세부인 만큼 세부한인회 역시 근교 지역에 재해가 발생할 때마다 적극적으로 구호활동을 벌이고 있다. 2021년 12월 태풍 라이(오데트)가 발생했을 당시 피해를 입은 교민을 구호하고, 교민들이 많이 거주하는 세부 시, 만다웨 시, 라푸라푸 시 외에 모알보알, 오슬롭 인근,

세부한인회 정기이사회

두마게떼에 거주하는 교민들의 긴급 구호를 위해 통신이 끊기고 도로가 복구되지 않은 상태에서도 긴급히 생수 및 구호 물품을 전달하기도 하였다.

또한 세부 시에서 한국의 주요 지자체와 자매결연을 맺고 계절근로자 프로그램을 진행하고 있는데, 이를 위해 한국의 지자체와 업무협약을 체결할 때도 지자체간 이익을 도모할 수 있도록 돕는 역할도 하고 있다. 최근 2년간 약 200여 명의 필리핀 근로자들이 계절근로자로 한국에 파견되어 이탈자 없이 복귀한 사례는 세부한인회의 큰 성과라고 할 만하다.

결연 연도	결연 도시
1996	여수시-세부시
2005	충남지방경찰청-센트럴비사야지방경찰청 (우호결연약정)
2008	강원도-세부주
2011	부산시-세부주
2014	횡성군-코르도바시

제5부

세부 바닐라드 지역 코리아타운 조성

세부시 한인타운의 시내 중심가의 4차선 도로를 관통하는 고가도로에는 태극기, 한복, 태극선 부채 등 한국 전통문화의 상징물과 필리핀 국기, 전통 의상 등의 상징물이 도색되어 있다. 콘크리트로 덮힌 고가도로 위에 도색된 상징물로 도시의 미관이 개선되고, 하루에도 수만 명이 오가는 주변 지역민들에게 한국의 전통을 알리고, 한국인이 지역사회 발전에 기여했음을 알리는 계기가 되고 있다. 이후에도 고가도로를 중심으로 한 한인타운 거리를 조성하여 해외 지역사회에서 한인들이 공고하게 자리잡고 지역사회 발전에도 기여할 수 있는 계기를 만들고자 노력 중이다.

세부한인회가 생긴 지 20년이 넘은 현 시점에서 한인회는 세부와 근교에 거주하는 동포뿐 아니라 한국에서 세부 지역을 찾는 관광객까지 모두 어우르며 한인사회가 단합할 수 있는 거점이 되고 있다. 세부한인회는 앞으로도 한인들간에 서로 상부상조하면서 희노애락을 나누며 필리핀 지역사회에서도 입지를 공고히 하는 한인회가 될 수 있도록 노력하고 있다.

앰불런스 기증식

[세부한인회 역대 회장]

회차	성명
제1대 회장	유은수 (2000-2001)
제2대 회장	백남정 (2002-2003)
제3대 회장	문창남 (2004-2005)
제4-5대 회장	전경출 (2006-2009)
제6대 회장	박휘창 (2010-2011)
제7대 회장	최근호 (2012-2013)
제8-14대 회장	조봉환 (2014-현재)

연락처

주소 2F, Amon Building, Salinas Drive, Lahug, Cebu City

전화 0917-700-8877 (회장 조봉환)

제 5 부

4
마닐라남부한인회
SOUTH KOREAN COMMUNITY ASSOCIATION IN THE PHILIPPINES

마닐라남부한인회는 한인이 다수 거주하는 메트로마닐라 남부 지역의 도시 빠라냐케(Parañaque), 문틴루파(Muntinlupa), 라스피냐스(Las Piñas) 시 세 곳을 관장하며 한인들의 활동 편의를 위해 2008년 설립되었다. 초대 이경수 회장과 윤만영 수석부회장의 수고가 밑거름이 되었다.

메트로 마닐라 외곽 3대 도시 - 빠라냐케, 문틴루파, 라스피냐스

마닐라베이를 끼고 있는 남부 지역 도시 세 곳 중 라스피냐스는 과거 스페인 통치 당시 염전이 있던 곳으로 소금 생산지로 이름난 곳이었다. 1960년대 남부고속도로(South Super Highway)가 건설되면서 도시화가 가속되었고 메트로마닐라와 카비떼를 잇는 관문 역할을 하며 한국인 이민자들에게도 사랑을 받는 도시 중 하나가 되었다. 니노이아키노국제공항(Ninoy Aquino International Airport)이 가깝다는 것도 이점이었다.

라스피냐스 시 안에서도 특히 주택지 비에프홈스(Banco Filipino International Village)은 한국인들이 다수 거주하는 곳으로 알려져 있으며, 빠라냐케 지역은 한인이 운영하는 어학원이 많은 지역으로 수년간 알려져 하숙집, 기숙사, 한식당 등 한인 운영 업체가 다양하게 발달되어 온 곳이다.

메트로마닐라 남부 가장 외곽 도시인 문틴루파에서는 아얄라(Ayala) 기업이 개발한 주거 지역인 알라방(Alabang)의 콘도와 빌리지에 사는 한인들이 다수 파악된다. 알라방 지역은 부촌으로 알려져 치안이 좋은 지역이라는 이미지를 각인시키며 90년대 이후부터 영어를 배우고자 하는 학생들과 학부모가 대거 이주하면서 한인 운영 어학원을 위시한 한식당, 한국 식품점 등이 오랫동안 자리잡아 오고 있다.

동포와 지역 주민의 삶의 질 개선

마닐라남부한인회는 지역사회와 한인 동포의 삶을 개선하는 데 다양한

남부한인회 타알화산 분출 피해자 구호품 전달(2020.1.13.)

마닐라남부한인회 이취임식(2014년)

활동을 해왔다. 따알 화산(Taal Volcano) 폭발과 코로나 상황에서 어려움에 처한 지역 내 한인 동포들에게 구호품을 전달하고 취약계층 가정에 정기적으로 생필품을 전달하였고, 코로나 대유행 당시 3천여 명의 한인들이 백신 접종을 할 수 있도록 앞장서는 등 한인회에 대한 신뢰도를 높였다는 특징이 있다. 아울러 필리핀에서 운명을 달리한 무연고 동포들의 장례를 지원함으로써 인간으로서의 존엄성 유지, 고립감과 소외감 해소, 사회적 낙인 방지, 사회적 책임을 실현한 예로 회자되고 있다.

또한 빠라냐케, 문틴루파, 라스피냐스 시와 협력 관계를 구축해 필리핀 현지인들의 삶의 질 개선을 위한 각종 구호품 전달, 기부 활동, 장학금 지급 등을 통해 민간 외교에 일익을 담당했다. 한인 동포들이 운영하는 업소들을 위해서는 각 시청에서 발급하는 사업자등록증 발급 절차 간소화 등 실질적으로 필요한 정책을 이끌어내어 좋은 호응을 얻었다. 지역 내외 다양한 한인 단체들과 협력을 공고히 함으로써 한국인으로서의 자긍심 고취에도 지속적으로 노력하고 있다.

마닐라남부한인회는 앞으로도 필리핀에 거주하는 한인 동포들이 안전한 생활을 할 수 있도록 각종 생활정보를 제공하고, 외국인으로 살면서 겪는 불이익을 최소화할 수 있도록 단체의 역할을 공고히 하고자 한다.

[마닐라남부한인회 역대 회장]

회차	성명 (재임 기간)
1대 회장	이경수 (2008 - 2010)
2대 회장	황일원 (2011 - 2012)
3대 회장	전봉준 (2013 - 2013)
4대 회장	나성수 (2014 - 2018)
5대 회장	정규진 (2019 - 2019)
6대 회장	신호철 (2020 - 현재)

연락처

주소 2F Lipam's B/D, #48 President Ave., BF Homes, Parañaque City, Metro Manila

전화 0917-8048-282 (회장 신호철)

5
마닐라동부한인회
EAST KOREAN COMMUNITY ASSOCIATION

　마닐라 동부 지역 교민사회를 아우르는 '마닐라동부한인회'가 마침내 공식 출범했다. 2025년 9월 20일, 올티가스 센터포인트 빌딩 2층 동부한인회 사무실에서 열린 창립 및 취임식에는 교민과 내빈들이 대거 참석해 역사적인 첫걸음을 함께했다.

　취임식에서 동부한인회 기가 입장한 뒤, 필리핀한인총연합 윤만영 회장이 전대구 초대 이사장과 최상구 초대 회장에게 동부한인회 깃발을 전달했다. 전대구 이사장과 최상구 회장은 각각 취임사를 통해 교민사회 화합과 발전을 위한 비전을 밝혔다.

　전대구 이사장은 "동부한인회는 소통과 화합, 봉사와 헌신, 미래세대 육성을 핵심 목표로 삼겠다"며 "이곳은 특정인의 리더십이 아닌 모든 교민의 관심과 참여로 성장하는 공동체"라고 강조했다. 또 "각자의 자리에서 힘을 보태고 의견을 나눠야 교민사회가 발전할 수 있다"며 동포들의 적극적인 동참을 호소했다.

마닐라 동부한인회 설립 창립총회 (2025.09.20.)

　최상구 회장 역시 "안티폴로 지회에서 14년간 봉사하며 배운 경험을 바탕으로, 이제는 동부 지역 전체를 아우르는 한인회장을 맡게 됐다"며 "항상 'With'와 'For'라는 자세로 교민들의 고충을 이해하고 문제 해결에 최선을 다하겠다"고 말했다. 그는 "시간이 필요하겠지만 교민사회의 협력이 있다면 함께 안전하고 번영하며 행복한 공동체를 만들어갈 수 있을 것"이라고 덧붙였다.

　필리핀한인총연합회 변재홍 이사장은 축사를 통해 코로나19 이후 필리핀 내 교민 수가 약 5만 명 수준으로 줄어든 현실과 경제적 어려움을 언급하며, "이런 상황 속에서 출범한 동부한인회가 교민들과 똘똘 뭉쳐 모범적인 한인회로 자리 잡길 바란다"고 말했다. 이어 "동부 지역에서 단 한 건의 사건·사고도 발생하지 않도록 각별히 신경 써 달라"며 교민 안전을 최우선 과제로 강조했다. 변 이사장은 한인총연합회와도 정기적인 교류와 협력 체계를 통해 교민 애로사항과 재난 문제 해결에 최선을 다하겠다고 다짐했다.

　한인회총연합회 윤만영 회장도 축사를 통해 "동부한인회의 출범은 교민사회의 화합과 발전을 위한 중요한 전환점"이라며 "최상구 회장과 전대구 이사장이 풍부한 경험과 헌신으로 동포사회를 잘 이끌어갈 것"이라고 전했다. 그는 또한 동부한인회가 교민사회의 안전과 권익 보호뿐만 아니라 필리핀 사회와의 교류와 대한민국과의 관계 강화에도 중요한 역할을 하리라 기대했다.

동부한인회 기 수여 (좌)전대구이사장, (우)최상구회장

이어진 위촉 및 임명장 수여식에서는 전대구 이사장이 신임 이사들에게 위촉장을 전달했고, 최상구 회장이 임원들에게 임명장을 수여했다. 이날 행사에서는 KNIGHTS OF RIZAL과의 업무협약식(MOU)도 진행됐다. 협약은 동부한인회(EKCAP)와 필리핀한인총연합회가 각각 체결했으며, 필리핀 사회와의 협력과 교류 확대를 위한 새로운 발판을 마련했다.

[마닐라동부한인회 역대 회장]

회차	성명 (재임 기간)
1대 이사장	전대구 (2025년 ~ 현재)
1대 회장	최상구 (2025년 ~ 현재)

연락처

주 소 2F The Centerpoint Building, Garnet Road, Ortigas Center, Pasig City, Metro Manila
전화 0969-627-5883

6
일로일로한인회
ILOILO KOREAN COMMUNITY ASSOCIATION

필리핀일로일로한인회는 한인사회의 구심점 역할을 하는 비영리 단체이다. 2022년 필리핀 정부로부터 공식 비영리 법인으로 인가받으며 공신력을 확보했으며, 현재 일로일로 메가월드 비즈니스 파크에 사무실을 두고 운영하고 있다.

지난 15년간 축적된 운영 노하우를 바탕으로, 코로나19 팬데믹과 같은 어려운 시기에도 안정적으로 조직을 유지해왔다. 한인들의 생활 지원과 권익 보호는 물론, 현지 사회에 한국 문화를 알리는 데에도 적극적으로 기여하며 문화 교류의 가교 역할을 훌륭히 수행하고 있다. 이러한 노력과 헌신은 일로일로 지역 사회에 긍정적인 영향을 미치고 있다는 평가를 받고 있다.

안전한 교육도시로 각광 받는 일로일로

일로일로는 필리핀 중부 비사야스제도의 파이나이섬에 위치한 필리핀 제

5의 도시이다. 일로일로는 인구 250만의 일로일로 주와 70만의 일로일로 시로 구성되어 있다. 일로일로는 교육의 도시로 유명하고 필리핀에서 가장 살기좋은 도시 1위로 선정되는 등 필리핀 내에서도 깨끗하고 가장 안전한 도시로 손꼽히는 지역이다.

10km에 이르는 아름다운 일로일로 강은 주정부의 수년에 걸친 노력으로 맹그로브 숲과 환경을 정화하는 생태계를 조성하여 일로일로 시민들의 허파 역할을 하며 안전한 산책로의 기능도 충실히 하고 있다. 2024년 현재 일로일로의 인구는 약 50만 명이고 면적은 우리나라 대전 시와 비슷하다. 일로일로는 비사야스의 곡창지대라고 불릴 정도로 쌀 생산량이 많은 지역이며 풍부한 어류 서식지이기도 하다.

이러한 장점을 바탕으로 일로일로는 한인들에게 교육도시로, 특히 어학연수로 각광받는 필리핀의 도시가 되었다. 2000년대 필리핀 내 한인 이주가 늘면서 일로일로에 정착해 어학연수를 하거나 현지 대학에 진학하는 경우가 늘었고, 그로 인해 어학원과 여행사 등 제반 사업이 발전했다.

일로일로한인회의 문대진 전 회장에 따르면, 2000년대 중반까지만 해도 한인 운영 어학원이 60여 개에 달했으며, 거주하는 한인의 수도 3~5천 명이나 되었다고 한다. 그러다가 2020년 코로나19의 발발과 장기화로 일로일로 거주 한인들이 대다수 한국으로 귀국하면서 제반 사업이 큰 타격을 입어 문을 닫는 업체가 속출했다. 2024년 현재 일로일로에 머무는 한인 수는 약 500여 명으로 추산되며, 다시 예전 상태로 복구하려는 움직임을 보이고 있다.

지방정부와의 친밀한 유대 관계

일로일로한인회는 지역사회를 돕는 데 앞장서는 것으로 유명한데 몇 년 전 오톤(Oton) 시에 휠체어를 기증했다. 소프로니오 후신 오톤 시장은 일로일

친선의 날 행사에서 일로일로시 관광청에 휠체어 기증

로한인회 표석구 회장, 김인용 사무국장, 엄태영 대내국장 등이 참여하여 일로일로 한인들과 오톤 주민들 간의 끈끈한 우정을 다짐했다. 포또딴(Pototan) 지방정부에는 쌀 200포대 기부, 쌀 정미소에 필요한 각종 필수 부품 조달 및 수리서비스 지원 등을 하였다. 한인회 연례행사 중 하나로 일로일로 시 관광청에 휠체어를 기부하고 있는데, 이는 필리핀 지역사회에 도움의 손길이 필요한 이들과 함께하는 한인들이 존재감을 부각시키는 일이기도 했다.

일로일로 케이타운(K-Town)의 부상

일로일로한인회의 활동 중 눈여겨 볼 것은 일로일로 중심가에 위치한 한인회 사무실, 그리고 그 주변 환경이다. 한인회는 필리핀 현지 기업인 메가월드와 협력하여 'K-Town' 건설에 앞장섰다. 코로나19 대유행 이전에도 한국 문화에 심취한 현지인들이 크게 증가하는 추세였지만, 코로나19 이후 필

일로일로 코리아타운 입구

리핀 전역에서 한국 문화, 특히 한국 대중문화와 한식에 대한 현지인들의 관

일로일로 K-town 조형물

심과 사랑은 기하급수적으로 증가하기 시작했다. 일로일로한인회는 이를 목도하고 한인의 입지를 넓힐 수 있는 기회로 삼았다.

코로나19 때 비대면 생활이 시작되면서 한국 미디어에 대한 소비도 늘어나 한국 문화를 실제로 경험하고 싶어하은 이들이 한국 식품점과 식당 등을 찾는 빈도가 늘어났다. 이에 따라 사업체를

한국-일로일로 직항 추진위원회

운영하는 한인들도 한인이 주 고객이었던 예전과 달리 현지인들을 주 고객으로 바꾸는 추세를 보였다. 이에 맞춰 한인회도 현지 업체들과 협력하면서 한인사회와 현지인들과의 상생의 길을 모색하고, 그 중심에 일로일로 시 중심가의 'K-Town'이 자리하고 있다.

'K-Town'은 일로일로시의 코리아타운을 상징적으로 보여주는 장소이다. 일로일로 옛 공항부지에 메가월드가 신도시를 조성하면서 쇼핑몰, 식당가 등 상업시설이 들어섰고, 일로일로한인회가 메가월드, 일로일로 시와 함께 '관광 활성화'를 목표로 협력하면서 메가월드는 한인회의 가능성을 보고 한인회 사무실과 함께 K-Town을 조성하자고 의기투합하였다. 현재 K-Town은 다양한 식당가로 구성돼 있는데 한인과 현지인이 운영하는 사업체들이 고루 섞여 있다는 게 특징이고, 주말과 공휴일, 특히 한국의 명절인 설날과 추석에는 다채로운 행사가 준비된다.

현재 일로일로한인회는 코로나19 이전의 영화를 복구하기 위해 노력 중이다. 특히 일로일로라는 도시를 한국에 많이 알리는 데 주력하고 있다. 교육과 안전을 강점으로 하는 일로일로답게 한국 가족여행자, 어학연수자 등을 새로이 유치하기 위해 다양한 아이디어를 시도 중인데, 그중 하나가 '팸트립'의 추진이다. 한국 여행사를 대상으로 일로일로의 관광, 연수, 컨벤션 개최 등에 대한 정보를 제공하며 한인 방문객 유치에 속도를 내고 있다.

2024년 현재 일로일로에는 약 1,000여 명의 동포가 거주하고 있는 것으로 파악되고 있다. 앞으로 일로일로한인회는 더 많은 한국인들이 일로일로를 찾을 수 있도록 아름답고 안전한 도시를 조성하는 데 노력을 기울일 것이며, 궁극적으로는 한국-일로일로 직항을 개설하는 원대한 계획을 세우고 있다.

[일로일로한인회 역대 회장]

회차	성명 (재임 기간)
1대 회장	강성희 (2009 - 2013)
2대 회장	김동조 (2014 - 2015)
3대 회장	문대진 (2016 - 2020)
4-5대 회장	표석구 (2021 - 현재)

연락처

주소 Unit B10-2B, 2F Festive Walk Parade 2B, Iloilo
전화 +63-906-308-3942, 카카오톡 nsleader79

7

가가얀데오로로한인회

CAGAYAN DE ORO KOREAN COMMUNITY ASSOCIATION

2009년 나누리국제학교에서 제1기 가가얀데오로한인회 발족회의를 개최한 것을 시작으로 가가얀데오로 내 한인 동포를 결집시키는 한인회가 창립되었다. 당시 한진중공업 재직 중이던 이태훈 상무가 1기 초

전남 광양시 가가얀데오로로 안내표지판

대 회장으로 선출되었다. 발족회의에는 약 30명의 한인 동포들이 참석하였는데 지역에 자리잡고 있던 종교인, 어학원 원장, 기업체 책임자, 공기업 파견인 등 다양한 배경을 가진 이들이 마음을 모아 한인회가 첫 삽을 뜰 수 있었다. 한인회 창립 1년 전인 2008년 6월에는 호산나한인교회 주관으로 가가얀데오로 한글학교가 최초로 문을 열기도 했다.

코로나19 기간 동안 필리핀을 떠난 한인의 수가 늘면서 가가얀데오로에

거주하던 한인의 수도 급격히 감소하였는데, 한인회는 2020년 코로나19 대피 한인들의 탈출을 지원하기 위해 '가가얀데오로-마닐라-인천'간 전세기를 3차례나 조직하여 140여 명의 동포가 한국으로 귀국할 수 있도록 도왔다.

2021년 7월 가가얀데오로한인회는 필리핀한인총연합회 지역한인회로 등록하고, 2022-2023년에는 필리핀한인총연합회와 주필리핀한국대사관과 협력하여 한인안전세미나를 개최하였다.

민다나오는 위험하다는 인식 불식

한인총연합회는 정기적으로 주필리핀대한민국대사관과 함께 한인들이 많이 거주하거나 방문하는 지역을 중심으로 한인동포들과 관광객들의 생명과 안전을 위해 지역 순회 안전세미나를 열고 있다. 민다나오 지역은 우리나라 외교부에서 지정한 방문 위험 지역이 포함되어 있어 한국인에게 치안이 좋지 않다는 인식이 강하게 자리잡고 있다.

2023년 한인 안전대책 세미나 개최

이러한 이유로 2023년 7월 가가얀데오로에서 안전세미나를 개최하여 지역 관할 CIDG 및 이민국 관계자가 참석해 지역 한인 동포들과 친목과 우호를 다지는 시간을 갖고 있다. 가가얀데오로한인회의 문광주 회장은 "민다나

태풍 센동(Sendong)구제후원금 전달

오 지역 특성상 여행금지구역 설정으로 사업적으로 어려움을 겪고 있는 동포분들이 많다."며 "최근 민다나오에 내려진 국가 위기사태가 해제된 만큼 외교부에서도 여행금지구역에 대해 개선"을 요청하기도 했다.

가가얀데오로한인회는 2009년 1기부터 지속적으로 지역 내 봉사활동을 진행해오고 있다. 2011 태풍 센동 당시 수해민 구호품 및 방역지원, 의료봉

지역사회에 구호품 전달

2021년 이취임식

사 등을 실시했으며 5기 임원들은 매주 지역민들을 위한 식사 봉사를 진행했고, 정기적으로 오지 학교 점심 봉사 및 냉장고와 필기구 등 지원 등을 실천해 나가고 있다.

필리핀 최남단 민다나오섬에 위치하며 수도인 메트로 마닐라와 멀다는 점에서 가가얀데오로 한인들에게는 생활에 쉽지 않은 요인들이 있는 것이 사실이다. 하지만 여러 어려움을 극복하고 민다나오 내에서 한인사회 대표단체로서의 위상을 확립하기 위해 더욱더 발빠르게 뛰고 있다. 한인의 안전과 치안 유지를 위해 PNP, NBI, 이민국 정기교류를 통한 교민 권익보호, 주필리핀대한민국대사관 및 세부 영사과 비상연락망 역할 충실, 연 2회 순회영사 방문 정례화 등은 가가얀데오로한인회의 우선적인 업무이며, 한국 문화 선양을 위해 필리핀한국문화원의 정기 방문, Cagayan de Oro City Fiesta 한인의 날 추진, 한글학교를 통한 한인 자녀 한글 및 한국문화 교육지원 확대 등에도 힘을 쏟고 있다.

[가가얀데오로한인회 역대 회장]

회차	성명 (재임 기간)
1대 회장	이태훈 (2009 - 2010)
2대 회장	전양주 (2011 - 2012)
3대 회장	김준연 (2013 - 2014)
4대 회장	손성식 (2015 - 2016)
5대 회장	오석진 (2017 - 2018)
6대 회장	김두열 (2019 - 2020)
7대 회장	이융섭 (2021 - 2022)
8대 회장	문광주 (2023 - 2024)
9대 회장	이진욱 (2025 - 현재)

연락처:

주소 G/F Smart Condo, Mahogany St., Fr. Mastersons Ave., Upper Canitoan, Cagayan de Oro City, Philippines
전화 +63-88-855-0527, 이메일 alibu@naver.com

제 5 부

8
수빅한인회

SUBIC KOREAN COMMUNITY ASSOCIATION IN THE PHILIPPINES

2002년 창립된 수빅한인회는 회원간의 친목 유대를 강화하고 복리를 증진 하며 생명과 재산을 보호하고, 아울러 필리핀 국민과의 조화로운 삶을 추구 함으로써 한인동포들의 위상을 제고하고 조국 발전에 기여하는 것을 목적으로 설립되었다.

아시아 최대 해군기지가 주둔했던 수빅만

수빅은 중부 루손(Central Luzon) 지역에 위치한 빰빵가(Pampanga) 주에 속하는 도시로 동남아의 미국 공군 본거지로 널리 알려져 있는 곳이다. 미국은 1992년 11월 24일 수빅만 해군기지를 필리핀에 반환하며 필리핀에서 완전 철수했다. 1898년 스페인과의 전쟁에서 승리 후 파리조약에 따라 필리핀을 할양받은 미국은 1992년 아시아 최대 해군기지인 필리핀 수빅만 기지를 정식 인도하며 약 1세기에 걸친 주둔 역사를 마감했다. 필리핀은 421년만에 처음으로 외국 군부대가 주둔하지 않는 상황이 되었다.

한때는 미국 본국을 제외하고는 세계에서 가장 큰 규모의 미국 해군 주둔지였던 이곳이 필리핀에서 가장 활발한 산업 도시이자 관광

2020년 올롱가포 5개 바랑가이에 쌀을 기부한 수빅한인회

지가 된 이후 수빅 자유무역항(SBF), 올롱가포(Olongapo) 지역은 수십 년에 걸쳐 산업관광지로 개발되었다. 열대 다우림과 사파리 등이 위치해 교육적인 관광으로도 유명하며, 리조트, 호텔, 테마 파크, 레스토랑 등 휴양시설이 다양하게 개발되어 있다.

수빅한인회는 한때 미군기지였던 루손섬 수빅만을 중심으로 형성된 한인회이다. 한진중공업이 진출해 있을 때만 해도 교민 수가 2천명을 오르내렸는데, 한진중공업 철수 후 교민 수가 빠르게 줄어 2020년에는 약 500여명으로 집계되었다.

한인 동포 간 협력, 지역사회와의 동행

수빅한인회는 한인 동포들이 운영하는 사업체를 보호하고 육성하는 데 노력을 기울여 오고 있다. 한인 실태 조사, 한인 동포 안전 세미나, 대사관 타운홀 미팅 등 실질적으로 필요한 활동

한인동포 생활안전 세미나 개최

제5부

을 통해 수빅과 잠발레스 지역 한인들에게 필요한 정보를 제공하고 있다. 또한, 필리핀 내 한인 단체들과 협력을 공고히 하여 한인 동포들의 삶이 더욱 안전할 수 있도록 만전을 기울이며, 지역주민과의 문화교류를 위해 지역 기관 및 단체와도 활발히 소통하며 교류를 이어가고 있다. 2018년 부산필하모닉오케스트라 공연을 수빅한인회의 협조로 개최하였고, 한·필 장기자랑 대회 후원 역시 꾸준히 해 오고 있다.

지역주민들의 삶의 개선에도 노력을 하여 지역 내에서 한인들의 위상을 드높이고 있다. 한국의료 단체 봉사를 조직하여 수빅 내 취약지구와 연결하여 봉사활동을 벌이며, 한국 로터리클럽 물품 지원 봉사시 현지 단체 및 기관과의 연결 및 협조 요청, 한·필 김치 체험과 나눔 등 지역 내에서 한인의 역할을 공고히 하는 사업을 지속적으로 시행해오고 있다.

[수빅한인회 역대 회장]

회차	성명 (재임 기간)
1대 회장	김병권 (2002 - 2004)
2-3대 회장	김진용 (2005 - 2008)
4대 회장	박순봉 (2009 - 2010)
5대 회장	김진용 (2011 - 2012)
6대 회장	김영훈 (2013 - 2014)
7-8대 회장	배봉희 (2015 - 2019)
9-10대 회장	장종대 (2020 - 2023)
11대 회장	이상숙 (2024 - 현재)

연락처

주소 106a SIH Bldg, Corner Canal Sta. Rita rd., SBFG

전화 +63-939-729-2743 (회장 이상숙)

9
바기오한인회
BAGUIO KOREAN COMMUNITY ASSOCIATION IN THE PHILIPPINES

필리핀 역사의 산증인, '여름 수도' 바기오

필리핀에서도 기후가 좋고 서늘하여 필리핀인들에게도 사랑받는 휴양도시가 바기오이다. 바기오는 루손 섬 북부 코르딜레라 행정구 벵겟 주 해발고도 1,500m의 고원에 위치한 도시로서 연평균 기온이 20도 안팎으로 연중 내내 서늘하고 청량한 기후를 자랑한다.

최근 몇 년 사이 마닐라에서 북부로 향하는 고속도로가 과거에 비해 효율적으로 건설되어 바기오로의 접근성이 향상되었다. 여행 시간도 네 시간 이내로 줄어들어 현지인들과 외국인 관광객들도 급격히 증가되었다. 산으로 둘러싸인 고산지대라는 독특함과 함께 코르딜레라 지방에 존재하는 다양한 산악부족의 문화 덕분에 자연 속에서 특별한 여행을 하고자 하는 한인들 역시 바기오를 거점으로 근교 바땃(Batad), 사가다(Sagada), 바나웨(Banaue) 등을 함께 찾기도 한다.

시간을 거슬러 올라가 바기오의 역사를 살펴보면, 바기오는 필리핀이 스페인으로부터 독립한 후 1900년대 초 필리핀-미국 전쟁 중 미군기지인 캠프 존 헤이(Camp John Hay)를 설치하고 미국의 군정이 시작되면서 그야말로 '미국식' 도시 개발이 바기오 시 전역에 이루어졌다. 식민의 상흔이 깊은 필리핀 역사에서 바기오는 제2차 세계대전을 목도한 곳이기도 하다.

대동아번영권을 선전 구호로 일본 제국 영토를 아시아 전역에 확장하던 당시 일본군을 이끌던 야마시타 토모유키(山下奉文) 장군에 의해 캠프 존 헤이는 일본군의 포로수용소 겸 본부로도 사용되었다. 일본이 패망한 후 종적을 감추고 있던 야마시타 장군이 1945년 9월 2일 결국 백기를 들고 이튿날인 9월 3일 캠프 존 헤이로 와 공식적으로 미국에 항복하였다.

바기오에 둥지를 트기 시작한 한인들

전쟁이 끝나고 도시복구가 진행되면서 코르딜레라 원주민 외에도 일본계, 인도계, 중국계 등 다양한 민족이 바기오에 터를 잡기 시작했고, 한국인들 역시 서늘한 기후와 수도 마닐라보다는 한적하고 녹지가 풍요로운 바기오의 매력에 빠져 점점 거주 인구가 늘기 시작하였다. 일제 치하에서는 도산 안창호 선생 역시 상해임시정부 외 독립 거점을 찾던 중 바기오를 하나의 후보지로 선정해둘 정도였다.

이러한 사회적 변화 속에 1994년 바기오한인회가 발족하여 가족 단위의 이주민, 은퇴이민자, 어학연수생, 관광업 등 다양한 배경의 한인들이 어우러져 지역사회에 점점 한인들의 존재감이 드러나기 시작하였다. 매력적인 기후 외에도 치안이 좋고 다양한 지역 고등학교와 대학교가 모여 있어 조기유학과 어학연수 등의 목적으로 바기오를 찾는 한인들이 2000년대 이후 더욱 늘어나기 시작해 코로나19 이전까지 한인이 운영하는 사설 영어학원이 상당히 많았고, 현재에도 도시 곳곳에서는 한식당을 쉽게 발견할 수 있다.

바기오한인회 주요 활동

필리핀 바기오 한인회는 교민의 안전과 한인의 위상을 높이기 위해 바기오시경찰(Baguio City Police Office, BCPO)와 상호협약을 체결하여 안전방범 순찰과 핫라인을 통해 한인들이 경찰의 도움을 받을 수 있도록 활동하고 있다.

바기오시 최대 꽃축제 빠낙벙아축제에 참가한 바기오한인회

제5부

Republic of the Philippines
City of Baguio
SANGGUNIANG PANLUNGSOD
(CITY COUNCIL)

REGULAR SESSION HELD ON 12 NOVEMBER 2012

PRESENT:
Hon. Daniel T. Fariñas, *City Vice Mayor and Presiding Officer*;
Hon. Nicasio M. Aliping Jr., *Member*;
Hon. Betty Lourdes F. Tabanda, *Member*;
Hon. Isabelo B. Cosalan Jr., *Member*;
Hon. Elmer O. Datuin, *Member*;
Hon. Peter C. Fianza, *Member*;
Hon. Edison R. Bilog, *Member*;
Hon. Richard A. Cariño, *Member*;
Hon. Perlita L. Chan-Rondez, *Member*;
Hon. Fred L. Bagbagen, *Member*;
Hon. Erdolfo V. Balajadia, *Member*;
Hon. Philian Louise C. Weygan-Allan, *Member*;
Hon. Nicasio S. Palaganas, *Member*;
Hon. Joel A. Alangsab, *Ex-Officio Member*; and
Hon. Karminn Cheryl Dinney D. Yangot, *Ex-Officio Member*

ABSENT:
None.

Introduced by Hon. Elmer O. Datuin.

ORDINANCE Numbered 65
(Series of 2012)

INSTITUTIONALIZING **KOREAN DAY** IN BAGUIO CITY AND MAKING IT
A REGULAR ACTIVITY OF THE CITY OF BAGUIO TO BE
SCHEDULED OCTOBER 5 OF EVERY YEAR

Explanatory Note

The Korean community in Baguio City is requesting to consider October 5 of every year as regular Korean Day in the city in order to continue the good relationship between their community and the City of Baguio.

October 5 is declared by the Ministry of Foreign Affairs and Trade of the Republic of Korea as their anniversary to meditate on the significance of ethnic Koreans living abroad all over the world.

In recognition of the contribution of the Korean community in the City of Baguio, particularly increasing tourists' arrival contributing profitable opportunities in our local economy, the city must in return officially recognize the annual celebration of the Korean Day here in Baguio City.

Aside from their contribution in our local economy, the Korean community likewise has been active in participating during the city's special events and has been conducting community service activities for the benefit of our constituents.

NOW, THEREFORE, on motion of Hon. Datuin, Hon. Cariño, and Hon. Chan-Rondez, seconded by Hon. Tabanda, Hon. Weygan-Allan, Hon. Alangsab, Hon. Balajadia, Hon. Aliping, and Hon. Cosalan,

BE IT ORDAINED BY THE SANGGUNIANG PANLUNGSOD (CITY COUNCIL) IN SESSION ASSEMBLED THAT:

SECTION 1. This Ordinance shall be known as "Institutionalizing **Korean Day** on October 5 of every year in the City of Baguio"

SECTION 2. The **Korean Day** shall be commemorated every October 5 of each year as a regular annual activity in the City of Baguio and to be included in the tourism and special events calendar of activities of the city.

SECTION 3. The Special Events Division of the Office of the City Administrator shall assist in the implementation of activities in line with the objectives of this Ordinance in coordination with the Korean community in the city.

SECTION 4. Separability Clause. If, for any reason or reasons, any part or provision of this Ordinance shall be held to be unconstitutional or invalid, the other parts or provisions hereof which are not affected thereby shall continue to be in full force and effect.

SECTION 5. Repealing Clause. All ordinances, resolutions and regulations or part or parts thereof which are inconsistent with this Ordinance are hereby repealed and/or modified accordingly.

바기오한인회의 'Korean Day' 활동을 시 조례로 지정

한국전쟁 참전비 헌화

또한 바기오 시와 좋은 관계를 유지하여 매년 10월 5일을 "Korean Day"로 정하여 바기오 시와 한인회가 함께하는 행사를 진행하고 있다. 이런 활동이 바기오 시 조례(City Ordinance)로 제정되어 있다는 점은 특기할 만하다.

필리핀에서도 유명한 빠낙벙아(Panagbenga) 꽃 축제도 매년 한인들과 바기오한인회 이름으로 참여하고 있으며, 인천시 연수구, 공주시, 태백시 등 한국의 여러 지방정부와 자매도시를 맺는 데 바기오한인회가 가교 역할을 담당해 한인의 위상을 높이고 있다.

또한 바기오에는 필리핀통합사관학교(Philippine Military Academy, PMA)가 위치하고 있는데, 사관학교 내에 한국전쟁 참전비를 설치하여 매년 6.25 참전비 헌화 행사를 진행하고 있다

[바기오한인회 역대 회장]

회차	성명 (재임 기간)
한인회 발족	단체구성 (1994)
1대	서병우 (1995-1996)
2대	김기봉 (1997-1998)
3대	장병천 (1999-2001)
4대	정명근 (2002-2003)
5대	정해철 (2004-2005)
6대	류정호 (2006-2007)
7대	이준성 (2008-2008)
8대	안승운 (2009-2009)
9대	정회익 (2010-2010)
10대	정갑석 (2011-2012)
11대	강문원 (2013-2014)
12대	박형준 (2015-2016)
13대	박형준 (2016-2017)
14대	이준성 (2017-2022)
15대	김기확 (2023-현재)

연락처

주소 #11 M. H. Del Pilar St., Burnham Legarda Rd., Baguio City
전화 +63-74-423-0118, 이메일 ukcabaguio@gmail.com

10
다바오한인회
DAVAO KOREAN COMMUNITY ASSOCIATION

익숙한 듯 익숙하지 않은 다바오

필리핀 전 대통령 로드리고 두테르테가 전직 시장으로 재직한 다바오는 필리핀 타 지역에 비해 비교적 최근 한인에게 알려진 곳이다. 하지만 이곳에서도 과거 한인의 발자취를 찾아볼 수 있다. 1964년 10월 28일 조선일보에서는 일본에서 살다가 1944년 태평양전쟁에 군속되었다가 다바오에서 전사한 '임방출' 씨가 등장한다. 1967년 1월 28일 경향신문의 특집기사 '아세아의 한국인'에는 일제 치하인 1920년대 필리핀으로 건너온 한인들에 대한 내용이 등장한다. 조선인 상인으로 인삼을 팔던 한인들, 한인회 1대 회장을 역임한 박윤화 씨 등에 대한 이야기 속에 '다바오에 사는 임응빈 씨를 빼면 모두 마닐라시에서 가깝게 지낸다'는 문장이 나온다. 지금으로부터 약 60년 전쯤에도 다바오에 한인이 정착하였다는 것을 보여주는 대목이다.

다바오는 필리핀 최남단 민다나오에 위치한 최대도시이다. 민다나오의 몇

한국전 참전용사의 노고를 기리는 행사(2023)

몇 지역은 아직 반군이 존재하고 치안이 불안한 곳이 있어 외교부에서 여전히 특별여행주의보를 발령하고 있으나 다바오시와 가가얀데오로시는 여행 금지 구역이 아니다. 과거 1960-70년대 한국 건설사 파견 직원들이 코타바토 지역에서 필리핀 반군에 잡히거나 모로해방민족전선(MILF) 내전 발생 등으로 한국 언론에도 종종 등장한 곳이지만, 한인들이 정착한 다바오는 발전된 도심과 안정적인 치안으로 매년 한인이 증가하고 있는 곳이다. 1973년 필리핀 건설시장에 국내 최초로 진출했던 한진중공업은1973년 민다나오 도로공사를 시작으로 1998년 다바오국제공항 공사를 수주해 2000년에 건설한 바 있다.

다바오한인회의 역사

다바오한인회는 1992년 고 김민웅 회장님을 초대 회장으로 하여 발족하였다. 현재 다바오는 무역, 어학연수 · 교육, 선교, 농산물 등 다양한 분야에 한인들이 종사하고 있다. 품종 좋은 바나나와 두리안, 풍부한 수산물, 해양관광의 천국이라는 장점으로 한인들 역시 관련 사업체를 운영하고 있으며, 최근 더욱 큰 인기를 끌게 된 한식 덕분에 한식당, 식료품점 등도 덩달아 증가하는 추세이다. 또한 아테네오데다바오대학교(Ateneo de Davao University) 등 교육기관이 다수 위치하고 있어 어학연수, 조기유학 등으로 사랑을 받기도 한다.

이렇게 다바오에 터를 잡고 있는 한인들 외에도 민다나오 내 타 지역의 사업체를 운영하는 한인들의 거점으로도 사랑받고 있다. 마닐라나 앙헬레스에 비하면 한인 이주와 방문 수가 적은 편이긴 하지만 매년 한인이 증가하며 한인회 역시 다양한 활동을 모색해오고 있다.

코로나19 팬데믹 당시 다바오한인회에는 필리핀 최초로 한인 대상 예방접종을 시작하였다. 한인을 위한 봉사 외에도 지역사회를 위한 봉사활동에 힘을 아끼지 않는데 다바오 아그다오 지역 대형 화재 피해 지역 주민들에게 식수, 담요 및 의류 지원(2023. 12. 27.), 민다나오 지역에 거주하는 한국전 참전

거북이마라톤

골프대회 개최

한국 음식 축제

젠산 교민 간담회

용사 및 가족들을 초청하여 위로 행사 개최(2024.6.25.), 한-필 수교 75주년 기념 거북이 마라톤대회 개최(2024.12.15.) 등을 진행했다.

최근에는 다바오 한인을 위한 한방 침, 뜸 봉사, 한류 축제, 다바오 내 피에스타(fiesta) 공식 참가, 다바오시 산하 투자청 주관 글로벌 비지니스미팅 참석 등을 통해 한인과 지역사회 내에서 더욱 활발히 참여하는 모습을 보이고 있다. 또한 민다나오 내 타 지역 한인들과의 교류에 적극적으로 임하고 있는데 2025년 젠산 한인들과의 간담회 개최, 남부 한인회 결성을 위해 따굼시와 파나보시 거주 한인들과 회의 등을 진행하였다. 앞으로 다바오한인회는 민다나오 지역에서 한국전에 참여한 1,200여 명의 한국전 참전용사의 노고를 기리기 위해 다바오 지역에 충혼탑을 세우고자 준비하고 있다.

[디바오한인회 역대 회장]

회차	성명 (재임 기간)
1대 회장	김민웅 (1992 - 1996)
2대 회장	최승철 (1997 - 1998)
3대 회장	유종구 (1998 - 2001)
4대 회장	박강욱 (2002 - 2005)
5대 회장	김종국 (2006 - 2007)
6대 회장	한승원 (2008 - 2011)
7대 회장	김찬삼 (2012 - 2015) (2016 - 2019)
8대 회장	민정훈 (2020 - 2023)
9대 회장	맹봉호 (2024 - 현재)

연락처

주소 Waterfront Insular Hotel Davao, Lanang, Davao City, 8000 Davao del Sur
전화 082-224-6822, 카카오톡 필리핀다바오한인회

11
보라카이한인회
BORACAY KOREAN COMMUNITY ASSOCIATION

보라카이한인회 조직 배경

최근 들어 필리핀 관광청 등을 위시하여 필리핀 내 다양한 관광명소가 발굴되어 외국인 관광객이 새롭게 찾는 곳이 부상한 것을 볼 수 있지만, 2000년대 초창기만 해도 한국인 관광객이 필리핀에 온다고 하면 마닐라 다음으로 반드시 방문하는 곳이 보라카이라고 할 만큼 보라카이는 한인들에게 잘 알려진 곳이다. 천혜의 해변을 자랑하며 가족여행객, 신혼여행객, 그리고 해양 스포츠를 사랑하는 한인들에게 보라카이는 지상낙원으로 급부상하여 현재까지도 '필리핀=보라카이'라는 등식이 존재할 정도이다.

보라카이는 필리핀 중부 비사야스 제도에 속한 작은 섬이지만, 맑고 푸른 바다와 희고 고운 모래로 세계 3대 아름다운 해변으로 불리며 전세계 사람들의 사랑을 받아오고 있다. 이 덕분에 2000년대 초반부터 이곳에 정착해 사는 한인들의 수도 꾸준히 증가하여 약 1,000여 명의 한인들이 거주하게 되었다. 2002년 조민성 초대 회장의 주도하에 한인 보호와 단합을 목적으로 보라카이 한인회를 결성하게 되었다.

2018년 필리핀 정부로부터 시행된 보라카이 섬 환경 정화작업과 이어진 코로나19 팬데믹 이전에는 보라카이 전체 거주 한인 수가 약 3,000여 명에 육박했었으나 현재는 보라카이 관광업이 침체되어 전체 거주 한인 수는 100여 명으로 줄어들었다.

주요 활동 내역

보라카이한인회는 매년 지역 내 한인들의 단합과 화합을 도모하고 지역사회 내 한인 커뮤니티의 역량을 각인시키기 위해 연례행사로 축제를 개최해 오고 있다. 또한 매년 필리핀 한인 체육대회에 참가하여 보라카이 한인회와 마닐라 한인 단체간 상호 유기적인 협력과 교류 등을 통한 한인 네트워크 강화와 단합에도 기여하고 있다. 보라카이한인회는 한인총연합회 이

보라카이한인회의 지역사회 봉사활동

사회 소속으로 각종 의사결정에 적극 참여하며 보라카이 거주 한인들의 고충과 애로사항 등을 알리고 해결될 수 있도록 협조를 요청하는 일에도 앞장서고 있다.

보라카이에는 장기 거주 한인들이 많기는 하지만 현실적으로 관광객을 포함해 단기 거주민도 많은 관계로 지역 내 한인 관련 사건사고의 발생 빈도가 높기도 하다. 이에 한국대사관과도 유기적으로 협조체제를 구축해 거주 한인 및 관광객들의 편의 보장과 안전문제 대처, 사건사고 처리 및 보고, 순회영사 제도를 적극 활성화하여 한인의 편의를 증대시키는 데도 앞장서고 있다.

2024년 현재 보라카이 내 한인은 약 500여 명으로 추산되는데 이 중 보라카이 한인회 등록 한인 수는 약 350여 명으로 이전에 비해 한인회 참여 인원이 대폭 증가된 점이 눈에 띈다. 정회원과 동반가족까지 포함한 집계로는 최대 1,000여 명까지 한인들의 수가 증가한 것으로 추산된다. 이렇게 한인회의 역할과 기능을 적극적으로 알리면서 한인 당사자들이 직접 참여하여 의견을 반영할 수 있는 참여형 한인회로 성장해가고 있다.

지역사회 활동 및 공헌 업적

보라카이 한인회는 매년 지역 내 경찰서 크리스마스 행사에 경찰관용 쌀과 각종 물품을 기부하면서 긴밀한 관계를 유지하고 있다. 이는 한국 관광객들과 교민들의 사건사고에 대비해 적극적으로 대처할 수 있도록 일상적인 소통 창구를 마련해 놓는 것이기도 하다. 매년 경찰서에서 수여하는 감사패를 수령하고 경찰서장 교체 시 사전, 사후 정례미팅을 갖고 유기적인 협조체제를 유지하고 있다.

또한 필리핀 이민국 본청 및 보라카이 이민국과도 원활한 관계를 유지하

제1회 보라카이 한인 체육대회

여 단 한 건의 이민국 단속도 이뤄지지 않았다. 이처럼 한인사회를 원활하고 안정적으로 보호하는 데 최선을 다하고 있다. 종종 체류비자 미비로 인한 한인의 불안정한 체류 상태를 보호하고자 이민국 본청과 협조하여 SWP(Special Working Permit) 제도를 활용해 이민국과 말라이(Malay) 시 당국의 단속 업무에 효과적으로 대처하여 한인 다수를 보호하기도 했다.

이밖에도 상시적인 지역 사회 활동으로는 다양한 바랑가이 내 보육원 데이케어센터 등에 물품을 기부하고 각종 현지 행사에 지원을 함으로서 지역 사회의 책임 있는 일원으로 함께하고 있다.

[보라카이한인회 역대 회장]

회차	성명 (재임 기간)
1대 회장	조민성 (2002년)
2대 회장	박길수 (2003-2004년)
3대 회장	박길수 (2005-2006년)
4대 회장	박순희 (2007년)

회차	성명 (재임 기간)
5대 회장	이상신 (2008-2009년)
6대 회장	이상신 (2010 - 2011년)
7대 회장	장준영 (2012 - 2013년)
8대 회장	정영민 (2014 - 2015년)
9대 회장	정영민 (2016 - 2017년)
10대 회장	정영민 (2018 - 2020년)
11대 회장	정영민 (2021 - 2022년)
12대 회장	김수진 (2023 - 2024년)
13대 회장	김수진 (2025 - 현재)

연락처

주소 5608 Aklan, Malay, Boracay
전화 036-288-6677

제 5 부

제6부

필리핀 한인총연합회
직능단체의 발자취

제9장
필리핀 한인 경제단체
활동 현황

1

필리핀 한인무역협회

WORLD OVERSEAS KOREAN TRADERS ASSOCIATION (OKTA) PHIL.

　세계한인무역협회(OKTA)는 조국의 무역증진과 국위선양을 위하며 1981일 4월 2일 미국 및 일본을 비롯한 세계 각국 한인 무역상 조직으로 결성되었으며, 모국과의 긴밀한 유대강화를 기하고 산업정보 및 기타 회원 상호간의 이익증진과 협조를 강화하기 위하여 "통상부"(현 산업지원부) 지도 아래 KOTRA 지원으로 조직된 후 1994년 사단법인으로 설립된 국제적 해외교포 경제, 무역단체이다.

　세계한인무역협회의 필리핀 지회는 필리핀에서 활동하는 교포무역인들의 화합과 모국 상품의 필리핀 시장 진출 활성화를 위한 역할 모색을 목적으로 1991년 10월 5일 창립되었으며 모국과의 교역 및 무역 관련 산업 중

제4회 한민족대표자회의(1993년)

필리핀한국무역인협회 주최 차세대무역스쿨

필리핀한국무역인협회 장학위원회, 장학금 전달식

진에 기여하며, 회원 상호 간의 정보 교류를 통하여 본회의 반전과 회원 상호 간의 이익 및 친목을 도모하고 세계 해외 한인 경제 네트워크를 강화하는 것을 목적으로 한다.

필리핀 한인무역협회는 2004년 10월 11일-13일 제1회 부천시 상품전시회

이관수 이사장, 이원주 전임회장 훈장 서훈
(필리핀 대한민국대사관, 2010.11.08.)

를 마카티시 글로리에따 중앙홀에서 개최한 것을 시작으로 2005년 4월 부천시 및 상공회의소와 방문 교류를 정례화하고 상품전시회를 연례행사로 진행해왔다. 2004년 7월에는 한인무역협회 동경지회와 자매결연을 맺고 동경지회가 필리핀을

방문하기도 하였다. 같은 해 10월에는 최초로 '차세대 무역스쿨'을 개최하여 필리핀에서 터를 잡고자 하는 젊은 한인들의 역량 강화에 힘을 쓰기 시작했다. 2006년 7월에는 부천시와 발렌수엘라시간 자매도시 결연을 주선하여 발렌수엘라시 대표단이 부천시를 방문하는 데 일조하였다. 2009년 발렌수엘라시가 태풍 온도이(Ondoy)로 큰 피해를 입었을 당시 부천시 부시장과 동행하여 5만 페소의 복구 성금을 전달하기도 하였다.

필리핀한국무역인협회 주최 아세안 통합 차세대 글로벌 창업 무역스쿨

제7회 부천시 상품전(마닐라 글로리에따, 2010.08.27.)

[필리핀 한인무역협회 역대 회장]

회차	성명	재임 기간	업적 및 특이사항
1대	한덕우	1991 - 1992	무역협회 창립
2대	유병희	1993 - 1994	회원 확장
3대	이관수	1995	정관 정비 및 법인 설립
4대	강태식	1996 - 1997	회원 활성화
5대	박일경	1998 - 1999	상품전, 장학위원회 발족
6대	장재중	2000	지회 규모 확대
7대	이원주	2001 - 2002	부천시 상품전 실시, 장학위원회 활성화
8대		2003 - 2004	차세대 무역스쿨 유치

회차	성명	재임 기간	업적 및 특이사항
9대	서병현	2005 - 2006	차세대 무역스쿨 시작, 부천시 및 부천상공회의소 교류 정례화, 발렌수엘라 시와 자매결연 주선(MOU)
10대	배일수	2007 - 2008	우수지회 사례발표(국회), 정관 개정
11대	김영기	2009 - 2010	조직확대 및 활성화
12대	김영기	2011 - 2012	동남아시아 활성화대회 개최
13대	강창익	2013 - 2014	차세대 무역스쿨 활성화, 경상북도 우수 상품전 실시
14대	이규초	2015 - 2016	미래발전위원회 구성., 1회 동남아 통합차세대-무역스쿨 개최
15대	김종팔	2017 - 2018	강원도 및 포항TP 협약식, 경북도청 및 경제진흥원과 상품전 활성화
16대	박완섭	2019 - 2021	경북도, 부천시 상품전 실시, 신남방 통상확대를 위한 상호협약체결(경상북도)
17대	천주환	2022 - 2023	1회 동남아시아 전현직회장단 회의 개최 30주년 필리핀 마닐라 지회 기념행사 개최
18대	이주영	2024 - 2025	현회장

2

필리핀 한인상공회의소

KOREAN CHAMBER OF COMMERCE PHILIPPINES

 필리핀 한인상공회의소(Korean Chamber of Commerce Philippines, KCCP)는 1995
년에 필리핀에서 활동하고 있는 한국 기업 및 사업자들과 필리핀으로 진출
하려는 한국 기업들의 이익과 주요 활동을 지원하기 위해 설립되었다. 필리
핀에 진출한 한국 기업들과 한국 기업과 함께 일하는 현지 기업, 개인 사업
가를 포함하여 한국과 관련된 많은 기업체들이 회원으로 활동을 하고 있다.

 KCCP는 회원을 위한 서비스를 우선한 비영리협회이며, 주로 한국과 필
리핀 간의 무역, 상거래를 촉진하고 필리핀에 진출하는 한국 기업과 현지에
서 활동하는 사업자들의 이익을 추구하고 보호하는 것을 주된 목적으로 운
영된다.

 현재 KCCP는 필리핀에 있는 한국 및 필리핀 내국 및 외국 기업으로 구성
된 약 200개 회원이 가입하여 있으며 필리핀 내 연합외국상공회의소(Joint
Foreign Chambers of Commerce, JFC)의 회원으로서 타국 상공회의소와도 긴밀하
게 활동을 하고 있다. JFC는 미국, 일본, 유럽, 캐나다, 호주와 뉴질랜드 및

PAMURI (다국적 기업 협회) 등 7개국의 회원들로 구성된 연합 상공회의소로 필리핀과 JFC 회원이 대표하는 관련 국가 모두에 이익이 되는 개방적인 국제무역, 외국인 투자 증진, 외국 기업들의 필리핀으로 진출할 때 외국인 투자자들이나 기업들이 불이익을 당하지 않도록 항상 협조하며 매달 정기 모임을 가지고 필리핀 정부나 입법 기관 등에 개선안들은 발의하고 건의하고 있다. 또한 JFC의 ARANGKADA와 NETWORKING NIGHT 등 연중 행사를 통해 긴밀히 교류를 이어가고 있다.

KCCP의 창립 주요 인물 및 역대 회장

역대 회장단 명단은 아래 표를 통해 확인할 수 있다. 1970-80년대 산업발전기를 지나 이른 시기부터 필리핀에 진출해 다양한 분야에서 사업체를 운영해온 한인 사업가들이 힘을 모아 KCCP의 설립과 조직에 참여했다.

[필리핀 한인상공회의소 역대 회장]

성명	재임 기간	기업체명
한덕우	1995 - 1996	Yung Sung Industrial Phils, Inc.
함희공	1996 - 1997	Kepco Philippines
이관수	1997 - 2000	Shin Lim Industrial Corp.
장재중	2000 - 2002 & 2007 - 2009	Uni-Ship, Inc.
박일경	2002 - 2005	S. Y. Industrial Corp
이길구	2005 - 2006	Kepco Philippines
홍우현	2006 - 2007	Alabang Remetech, Inc.
장은갑	2009 - 2015	Asia Pacific Express Corp
이호익	2015 - 2021	Yiho Corporation
엄현종	2021 - 현재	Samdo Philippines Corporation

KCCP-PHILKOREC (한필경제협의회) 협정 체결식 (2003.4.3.)

프로그램 활동 및 성과

KCCP는 회원들과 회원들 주변에서 사업 활동을 하고 있는 한국 기업들에게 필리핀 정부 체제에서 우려 사항이 발생시 신속한 해결을 위하여 조언 및 지원을 하며 회원들과 정기적인 네트워크 채널을 구축하여 기업 활동을 지원하고 있다. KCCP는 정기적으로 회원들간의 회의, 강의, 세미나 및 비즈니스 포럼, 무역 사절단 행사 등 회원들을 위하여 각종 행사를 개최한다. 또한 타국 상공회의소와의 정기적인 모임, 필리핀 정부 기관들과의 각종 미팅, 지방 정부 기관(LGU) 및 국제 기구들과도 다양한 협업을 진행하고 있다.

외국인의 기업 운영이 종종 난항을 겪는 경우가 많은 필리핀 현지 특성상 KCCP는 성명서 발표를 통해 회원들의 이슈와 우려 사항을 수렴하여 필리핀 정부 당국에 직접 건의를 하기도 한다. 또한 회원들에게 필리핀에서 일어나는 여러 뉴스와 특히 비즈니스 관련 정보를 공유하고 연례 보고서 및 디렉토리, E-뉴스레터, 연구 및 보고서, KCCP 웹사이트를 포함한 간행물을 제공하면서 회원들의 관심사를 홍보하고 회사간의 교류를 촉진하는 데 앞장서고 있다. 필리핀 최대의 회계 법인인 SGV와도 협업을 하고 있으며 매년 SGV에서 발간하는 "필리핀 사업 진출하기 가이드" 저서의 한국어 번역본 발간을 지원하기도 하였다.

KCCP는 젊은 한국 사업가들을 위해서도 무역 및 상거래 분야에서 성장할 수 있는 매체인 Junior Chamber Committee(JCC)를 운영하고 있으며, 지역 사회의 젊은 리더들과의 교류및 멘토링을 통해 비즈니스 네트워크 기회를 제공한다.

한국 상공회의소의 프로젝트

KCCP 장학금 수여식 (2006.3.23.)

JFC (연합상공회의소)와 마르코스 대통령과의 미팅 및 포럼 (2022.12.)

필리핀 교육 향상을 위해서도 다방면으로 관심을 기울이며 재정적 지원이 필요한 필리핀 대학생들에게 매년 장학금을 제공하고 있다. 또 SAMDO 이러닝과 한컴아카데미와 협업하여 2024년 5월 7일 일로코스 노르테 바탁에 있는 마리아노 마르코스 주립대학교(Mariano Marcos State University, MMSU)와 협정을 체결하였다. 이 양해각서는 MMSU에 온라인 한국어 및 문화 프로그램을 도입하여 필리핀 대학생들에게 한국에 관하여 더 많이 이해할 수 기회를 제공하고 두 나라 간의 우호 관계를

KCCP-ARTA 협정 체결 (2023.11.22.)　　　필리핀 한국상공회의소의 대통령 표창 수상
(2024. 10.)

더욱 강화할 계획이다.

　KCCP는 필리핀 정부 기관인 Anti Red-Tape Authority(ARTA: 필리핀 정부에서 발급하는 각종 허가 및 면허의 생산성, 효율성을 높이기 위해 규제 관리와 부패를 감독하고 개선하는 대통령 직속 산하 부처)와 2023년 11월 22일 MOU를 체결하였다. 그리고 필리핀 전국 각지에서 상공회의소와 회원의 참여를 확대하기 위해 아웃리치 프로그램을 지원하고 있으며, 이는 필리핀 KOICA동문협회(PHIKOFA)와 같은 오랜 파트너 기관과 협력하여 전국 각지에 활동 중이다. 한국의 여러 지방 자치단체와도 협업하여 각종 무역 사절단이나 컨설팅을 통하여 수익을 창출하도록 조직을 개선하고 있다.

　2024년 10월 필리핀 한국상공회의소는 협회 단체명의로 대한민국 대통령 표창장도 수상하였다.

미래 계획 및 포부

　KCCP는 앞으로도 더욱 건실한 회원사를 늘려 나감과 동시에 필리핀 내 한국 기업뿐만 아니라 한국과 관련 있는 외국 기업들의 참여를 촉진하여 국제화에 앞장설 것이다. 궁극적으로는 대한민국과 필리핀 양국의 경제, 문화, 인적 교류의 활성화에 기여하고자 한다.

3

필리핀 한인경제인총연합회

UNITED KOREAN BUSINESSMEN ASSOCIATION IN THE PHILIPPINES

　　필리핀 재외동포 경제인 회원사를 돕고 신규업체의 이익을 보호하며 경제 발전을 도모하기 위해 2001 년 9 월 6 일 설립되었다. 경제인연합회는 2001 년 당시 요식업 협회와 함께 상인 연합회로 출발했다가 경제인총연합회로 명칭을 바꿔 2025년 24주년을 맞이했다.

강원도와의 상호협약 체결 (2023년)

경제인연합회의 다양한 활동 중 최근 활동으로는 2023년 6월 강원도 전통가공식품협회와의 협약 체결, 2023년 9월 필리핀 상공회의소 내 자문위원회와 경제협력 협약식 등 저변 확산을 위한 노력이 돋보인다. 이후 2023년 11월 한-필 트레이드 서밋을 개최하고 강원도 및 한국 여러 지방의 우수 중소기업들을 초청하여 필리핀 상공회의소 인사들과의 교류를 성사케 하였다.

사회공헌활동으로는 2011년 12월 파사이 비토쿠르즈 빈민촌에 쌀 350포대와 옷 400벌, 통조림 350개, 회충약 등을 나누는 행사, 2012년 12월 리잘 따이따이 수해지구에 2,500명 대상으로 쌀 50킬로 100포대, 통조림 3,000여 개, 라면 3,000여 개, 의류 1,500여 점, 신발 90족, 영양제 등 의약품과 위생용품 3만 개를 기부한 예를 들 수 있다. 또한 한인이 다수 거주하는 잠발레스 지역의 필리핀 원주민 아이타족에게 쌀 50포대와 의류 100여 점을 전달하기도 하였다.

향후 계획으로는 필리핀, 한국, 한국과 필리핀 간의 숭고한 경제발전을 위해서는 양국의 경제인들이 상호 연대를 하고 서로 협력 보완을 하면서 우의를 다질 수 있는 사업들을 추진하는 것이다. 거시적으로는 세계적인 글로벌 경제를 한국과 필리핀에 도입하는 데 있어서 자본과 시장 경제 동

제 6 부

필리핀 한인경제인총연합회 2024년 총회

박복희 회장의 필-한 경제자문위원회(PhilKorec) 참가 모습

향을 살피고, 한-필 양국간의 무역 개방을 완화하는 데도 적극적인 역할을 할 계획이다.

[필리핀 한인경제인총연합회 역대 회장]

회차	성명 (재임 기간)
1대 회장	이방우 (2001 - 2006)
2대 회장	이두희 (2007 - 2010)
3대 회장	장익진 (2011 - 2013)
4대 회장	안재영 (2014 - 2015)
5대 회장	권영근 (2016 - 2017)
6대 회장	박병대 (2018 - 2019)
7-8대 회장	박복희 (2020 - 현재)

4

카비테 한인투자자협회

KOREAN INVESTORS ASSOCIATION IN CAVITE

필리핀 제조업 중심지에서 뿌리내린 한국기업 네트워크

필리핀 카비테 공단(Cavite Economic Zone, CEZ)은 1990년대 초 PEZA(Philippine Economic Zone Authority)가 주도해 조성한 대표적인 수출가공 구역이다. 이곳에 다수의 한국 기업들이 진출하면서 1991년 한인 기업들의 이해와 권익을 대변하기 위한 카비테 한인투자자협회가 탄생했다.

이관수 필리핀 한인총연합회 고문(제9대 한인회장, 1992~1993년)에 따르면 당시 한국 기업들은 언어와 문화 차이로 인해 노사 문제와 정부 기관과의 소통에서 상당한 어려움을 겪고 있었다. 이에 20여 개 업체가 뜻을 모아 협회를 조직했고, 정관을 마련하며 초석을 다졌다.

초대 회장은 임윤주 회장이 맡아 활동을 시작했다. 협회는 필리핀 투자청(BOI)과의 소통 창구로 자리매김하며 투자 컨퍼런스 개최, 기업 애로사항 대변 등 역할을 수행해 왔다.

제6부

필리핀 카비테공단(Cavite Economic Zone) 정문 전경

한국 기업 진출의 흐름과 협회의 역할

1990년대 후반부터 2000년대 초까지는 봉제, 플라스틱, 금형 가공 등 중소기업 중심의 진출이 활발했다. 이후 전자부품, 자동차 부품, 광학 산업 등으로 확장되면서 카비테 공단은 한·필 제조 협력의 거점으로 성장했다. 협회는 이 과정에서 기업 간 네트워킹, 정부 정책 브리핑, 투자 설명회 등을 통해 실질적인 지원을 제공했다.

특히 세코닉스(2005년 설립), 동희산업(2009년 설립), 삼양옵틱스(2016년 설립) 등은 고부가가치 산업을 현지에 안착시키며 한국 기업의 위상을 높였다. 세코닉스는 자율주행차와 친환경 소재 개발에 나서고 있으며, 동희산업은 현대차 아시아 생산기지의 핵심 부품 허브로 성장했다. 이외에도 진양산업, 태양하이텍 같은 초기 진출 기업들은 현지 고용 창출과 기술 이전에 크게 기여했다.

교민사회 기반과 지역사회 기여

카비테 한인투자자협회는 단순한 경제 단체에 머물지 않고, 교민사회의 기반을 다지는 구심점 역할도 했다. 공단 일대에는 학교, 교회, 식당 등 한인 커뮤니티를 위한 생활 인프라가 자연스럽게 형성되었고, 협회는 CSR 활동과 지역사회 지원에도 나섰다. 코로나19 시기에는 방역 물품 지원, 현지 봉사활동을 통해 지역사회와의 연대를 강화했다.

앞으로의 과제와 전망

현재 카비테 공단 내 한국계 기업은 약 80~100여 개로, 전자·금속·식품가공·물류 등 다양한 분야에서 활동 중이다. 이들 기업은 약 2만여 명의 고용을 창출하며 필리핀 경제에 기여하고 있다. 그러나 전력난, 물류 인프라 부족, 노동법 개정 등 해결해야 할 과제도 여전히 존재한다.

카비테 한인투자자협회는 지난 30여년 간의 역사처럼 앞으로도 한-필 경제협력의 가교 역할을 이어갈 것으로 기대된다.

카비테공단 대경어패럴 제2공장 준공식(원송희 대표 2019.7.27)

5
필리핀 한국해양협회

KOREA OCEAN AND MARITIME AGENCY ASSOCIATION PHILIPPINES, KOMAPHIL

누가 한국을 구원할 것이냐? 한국을 바다의 나라로 일으키는 자가 그일 것이다.
어떻게 한국을 구원할 것이냐? 한국을 바다에 우뚝서는 나라로 만드는 것, 바로
그것일 것이다. (육당 최남선, '한국 해양사' (1954) 서문 중에서)

본 협회는 2013년 당시 해양수산부 이희영 2013 과장의 해양협회 발족에
대한 필요성의 주장에 영향을 받아, 이에 뜻을 같이 하는 해양인들이 주축이
되어 2013년 9월 27일, 마닐라 파빌리온호텔 피어니 가든에서 창립총회를
통해 탄생하였다. 한국 선주협회에서도 축사를 통해 협회의 설립을 지지하
였고, 당년에 SEC에 등록된 단체이기도 하다.

초대회장에 Solpia Marine사 심재신 대표가 선임되었으며, '해양 강국이
나라의 미래다'라는 기치 아래 마닐라에 거주하면서 선원 송출업 등 해운/해
양 관련업에 종사하는 해양인들을 중심으로 설립되었으며 몇몇 해양 관련
현지 인사들이 협회의 고문 및 자문위원으로 위촉되기도 하였다.

필리핀한국해양협회 발기인 총회(2013)

본 협회는 코로나19 팬데믹 전까지 한국의 해운업 관련 단체와 지자체에 필리핀에서의 파트너 역할과 상호 교류 증진에 힘을 보태기도 하였다. 특히, 2015년부터 3년간 필리핀 항로표지 ODA 사업에 한국 항로 표지 기술 협회 (이사장 박찬대)와 협약을 맺고 사업 초기부터 필리핀의 해상 교통 안전망 구축

2025년 필리핀한국해양협회 총회

사업에 기여한 공로를 인정받기도 하였다. 2016년에는 한국 도선사협회(회장 나종팔)의 주선으로 한-필 양국의 도선사협희의 상호 교류의 활성화를 위해 도움을 주기도 하였다.

최근에는 한국 해기사 감소 추세에 대처하기 위해 필리핀 해기사의 양성을 위한 방편으로 필리핀 해기사 시험 제도 개선을 MARINA(해양 기술청)에 건의하였다. 또한, 2014년 11월에는 회원사들에 도움이 되는 "필리핀 해양 관련 정부조직 및 기타 관련 협회 자료집을 만들기도 하였다.

그 외 HMM, POS SM, SK Marine, 장금상선, 고려해운의 주재원이 파견되어 근무하고 있기도 하다.

2022년 기준 한국 선주사에 승선하고 있는 필리핀 선원수는 사관과 부원을 합하여 약 6,500명 정도로 집계되고 있다. 필리핀에 해양인들이 진출한 것은 1980년대에 민병후 (Fair shipping 창립자), 장재중(UNI GROUP회장), 전익효 회장 등이 선구자 역할을 하였고 현재까지도 장재중, 허범칠 회장은 활발한 활동을 하고 있으며, 2025년 2월 현재 협회에 가입된 회원의 수는 약 30여 명에 달한다. 장재중, 이장일, 변재홍, 심재신 회장은 역대 한인총연합회 회장을 역임하기도 하였다.

본 협회는 2025년 2월 26일 정기총회를 성공적으로 개최하였으며, 이를 통해 제2대 회장으로 김종팔 회장이 선임되었다. 이번 변화를 계기로 KOMAPHIL은 더욱 힘찬 새출발을 앞두고 있다. 더불어 한국 해운의 발전과 본 협회의 도약을 위해 다수 회원들의 동의하에 2025년 제1차 한인총연합회 이사회를 통해 한인 총연합회 산하 직능 단체로의 등록을 앞두고 있다.

6
필리핀 한국관광협회
KOREA TOURISM ASSOCIATION IN THE PHILIPPINES

1989년 우리나라 해외여행 자유화 조치를 계기로 우리 국민들의 본격적인 해외여행이 시작되면서 1990년 초 필리핀 방문 한국인 관광객수는 1만 명 미만으로 주변 다른 동남아시아 나라와 비교하여 현저히 작은 규모였지만 이것을 시작으로 현지 여행사들은 한국에서 가이드를 직접 채용하여 필리핀에서 재교육을 통한 양질의 서비스를 제공하기 시작했고, 당시 태국을 비롯한 타 국가에서 덤핑과 불만족 사례가 증가함에 따라 필리핀 시장이 확대되기 시작했다.

필리핀한국관광협회는 전신인 필리핀여행사협회라는 이름으로 2001년에 창설되었으며 초대 회장에 구동환 대표가 선임되었다. 여행사협회가 공식적으로 발족된 후 제일 먼저 필리핀 관광청과 업무 협의를 맺고 한국 가이드 자격증 취득 제도를 비롯하여 숙박 및 요식업 등 관광 관련 업종에 대한 관리와 지도 교육에 관한 작업에 착수하였다.

2000 년도에 들어서면서 마닐라, 보라카이, 세부 등 많은 지역으로 한국

관광객들이 급증 하였으며 이에 단순한 여행사들의 협회가 아닌 관광 관련 업종 대변 단체로 필리핀 관광협회가 2004년 발족하여 김의진 회장이 관광협회 초대회장으로 취임하였다.

필리핀한국관광협회 회원 모임

이후 양영재 회장이 필리핀 관광협회 2대 회장으로 취임하며 신혼여행, 패키지, 자유여행 시장을 확대시켰지만 신종플루와 환율 상승, 태풍과 지진 등의 자연재해 및 현지 관광 관련 사업의 고물가 정책 등으로 협회는 활동을 주춤하였으며 이후 불어닥친 전세계 팬데믹 앞에 거의 모든 관광 관련 업종들이 휴업 및 폐업을 하는 처지에 봉착하게 되었다. 당시 변재홍 한인총연합회 회장의 염려와 관심 속에 팬데믹 기간에도 영업을 유지하던 베이스캠프 모경환 대표가 3대 관광협회장으로 2021년 취임하며 다시 필리핀 관광협회를 필리핀 한국관광협회 이름으로 변경하였다. 2023년 예손여행사 이동준 대표가 4대 회장으로 취임하고 현재까지 메트로 마닐라 기준 18개 업체, 카비테, 보홀 지역에 지부장을 선임하여 운영하고 있다.

[필리핀 한국관광협회 역대 회장]

회차	성명 (재임 기간)
1대 회장	구동환 (2001 - 2003)
2대 회장	김의진 (2004 - 2006)
3대 회장	양영재 (2007 - 2012)
4대 회장	모경환 (2021 - 2023)
5대 회장	이동준 (2024 - 현재)

제 6 부

7

마닐라 코리아타운협회
MANILA KOREATOWN ASSOCIATION INC.

아시아의 진주 필리핀의 구도심 말라떼

스페인 식민시절 핫플레이스였던 말라떼 지역은 필리핀이 독립한 후 미국인들이 거주를 시작하였고 아름다운 맨션과 빌라가 골목을 매우는 사이에 브랜드 의류, 클럽 등 당대 내로라하는 사교계의 별들이 밤을 환하게 밝히던 곳이었다. 시간이 흐르며 일본인들이 정착하여 식당, 유흥주점 등을 열기 시작했고 서아시아인들 역시 식당, 미용실, 환전소 등 각자의 지역사회를 말라떼 내에 만들어가기 시작했다. 1980년대 후반 필리핀으로 삼삼오오 모여들던 한인들 역시 1990년대 들어 이 지역에 더 많은 업체를 세우기 시작했고 단체 한국인 관광객들이 대형버스를 타고 와 한식당 앞에서 우르르 내리는 광경이 그리 낯설지 않은 시대가 되었다. 2000년대 들어 한국인이 자주 찾는 식당, 유흥주점, 편의시설 등이 더욱 많이 등장하기 시작했고 이러한 배경으로 말라떼 지역은 공공연히 코리아타운으로 인식되기 시작하였다.

한인 상인조합으로 힘을 모으기 시작

2018년 7월 22일 필리핀 말라떼 지역에서 다양한 요식업 업체를 운영하는 한인을 중심으로 마닐라 코리아타운상인조합(Manila Koreatown Merchant Association)을 설립하자는 움직임이 일기 시작하였다. 마닐라 코리아타운상인조합은 한국을 알리고, 마닐라 시청 및 관공서와의 협력을 통해 지역 내 한국인 소상공인과 재외국민, 방문자들의 권익

마닐라 코리아타운 청사초롱

을 보호하고 대변하겠다는 목적으로 조직이 되었다. 이에 같은 뜻을 모은 한인 소상공인 50여 명이 조합에 가입을 하였고 식당, 여행사, 식료품점 등 다

마닐라 코리아타운상인조합 (2019)

고봉재 마닐라상인조합 회장

양한 업종의 조합원들이 사업적으로도 번창할 수 있도록 시너지 효과를 이끌어내는 것이 초반 조합의 큰 목표였다.

조합은 코리아타운 설립이라는 궁극적인 목적을 이루기 위해 2019년부터 2020년까지 3차례의 마닐라 시의회 공청회를 통하여 마닐라 코리아타운 설립의 취지와 목적을 발표하였다. 2020년 4월 코로나19 대유행의 기승 속에서도 공식적으로 마닐라 코리타운 상인조합을 마닐라 코리아타운협회로 개정하여 더욱 박차를 가하였으나 안타깝게도 2020년 12월 고봉재 상인조합 회장이 코로나19 감염으로 사망하여 모든 이들의 가슴을 아프게 하였다.

고 회장의 노력과 수고를 잇기 위해 임원들과 전 조합원들은 코리아타운 설립을 위해 불철주야 노력을 아끼지 않았고 마침내 2021년 2월 9일 마닐라 시의원 48명의 전원 동의와 이스코 모레노(Francisco "Isko" Moreno Domagoso) 마닐라시 시장의 최종 승인으로 명실상부 전세계 유례가 드문 시 조례로의 코리아타운이 마닐라시에 탄생하게 된다. 2025년 현재 제 3대 안일호 회장과 13명의 임원, 50여 개의 회원업체 및 한-필 양국 수십명의 홍보대사가 마닐라 코리아타운협회를 운영하고 활동하고 있다.

마닐라 코리아타운의 목적과 활동

마닐라 코리아타운과 협회는 회원간의 화합과 친목을 도모하며 지역사회와 동반 성장하는 것에 의의를 두고 있다. 더 나아가서는 대한민국의 문화와 발전을 필리핀 지역사회에 알리며 공식적인 단체로서 공공외교를 수행하여 조국의 발전에 기여하는 것이 목적이다.

마닐라시 시의원들과의 회의

코로나19 봉쇄 기간 중 식품 기부 활동

필리핀 청소년 지원사업

2023년 연말 정기총회

이를 위해 정기적으로 지역사회를 위한 봉사활동을 실시하고 있는데 매년 분기별 지역사회 내 빈곤층에게 식사와 식재료 등을 나눠주는 커뮤니티 팬트리(Community Pantry)와 연말 불우이웃돕기, 지역 내 학교 학생들 50여명에게 장학금 지급 등을 실시하고 있다. 또한 민간외교 차원에서 한국 문화 전파를 위해 한국어 수업, K-FESTIVAL 개최, 지역의 저명인사들에게 홍보대사 위촉, 지역 내 한인 업체 홍보를 통한 한식 위상 제고 등의 활동도 꾸준히 진행 중이다.

2021년 설립 이후 협회 회원들의 진심 어린 노력이 아니었다면 현재의 마닐라 코리아타운이 자리를 잡기는 어려웠을 것이다. 협회 회원이지만 각자 하루하루 바쁘게 사업체를 운영하는 만큼 개인의 이득보다 협회를 위해 일하기는 부담이 큰 것이 사실이다. 이를 위해 협회 회원들의 친목을 도모하고 유대를 강화하기 위해 정기적 모임과 회의를 갖고 모두가 함께 힘을 모아 장기적으로 마닐라 코리아타운의 발전을 모색하는 자리를 마련하는 데도 주력한다.

또한 마닐라 코리아타운이 위치한 마닐라시 말라떼 지역은 유흥가가 즐비하고 외국인 방문객이 많은 만큼 치안 강화가 필요하여 협회 차원에서 필리핀경찰과의 협력을 구축해 매일 바랑가이 담당자들과 지역사회 치안 강화를 위한 순찰을 돌기도 한다. 지역 경찰과의 정기적인 면담, 회의, 기기 후원 등을 통해 한인 업체 및 한인 관광객들이 더욱 안전하게 방문할 수 있는 마닐라 코리아타운을 만들기 위해 노력하고 있다.

마닐라 코리아타운 지도 및 협회 업소 목록

마닐라 코리아타운 구역 지도

[마닐라 코리아타운협회 역대 회장]

회차	성명 (재임 기간)
마닐라 코리아타운 준비위원회	고봉재 (2018 - 2020)
마닐라 코리아타운협회 1대 회장	장재중 (2021 - 2022)
2대 회장	김종팔 (2023 - 2024)
3대 회장	안일호 (2024 - 현재)

연락처

주소 2101 Madre Ignacia St., Malate, Manila

연락처 Manilakoretown@gmail.com / 0917-513-9441

슬로건 지역사회와 동반 성장하는 마닐라 코리아타운, "더 밝게, 더 안전하게, 더 깨끗하게"

구역 바랑가이 699, 702

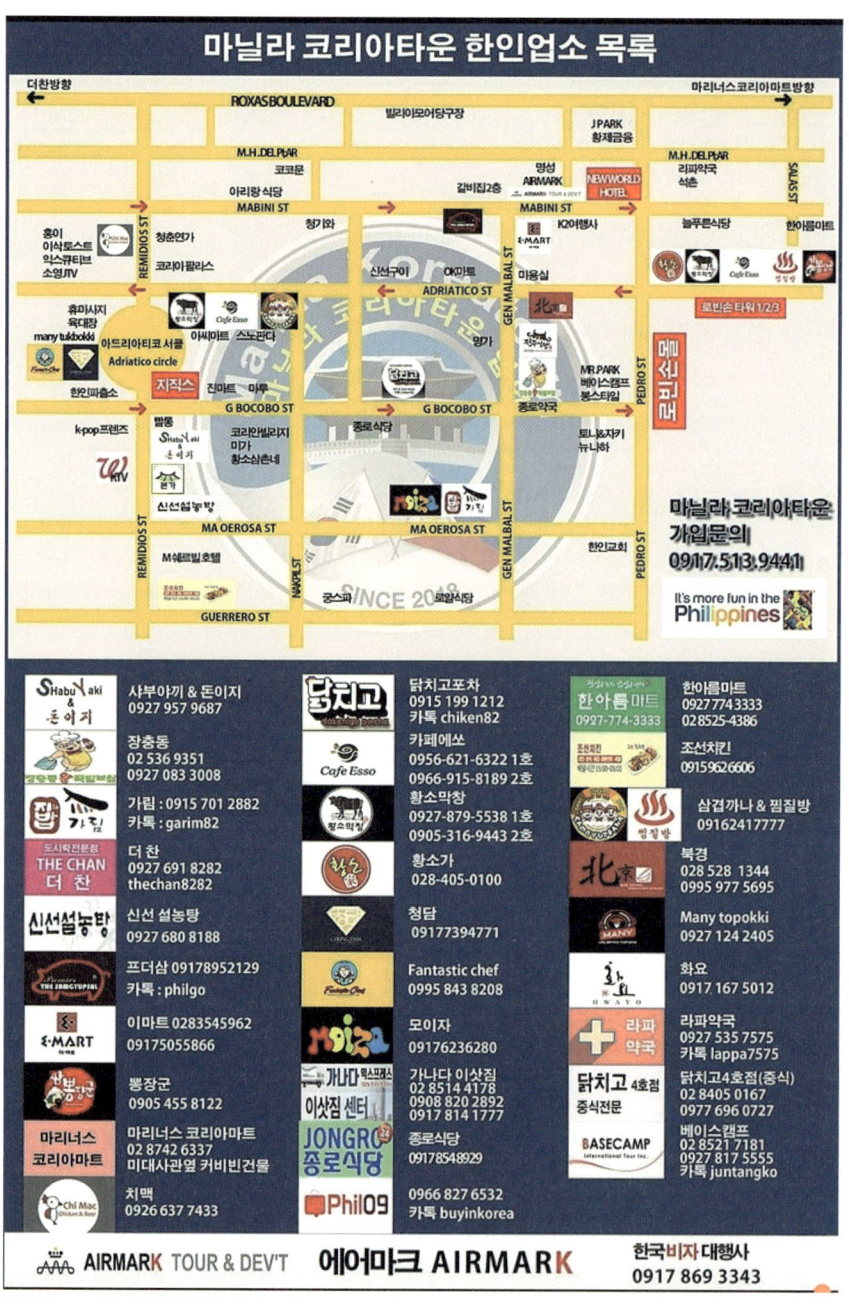

마닐라 코리아타운 등록 한인업소 목록 (2024년)

제10장
한국단체 필리핀지회
및 여성단체 활동 현황

1. 재필리핀 대한체육회
2. 민주평화통일자문회의 동남아 북부협의회
3. 대한노인회 필리핀지회
4. 대한민국 재향군인회 필리핀지회
5. 재필리핀 해병대전우회
6. 한국자유총연맹 필리핀지부
7. 필리핀 세계한민족여성네트워크(코윈)
8. 필리핀 한국여성연합회

1

재필리핀 대한체육회

KOREAN SPORTS COUNCIL IN THE PHILIPPINES

    재필리핀 대한체육회는 필리핀 한인총연합회 산하 체육분과로 1997년부터 활동하기 시작하였다. 재필리핀 대한체육회는 교민들을 단합하는 것을 목표로 단체 활동을 이어오고 있으며 한인사회의 중추적인 역할을 담당해

2020 재필리핀 대한체육회 신년회

제 103회 울산전국체전 참가

왔다.

　가장 중요한 활동으로는 필리핀 교민들을 대표하여 매년 개최되는 전국체전에 임원 및 선수단이 100여 명 참가해오고 있는 것이다. 전국체전에 120여 명이 참가했으며 필리핀의 안전과 아름다운 모습을 보여 줌으로써 필리핀 알리기에 노력해 왔으며 매년 교민 체육대회를 개최함으로써 교민들이 하나 되는 계기를 마련해 왔다.

주요 업적 및 활동

　교민 체육대회(한마음 체육대회)는 2006년 윤부용 회장 임기 동안 시작되었는데 코로나19 이전까지 지속적으로 교민 단합과 화합을 위한 장을 마련하기 위해 매년 3월 개최하였다. 이후 2010년 함종기 회장 산하에 재필리핀 대한체육회가 출범하였고 이때부터 매년 전국체전에 필리핀 선수단이 참가하기 시작했다. 2011년 경기도 체전에서 해외동포 선수단 우승(함종기 회장)을

필리핀 망고장학금 전달식 (2022년 10월 7일, 울산시청)

재필리핀 대한체육회의 전국체전 참가 활동상

차지했고 2012년 대구 체전에서 해외동포 선수단 준우승(함종기 회장)을 차지했다.

또한 체육회가 주측이 되어 필리핀 망고장학회가 설립된 것도 괄목할 만하다. 망고 장학회는 2013년 인천에서 열린 94회 전국체전부터 필리핀 다문화 가정의 자녀들에게 장학금을 지급하기 위해 설립이 되어 현재까지 매년 이어져 오고 있다.

체육회 향후 계획 및 포부

재필리핀 대한체육회는 체육을 통하여 하나로 결집을 위해 노력할 것이며

제100회 서울 전국체전 필리핀 선수단 입장 사진

제103회 울산 전국체전 필리핀 선수단 선수촌 전경

망고 장학회를 더욱 활성화하여 한국에 살고 있는 한-필 가정의 필리핀 배우자들이 본국을 자랑스럽게 생각함과 동시에 한-필 자녀들이 한국 사회의 모범적인 일원으로 성장할 수 있는 데 지원을 아끼지 않을 것이다. 또한 자라나는 다음세대들에게 희망을 주고 필리핀을 벗어나 전세계적으로 선한 영향력을 끼칠 수 있도록 노력하고자 한다.

[체육회 주요 인물 및 역대회장 인물 정보]

성명	재임 기간
제1대 박현모 회장	1997년 - 2000년
제2대 김근한 회장	2001년 - 2004년
제3대 윤부용 회장	2005년 - 2008년
제4대 함종기 회장	2009년 - 2012년
제5대 윤만영 회장	2013년 - 2023년
제6대 임완순 회장	2024년 - 2024년
제7대 강정식 회장	2025년 - 현재

[재필리핀 대한체육회 산하단체 회장]

종목별	회장
축구	임주안
볼링	김대현
골프	한종석
검도	윤여일
태권도	송정현
탁구	김영주
스쿼시	박장우
테니스	김복진
족구	맹봉호
망고장학회	이동수

2
민주평화통일자문회의
동남아 북부협의회
THE PEACEFUL UNIFICATION ADVISORY COUNCIL

민주평화통일자문회의(The Peaceful Unification Advisory Council, PUAC)는 헌법 제92조에 따라 구성된 평화통일 정책 대통령 자문 기관으로 1981년 6월 5일 평화통일자문회의법에 따라 평화통일정책자문회의라는 헌법기관으로 창설 되었다가 1987년 현재의 명칭으로 변경되었다. 1999년 5월 민주평화통일자 문회의 사무처직제가 공포되어 통일부 소속에서 대통령 직속기관으로 독립 하였다.

주요 업무는 조국의 민주적 평화통일에 관한 국민적 합의를 확인하고, 범 민족적 의지와 역량을 집결하여 민주적 평화통일을 달성함에 필요한 제반정 책의 수립 및 추진에 관하여 대통령에게 건의하고 그 자문에 응하는 것으로 되어 있다.

민주평화통일자문회의는 국민이 선출한 지역대표와 정당·직능단체 및 주 요 사회단체 등의 직능분야 대표급 인사로서 대통령이 위촉하는 7000인 이 상의 자문위원으로 구성된다. 조직은 의장(대통령) 아래 50인 이내의 운영위원회, 500인 이내의 상임위원회와 10개의 분과위원회(정치외교, 교육홍보, 지역협력, 경제협력, 사회복지, 문화예술, 체육·청소년, 종교, 여성, 민족화합), 16개 시·도별 지역회의, 국내 232개 시·군·구와 해외 31개 지역의 263개 지역협의회로 이루어지며, 행정사무를 위한 사무처를 두고 있다.

필리핀 민주평통 활동 시작

필리핀은 초창기에는 동남아협의회에 속해 있었으나 2013년 제16기 때 필리핀, 대만, 홍콩, 베트남을 포함한 동남아북부협의회로 개편되었다가. 2015년 제17기때 베트남 협의회가 독립하면서 필리핀, 팔라우, 대만, 홍콩, 몽골지회가 편입되어 다국가 협의회로 동남아북부협의회가 운영되고 있다. 현재 동남아북부협의회(필리핀, 대만, 홍콩, 몽골)는 총 94명의 자문위원이 있으며, 그중 필리핀은 42명의 자문위원이 활동하고 있다. 민주평통 제22기(2023-2025년) 동남아북부협의회 회장은 대만지회 황희재 위원이 위촉되어 활동하고 있다.

[역대 민주평통 협의회장]

회차	성명 (재임 기간)
10~11기	승은호 회장 (인도네시아) 동남아 협의회 (2003 - 2006)
12기	박현모 회장 (2006 - 2008)
13기	박일경 회장 (2008 - 2010)
14~15기	서병현 회장 (2010 - 2013)
16~17기	이영백 회장 (동남아 북부협의회) (2013 - 2017)
18기	김영기 회장 (2017 - 2019)
19기	심재신 회장 (2019 - 2021)
20기	노준환 회장 (2021 - 2023)
21기	황희재 회장(대만), 김대중 필리핀 지회장 (2023 - 2025)

필리핀 민주평통 주요 활동

연례행사

민주평통 필리핀지회에서는 매년 평화통일 그림 그리기 대회, 태극기 그리기 대회, 통일 골든벨 대회, 평화통일 강연 등을 개최해오고 있으며 차세대 교육 및 양성(주니어 평통위원 발촉), 통일 한반도비 건립, 참전용사회 후원 및 장학금 지급 등에도 지속적인 노력을 기울이고 있다.

6.25 참전용사 찾기 행사

6.25참전용사회(PEFTOK)에 가입되어 있지 않거나, 지방에 거주하여 왕래가 없는 참전용사 소재지를 파악하여 직접 찾아가 만나 뵙고 6.25 상황을 직접 들을 수 있었다. 참전용사들은 한국에서 왔다는 말만 들어도 눈물을 글썽이면서, 한국 사람들의 친절에 감사를 전했으며, 또한, '아리랑'을 함께 부를 때는 우리가 하나가 될 수 있었다.

지금은 참전용사들의 후손들이 주축이 되어 참전용사회를 운영하고 있으며 지속적인 관심과 후원이 필요한 상태이다. 따긱시에 위치한 한국전 참전기념관은 필리핀을 방문하는 학생들이나 관관객들이 방문하여 6.25의 참상을 생생히 느낄 수 있도록 언제든지 개방하고 운영하고 있다.

주니어 민주평통위원 발굴

지속적인 평화통일 활동을 위해 18세 이하 주니어 평통 위원을 발족하고 교육을 해왔으며, 현재는 잠시 중단되었지만 후세들이 평화통일에 대한 염원을 기릴 수 있도록 주니어 평통위원을 발굴하고 교육하는 일을 멈추지 않을 예정이다.

통일 한반도비 건립

평화통일을 염원하고 다음세대들이 통일의 꿈을 잃지 않도록 하기 위해 한국전 참전기념관 내에 '통일 한반도비'를 건립하였다. 이는 6.25 전쟁 때 세계에서 3번째로, 아시아에서는 처음으로 7,420여 명의 군인을 파병한 나라인 필리핀을 다시 바르게 바라보고 통일을 꿈꾸고 나라를 위해 목숨 바쳤던 참전용사들에게 후손들이 보은하는 일을 잊지 않도록 하기 위해 추진되었다.

민주평통 필리핀 자문위원들은 대한민국이 평화가 정착되고, 평화로운 통일이 이루어질 수 있도록 교육과 홍보를 계속 전개할 것이며, 6.25 참전용사 후손들을 위한 장학사업과 복지를 위해 계속 노력할 예정이다.

제17기 민주평통 동남아북부협의회 위촉장 전수식(2015.7.23.)

3
대한노인회 필리핀지회
KOREAN SENIOR CITIZENS ASSOCIATION IN THE PHILIPPINES

대한노인회 필리핀지회는 2004년 7월 27일 설립한 마닐라 한인 노인 자생 단체인 필리핀 한인실버회가 효시이다. 노인의 권익신장과 복지증진 및 봉사활동 등 개인과 교민사회 발전에 기여함을 목적으로, 필리핀에 거주하는 교민 중 65세 이상이 정회원으로 구성되는 단체로 명칭은 초창기 필리핀한인실버회라 칭해지다가 현재는 대한노인회 필리핀지회로 명명된다.

초대 황인수 회장이 2004년부터 2009년까지 역임하였고 김혜숙 회장이 2010년부터 2012년까지 임기를 이어갔으나, 이후 실버회 활동이 지지부진함에 따라 당시 새생명교회 김은호 목사, 박인규 집사 등이 합심하여 실버회를 다시 부흥하자고 뜻을 모으고 2013년 12월 실버회 임시회의를 열고 김춘배 한인회 고문을 회장으로 추대하였다.

재필리핀 한인 동포들, 특히 노인의 권익신장과 복지증진 및 봉사활동 등 개인과 교민사회 발전에 기여하고자 하는 목적으로 동포사회에서 연장자의 임무와 역할을 수행하고 한인 후손들에게 존경받고 사랑받는 일원이 되자는 다짐으로 시작된 단체이다.

노인 동포의 역할 확장에 기여

실버회 부흥의 책임을 안은 김춘배 회장은 2014년 신년사 인사를 시작으로 첫 대외 특별활동으로 그 해 2월 18일 코피노 돕기 자선음악회를 후원하고, 지역언론사에 노인회 동정란을 개설하였으며 2014년 3월 노인도서실인 사랑의 교실을 개설키로 하여 엄익호 특별고문이 도서 27권, IRC 최혁 사장이 도서 31권을 기증하는 등 기증된 도서가 새생명교회에 비치되어 본회 회원 및 모든 교민이 이용하는 데 노인회가 역할을 하였다.

2017년 4월에는 필리핀 실버회가 대한노인회 필리핀지회로 17번째 해외지부로 가입되는 창립총회가 마닐라새생명교회에서 열렸다. 이날 행사장에는 이심 대한노인회 회장을 비롯한 서원석 부회장, 선임이사들, 김춘배 필리핀지회장, 김재신 주필리핀대사, 박제인 필리핀지회 부회장, 엄익호 전 필리핀재향군인회회장, 한상태 세계보건기구 서태평양지역 명예사무총장, 윤만영 세계한인체육회총연합회장, 권영근 필리핀경제인총연합회장, 황인수 필리핀 한인실버회 초대회장 등 100여 명이 참석해 성황을 이루었다. 이 자리에서 이심 회장은 김춘배 회장에게 등록증을 수여하고 노인회기를 전달하였

대한노인회 필리핀지회 창립기념식

으며 대한민국 노인으로서의 자부심을 심어주는 필리핀지회의 창립을 통해 이민자 선배로서 필리핀의 젊은 한인 세대가 앞으로 동포사회를 더욱 굳건히 만들어갈 수 있는 등불 역할을 해줄 것을 약속하는 뜻깊은 행사로 기억되고 있다.

창립기념식에 참석한 대한노인회 필리핀지회 회원들(2017)

　노인회에서는 권익신장과 소통과 화합 건강증진을 위하여 매월 3째주 목요일에 월례회를 갖도록 의무화하였으며 애국심 고취를 위해 행사장에서 항상 애국가를 4절까지 제창하는 특색이 있다. 매월 맞이하는 회원을 위한 생신 잔치를 베풀고 노인건강관리 측면에서 전문가초청강연을 비롯한 다양한 프로그램도 운영하고 있다. 2018년 5월에는 한인 자녀가 다수 재학하고 있는 학교에 무궁화식수 증정을 계획하여 한국국제학교 7그루, 빠라냐케 NBCA국제학교 3그루, 안티폴로 한국국제학교 4그루를 식수하기도 했다.

　2019년 3월 주한국대사관 한동만 대사와 박제인 지회장과의 협의가 이루어져 노인회 회원들이 대사관 민원실에서 민원안내, 환경정리 등 자원봉사할수 있도록 협약하고 봉사활동이 실시되었는데 대사관 민원실 분위기 개선에 내외부적으로 좋은 평가가 나와 봉사에 참여한 회원들이 보람과 자긍심을 느끼는 소중한 기회였다고 전해지고 있다. 안타깝게도 코로나19 대유행으로 인해 봉사활동은 지속되지 못하였고 당시 노인회 활동도 미미해질 수밖에 없었다.

뉴노멀 시대 필리핀 대한노인회 활동상

2023년 뉴노멀 시대에 접어든 후 노인회 역시 활동 재개를 위해 재정비를 시작했다. 우선 고갈난 재원을 후원금 모금 등으로 충분한 재정 상태를 유지하였고, 회원수도 160명 증가하였다. 월례회 장소 문제가 있던 차에 2023년 4월13일 새생명교회(담임목사: 윤천석)와 대한노인회 필리핀지회와 월례회 사용에 소정의 절차를 거쳐 사무실 일부를 대여하여 준다는 약정서를 맺고 안정적으로 사용할 수 있도록 하였으며.

또한 필리핀노인회와 회원님들을 위한 법률적 자문 제공을 목적으로 2023년 7월 20일 필리핀에서 한인 최초로 변호사 자격을 취득한 최일영 변호사와 서류검토 및 자문은 기본적으로 봉사차원에서 무료로 제공하도록 하는 등의 업무협약서를 맺어 회원님들의 도움이 되도록 하였다.

매월 셋째 주 목요일에 열리는 필리핀대한노인회 월례회를 2024년 6월 20일에는 까비떼 실랑(Silang)에서 열고 월례회 행사를 겸하여 현지의 불우학생

노인의 날 기념식

필리핀 대한노인회 20주년 기념식

들에게 학용품 및 라면을 증정하여 필리핀 현지 학생들에게 도움을 주었으
며 2024년 8월 15일 제79주년 8.15광복절 행사를 리잘공원 내 한인기념탑에
서 회원, 교민, 현지인 등 100여 명이 모인 가운데 필리핀대한노인회가 주관
하여 진행하였다. 이날 행사에서는 한인기념탑 유지관리에 공을 쌓은 Tovie
Clartine P. Del Rosario 리잘공원 관리소장에게 감사장과 부상을 증정하였
다. 또한, 광복 79주년의 의미를 담아 김밥 79개를 준비하여 현지인들에게
나누어 주었으며 만세삼창과 평화통일기원 탑돌이로 행사를 마무리하였다.

[대한노인회 필리핀지회 역대 회장]

회차	성명 (재임 기간)
1대 회장	황인수 (2004 - 2009)
2대 회장	김혜숙 (2010 - 2012)
3대 회장	김춘배 (2013 - 2018)
4대 회장	박제인 (2019 - 2022)
5대 회장	김인덕 (2023 - 현재)

4

대한민국 재향군인회
필리핀지회

KOREAN VETERANS ASSOCIATION IN THE PHILIPPINES

2011년 10월 14일 필리핀 지회 창설 위원회 발족 이후 2011년 11월2일 창설위원회 본회 승인된 후 12월 1일 예비역 공군 중령 고 엄익호 씨가 초대회장으로 추대되어 대한민국 재향군인회 필리핀지회가 공식적으로 창설되었다.

필리핀은 한국전 참전 국가라는 점에서 중요한 국가 중 하나로 재향군인회 역시 2014년 1월 아라우 부대 지원 및 예방, 2016년 7월 바기오 육군사관학교 방문 및 참전비 헌화 등 양국 간 역사를 돌아보고 미래를 함께 구상하는 데 필요한 활동을 이어오고 있다. 2016년 10월에는 해외지회협의회에 가입하여 협력 체계를 구축하였고 2022년에는 해병 카만닥 훈련참가 지원 및 위로를 아끼지 않았다.

특히 재향군인회 필리핀지회는 한국전 참전용사협의회(PEFTOK)와 지속적으로 연계하여 생존 참전용사들을 위한 후원 및 지원, 참전용사 후손을 위한 장학금 지급 등에 누구보다도 앞장서고 있다. 2023년에는 한국전 참전용사

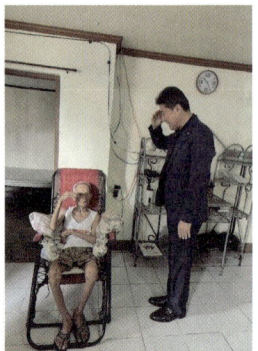

재향군인회 필리핀지부 이종섭 회장과 한국전 참전용사 가족들

후원을 위한 골프대회를 주관하고 2023-2024년에 걸쳐 참전용사 노후주택 개량사업 사업을 주관하였으며, 2024년에는 필리핀 한국전 참전용사협의회 간부들이 한국 본회 방문을 할 수 있도록 지원하였다. 이러한 노고를 대표하여 2023년 이종섭 회장이 대통령 표창을 수상하였다.

[재향군인회 필리핀지회 역대 회장]

회차	성명 (재임 기간)
제1대	엄익호 회장 (2011 - 2014)
제2대	엄익호 회장 (2015 - 2016)
제3대	이종섭 회장 (2017 - 2020)
제4대	이종섭 회장 (2020 - 2024)
제5대	이동우 회장 (2025 - 현재)

재향군인회와 필리핀 한국전 참전용사 간의 끈끈한 교류

5 재필리핀 해병대전우회

R.O.K MARINE CORPS VETERANS ASSOCIATION IN THE PHILIPPINES

필리핀 해병대전우회는 1993년 3월에 박봉규(52기)를 비롯하여 안영찬(175기), 장익진(178기), 오경선 해병, 유학생 대표 정상호 MCU 치과대학생과 신학

보니파시오 국립묘지 6.25 참전용사 헌화 행사

아라우 부대 위문 방문

생 박원율 해병 등 11명으로 구성하여 장익진 해병을 초대 회장으로 추대하여 창립했다.

　재필리핀 해병대전우회는 4대회장부터 재필리핀 해병대전우회 연합회로 승격하여 필리핀 각 지방에 6개 지회를 두었으나, 코로나19 이후 현재는 중부루손 앙헬레스 클락을 중심으로 한 연합회 산하에 마닐라, 수빅, 세부, 바기오 4개 지회를 두고 있다. 창립 이후 전우회는 지역사회의 발전을 위한 여러 가지 많은 봉사활동을 하며 그 위상을 널리 전파하였으며, 필리핀 지역사회를 위해 다양한 활동을 해왔다.

　2012년 8월 필리핀 내무부장관 제시 로브레도(Jesse Robredo)가 탑승한 비행기 추락 사고 당시 마스바테에서 비행기 인양 및 시신 수습 활동에 참여했으며, 2013년 8월 세부 탈리사이 2GO 페리 침몰사고로 인한 침몰선 탐사 및 시신 인양 작업에도 참여한 바 있다. 2013년 10월에 필리핀 전역을 쑥대밭으로 만든 슈퍼태풍 욜란다(하이엔) 침공 시에는 여러 비정부단체들과 함께 레이테주 재난지역에서 구호 활동을 전개하였다. 당시 가장 많이 피해를 입은 지역 중 하나가 타클로반이었는데 대한민국 아라우 부대가 지역 재건을 위해 필리핀에서 주둔을 하게 되었고 그 기간 동안 전우회는 해병부대 위문 방문 및 부식 지원에 앞장섰다.

[재필리핀 해병대전우회 역대 회장]

회차	성명 (재임 기간)
1대 회장	장익진 178기 (1995 - 2005)
2대 회장	안영찬 175기 (2005 - 2007)
3대 회장	장익진 178기 (2007 - 2009)
4대 회장	이석환 230기 (2009 - 2013)
5대 회장	이동우 395기 (2013 - 2019)
6대 회장	이종환 509기 (2019 - 2022)
7대 회장	한삭연 541기 (2022 - 현재)

6

한국자유총연맹
필리핀지부

KOREA FREEDOM FEDERATION IN THE PHILIPPINES

1970~80년대 소규모 이민자와 기업인을 중심으로 형성되던 필리핀 내 한인사회는 21 세기에 들어 다층적 정체성과 시민사회의 필요를 자각하게 되었다. 그 중심에서 자유민주주의 수호'라는 철학을 바탕으로 등장한 단체가 한국자유총연맹 필리핀지부(Korea Freedom Federation in the Philippines, KFF)이다. 이 지부는 2009년 8월 5일 한국 본부의 정식 인준을 통해 설립되었으며, 이후 한-필 우호와 동포사회 내 공공성 확산에 기여해온 중심 단체 중 하나로 자리매김하고 있다.

초대 지부장이었던 이경수 회장(2009-2024)은 무려 15년에 걸쳐 KFF 필리핀지부를 실질적으로 이끈 인물이었다. 그는 초기 혼란기를 극복하며 조직의 기반을 다졌고, 특히 청년 리더십 육성과 지역사회 봉사를 필리핀 내 자유총연맹 활동의 핵심 축으로 삼았다. 대표적인 사례는 2009년 제13기 KFF 대학생 글로벌리더 해외봉사단의 마닐라 파견이다. 이 봉사단은 따이따이 빈민촌에서의 노력봉사, 어린이 교육 프로그램, 한국문화공연 등을 실시하며 '국

제2기 한국자유총연맹 마닐라지부 출범식 (2025.3.9.)

제 NGO로서의 연맹역할'을 실천적 형태로 구현하였다.

또한 2009년 3월 12일 필리핀 노인요양원 〈소망의 집〉과의 후원 협약을 체결해, 1년간 의료·급식·주거환경 후원을 주도했다. 이 협약은 오웅진 신부가 설립한 필리핀 꽃동네의 역사성과 연계되어 더욱 깊은 울림을 줬으며, 사회적 약자를 위한 KFF의 지향을 실천에 옮긴 상징적 사례로 남아 있다. 이 외에도, 한국전 참전 기념사업, 교민사회 내 자유민주주의 가치 확산, 각종 NGO 단체 및 경제인연합회와의 협업 체계구축 등 다면적인 활동을 전개하였다. 그의 활동은 단체의 기반을 공고히 하고, 한인사회 내에서 KFF가 실질적 존재감을 갖도록 만든 전환점이었다.

필리핀 조직 구성과 지역별 연계망

2025년 필리핀 지부의 조직은 부회장 6명, 지역 지회장 8명으로 구성되며, 아래와 같은 지역별 연계망을 갖추고 있다.

회차	성명
1대 회장수석부회장	황종일
지부장	최상구(동부), 맹봉호(다바오), 송훈석(남부), 박동혁(북부), 이종환(앙헬레스), 양철승(세부), 김영수(서부), 김태혁(바기오), 김명기(보홀)

이러한 다지부체제는 필리핀 전역의 한인사회에 균등한 서비스와 조직적 참여를 보장할 수 있는 구조이며, KFF의 전국 단위 네트워크라는 본래 성격을 해외 현장에 맞게 확장한 사례라 할 수 있다.

상징 사업과 자유민주주의 가치 확산

KFF 필리핀지부는 이념적 토대를 넘어 '자유의 실천'이라는 상징성을 강조하는 사업들도 병행하고 있다. 대표적으로 한국자유총연맹은 2004년 2월 5일 한국전 참전국인 필리핀을 기리기 위해 1,500만 페소를 기부하여 마닐라 리잘공원에 필리핀의 자유와 저항의 상징으로 여겨지는 라푸라푸 동상 건립 프로젝트를 진행했다. 이 청동상은 조각가 후안 사지드 이마오(Juan Sajid Imao)에 의해 디자인되어 3.05미터 받침대 위 12.19미터 높이의 대형 동상으로 조성되었다.

또한 2025년 3월 출범식 전날에는 필리핀 국립묘지 내 한국전 참전 기념비에 헌화, PEFTOK과의 회합을 통해 양국의 혈맹 관계를 역사적으로 재확인하였다.

필리핀 한인사회 속의 공공영역, 자유총연맹의 미래

한국자유총연맹 필리핀연합지부는 지난 15년간 한국과 필리핀의 자유민

마닐라 리잘공원 내 라푸라푸 동상(2004년 2월 5일, 한국자유총연맹의 참여로 건립)

주주의 가치 실천, 청년의식 고양, 지역사회 기여, 역사 헌정기념사업 등을 균형 있게 수행해온 복합적 시민단체의 대표 사례로 평가할 수 있다. 더 이상 '정치적 이념 단체'에 머물지 않고, 다문화 사회에서의 공동체 윤리, 한인 사회의 자율적 사회책임, 다세대 참여형 조직 모델을 실현하는 데 앞장서고 있다. 향후에도 한국자유총연맹 필리핀지부는 '자유', '책임', '공헌'이라는 가치 아래 필리핀 한인사회가 더 넓고 깊게 뿌리내릴 수 있도록 돕는 민주주의의 현장 학교로 기능할 것이다.

7
필리핀
세계한민족여성네트워크(코윈)
KOREAN WOMEN'S INTERNATIONAL NETWORK (KOWIN) PHILIPPINES

세계한민족여성네트워크(Korean Women's International Network, KOWIN Philippines)는 세계 각국에서 활약하고 있는 한민족 여성들의 힘과 지혜를 결집하고 한민족 여성의 인재를 발굴하여 국내외 한인 여성들의 정보교류 및 연대강화, 동 네트워크를 통한 국제협력 활동의 효율성 제고, 재외 한인여성 네트워크 활성화로 국가 경쟁력 확보를 목적으로, 2001년 여성부(현, 성평등가족부) 출범과 함께 발족하여 현재 전세계 약 2천여 명의 한인 여성 리더들로 이루어져 운영되고 있는 세계 한민족 여성 조직이다.

필리핀 코윈 제5기팀 청와대 방문 (2010.8. 청와대 영빈관)

가부야오(Gabuyao) 지역 학교 화장실 설치

매년 여성가족부 장관 주최로 한국에서 개최되는 정기 코윈 세계대회와 각 회원국 초청으로 개최되는 코위너 국제컨벤션에 참석하여, 전 세계 한인 여성들간의 네트워킹 장을 열고 있다. 필리핀 코윈은 2006년도에 가입하여 초대 박완자 담당관을 시작으로 현재 12대까지 이어오고 있다. 현재 필리핀 코윈 위원은 50여명이 가입하여 열심히 활동하고 있으며, 필리핀에서 경제활동(전문직, 예술인 포함)을 하는 한인여성이면 누구나 가입할 수 있는 단체이다.

KOWIN 필리핀 마닐라 본부

코윈 필리핀본부는 2005년 마닐라에서 창립되어 현재 필리핀 중부 지역에 지회를 두고 있으며 50여 명의 회원들이 활동하고 있다. 코윈 필리핀은 전 지역 회원들이 참가하는 총회를 매년 12월에 개최하고 회원들간의 친목과 공감대 형성, 각 회원 및 지회의 지역 활동 강화와 타 한인 단체들과의 연대교류 등 전체 활동 계획 수립과 방향성에 대해 논의한다.

지식포럼 및 단합대회(2022)

[코윈 필리핀 역대 회장]

회차	성명 (재임 기간)
1대 회장	공석 (2001 - 2006)
2대 회장	박완자 (2005 - 2007)
3대 회장	박완자 (2007 - 2008)
4대 회장	조복길 (2009 - 2010)
5대 회장	김혜자 (2010 ~ 2011)
6대 회장	한향란 (2012 - 2013)
7대 회장	신해숙 (2014 - 2015)
8대 회장	신해숙 (2016 - 2017)
9대 회장	장공순 (2018 - 2020)
10대 회장	김가연 (2021 - 2022)
11대 회장	김가연 (2023 - 2024)
12대 회장	이지현 (2025 - 현재)

제6부

8
필리핀 한국여성연합회
KOREAN WOMEN'S ASSOCIATION IN THE PHILIPPINES

필리핀 한국여성연합회(Korean Women's Association in the Philippines, Inc.)는 1978년 '필리핀 한국부인회'로 발족되어, 좀 더 폭넓은 연령대와 함께 동행하고자 2019년 '필리핀 한국여성연합회'라는 새 이름으로 거듭났다.

여성연합회는 필리핀에 거주하는 한국 여성들을 위한 대표 단체로 자선바자회, 한-필 불우이웃 지원, 여러 문화 강좌와 강의 제공 등 다양한 사업을 통해 각자가 발전해가는 기회로 삼으며 타국에 살면서 어려움에 처한 여성들에게 힘이 되어주고, 정기적인 행사를 통해 우리가 함께 한자리에 모일 수 있는 반가운 만남의 장을 만들어가기를 지향한다. 회원 간 활발한 교류와 단합을 이끌며 필리핀 내 동포 사회에 긍정적인 영향력을 키우기 위해 노력해오는 단체 중 하나이다.

현재 여성연합회는 한인총연합회 산하 직능단체 중 하나로 메트로 마닐라에 본부를 두고 있다. 가입 자격은 필리핀에 거주하는 만 20세 이상의 한국인 여성(정회원)과 비 한국인 여성(준회원)으로 정해져 있다. 주 목적으로는 필리핀에 거주하는 한국여성의 친목과 생활 향상 및 필리핀 한인사회의 발전에 기여하고, 나아가 국제적으로 한국의 위상을 높이는 데 이바지하고자 한다.

문화와 봉사를 통한 교류와 화합

필리핀 한국여성연합회는 매년 초에 동포 어르신들을 모시고 '설날맞이 떡국잔치'를 열어 식사와 공연을 제공하며 한 해를 시작한다. 또한 상시 회원간 친목도모와 자기발전을 위해 박민정 노래교실, 합창단, 종이접기, 사진

필리핀 한국여성연합회의 다채로운 문화 행사

배우기, 요가, 오카리나, 영어회화, 따갈로그어 회화, 민화, 줌바, 서예 등의 다채로운 문화강좌를 진행해 오고 있다.

눈여겨볼 만한 특별한 문화 행사로는 1999년 고 박완자 회장 재임 시 개최

지역사회를 위한 의료봉사 및 구호품 전달 활동

한 한-필 수교 50주년 기념 궁중의상 패션쇼, 2008년 이정숙 회장 재임 시 시작된 제1회 주부가요열창, 2012년 김미연 회장 재임 시 창단한 필리핀한국부인회 합창단 등을 들 수 있다. 또한 2019년 이현주 회장 재임 시 필-코 청소년 오케스트라를 조직해 성대한 콘서트를 개최하는 등 문화 선양에 항상 적극적인 역할을 해온 것을 볼 수 있다.

또한 여성연합회라는 특성을 살려 여성 회원들에게 유익한 행사로 육아 관련 강의, 교민노래자랑, 한국예술인 초청공연, 주부가요 열창, 자녀들을

위한 K-pop특강 등과 함께 회원들이 타국 생활에서의 활기를 더할 수 있는 자리를 마련하는 데 아이디어를 모으고 있다.

2020년 코로나19 대유행 기간에도 여성연합회는 사업 매진에 힘썼는데 한인 동포들의 필리핀어 말하기대회, 한-필 청소년 음악회, 한-필 미술대회, 김치축제 등 특별한 행사를 준비하였고, 연례 행사인 Habitat 사랑의 집짓기 봉사활동, 현지인을 위한 의료봉사, 재해지역 구호품 전달 등을 지속적으로 실시하며 한국인의 선행을 널리 알렸다.

아울러 교육에도 특별한 관심을 기울여 왔는데 1998년 김승례 회장 재임시 필리핀국립대학교 아시안센터에 장학금을 전달하였고, 2009년 조복길 회장 재임시에는 필리핀한국국제학교 설립 기념으로 피아노를 기증하는 등 필리핀인과 한인 동포의 교육에도 노력한 예가 있다. 2013년에는 주필리핀 한국대사관저를 첫 개방하는 행사로 어린이날 대축제 그림전시회를 앞장서 주최하기도 했다.

필리핀 한국여성연합회는 앞으로도 지속적으로 한국과 필리핀 양국 여성

필리핀 소식 & 뉴스   이제 philsalgi.com로 검색하세요!

필리핀한국여성연합회-UP 한국학연구소 협약 체결

2022년 12월 12일 필리핀한국여성연합회(회장 이현주)는 필리핀국립대학교(UP) 한국학연구소와 협약을 체결하여 2023년부터 필리핀국립대학교 언어학과에서 한국어를 부전공하는 학부생 및 한국학 관련 과목을 수강하는 학부, 대학원생을 대상으로 장학금을 지급하려는 계획을 공식적으로 서약했다. 본 장학금은 장기적으로 한국어 수강생 증가 및 한국학 발전을 도모하기 위한 거름이 되기를 바라는 마음으로 필리핀한국여성연합회가 매년 지급할 예정인 장학금으로 필리핀국립 한국학연구소는 장학생 모집공고, 선발 등을 담당할 예정이다. 장학생들은 매년 필리핀한국여성연합회 연말총회에 초청되어 수여식이 거행될 예정이다.

UP언어학과 교수와 이현주 회장, 이은정 부회장이 협약 체결식

필리핀국립대학교 한국학 장학금 전달식 기사

들의 대외적 교류에 힘쓰며 또한 필리핀에 거주하는 한인여성들의 사회, 경제적 지위 향상 및 지역 한인여성들의 화합을 도모하여 힘들 때 언제든지 달려가는 든든한 단체로 거듭나고자 한다.

[필리핀 한국여성연합회 역대 회장]

회차	성명	회차	성명
1대 회장	장성숙 (1978 - 1983)	16대 회장	강계화 (2004)
2대 회장	신가균 (1984)	17대 회장	조정희 (2005)
3대 회장	장인수 (1985)	18대 회장	임인숙 (2006)
4대 회장	이경화 (1986)	19대 회장	김기인 (2007)
5대 회장	이영숙 (1987 - 1993)	20대 회장	이정숙 (2008)
6대 회장	임순자 (1994)	21대 회장	조복길 (2009)
7대 회장	최현숙 (1995)	22대 회장	천애자 (2010)
8대 회장	이영자 (1996)	23대 회장	김기인 (2011)
9대 회장	신여숙 (1997)	24대 회장	김미연 (2012)
10대 회장	김승례 (1998)	25-26대 회장	김희경 (2013 - 2014)
11대 회장	박완자 (1999)	27-28대 회장	이화란 (2015 - 2016)
12대 회장	정명자 (2000)	29대 회장	김현순 (2017 - 2018)
13대 회장	왕수민 (2001)	30-31대 회장	이현주 (2019 - 2022)
14대 회장	임순자 (2002)	32대 회장	박민정 (2023 - 2024)
15대 회장	조애도 (2003)	33대 회장	공석

제11장
필리핀 한인 종교 및
언론단체 활동 현황

1

필리핀 한인교회협의회

KOREAN CHURCH ASSOCIATION IN THE PHILIPPINES

필리핀 한인교회협의회 선교 역사

필리핀 한인교회는 김창인 감독(기독교대한감리회)의 파송을 받은 한상휴 목사가 1974년에 한인교회를 개척하여 4월 10일 부활주일을 기하여 마카티UCM (Union Church of Manila)에 예배처소를 임대하여 교회창립예배를 드린 것이 시작이다. 1976년에는 필리핀 정부 당국에 마닐라한인연합교회(Korean Union Church of Manila)로 정식 등록을 하였다. 이후 한상휴 목사는 1979년까지 담임하였고 1985년 2월까지는 2대

필리핀 한인교회협의회 회원들

한인교회연합회의 다양한 활동상

담임자로 감리교 정신택 목사가 목회하였다.

그후 필리핀 한인교회는 마닐라한인감리교회가 1989년에 창립되었고 이후 마닐라광림교회, 마닐라서울장로교회 등 한국교회가 교단별로 필리핀에 한인교회들을 개척하였다. 주비한인교회협의회는 1995년 창립되었고 2004년 12월 3일 정기총회에서 필리핀 한인교회협의회(The Korean Church Association in the Philippines, Inc.)로 명칭을 개정하였다.

협의회의 목적은 필리핀 전 지역의 한인교회들이 연합하여 교역자간의 친교, 목회정보교환과 교민 복음화를 지향하고 성도들을 올바른 신앙으로 지도하며 평신도 사역을 돕고 이단 사상에 공동 대처하며 공교회의 공동체로 협력하고자 하는 데 있다.

30년이 지난 2025년 현재 초교파적으로 40개 교회가 가입되어 있고 필리핀 전국에 100여 개 한인교회가 파악되고 있다.

필리핀 한인교회협의회 주요 활동 내역

필리핀 한인교회협의회가 연합의 정신을 살려, 친목적 기능에서 청소년 사역을 위한 코스타(KOSTA), 방송선교를 위한 필리핀 CTS Joy 방송국과 협약을 하고 나아가 디아스포라 한인선교의 중추적인 역할을 위해 더 많은 협력

필리핀 한인교회협의회 정기총회(2022)

의 네트워크를 구축하면서 다음 세대를 향한 선교의 중추적 기능을 강화하고 있다.

그 외 주요사역은 한인교회사역, 교회개척 및 현지교회와의 협력 사역, 목회자세미나, 연합 아버지학교, 연합 어머니학교, 단기선교팀 훈련, 연합부흥회, 부활절연합예배, 찬양제, 유치원(선교원)사역, 학원사역, 빈민사역, 노숙자사역, 한글학교 사역, 문서선교, 찬양사역, 교도소사역, 신학교사역, 원주민사역, 의료사역, 장학사역 등 다 파악 할 수 없을 만큼 다양하게 필리핀 도처에서 이름 없이 빛도 없이 한인사역과 함께 더불어 많은 현지인 사역을 하고 있다.

역대 회장들 중심으로 필리핀 한인교회협의회를 이끌어 오고 있다.

[필리핀 한인교회협의회 역대 회장]

년도	성명	회차
1995년	윤형복 목사	제1-3대 마닐라한인연합교회-필리핀 한인교회협의회 창립

년도	성명	회차
1998년	홍영식 목사	제4대 벧엘교회
1999년	김창배 목사	제5대 마닐라한인감리교회
2000년	김경헌 목사	제6대 필리핀한인교회
2001년	선석완 목사	제7대 마닐라서울장로교회
2002년	김유철 목사	제8대 마닐라한인침례교회
2003년	김상봉 목사	제9대 라스피냐스한인교회
2004년	선석완 목사	제10대 마닐라서울장로교회
2005년	신유호 목사	제11대 마닐라한인중앙교회
2006년	정형구 목사	제12대 주님의선교교회
2007년	임을재 목사	제13대 까바나투안하나로교회
2008년	양헌모 목사	제14대 마닐라엘림교회
2009년	선석완 목사	제15대 마닐라서울장로교회
2010년	신유호 목사	제16대 마닐라한인중앙교회
2011년	조현묵 목사	제17대 임마누엘교회
2012년	조성일 목사	제18대 수빅한인교회
2013년	이성수 목사	제19대 바기오한인연합교회
2014년	김유철 목사	제20대 마닐라목양교회
2015년	김은호 목사	제21대 마닐라새생명교회
2016년	차명호 목사	제22대 마닐라다복교회
2017년	정웅기 목사	제23대 가얀데오로호산나교회
2018년	김권중 목사	제24대 두마케티한인교회
2019년	신유호 목사	제25대 마닐라한인중앙교회
2020년	유일무 목사	제26대 마닐라은혜교회
2021년	유일무 목사	제27대 마닐라은혜교회
2022년	김낙경 목사	제28대 마닐라한인감리교회
2023년	이승호 목사	제29대 따가이따이샘물교회
2024년	박지덕 목사	제30대 세부한인교회
2025년	이정철 목사	제31대 마닐라열린교회

한-필 수교 70주년 기념 퍼레이드 동참

필리핀 내 한인 선교 지속

2025년은 한국교회가 필리핀을 선교한 지 51주년이 되는 해이며 한-필 수교 76주년이 되는 뜻깊은 해이다. 필리핀 한인교회협의회가 창립하여 한인과 현지인을 선교한 지 30년째이다. 2000년대 와서는 지방의 교민수가 증가하면서 바기오, 앙헬레스, 수빅, 까비떼, 세부, 민다나오까지 필리핀 전 지역으로 한인교회들이 세워지면서 왕성한 부흥을 하기 시작 하였다. 그러나 2010년도를 지나면서 필리핀 교민사회가 적지 않은 위기를 맞게 되었다.

그 위기는 필리핀 내 교민 수가 급증하면서 그에 따른 교민 피해 사건도 늘어나면서 한국 언론보도에 집중 보도되면서 부정적인 영향을 받게 된다. 연 100만 명 이상 한인 관광객들이 찾아오던 필리핀에서 유학생들이 떠나고 은퇴자들이 정착하지 못하고 교민들이 필리핀을 철수하는 경향이 두드러지게 나타났다. 2020년 1월 13일 따가이따이 타알화산 폭발과 연이어 코로나 19 팬데믹으로 결국 그 여파는 한인교회들에게 큰 영향을 미쳤다.

필리핀 한인교회협의회는 그후 계속적으로 필리핀 한인회와 필리핀 선교사협의회 등과 함께 한인사회의 주요 기관으로 섬기고 있다. 코로나로 인하여 한인들이 철수하고 한인교회들도 많이 위축되긴 했지만 필리핀 한인복음화를 위해 많은 한인교회들이 수고하고 있다.

2

필리핀 한국선교사협의회

KOREAN MISSIONARIES ASSOCIATION PHILIPPINES

필리핀 선교 역사의 흐름

필리핀 선교의 역사는 16세기 초 스페인의 식민 지배와 함께 시작되었다. 1521년 마젤란이 세부에 도착하면서 로마 가톨릭이 필리핀 전역으로 확산되었고, 이후 300여 년 동안 가톨릭이 필리핀의 주된 종교로 자리 잡았다. 1898년 스페인-미국 전쟁 이후 미국이 필리핀을 통치하게 되면서 개신교 선교가 본격적으로 시작되었다. 1899년 장로교 선교사 제임스 로저스를 비롯한 감리교, 침례교, 성공회 등 다양한 개신교 선교사들이 필리핀에 들어와 학교를 설립하고 의료 및 복지 사역을 진행했다.

필리핀 한국 선교의 역사

필리핀 한국 선교는 1974년 기독교대한감리회의 한상휴 선교사를 시작으

1980년 초기 필리핀 선교사 사역 모습 (한도수, 석인숙 선교사)

로 본격화되었다. 이후 대한예수교장로회(합동, 통합, 고신, 합신), 기독교대한성결교회, CCC, 바울선교회 등의 교단과 단체들이 필리핀에 선교사를 파송하며 사역을 확장했다. 초기에는 주로 교회 개척과 신학교 운영을 중심으로 진행되었으나, 점차 의료, 교육, 사회복지, 문화 사역 등으로 영역을 넓혀가며 필리핀 사회에 큰 영향을 미쳤다.

필리핀 한국 선교사의 주요 활동

교회 개척과 목회 사역

초기 한국 선교사들은 필리핀 전역에서 한인 및 필리핀인을 위한 교회를 개척하였으며, 필리핀 복음주의협의회(PMA)와 협력하여 지역 교회들과 연계한 선교 전략을 펼쳤다. 이와 동시에 필리핀 내 한인사회가 확대되면서, 한인 교회 사역도 성장하여 선교사들은 한인들을 위한 예배와 신앙 교육을 제공하는 역할도 수행했다. 궁극적으로 필리핀 한인 교회들은 필리핀 내 한인

교회 간의 협력을 강화하며, 한인 교회들의 네트워크 구축 및 협력 사역을 지원하며 한인 교인들의 역량 강화에도 기여를 해왔다.

교육 선교와 신학교 설립

한국 선교사들은 필리핀에 여러 신학교와 교육 기관들을 설립하고 운영하며 필리핀 기독교 지도자 양성에 중요한 역할을 담당했다. 필리핀 현지인 목회자 양성을 위한 프로그램이 운영되었으며, 한국 선교사들이 설립한 신학교들은 필리핀 교회의 자립을 돕는 데 중요한 역할을 했다.

의료·사회복지·긴급 구호 선교

무료 진료소 운영, 의료 선교 캠프, 공공의료 서비스가 부족한 지역 지원 등을 통해 필리핀 빈곤층을 위한 실질적인 도움을 제공했다. 특히 1991년 피나투보 화산 폭발 당시 한국 선교사들이 긴급 구호 활동을 진행하며 필리핀 사회에 직접적인 도움을 주었다. 하지만 2020년 따알 화산 폭발과 코로나19

필리핀 한국선교 50주년 희년대회 참석 필리핀 주요 인사

팬데믹으로 인해 많은 한인들이 철수하면서 선교사역도 크게 위축되어 필리핀 한인교회협의회는 필리핀한인회 및 필리핀 선교사협의회와 협력하여 한인사회를 위한 사역을 부흥하고 지속하기 위해 노력하고 있다.

한인사회와의 협력 및 지원

필리핀 내 한인 이민자와 유학생이 증가함에 따라 한인 공동체 내에서 선교사들의 역할이 확대되었다. 한인 유학생 및 사업자들을 위한 영적 돌봄, 상담, 네트워크 제공 등 한인 교회와 연계한 활동이 지속되었다. 특히, 한인 자녀 교육을 위한 '한국아카데미' 설립 등 교육 지원 활동도 이루어졌다.

필리핀 한국선교사협의회 조직, 활동 및 효과

필리핀 한국선교사협의회는 필리핀 전역의 한국 선교사들이 연합하여 1986년 12월 8일 출범하였다. 초기 선교사들은 단독으로 필리핀에 입국하여 활동하면서 정보 부족과 외로움을 겪었으며, 서로 경험을 나누고 협력할 필요성을 절감하였다. 1977년부터 '세계한국선교사회(KWMF)'가 각국에 한국선교사회 조직을 권유하였고, 이를 바탕으로 필리핀에서도 한국선교사협의회가 조직된 것이다. 초대 회장은 예장합동 백병수 선교사였으며, 이후 다양한 교단 선교사들이 참여하여 선교 정보 공유, 협력 네트워크 구축, 위기 대응 지원 등 체계적인 연합 활동을 시작하였다.

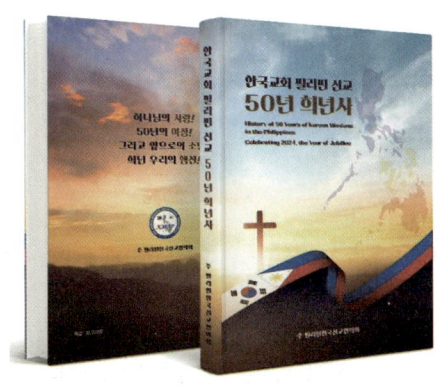

한국교회 필리핀 선교 50년 희년사 발간 (저자 김태현 선교사)

필리핀 한국선교사협의회는 선교사 지원 및 네트워크 구축을 위해 필리핀에 입국한 선교사들의 정착을 돕고, 필리핀 문화와 법규, 선교 경험 등을 공유하며 빠른 적응을 지원하였다. 또한 각 교단과의 협력을 강화하여 선교사들이 원활하게 사역을 수행할 수 있도록 행정적, 실무적 도움을 제공하였다. 필리핀 복음화를 위해 필리핀 복음주의협의회(PMA), 필리핀 개신교 연합(PCEC), 필리핀 NCCP 등과 협력하여 현지 교단과 연계한 선교 전략을 추진하였으며, 필리핀 내 한국 선교사들의 연합을 통해 교단 간 협력 및 공동 프로젝트를 진행하였다.

긴급 대응 및 위기 관리 활동으로는 1991년 피나투보 화산 폭발, 2000년대 무슬림 반군 공격, 2023년 초대형 태풍 하이엔(욜란다) 타클로반 재난, 2019년 타알화산 폭발, 2020년 코로나19 팬데믹 등 필리핀 내 대형 재난 발생 시 긴급 구호 활동 및 선교사 안전 지원을 수행하였다. 한국대사관 및 필리핀한인회와 협력하여 한인 교민과 선교사들의 안전을 보호하는 역할을 하였으며, 코로나19 팬데믹 기간에는 비대면 화상 새벽기도회, 온라인 예배, 비대면 선교 전략 세미나를 개최하며 선교 활동을 지속할 수 있도록 하였다.

교육 선교 및 신학교 운영 지원을 통해 필리핀 내 신학교 설립 및 운영을 지원하며 현지인 목회자 양성을 위한 교육 사역을 강화하였다. 한국 선교사들이 설립한 신학교와 연계하여 필리핀 차세대 기독교 지도자 배출에 기여하였으며, 필리핀 한인교회협의회(PKCC), 필리핀 한국선교협의회(PKMA) 등과 협력하여 한인사회 및 한인 교회를 위한 목회 지원도 함께 이루어졌다. 한인 선교사 및 교회 간의 네트워크를 통해 필리핀 내 한인 교회들이 지속적으로 성장할 수 있도록 협력하며, 한인 공동체의 신앙적 기반을 강화하는 역할을 수행하였다.

한국선교사협의회는 필리핀 내 한국 선교사 연합체로서 지속적인 네트워크를 운영하며, 필리핀 복음화를 위한 교단 및 선교 단체 협력을 활성화하였

제6부

2024 클락 위더스 호텔 필리핀 한국 선교 50주년 희년대회 현장 모습 (회장 이영석 선교사)

다. 또한 필리핀 내 긴급 재난 대응 및 위기 관리 체계를 구축하여 한인 및 현지 교회의 안전을 보호하는 역할을 수행하였으며, 신학교 및 교육 선교를 통한 현지 지도자 양성에 기여하였다. 한인사회 및 한인 교회를 위한 지속적인 지원과 협력을 바탕으로 필리핀 선교 사역이 더욱 효과적으로 이루어질 수 있도록 돕고 있다.

　2005-2015년 까지의 분열기를 거쳐 2016년에는 필리핀 한국선교협의회(약칭 필한선협, Korean Missions Association in the Philippines(KMAP)가 1650 유닛의 필리핀 한국 선교사들의 연합을 위해 교단, 단체, 지선협을 회원단체로 하여 재구성되었다. 그로 말미암아 필리핀 내 한인 선교사들의 협력을 증진하고, 필리핀 복음화와 한인 교회 성장에 중요한 역할을 수행하는 중심 기관으로 자리매김하였다. 특히 2024년을 필리핀 한국 선교 50년으로 선포하고, 필리핀 한국 선교 희년으로 선포하고 필리핀 한국 선교 50년사 발행, 필리핀 한국 선교 희년 대회 등을 개최하였다.

　1986년, 필리핀 주재 한국 선교사들은 필리핀 주재 한국선교사협의회(한선협)를 조직하여 협력 체계를 구축하였다.

[한국선교사협의회 역대 회장]

회차	성명 (재임 년도)
1대	백병수 선교사 (1986)
2대	김활영 선교사 (1987)
3대	김유식 선교사 (1988)
4대	홍승구 선교사 (1990)
5대	이성찬 선교사 (1990)
6대	김원배 선교사 (1991)
7, 8대	박기호 선교사 (1992)
9대	여상일 선교사 (1993)
10, 11대	김은호 선교사 (1994)
12대	전남주 선교사 (1996)
13대	마원석 선교사 (1997)
14대	황태연 선교사 (1998)
15대	곽시동 선교사 (1999)
16대	고광석 선교사 (2000)
17대	정두해 선교사 (2001)
18대	김종한 선교사 (2002)

회차	성명 (재임 년도)
19대	이교성 선교사 (2003)
20대	강중희 선교사 (2004)
분열기	회장 및 이사장: 최승일선교사 /김현국 선교사/ 김영성 선교사/오정호 선교사/ 김관형 선교사/임종웅 선교사//모정천 선교사/배홍규 선교사/ 최광기 선교사/임종웅 선교사/이용돌 선교사/이봉춘 선교사/이훈찬 선교사/ 황양곤 선교사/강요한 선교사/이원식 선교사/문주연 선교사 (2005-2015)

필리핀 한국 선교 100주년을 향하여

필리핀 한국 선교는 한인 선교사들이 필리핀 전역에서 단순한 복음 사역의 종교적 역할을 넘어, 필리핀과 한인 공동체의 영적 지도자로서 역할을 감당하며 필리핀 사회와 협력해왔다. 2025년, 필리핀 선교 51주년과 한·필 수교 76주년, 필리핀 한인교회협의회 창립 30주년을 맞이하는 시점에서, 한인 선교사들의 발자취를 돌아보며 미래를 준비하는 것이 중요하다. 필리핀 한인교회와 선교사들은 앞으로도 변화하는 시대 속에서 복음 전파와 한인사회 섬김이라는 사명을 지속해 나갈 것이다.

2016년 기존 협의회를 개편하여 필리핀 한국선교협의회가 출범하였다.

[필한선협 역대 회장]

회차	성명 (재임 년도)
1대	최영태 선교사 (2016)
2대	차훈 선교사 (2017)
3대	김낙근 선교사 (2018)
4대	조성일 선교사 (2019)
5대	고광태 선교사 (2021 - 2022)
6대	이영석 선교사 (2023 - 2025)
7대	김상호 선교사 (2025 - 현재)

3

필리핀 천주교단체협의회

KOREAN CATHOLIC CHURCHES IN THE PHILIPPINES

마닐라 성 김대건 한인 성당

가톨릭주교회의가 발간한 2021년 한국 천주교회 통계에 따르면, 현재 해외에서 신앙생활을 하고 있는 신자 교포는 15만 6천여 명이며 이들을 위해 파견된 사제가 250명 가까이 된다고 한다. 이 가운데 3분의 2 가량인 10만 명이 미국에 있는데 이는 1965년 미국의 이민법 개정과 맞물려 미주 지역 이민자가 급증하면서 한인 신앙공동체가 다수 형성된 것이 이유이다. 북미와 호주, 뉴질랜드, 브라질 등에 이어 필리핀도 한인 가톨릭 신자가 많은 국가 중 하나로 한국어 미사를 봉헌하는 한인성당이 굳건히 자리하고 있다.

1979년 7월 8일 마닐라 싱갈롱(Singalong)에 있는 골롬반 수도회 성당에서 박형진 신부가 유학생 및 상사주재원을 대상으로 첫 미사를 집행한 것이 마닐라 성 김대건 한인성당의 첫 순간이었다. 한인성당엔 한국인 순교 성인의 이름이 들어간 성당이 많은데 그 중에서도 한국인 첫 사제인 성 김대건 안드레아 신부의 이름이 들어간 성당이 23곳이나 된다고 한다. 필리핀 수도 마닐라의 마닐라 성 김대건 한인성당 역시 이 중 하나로 알려져 있다.

마닐라 성 김대건 한인 성당 전경

1981년 7월 26일 유학생 1인을 위한 첫 영세식이 거행되었고 1984년 2월 5일 네 쌍의 부부를 위한 첫 혼배식이 거행되었다. 1983년 3월 승계하여 성당을 지키던 이선표 신부가 1984년 5월 27일 안타깝게 선

재외 한인성당 현황(가톨릭평화방송)

종한 이후 7월 엄기봉 신부가 승계하였다. 이때부터 영세자 수도 늘어나면서 골롬반 수도회 성당이 협소해졌고 아테네오데마닐라대학(Ateneo de Manila University) 내 기도실로 이전을 하였다.

1985년은 아주 뜻깊은 해였다. 그해 1월 승계한 조정오 신부가 오기선 신부에게서 불라칸 롤롬보이의 김대건 성지 유적지에 대해 처음 듣게 되고 이후 김대건 성지에서 야외 미사를 거행한다. 이듬해 4월 김대건 성인 동상 건립 추진 위원회를 구성하고 5월 김수환 추기경 외 78명의 순례단이 참석한 가운데 동상 제막식을 거행하였다.

1987년 11월에는 최초로 주일학교를 정식으로 개교하여 이듬해 6월 세 명의 어린이가 첫 영성체를 받았다. 같은 해 10월에는 성서대학 강좌를 개설해 49명이 참석하는 등 신도의 수와 참여율이 동시에 증가하기 시작한 것을 볼

수 있다. 1989년에는 필리
핀 한인 천주교회가 본당
(Personal Parish)로 승격되
어 성 김대건 안드레아를
주보성인으로 하는 마닐
라 성 김대건 한인 성당(St.
Kim Dae Gun Andrew Parish)
로 승격되었다.

김대건 성당 성전 봉헌식(2002)

　1995년 8월 1일에는 첫 정식 본당소임 수녀인 이 율리에따 수녀님이 예수
성심시녀회에서 부임을 하였고 10월 성모회 성가대가 발족하기도 하였다.
동시에 전주교구 유장훈 신부가 방문하여 성전부지 공동 매입 및 개발을 합
의하기도 하였다. 1996년 7월 성전건립 위원회를 발족하여 당시 한인총연합
회 엄익호 회장이 총위원장을 맡고 김춘배(건축분과), 강영배(재정분과), 서용수
(기획분과) 등이 힘을 보탰다.

오웅진 신부의 막사이사이상 수상과 필리핀 꽃동네재단의 설립

　성지부지 대금을 완불한 것 외에도 1996년은 뜻깊은 일이 많은 해였다. 8
월 31일 음성(제1)과 가평(제2)꽃동네를 일궈온 꽃동네회장 오웅진 신부가 아
시아의 노벨상으로 불리는 막사이사이상 공공봉사부문 수상자로 선정되어
필리핀을 찾았다. 1957년 3월 비행기사고로 숨진 필리핀의 라몬 막사이사이
대통령을 기려 제정된 상은 매년 5개 부문에 걸쳐 시상된다. 한국의 수상자
는 62년 장준하 씨가 최초였고 오 신부가 열두 번째 한국인으로 수상의 영예
를 안았다.

　오웅진 신부는 수상으로 끝나지 않고 받은 상금을 바로 기부하게 된다. 그

리고 마닐라시 빈민가에 예수의 꽃동네 자매회원들이 파견되어 거리의 아이들을 교육하고 함께 살아갈 사랑의 집에서 사도직을 시작했다. 이어 가족이 없는 병든 노인들을 보살필 소망의 집이 메트로 마닐라 남부 파라냐케시 레비타운에 들어섰다. 점차 필리핀 출신 입회자들도 생겨났고, 국제양성소도 세워졌다. 2016년 12월 21일 필리핀 꽃동네재단은 마닐라시 빈민가에서 최근 개·보수한 사랑의 집 축복식을 열고, 한국에서 오 신부를 비롯해 예수의 꽃동네 형제·자매회원, 꽃동네회원 등 30여 명이 참석해 기쁨을 함께했다. 사랑의 집은 1996년 12월 당시 김경우 아시아개발은행(ADB) 이사 등 교포들이 기금을 모아 설립한 시설로, 처음부터 꽃동네 수도자들이 운영해왔다.

김대건 신부 탄생 200주년 희년

매년 본당 바자회를 개최하여 어려운 이웃들에게 도움을 주었고 도시락 나눔, 지역사회 아동 급식, 등을 꾸준히 진행해오고 있다. 그러던 중 2020년 2월 코로나19 확진자 수 증

2023년 성 김대건 안드레아 사제와 성 정하상 바오로와 동료 순교자들 대축일 미사 (파식 마일로 휴버트 주교님과 함께)

가로 미사 역시 집행을 못하게 되면서 성당의 활동이 다소 위축되었다. 이런 상황 속에서도 11월 성 김대건 안드레아 신부 탄생 200주년 희년을 기념하여 복자수녀회에서 성 김대건 신부님의 유해를 필리핀으로 모셔오는 뜻깊은 거사를 치르기도 하였다. 김대건 신부 탄생 200주년 희년은 이듬해 11월 27에 폐막을 하였다.

[마닐라 성 김대건 한인성당 역대 주임신부]

역 대	성 명 (교구명)	재 임 기 간
제1대	박형진 아우구스티노 (서울교구)	1979년 7월 - 1980년 3월 (선종, 2013. 11. 27)
제2대	한정관 바오로 (서울교구)	1980년 3월 - 1982년 2월 (선종, 2019. 07. 29)
제3대	이선표 요셉 (서울교구)	1982년 3월 - 1983년 3월 (선종, 1984. 05. 27)
제4대	엄기봉 베드로 (전주교구)	1984년 8월 - 1985년 1월
제5대	조정오 요셉 (전주교구)	1985년 1월 - 1985년 8월
제6대	김태윤 안드레아 (전주교구)	1985년 8월 - 1986년 8월
제7대	박성팔 안드레아 (전주교구)	1986년 8월 - 1987년 8월
제8대	박종근 안드레아 (전주교구)	1987년 8월 - 1988년 9월
제9대	김준호 바오로 (전주교구)	1988년 9월 - 1989년 5월
제10대	경규봉 가브리엘 (전주교구)	1989년 5월 - 1990년 6월
제11대	김환철 스테파노 (전주교구)	1990년 6월 - 1993년 2월
제12대	김영수 헨리코 (전주교구)	1993년 2월 - 1996년 8월
제13대	이명재 베네딕도 (전주교구)	1996년 9월 - 2002년 1월
제14대	이득재 바오로 (전주교구)	2002년 2월 - 2006년 1월
제15대	신원철 안토니오 (전주교구)	2006년 2월 - 2009년 1월
제16대	김요한 세례자요한 (전주교구)	2009년 1월 - 2010년 8월
제17대	박인호 베드로 (전주교구)	2010년 8월 - 2013년 1월
제18대	백수현 알로이시오 (전주교구)	2013년 1월 - 2017년 2월
제19대	안철문 이냐시오 (전주교구)	2017년 2월 - 2022년 1월
제20대	송현석 요한보스코 (전주교구)	2022년 1월 - 현 재

[마닐라 성 김대건 한인성당 역대 사목회장 (필리핀 한인천주교 협의회장)]

역 대	성 명	재 임 기 간
제1대	박승태 바오로	1981년 - 1983년
제2대	이계목 바오로	1983년 - 1987년
제3대	윤인근 베드로	1987년 - 1990년 (선종, 1990. 10. 28)
제4대	이계목 바오로	1990년 - 1991년

역대	성명	재임기간
제5대	김춘배 안토니오	1992년 - 1994년
제6대	신철호 바오로	1995년 - 1996년 (선종, 2017. 12. 28)
제7대	박병욱 스테파노	1997년 - 1998년
제8대	이추풍 스테파노	1999년 - 2001년 (선종, 2010. 02. 26)
제9대	이영백 라파엘	2002년 - 2004년 (선종, 2025. 03. 27)
제10대	오수환 아오스딩	2005년 - 2006년 (선종, 2014. 10. 17)
제11대	박승태 바오로	2007년 - 2008년
제12대	신중만 그레고리오	2009년 - 2010년 (선종, 2024. 09. 10)
제13대	이장일 세례자요한	2010년 - 2011년
제14대	이장일 세례자요한	2011년 - 2012년
제15대	구교섭 알베르토	2013년 - 2014년
제16대	강태식 프란체스코	2015년 - 2016년
제17대	강병구 안드레아	2017년 - 2018년
제18대	김윤창 라파엘	2019년
제19대	김영숙 스테파노	2019년 - 2021년
제20대	김석환 토마스모어	2022년 - 2023년
제21대	김석환 토마스모어	2024년
제22대	박종권 사도요한	2025년 - 현재

김대건 성인 성지 (SHRINE OF SAINT ANDREW KIM TAE-GON)

성 김대건 안드레아(St. Kim Taegon Andrea). 1821년 충청도 솔뫼마을에서 태어난 최초의 한국인 사제인 김대건 성인은 1년 남짓의 사제생활 후 25살이라는 짧은 생을 뒤로 하고 순교(1846년 9월)하였음에도 천주교도들에게 큰 의미로 다가오는 존재이다. 한국에서 김대건 성인의 발자취를 발견할 수 있는 곳은 성인의 고향인 솔뫼성지, 사제가 돼 처음으로 밟은 고국 땅인 용수리포구와 나바위, 시신이 묻힌 미리내성지 등으로 많은데 비단 한국에서만이 아니라 신학생 시절 공부하러 건너간 마카오, 그리고 필리핀에서도 성인을 기리는 장소를 찾아볼 수 있다.

열일곱의 김대건 성인은 1837년 8월, 천주교 박해를 피해 최양업, 최방제 신학생과 함께 마카오로 향한다. 마카오에 도착한 지 두 달이 채 되지 않아 마카오가 아편문제로 혼란이 지속되자 이들은 바다 건너 필리핀으로 건너와 도미니코 수도원 밖 별장에서 수도 생활을 이어가게 된다. 그후 마카오로 돌아갔다가 1839년 4월 다시 민란을 피해왔고, 1842년 2월 대만으로 가기 전 10여 일을 머물기도 했다고 한다. 김대건 신부는 1984년 5월 6일, 성 요한 바오로 2세 교황에 의해 다른 102명의 순교자와 함께 성인품에 올랐다.

불라칸 보카우에의 평화로운 마을 롤롬보이에 조성된 김대건 성인의 성지가 바로 신학생으로 고국을 떠났던 김대건, 최양업 두 10대 소년이 머물던 도미니코수도원 터다. 롤롬보이는 17세기부터 도미니칸 수사들이 거주를 하던 농장으로 1694년에는 'Hacienda de Lolomboy y Pandi'로 명명되었

기와지붕을 얹은 본당

김대건 성인과 성모 마리아 성상

궁방탑 정상에서 바라보는 롤롬보이 전경

김대건 성인 일행이 보카우에 강(Bocaue River)을 건너 도착한 수문

다. 필리핀이 스페인으로부터 독립된 후 영국인 리차드 앤드류가 이 농장을 구입했고 미국의 통치가 시작되면서 미 토지관리국이 소유하게 되었다. 이후 대사제 제레미아 제임스 하티(Jeremiah James Harty)가 구입하여 성당 소유가 된 후 수녀원과 고아원이 운영되기도 하였다.

현재는 성안드레아수녀회 수녀회가 성지를 관활하고 지역사회민들을 위한 미혼모 지원, 어린이 공부방, 기부 등의 다양한 사회활동을 하고 있다.

김대건 성인 동상 제막에 대한 기사(1986.5.2. 조선일보 10면)

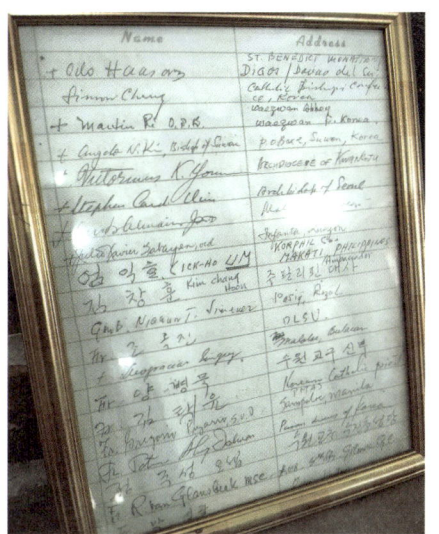

김대건 성인 성지 첫 방명록

(L-R) 마리아, 레지나, 호세피나 수녀님과 저자들

1986년 수녀회는 2000년 가을 롤롬보이 성지를 순례하던 중 사유지인 이 부지를 주인이 팔려고 내놓았다는 소식을 접하고 2002년 10월 이곳 부지 550여평을 매입하고 필리핀 정부와 현지 교구청 인가를 받아 성당을 건립하였다. 수녀님들은 성지에서 수확하는 망고로 망고잼, 망고주스 등을 만들기도 하는데 이는 '망향의 망고나무'로 김대건 성인이 이 나무 아래에서 부친의 편지를 읽으며 눈물을 흘린 곳으로 전해진다.

연락처

주소 Project Pangarap, Lolomboy, Bocaue, 3018 Bulacan Province

4
필리핀 불교단체협의회
KOREAN BUDDHIST ASSOCIATON

 필리핀 불교단체협의회는 마닐라 정토회, 마닐라선원, 불락사 세 개의 단체가 모여서 만들어진 협의회이다. 필리핀은 가톨릭 인구가 가장 많기도 하고 한인들 사이에서도 기독교와 천주교 비율이 높은 편이지만, 마닐라와 인근 지역의 한인 불자 신도들이 모여 꾸준히 종교활동을 해오고 있는 단체들이 있다.

마닐라 정토회

마닐라법당에 지핀 작은 불씨

 1997년 마닐라에 거주하고 있던 동포들을 중심으로 마닐라에 법당을 일구는 움직임이 시작되었다. 마카티 살세도 벨에어 빌리지, 마갈랴네스 빌리지(Magallanes Village)에 인순희, 한금화 불자가 본인의 가정집에서 가정법회를 하는 것으로 작은 불씨를 지폈다. 인순희(명조보살) 댁에서 매주 수요일 정토지를 읽고 마음을 나누는 소모임인 생활불교 형식으로 타국 생활의 어려움도 나누는 자리를 마련한 것이 최초였는데 당시에는 4~5명이 참석하는 아주 작은 규모였고 방콕법당을 개원한 홍정혜 보

법당 가정법회 사진

살도 초기 멤버로 참석을 하였다.

　시간이 지나 한금화, 오현정, 윤경숙, 박신영, 남주연, 보살을 비롯하여 고정적으로 참석자 수가 늘어 10여 명이 되었고 인순희 명조보살이 한국으로 귀국하면서 2001년부터는 한금화 보살 댁에서 가정법회가 지속되었다. 비디오로 법륜스님의 법문을 듣고 나누는 자리가 지속되었고 2003년 법륜스님과 각혜보살님이 마닐라를 찾아 마닐라 가정법회 회원들이 따가이따이 지역에서 1박 2일 관법수련(명상) 행사를 진행하였다. 법륜스님은 1997년 처음으로 필리핀을 방문한 이후 매년 마닐라를 찾아 법회를 개최해오고 있다.

마닐라법당 개원과 JTS민다나오 설립

　이후 2003년에 마갈랴네스 주택단지 안에 마닐라법당을 개원하고 2007년에 주택단지 밖으로 이전을 한 후 2015년에는 마카티 살세도 내 콩코드 콘도 5층으로 이전을 하였다. 다시 2019년에는 마카티 과달루페 펫플란츠타워 17층으로 이전을 해 개원하여 현재까지 운영되고 있다. 2003년 8월 마닐라법당을 첫 개원했을 당시에는 수요법회, 일요법회, 주간/야간 불교대학 및 경전반을 운영하였고 이원주 대표와 한금화 총무 등 다양한 분야에서 활동하는 동포들이 정기적으로 참석하였다. 법당 개원과 동시에 2003년4월부터

JTS 민다나오 활동을 시작하였고 한인성당에서 법륜스님과 첫 교민 강연회도 진행하였다.

2002년 법륜스님의 막사이사이상 '평화와 국제 이해 부분' 수상 후 심사와 안내를 담당했던 필리핀의 안토니오 레데스마(Antonio J. Ledesma) 대주교로부터 법륜스님의 남북평화 활동에 기여한 경험들을 민다나오 종교분쟁 해결에 도움이 되었으면 좋겠다는 요청으로 남북평화 활동에 기여한 경험들을 민다나오 종교분쟁 해결에 도움이 되었으면 좋겠다는 요청으로 2003년 4월에 민다나오에 첫 방문을 시작으로 본격적인 활동을 위해 2003년 JTS Philippines을 설립하여 민다나오 지역의 평화와 문맹퇴치를 위한 학교건축과 마을개발 활동이 시작되어 2024년까지 6개 주, 25군 단위 지역 유치원 9곳, 초등학교 49지역, 고등학교 2곳, 전통학교 2곳, 10개의 장애학교를 포함 총 73개 지역에 크고 작은 학교를 세우고 마을개발과 상수도설치 등을 지원하고 있다. 고등학교 2곳, 전통학교 2곳, 10개의 장애학교를 포함 총 73개 지역에 크고 작은 학교를 세우고 마을개발과 상수도설치 등을 지원하고 있다.

또 2006년에는 막사이사이상 수상자 고 박원순 서울시장의 수상을 축하하

JTS민다나오 기공식

기 위하여 2002년 수상자인 법륜스님이 필리핀에 친히 발걸음을 하여 정토회원 및 한인들이 참석하여 축하행사를 마련하였다. 이즈음 노재국 거사는 2009년까지 약 3년 반

현재 회원들 단체사진

여 동안 법륜스님과 함께 국내외를 동행하며 자원활동가로 봉사를 하였다. 이원주 대표는 제19대(2011~12) 한인회장도 역임을 하였으며 2018년 국민훈장 목련장을 수상하기도 하였다.

지역사회를 위한 다양한 봉사활동

마닐라법당은 다양한 지역봉사활동도 지속하고 있다. 2005년부터 코로나19 펜데믹 이전까지 한인성당 바자회에 참가하여 여성의류와 양말, 등을 법당 회원들로부터 보시 받아 판매하여 수익금으로 긴급구호성금으로 전달하기도 하고, 가난한 이웃들에게 생필품을 전달해왔다. 2009년부터 매주 토요일 마닐라 근교의 도시 빈민가 어린이와 노약자 100여 명에게 점심을 제공하는 봉사를 진행해오고 있다. 법당의 개원 이후부터 매년 부처님 오신날 봉축행사이후 2부 행사로 도시 빈민지역 250여 가정에 쌀을 포함해 여러가지 식료품을 전달하고 있다.

2008년과 2019년 기근으로 굶주리는 북한어린이들에게 옥수수 보내기운동에 개인성금, 나비장터 등 많은 분들의 정성이 담긴 3천 2백만 원의 성금을 모아 전달하기도 하였다.

제6부

마닐라선원

필리핀에서 만날 수 있는 한국식 불교사원

필리핀 마닐라선원 전경

필리핀 따가이따이에 위치하고 있는 마닐라선원은 2008년3월 9일 건립을 시작하여, 2011년 4월 8일 공식적으로 개원했다. 약 2만 ㎡(6000평) 규모의 부지에 건립된 이 선원은 대웅전 법당을 비롯하여 요사채, 선원, 다원, 교육실, 식당, 학교, 일주문 등 10여 동의 불사를 완공한 후, 개원 대법회가 봉행되었다 특히 마닐라선원은 한국인 불자

마닐라선원 전경

마닐라 선원 대웅전 법당

김규영 거사 부부가 필리핀에서 15년간 이민생활을 하며 모은 재산으로 아름다운 수행처를 조성한 후, 대한불교조계종에 기증하면서 더욱 뜻 깊은 의미를 갖게 되었다.

이 선원은 청주 화장사 주지 무진(無盡) 스님이 창건법회를 진행했으며, 이 법회에는 대한불교조계종 원로의원 월탄 큰스님이 초청 법사로 참석했으며, 한국에서 온 스님 35명과 불자 60명, 필리핀 교민 및 현지인 300여 명이 함께 자리했다.

불국사 필리핀 포교원 불락사

필리핀 마닐라 파라나케에 위치한 불락사는 한국의 불국사 필리핀 포교원이다. 2000년 봄에 개원한 불락사는 불국사에서 출가한 후 1988년부터 필

2014년 한인대상 시상식

리핀에서 수행하며 유학중이었던 법관 스님과 불국사 주지 성타 스님의 원력으로 개원하게 됐다. 법관스님은 필리핀이 아시아 유일의 카톨릭 국가임을 감안해 현지의 수녀들과 크리스마스 행사를 함께하는 등 종교간 화합에도 기여하며 필리핀 현지에서 불락사의 역할을 널리 설파하였다.

현지에서 다양한 사업체를 운영하는 한인들이 불락사 행자로서 불우이웃 돕기, 의료봉사, 피나투보 화산 이재민 봉사, 사찰 근교 정신지체 요양원 봉사 등 끊임없는 자비의 손길을 펼쳐오고 있다. 또한 불락사 주지인 법관 스님은 꾸준한 봉사활동의 노고를 인정받아 2006년 11월 22일 마닐라에서 개최된 2006년 제 96회 구시 평화상(Gusi Peace Prize) 수상자로 선정되어 당시 글로리아 마카파갈 아로요 필리핀 대통령으로부터 상을 수여받았다. 구시 평화상은 필리핀의 정치인이자 인권 운동가였던 제메니아노 하비에르 구시(Gemeniano Javier Gusi)를 기리기 위해 매년 인권, 평화, 정치, 교육, 인도주의, 의료 등 15개 분야에서 수상자를 선정해 시상하는데 법관 스님이 한국인 최초의 수상자가 된 것이다.

2014년 한인대상 시상식에서도 법관스님이 송동엽 조이플 처치 목사와 함께 수상하였다.

5
재필리핀 한인언론인협회
KOREAN JOURNALIST ASSOCIATION IN THE PHILIPPINES

2008년 이전 필리핀 한인 언론

현재까지 확인된 자료에 따르면 1990년대 이전 필리핀 한인사회는 한인회 소식지를 중심으로 뉴스전달, 정보교류, 친목도모가 이루어졌다. 그러나 한인회 특성상 회장 및 집행부의 잦은 교체로 소식지 발행은 간헐적, 제한적으로 이루어졌다. 교민신문 발행 노력이나 시도가 없었던 것은 아니지만, 전문적으로 영속성 있게 발행한 것이 아닌 다수 매체들이 창간과 폐간을 반복하였다. 부수적으로 본국과 필리핀 간 정보교류 및 뉴스 전달은 주로 한국 주요 언론매체의 필리핀 지국을 운영한 운영자(한비여행사, 파이어니어 여행사 등)에 의해 주문 및 배송서비스가 이루어졌다.

그후 1989년 해외여행 전면 자유화 조치 이후 필리

박현모 전 한인회 회장
(초기 조선 동아일보 지국
담당)

초기 재필리핀 언론인협회 인사들
좌측부터 박해일(주간마닐라 편집장), 오명수 (골프뷰&라이브뷰 대표), 문상희 (골프뷰&라이브뷰 실장), 백종백 (필리핀 생활 대표), 장익진 회장(코리아포스트 대표), 최중경 대사, 남문희 부회장(일요신문 대표), 오영미 부회장(뉴스게이트 대표), 엄기성 공사, 김희주 (마닐라편 대표) - 2008.11.20 / 코리아포스트

핀 교민 수가 급속히 증가했고, 이후 보다 전문적인 교민 뉴스 생산(자체 취재 및 편집, 디자인, 인쇄 및 배송 등) 및 보도를 위한 신문, 잡지 형태의 한인 매체가 하나둘 생겨나기 시작했다. 이 시기 생겨난 한인매체들로는 코리아포스트 (1993년), 마닐라서울(1994년), 뉴스게이트(1996년), 주간마닐라(1999년) 등이 있 으며, 2000년대 접어들어 필리핀일요신문(2003년), 세부CKN(2006년), 골프뷰 (2007년), 마닐라편(2007년) 등이 추가되었다.

재필리핀 한인언론인협회의 뿌리는 언론사 사주들 간 친목 모임으로 2005 년 최초 시작되었으며, 공식화 움직임을 보인 것은 2007년 1월 신년모임을 통해 코리아포스트 장익진 대표 주도하에, 필리핀 일요신문 남문희 대표, 뉴 스게이트 오경미 대표가 의기투합해 협회 개설 취지 및 정관, 대외관계에 대 해 구체화했다.

2008년 1월 재필리핀 한인언론인협회 공식 출범

재필리핀 한인언론협회는 2008년 1월 정기모임을 통해 초대 협의회장에는 장익진(코리아포스트 발행인), 부회장 남문희(일요신문 발행인), 부회장 및 사무국장 오경미(뉴스게이트 발행인), 오명수(골프뷰 발행인), 김희주(마닐라편 발행인), 백종배(필리핀 라이프 발행인)가 회원사로 참여하며 6개사 체제로 출범했다. 이 자리에서 협회 정관 및 기자윤리강령 발표, 협회 발전 방향 등을 논의하였다.

2010년 1월 정기모임에서 2대 회장에 남문희 필리핀 일요신문 대표가 취임했다. 이 자리에는 장익진 회장(코리아포스트), 남문희 부회장(일요신문), 오명수 간사(골프뷰), 김대중 대표(뉴스게이트), 김희주 대표(마닐라편)가 참석했으며, 새롭게 마닐라서울(최범승 대표), 주간마닐라(최정환 대표)가 협의회 회원사로 가입해 필리핀 내 전 교민 언론사가 참여하는 7개사 체제 단체로 거듭 태어났다.

2020년 전 세계를 강타한 코로나 팬데믹과 경영악화로 회원사들의 폐간 및 탈퇴, 남문희 2대 회장 별세 등으로 공석이 된 회장 자리에 2023년 3월 양한준 대표(마닐라서울)가 3대 회장으로 추대되었고, 이후 정관 일부 개정, 로고 및 공식 명칭 일부 변경, SEC 등록 등의 절차를 마쳤다. 2024년 7월 기준 회원사로는 뉴스게이트(김대중 대표), 마닐라서울(양한준 대표), 세부 CKN(구지범 대표), 하이필스(오명수 대표) 포함 4개사 체제이다.

언론의 역할 실천

한인언론협회는 언론의 역할을 자각하며 여러 방안으로 실천을 해오고 있는데 여러 매체의 다양한 캠페인이 큰 호응을 얻었다. 마닐라서울의 "Please, Thank you, Sorry" 에티켓 공익 캠페인, 하이필스의 자살예방 공익 캠페인

언론인협회 캠페인 사진

등은 한인들에게 반향을 일으켰고, 한-일 문제가 불거진 당시에는 협회 소속전 언론사가 일본 제품 보이콧 및 국산품 장려 공익 캠페인을 벌이기도 하였다. 마닐라서울은 캠페인 광고와 더불어 별도 스티커까지 제작해 한인업소에 부착해 캠페인 효과를 극대화했고, 문재인 정부 시기 한일관계 갈등으로 긴장이 고조된 당시 남문희 회장 주도로 '재필리핀 한인언론인협회'는 회원사들과 협의해 각 사가 자사 매체에 '보이콧 재팬' 캠페인 광고를 게재하며운동에 동참했다.

시너지 효과를 내기 위하여 언론인협회 회원사들이 세계한인언론인협회, 해외동포언론사협회 등에 가입을 하고, 대사관 및 파견 정부 기관, 한인총연합회 및 지역한인회·지회, 직능단체 등과 유기적인 협력 체계를 구축하였다. 앞으로도 언론인협회는 필리핀 내 한인과 한인 기관으로부터 신뢰를 확보하며 홍보 주목도 강화를 위해 내실 및 외연확장에 주력할 계획이다. 또한 차

재필리핀 한인언론인협회 대표 인사들
좌측부터 김대중 부회장(뉴스게이트 대표), 양한준 (마닐라서울 대표), 오명수 (하이필스 대표), 심재신 한인총연합회 회장, 전재종 (하이필스 기자), 최현준 (마닐라서울 기자), 원도연 (뉴스게이트 기자). 이 자리에서 재필리핀한인언론인협회 3대 회장으로 양한준 대표.(2023.3.9.)가 추대됨.

세대 육성을 위해 필리핀 한인 청소년 기자단 출범도 고려하고 있다.

[재필리핀 한인언론인협회 역대 회장]

성명	성명 (재임 기간)
1대 회장	장익진 (2008 - 2009)
2대 회장	남문희 (2010 - 2020)
2대 부회장 (회장 직무 대행)	김대중 (2020 - 2023)
3대 회장	양한준 (2023 - 현재)

제7부

MABUHAY
CANAAN FARMERS TRAINING CENTER FOUNDATION PHILS., INC
INAUGURATION
FEBRUARY 11, 1999

[필리핀 한인의 교육과 생활,
한-필 문화예술 교류 발자취]

제12장
한인 교육과 생활

1
필리핀 한국국제학교
KOREAN INTERNATIONAL SCHOOL PHILIPPINES

제 7 부

    필리핀 한국국제학교(Korean International School Philippines, KISP)는 2009년 9월 14일 18명의 학생을 시작으로 개교하였다. 필리핀의 한인 교민사회가 양적으로, 질적으로도 급속도로 크게 성장해 가던 중 교민자녀들의 교육문제에 대한 필요성과 이를 인식한 초대 홍성천 이사장의 각별한 노력으로 2002년 필리핀 한국학교 건립추진위원회를 구성한 후 7년여의 시간 동안 각계각층의 한인들 및 한국계 기업을 중심으로 250만 달러의 학교 건립비용을 모금하고 이러한 교민사회의 염원에 대한민국 교육과학기술부의 응답으로 지원금 250만 달러가 더해지면서 마침내 필리핀 한국국제학교가 개교할 수 있게 되었다. 그 후 장재중 이사장 시기를 거치며 초기 성장기를 안정적으로 가지며 기반을 다지고 이영백 이사장 시기 입시 명문으로 두각을 드러내기 시작한 후 강창익 이사장 시기를 거치며 교민사회의 상징으로 다시 한 번 도약하고 있다.

    한국인의 정체성을 가지는 글로벌인재 양성을 목표로 하는 민족의 학교를 건립하겠다는 꿈을 위해 모든 한인사회가 십시일반으로 힘을 합하여 준비한 결과가 필리핀 한국국제학교이며, 이제는 필리핀 교민사회의 자랑이자 하나의 커다란 상징이 되어있다.

영어 상용 국가에 개교하는 최초의 초중고 통합운영 재외한국학교

필리핀 한국국제학교는 영어를 사용하는 국가에서 재외한국학교의 설립과 유지는 현실적으로 어려움이 많고 불가능에 가깝다는 기존의 통념을 드디어 깨뜨린 최초의 학교이다. 필리핀보다 앞서 미국 로스앤젤레스에 남가주한국학교를 설립하려는 시도는 금새 무산되었던 적이 있고, 싱가포르는 초등부 개교 후 중고등부를 추가로 개교하기까지 10년 가까운 시간이 필요했으며, 말레이시아에서도 초등부 개교 이후 현재까지도 중고등부를 개교하지 못하는 어려움을 겪고 있다. 일반적으로 영어 사용국에서의 한국학교는 많은 국제학교와의 경쟁 속에 제대로 버티기 어렵다고 보는 것이 일반적이고 필리핀 역시 그중 한 곳에 해당한다.

필리핀 한국국제학교 졸업식(2016)

필리핀 한국국제학교 입학식(2019)

하지만 필리핀 한국국제학교는 그 어렵다는 영어 상용국가에서 한국어와 한국의 교육과정을 기반으로 하는 한국학교임에도 우리의 정체성과 역사, 우리말 교육에 근본을 두면서 동시에 국제화 교육을 병행하는 고유의 강점, 즉 한국어와 영어를 모두 활용한 교육을 기반으로 오히려 수많은 국제학교 들과의 경쟁에서도 밀리지 않고 두각을 나타내며 발전, 성장해 가고 있다.

특히 주필 대한민국대사관과 한인총연합회 등 관과 민의 학교를 위한 관심과 협력을 토대로 꾸준히 학생 수가 늘어나고 학생과 학부모들이 원하는 교육을 성공적으로 수행하며 발전하고 있으며 이는 국민과 국가가 합심하여 꾸리고 발전해 나간 경우로 볼 수 있으며 재외한국학교의 영문 약자 KIS(Korean International School)의 시작이 필리핀 한국국제학교에서 비롯된 것은 우연이 아닐 것이다.

필리핀 한인사회가 시작한 100년 역사 속에 민족의 미래는 자녀들의 교육과 미래임은 명약관화한 바, 필리핀 한국국제학교는 영어 상용 국가에서 성공적으로 개교하여 성장, 발전한 최초의 초·중·고 통합 한국학교로 교민사회의 미래와 발전을 함께 하면서 교민사회의 커다란 상징으로 그 역할을 지속하고 교민자녀 교육에 대한 막중한 역할을 지속적으로 수행해 나갈 것이다.

[필리핀 한국국제학교 연혁]

시기	개요
2002. 05.	필리핀 한국학교 건립추진위원회 구성
2004. 05. 31.	필리핀 교육부(Department of Education) 학교 설립 인가
2004. 06. 04.	Korean School Foundation Philippines, Inc. 설립(초대 이사장: 홍성천)
2005. 04. 27	필리핀 한국국제학교 부지매입 계약 체결
2005. 07. 11.	교육부(당시 교육과학기술부) 학교법인 필리핀 한국학교재단 설립허가
2006. 11.	필리핀 한국국제학교 교사 건축 시작(기공식)
2009. 05. 13.	교육부(당시 교육과학기술부), 초·중·고등학교 운영 승인(고교: '09. 11. 18.)
2009. 08. 10.	초대 김성미 교장 부임
2009. 09. 14.	필리핀 한국국제학교 개교 및 제1회 입학식
2010. 02. 18.	제1회 졸업식(초 3명, 중 6명)
2010. 07. 27.	교육부(당시, 교육과학기술부), 병설유치원 운영 승인
2012. 08. 21.	제2대 황순태 교장 부임
2013. 03.	필리핀 한국국제학교 제 2기 이사회 출범(이사장 : 장재중)
2015. 08. 21.	제3대 김종호 교장 부임
2015. 08. 27.	필리핀 한국국제학교 증축위원회 결성
2017. 03.	필리핀 한국국제학교 제 3기 이사회 출범(이사장 : 이영백)
2017. 08. 08.	필리핀 한국국제학교 병설유치원 재개원
2018. 08. 21.	제4대 나현균 교장 부임
2019. 08. 21.	유치원 학급 증설(1학급 → 2학급, 교육부로 신청: '19. 06. 31.)
2019. 09. 10	필리핀 한국국제학교 개교 10주년 기념식
2021. 03.	필리핀 한국국제학교 제 4기 이사회 출범(이사장 : 강창익)
2021. 08. 21.	제5대 최경식 교장 부임
2022. 03. 11.	등교수업 재개(코로나-19 감염병 예방을 위해 2020. 03. 09. 부터 원격수업 실시)
2023. 12. 29.	제15회 졸업식(유치원: 9명, 초등학교: 9명, 중학교: 20명, 고등학교: 12명)
2024. 08. 21.	제6대 최성보 교장 부임
	※ 졸업생 수(유치원~고등학교) 누계: 602명 (유치원: 56명, 초등학교: 198명, 중학교: 200명, 고등학교: 148명 / 유치원은 2018학년도부터 포함)

2
필리핀 한글학교
KOREAN SCHOOL PHILIPPINES

필리핀 한글학교는 1970년 8월 15일, 한국어와 한국 문화, 역사 교육을 통해 한국인의 정체성과 자긍심을 고취시키고 자랑스러운 대한의 시민으로 성장할 수 있도록 지도하기 위해 설립되었다. 필리핀 한인총연합회의 산하기관으로서 주필리핀 한국대사관 허가를 받았으며, 재외동포재단과 한인총연합회로부터 재정 지원을 받아 운영되고 있다.

50년의 역사와 미래

필리핀 한글학교는 1970년 설립 이후 여러 교장의 지도 아래 발전해 왔다. 노경문 교장이 초대 교장으로 학교를 설립했으며, 이후 김병국, 민병희, 정천표, 한상태, 이성칠 교장이 이어서 학교의 발전을 이끌었다. 각 교장들은 학교의 확장, 교과 과정 개선, 학생 증가 활동 등 학교 발전을 위해 노력하였다.

필리핀 한글학교는 한국어 교육뿐만 아니라 다양한 문화 및 역사 교육을 통해 필리핀 내 한국인의 정체성을 강화하고자 노력해 왔다. 한글날 기념 백일장을 시작으로 필리핀국립대학교 행사에 참여하여 한국 민속문화를 소개하였고, 한인 동포들을 대상으로 애국가 바로 부르기 운동을 전개하였다. 또한, 본국 대학 진학을 위한 고급반을 설치하고, 태권도와 무용 등의 특별활동반을 증설하여 학생들의 다재다능한 성장을 도모하였다. 추석행사, 통일골든벨, 3.1절 행사 참여, 백일장, 동요부르기 대회, 운동회, 어린이날 행사, 다채로운 행사 등, 이러한 노력은 필리핀 한글학교의 발전과 함께 한국인의 문화적 자긍심을 고취시키는 중요한 활동으로 자리잡았다.

[필리핀 한글학교 역대 교장]

회차	성명	회차	성명
1, 2대	노경문	23대	이건우
3대	김병국	24대	윤유진
4대	민병희	25대	김경우
5대	정천표	26대	박병욱
6대	한상태	27대	정우철
7대	이성철	28대	김윤환
8, 9대	이석구	29대	문세화
10대	임은진	30대	함미자
11대	이철주	31대	김승례
12대	김희영	32대	유기회
13대	신용기	33대	이영백
14대	윤화진	34대	황인수
15대	이영우	35대	안경애
16대	구달회	36대	김성미
17대	김달현	37대	황순태

회차	성명	회차	성명
18대	위성용	38대	김종호
19대	정종섭	39대	나현균
20, 21대	이승윤	40대	최경식
22대	이정수	41대	최성보

필리핀 지역사회 및 한인단체와의 협력

　필리핀 한글학교는 한인 단체와 긴밀한 협력을 통해 다양한 활동을 진행해 왔다. 학부형 참관 수업을 실시하였고, 새마을 교육과 함께 본국의 수재민을 위한 의연금을 전달하였다. 또한 6. 25 기념행사로 필리핀 국립묘지를 찾아 한국전 참전 전몰용사 묘비에 헌화하고, 조국 방위 성금을 한국일보사에 전달하는 등, 필리핀 한인사회와 본국 간의 유대관계를 강화하였다.

　필리핀 한글학교는 지역사회에서도 다양한 공헌을 해왔는데 특히 해군함

필리핀 한글학교 동요대회(2017)

환영 및 마닐라항(Port of Manila) 대청소의 날 참여와 고국 수재민 돕기 성금 모금 활동은 필리핀 지역사회와의 연대감을 강화하는 중요한 활동으로 기억된다. 이러한 활동은 필리핀 내 한국인 공동체의 이미지와 위상을 높이는 데 기여했다.

향후 계획

필리핀 한글학교는 앞으로도 한국어와 한국 문화, 역사를 가르치는 교육기관으로서의 역량을 강화하고, 학생들이 한국인으로서의 정체성을 확립할 수 있도록 다양한 프로그램을 도입할 계획이다. 전통문화체험 교육, 교민 행사 참여, 글로벌 리더 교육, 다문화 교육, 봉사활동 권장 등 다양한 교육 프로그램을 통해 국제적인 인재로 성장할 수 있도록 지도하고자 한다.

필리핀 한글학교 협의회

한국을 떠나 다른 나라에 정착해 새로운 삶을 일구는 한인들에게 가장 중요한 문제 중 하나는 단연 자녀 교육이다. 필리핀으로의 이주의 목적이 무엇이든 간에 한인들에게는 자녀들에게 양질의 교육을 제공하고 좋은 학교에 보내는 데 크나큰 관심이 있어왔다. 이러한 이유로 많은 한인들은 국제학교 혹은 사립학교에 초등, 고등학생 자녀들을 취학시키는 경우가 많았다. 또한 다소 비슷한 문화권이라는 특수성 때문에 중국계 필리핀인 자녀들이 수학하는 화교학교도 한인 부모들이 선호하였고 이 경우 영어와 필리핀어 외에 만다린 중국어를 배울 수 있다는 이점도 있었다. 하지만 한국인으로서의 정체성을 심어주고 유지케 하기 위해 한국어교육이 필요했으며 이러한 수요에 따라 필리핀 각지에 다양한 한글학교가 세워지기에 이른다.

[필리핀 한글학교 협의회 회원 목록과 전교생 현황](2024년)

기관명	전교생					계
	유치	초	중	고	성인	
필리핀 한글학교	102	159	29	0	0	290
바기오한글학교	6	45	2	0	0	53
다바오한글학교	6	16	1	2	5	30
남부한글학교	10	12	18	6	4	50
앙헬레스한글학교	27	53	12	11	39	142
한국쉐마학교	0	27	4	0	0	31
수빅한글학교	4	13	6	6	12	41
구세군마닐라한글학교	5	6	2	1	6	20
카비테한글학교	2	12	8	0	0	22
글로벌크리스찬아카데미	7	31	25	7	33	103
가가안한글학교	1	17	5	6	5	34
일로일로한글학교	9	19	8	0	6	42
산타로사한글학교	0	10	5	3	0	18
은광한글학교	9	16	4	5	2	36

제7부

3

필리핀 한국학생협의회
KOREAN STUDENTS ASSOCIATION IN THE PHILIPPINES

일제강점기에 필리핀으로 유학을 온 대표적 한인은 오영섭이 있었는데 1935년 6월부터 1938년 3월까지 제7안식일재림교회 필리핀유니온대학교에서 유학하였다(김동엽, 2021). 당시 조선인으로서 인삼 행상으로 필리핀을 드나들거나 거주하는 한인들이 중국인들이 자리잡은 차이나타운 근처에 거주하고 있었다고 한다. 1935년 필리핀으로 이주해 초대 한인회장을 지낸 박윤화 씨는 필리핀국립대학교 마닐라캠퍼스 영문과 재학 중 태평양전쟁이 터졌다고 증언한 바 있으며 1939년 4월에는 필리핀 마닐라의 유니온대학교를 졸업한 이여식도 파악된다.

해방 이후 현대화를 거치면서 1975년 대한항공 직항 노선이 생김에 따라 1970년대 말까지 유학생 수와 지상사 주재원 수가 늘어났다. 해외여행이 자유롭지 않았던 다시 필리핀으로 유학 온 한인으로는 전 민주당 최고위원 박영숙 의원, 이성근 전 한성대 총장 등이 있으며 필리핀국립대학교 로스바뇨스캠퍼스(University of the Philippines Los Baños, UPLB) 내 소재한 세계미작연구소

제22대 한학협 발대식(회장 서민지, 2019.9.21)

(International Rice Research Institute, IRRI)에 유학 오는 한인들의 수가 급증하기도 하였다. 다년간의 해외 경험으로 필리핀에 유학 와서 정착한 고 김용찬 씨는 1972년 필리핀국립대학교 경제학과 학사를 졸업하고 아시아경영대학원 경영학 석사, 필리핀국립대학교 경영학 박사과정을 마친 이력이 있다.

필리핀 현지의 한인 유학생들을 위한 비영리단체인 필리핀한국학생협의회(한학협)는 당시 마닐라와 각지의 대학에서 유학하고 있던 젊은 한인들의 주도 하에 설립되었다. 지금으로부터 약 반 세기 전에는 한국을 떠나 유학을 하는 젊은이들이 흔치 않은 시절이었다. 연세대학교 신학과를 졸업하고 신

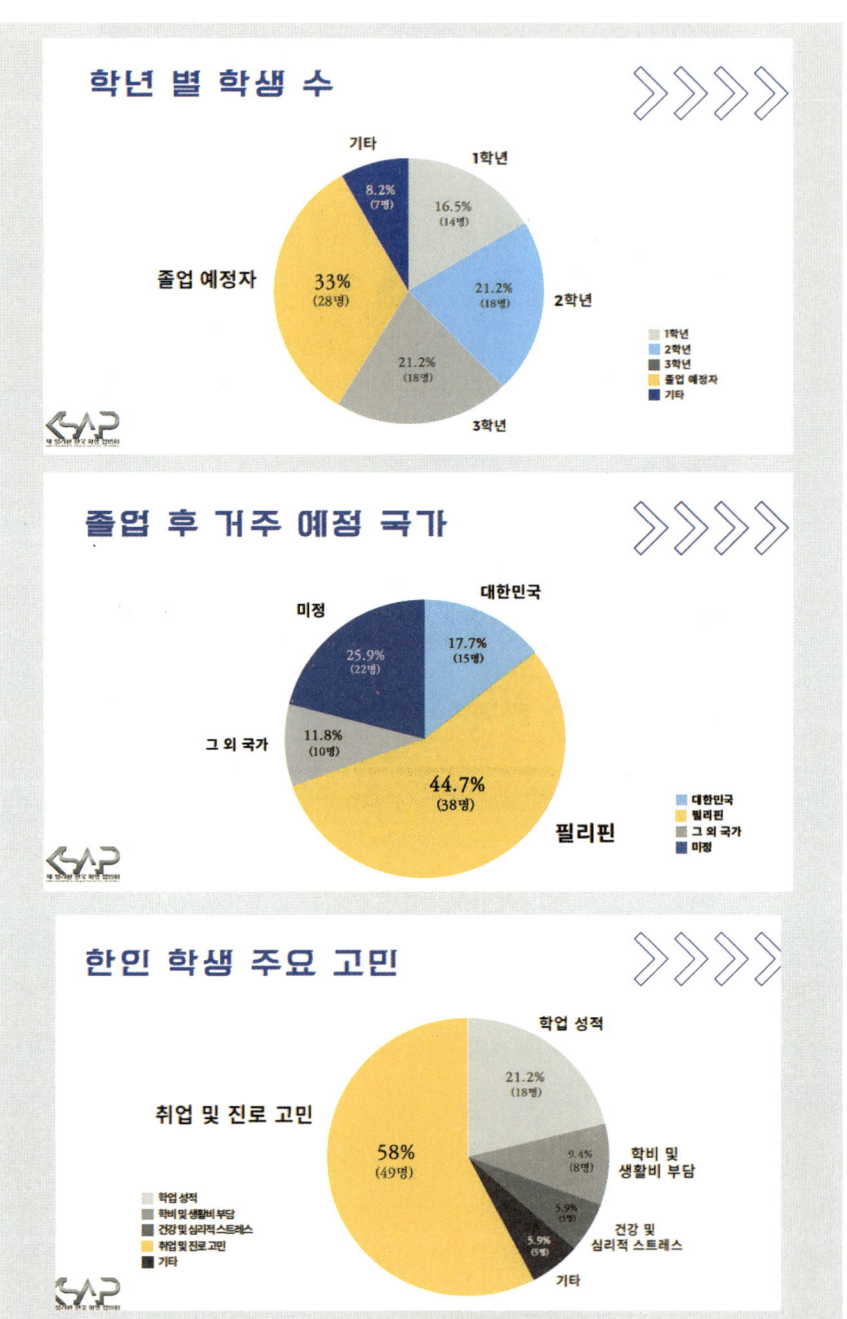

학 공부를 위해 1977년 필리핀으로 유학 와 데라살대학교(De La Salle University) 심리학 석사학위를 취득한 전 한인회장 박현모 씨가 초창기 한학협대표를 맡아 당시 마닐라 등지에서 수학하던 젊은 한인 학생들과 우애를 다지고 친목을 도모하기 위해 다양한 활동을 해나가기 시작하였다.

필리핀 한국학생협의회(한학협)는 1997년 당시 필리핀에 유학중이던 김대중(전 민주평통지회장, University of the East 출신) 씨와 박현모(De La Salle University 출신, 전,한인총연합회장) 씨의 주도로 설립됐다. 한학협 설립과 동시에 당시 University of the East 재학생이던 정성문 씨를 초대회장으로 추대되어 본격적인 활동을 시작했다.

한학협은 필리핀에서 수학하는 한인 대학생들을 통해 봉사하고 학생들 간 소통을 활성화하며 한인 청년들이 새로운 만남의 장에서 성장할 수 있는 건전한 대학 커뮤니티를 만드는 것을 목표로 하고 있다.

2025년 현재 25기를 맞은 한학협은 총 13개 필리핀 대학 내 150명 이상의 한인 학생이 회원으로 등록이 되어 있다. 1학년에서 졸업 예정자까지 다양한 학년으로 구성이 되어 있으며2024년 실시된 설문조사에 따르면 거의 절반에 이르는 회원 학생들이 졸업 후 필리핀에 거주할 예정이라는 의사를 밝혔다. 한인 학생들의 주요 고민은 취업 및 진로 고민이 가장 큰 것으로 나타났는데 이를 위해 필리핀 한인무역인협의회와 필리핀 한국상공회의소 등 한학협 과거 회원으로서 필리핀에서 취업이나 창업을 하여 현재까지 거주하고 있는 선배들이 정기적으로 설명회와 세미나를 개최해주는 끈끈함을 보여준다.

한학협은 필리핀에 머무는 한인 대학생들이 현지 문화에 동화하면서도 한국 문화를 잃지 않고 한국 현대문화도 즐길 수 있는 다양한 행사도 개최하는데 매년 체육대회, 친목회, MT 등 창의적인 행사를 개최해오는 것이 특징적이다.

[한학협 역대 회장]

회차	성명 (재임 년도)
1대	정성문 (1997 - 1998)
2대 -10대	회장 정보 미파악
11대	이삭 (2008 - 2009)
12대	변상진 (2009 - 2010)
13대 - 14대	김호수 (2010 - 2012)
15대	김종찬 (2012 - 2013)
16대	한수민 (2013 - 2014)
17대	유동호 (2014 - 2015)
18대	사재형 (2015 - 2016)
19대	강현석 (2016 - 2017)
20대	이총명 (2017 - 2018)
21대	이제한 (2018 - 2019)
22대	서민지 (2019 - 2020)
(2020 - 2022 코로나19로 활동 중단)	
23대	형민혁 (2022 - 2023)
24대	오채혁 (2023 - 2024)
25대	고은수 (2024 - 2025)

4 필리핀 내 한국어 교육과 한국학의 위상

최근 한국 문화의 위상이 높아지고 한국이 다양한 국가와 외교관계를 밀접하게 수립함에 따라 여러 나라에서 한국어와 한국학 과정을 개설하려고 하는 움직임이 많아지고 있다. 필리핀 역시 예외가 아닌데 필리핀은 1990년대 초반 한국인의 이주가 가속화되고 2000년대 초반 이후 드라마와 영화 등이 현지인들의 사랑을 크게 받기 시작하면서 다양한 교육기관에서 한국어교육 붐이 일어나기 시작했다.

필리핀국립대학교(University of the Philippines, UP)는 1991년 당시 마닐라에 거주 중이던 한인 동포들의 작은 참여로 한국어를 교양과목으로 개설하게 되었다. 당시 필리핀국립대학교 화학과에서 강의를 하고 있던 이종화 교수 역시 자원봉사 강사로 참여해 언어학과에서 최초로 한국어를 교양과목으로 개설하였다. 초창기에는 한인으로서 한국어를 전파하고자 하는 책임감에 필리핀 대학생을 대상으로 한국어 강의를 시작하였고 시간이 흘러 2009년 한국국제협력단에서 한국어교육 봉사 단원 파견을 시작하면서 한국어교육 봉

필리핀국립대학교 출신 한국어 교원들

사단원이 언어학과와 아시안센터에서 한국어 수업을 담당하였다.

2010년을 전후로 한국인 교수들이 한국국제교류재단(Korea Foundation, KF) 객원교수로 파견이 되면서 한국어, 한국학 과목이 더욱 다양하게 개설되었다. 동시에 한국어가 가능한 언어학과 졸업생들이 강사로 고용되기 시작하면서 한국어 과목 수와 학생 수가 급증하였다. 이 시기 아테네오데마닐라대학교, 산토토마스대학교 등 유수의 사립대학교 역시 한국어 과목을 개설하고 석박사 과정을 한국에서 마치고 돌아온 필리핀 학자들이 증가하면서 한국어와 한국 관련 과목을 학문적으로 접근하기 시작한 시점으로 볼 수 있다.

아테네오데마닐라대학교(Ateneo de Manila University)는 2009년부터 학내 아시아연구센터(Ateneo Center for Asian Studies, ACAS)에서 대중 대상 한국어 과정을 개설하였고 현대언어학과(Department of Modern Languages)에서는 학부생을 위한 한국어 교양과목이 개설되었다. 2012년부터는 한국학 부전공 과정을 위한 준비단계가 시작되어 마침내 2014년 한국학 부전공(Minor in Korean Studies) 과정이 신설되었다.

일로일로에 위치한 웨스트비사야스주립대학교(West Visayas State University)는 2000년 어학당(현 외국어센터)을 통해 개인 교습 형태의 한국어 교육이 시작된 후 그 해 11월 영어학과를 시작으로 대학 내 교양 강좌로 한국어가 개설되었다. 이후 현재까지 호텔·레스토랑경영학과, 관광학과 등으로 확대되어 매 학기 다양한 전공의 학부생들이 한국어를 수강하고 있다.

2018년 6월에는 필리핀 고등교육위원회(CHED)의 외국어학사 한국어 전공 과정(Bachelor of Arts in Foreign Language Major in Korean)이 마침내 승인을 받아 4년제 한국어 학위과정이 신설되는 쾌거를 이루기도 했다. 현재 본 과정은 한국인 강사 3인과 제1회 졸업생 출신의 현지인 강사 1인, 총 4인의 교수진이 담당하고 있다. 2018년 1회 졸업생 배출 후 지금까지 총 80명의 졸업생을 배출하였으며 현재 총 118명의 재학생이 본 과정을 이수하고 있다.

웨스트비사야스주립대학교 한국어 과정은 한국의 배화여자대학교, 부산대학교 등과 협정을 체결하여 언어 교환 프로그램, 온라인 몰입 수업 등을 지속적으로 진행해오고 있고 2024년 7월에는 일로일로 세종학당 설립이라는 새로운 도전을 통해 한국어에 관심 있는 일로일로 시민들이 무료로 한국어를 배울 수 있는 기회를 마련하고 있다. 6개월간의 임시 운영 기간을 거친 후, 올해부터 정식으로 출범한 일로일로 세종학당은 일로일로 및 파나이섬 내 한국어 관련 교육 기관들과의 협력 네트워크를 구축하여 지역 내 보다 체계적이고 효율적인 한국어 교육의 기반을 마련하고자 한다.

웨스트비사야스주립대학교 일로일로세종학당 교원들

마닐라 근교 리잘시 안티폴로에 위치한 필리핀국제대학교(Philippine International College, PIC)는 초기 송평구 선교사의 사택에서 '필리핀성결대학'으로 시작하였다. 2000년대 초반 안티폴로시로 부지를 마련하고 새 교사를 신축, 이전하면서 새로운 부흥기를 맞이하게 된다. 서울제일교회의 후원으로 부지를 마련한 국제성결대학은 이후 이사 소속 교회들의 후원으로 본관과 기숙사를 건축하였으며 수원교회의 후원으로 대학 교회를 신축하여 대학의 면모를 일신하였다.

매년 20여 명의 졸업생을 배출하고 있는 필리핀국제대학교는 필리핀 교육부의 인가를 받은 4년제 대학으로 한국학(BA Korean Studies) 정규 학사학위를 수여하고 있으며 목회자 재교육과 연장교육을 위해 대학원 과정을 개설하여 운영하고 있다. 또한 한국인 학생들을 위한 어학연수 과정을 개설하여 저렴한 비용으로 영어를 배우고 자연스럽게 필리핀에서 유학할 수 있도록 돕고 있다.

[한국어/학 개설 필리핀 고등교육기관]

	국립/사립	기관명	지역	프로그램
현재 개설	Public	University of the Philippines - Diliman	Quezon City, NCR	Minor, Elective, Extramural/Certificate
	Public	Polytechnic University of the Philippines - Sta. Mesa Campus	Quezon City, NCR	Elective
	Public	West Visayas State University	Iloilo, Western Visayas	Elective, Major, Extramural/Certificate
	Public	Marcos Mariano State University	Batac, Ilocos Norte	Extramural/Certificate
	Public	Jose Rizal Memorial State University	Dipolog, Zamboanga del Norte	Elective
	Public	Bataan Peninsula State University	Balanga, Bataan	Extramural/Certificate
	Public	University of Rizal System	Tanay, Rizal	Elective

국립/사립		기관명	지역	프로그램
현재 개설	Private	Philippine International College	Antipolo, Rizal	Major, Elective
	Private	UST-Angelicum College King Sejong Institute Quezon City	Quezon City, NCR	Extramural/Certificate
	Private	Ateneo de Manila University	Quezon City, NCR	Extramural/Certificate, Minor, Elective
	Private	De La Salle Saint Benilde	Manila City, NCR	Elective
	Private	Enderun Colleges	Taguig City, NCR	Elective, Extramural/ Certificate
	Private	Far Eastern University	Manila, NCR	Elective
	Private	University of Santo Tomas	Manila, NCR	Elective
	Private	Lapu-Lapu Cebu International College	Lapu-Lapu, Cebu	Major, Elective
이전 개설	Public	Batangas State University	Batangas City, Region IV-A	Elective
	Public	Aurora State College of Technology	Baler, Aurora	Elective
	Public	Philippine Normal University	Manila City, NCR	Elective
	Private	Colegio de San Juan de Letran	Manila City, NCR	Elective
	Private	Philippine Women's University	Quezon City, NCR	Elective
	Private	New Era University	Quezon City, NCR	Extramural/Certificate
개설 요망	Public	Tarlac State University	Tarlac City, Pampanga	N/A
	Public	Leyte Normal University	Tacloban, Leyte	N/A
	Public	University of the Philippines - Los Baños	Los Baños, Laguna	N/A
	Public	University of the Philippines - Clark	Clark, Angeles	N/A
	Public	University of the Philippines - Cebu	Cebu	N/A
	Public	Pampanga State Agricultural University	Pampanga	N/A
	Private	Lorma College	La Union	N/A

위 표를 통해 2024년 현재 한국어를 개설하고 있는 필리핀 대학의 목록을 보면, 지속적으로 유지되고 있는 기관과 과거에 개설하였으나 현재 강사 수

한-필친선협회를 찾은 동아리 UP Arirang

급 문제, 재정 문제 등으로 한국어교육이 이루어지지 않는 기관, 앞으로 한국어교육을 시작하고자 하는 기관의 세 분류를 볼 수 있다. 한국에 대한 관심이 증가하며 대학에서도 한국어와 한국학을 학문적으로 접근하려는 움직임이 커지는 만큼 앞으로 더 많은 필리핀 대학에서 한국학 관련 과정이 지속성을 가지고 개설될 수 있도록 한인사회와 정부의 지원이 필요해 보인다.

과거에 비해서는 필리핀에서도 한국어가 유창한 자들에게 고용의 기회가 많아졌다. 필리핀 주재 국제적 기업에서는 대체로 한국어 담당자를 필요로 하며, 한인이 운영하는 업체에서도 영어와 필리핀어를 넘어 이제는 한국어를 할 줄 아는 이들을 고용하려는 추세가 이어지고 있다. 또한 양국의 교류가 다방면에서 활발해지면서 경제적인 교류 역시 증가를 하였는데 2005년 최초로 고용허가제가 실시되면서 한국에 근로자로 가려는 필리핀인들은 고용허가제 한국어능력시험을 필수로 보게 되었다. 이로 인해 사설 한국어학원이 점점 증가하게 되었다.

한국어와 한국학이 개설된 대학교를 중심으로 한국 문화에 열정적인 동아리 활동도 적극적으로 이루어지고 있다. UP Arirang, HallyUP, Ateneo Blue Hanguk, Annyeong Tomasino, Annyeong PNU, Euyeomuyeo, KeepUP 등

한국의 대중문화나 피상적인 면만을 이해하는 것에서 벗어나 더욱 심층적이고 한-필 교류에 공헌할 수 있는 바를 찾고자 하는 필리핀 젊은이들이 늘어나면서, 자연스럽게 한국학에의 관심, 한국으로의 유학 등으로 이어지는 고무적인 모습을 보인다.

한류, 교육외교, 그리고 한국학의 위상

앞서 언급한 바와 같이 2000년대 이후 한국 문화의 필리핀 유입이 급속도로 증가하고 한국 문화에 대한 필리핀인들의 관심도 높아짐에 따라 한국에 대해 더욱 깊이 있게 알고자 하는 이들이 늘었다. 2010년대 초반까지 한국어를 배우는 학습자들의 동기가 한국의 대중문화에 머물렀다면 2010년대 중반부터는 한국에서 학위를 취득하고자 하는 동기가 눈에 띄게 증가한 것을 볼 수 있다. 이는 당시 한국 정부에서 정부장학생 사업을 전폭적으로 키워나가기 시작한 것이 긍정적으로 작용하기도 하였는데 대 필리핀 공공외교 중에서도 교육외교를 통해 친(親)한파를 육성하는 것이 얼마나 중요한 것인지를 인지한 터닝포인트라고 할 수 있다.

필리핀의 한국학은 타 국가, 특히 동남아시아의 이웃국가인 베트남과 비교를 해보면 양적 성장 면에서는 비교적 현재진행형이라고 할 수 있다. 하지만 계량적인 분석과는 별개로 필리핀 한국학의 차별화되는 점 역시 살펴볼 수가 있다. 우선 필리핀은 동남아시아 국가 중 한국과 지리적으로 가장 가깝다는 장점으로 한인 이민과 한국 문화의 유입이 활발히 이루어지고 이에 따라 관찰되는 흥미로운 현상이 증가하고 있다. 이를 다각적으로 분석하는 필리핀 학자들이 더불어 증가하면서 필리핀 현지의 한인과 한국 문화에 관한 연구물이 점차 증가하는 추세이다.

또한, 유사한 역사적 굴곡을 겪으면서 현대사 비교연구 관심 꾸준 한-필

제7부

2025년 10회를 맞은 필리핀 한국학회 (Philippine Korean Studies Symposium)

관계를 위한 연구, 정부기관에서도 관심을 기울이고 있다. 마지막으로 대학 같은 학문 기관 외에도 필리핀 정부, 비정부단체, 사회적기업 등 한국학 연구의 결과물이 다양하게 사용될 수 있는 경로가 생겨나고 있어 한국을 깊이 있게 이해하여 한-필 관계 문제에 창의적으로 응용하는 양국의 인적자원 창출이 눈에 띤다.

2016년 4월 문을 연 필리핀국립대학교 한국학연구소(UP Korea Research Center, UP KRC)를 대표로 필리핀 한국학 동향을 소개할 수 있다. 필리핀 전역에 아홉 개의 구성대학으로 이루어진 필리핀국립대학교는 본교 학술부총장실 산하에 한국학연구소를 설립하였다. 지역학 관련 연구소로는 현재 유일하게 학회 및 세미나 개최, 한국 관련 연구 학술 활동, 협력체계 구축, 지역사회 내 활동 등을 담당하고 있다. 필리핀국립대학교의 모토가 필리핀의 발전과 공공 서비스 제공을 포함하고 있는 만큼 타 대학 및 정부기관과도 긴밀히 협조하여 필리핀 대학생들과 연구자들에게 도움이 되는 학회, 대회, 한국학 자료 구축, 지식공유 등에 힘을 써오고 있다.

UP KRC는 한국 기관들과도 활발히 교류하며 필리핀 학생들과 연구자들에게 한국학으로의 관문 역할을 하고 있다. 전북대학교 동남아연구소와 부산외국어대학교 아세안연구소가 주최한 동남아언어캠프에 한국인을 위한 필리핀어 과정 개설 협조를 하기도 했고, 매년 연세대학교 미래캠퍼스 국제학 대학원과 공동주최로 대학원생 온라인 세미나를 열고 있다. 학술행사뿐만 아니라 한인 단체의 한인과 필리핀인 대상 문화, 장학 활동에도 적극적으로 임하면서 필리핀 내 한국학 연구기관으로서 쌍방향 발전을 지향한다.

마닐라 코리아타운 현장연구 중인 필리핀 학자들

초·중등교육기관에서의 한국어교육

필리핀 중고등교육기관 내 한국어교육은 타 국가, 특히 동남아시아의 이웃 국가들에 비해 출발점이나 양적 발전의 관점에서는 다소 후발주자로 인식되는 것이 현실이다. 일찌감치 한국 기업들이 진출하여 취업 기회가 늘어난 베트남, 인도네시아 등에서는 현지 대학에서 한국어 관련 학과 개설이 적극적으로 이루어졌으며, 태국에서는 2018년 태국 대학입학시험에 한국어가 제2외국어로 공식 채택이 되는 등의 움직임이 일었다. 반면 필리핀은 영어 공용어 국가로 한국계 사업체에서 한국어가 유창한 필리핀인을 고용하는 사례가 비교적 적으며 한국어나 한국학 관련 전공이 설치된 대학이 드물어 필리핀 교육부(Department of Education, DepEd)나 유관기관에서 큰 연관성을 찾지 못한 것이 사실이다.

필리핀 중등교육기관에서의 한국어교육은 2000년대부터 2010년대 초반까지 한국인 혹은 한국인 운영 기관 혹은 재단이 개인적인 관심을 가지고 접근하여 몇몇 사립 고등학교에서 한국어를 특별 과정으로 개설한 것을 볼 수 있다. 정인한국어재단, 세종학당, 선교사 주도 한국어 수업 등이 그 예인데 정규 교육과정에 포함이 안 되어 있었으며 방과후 취미 활동 차원의 한국어 수업이었고 지속성이 부족해 단기간 진행되는 편이었다. 이후 2017년 양국의 교육부가 필리핀 공립고등학교에 외국어 특별과정(Special Program in Foreign Languages)으로 한국어(SPFL-Korean)를 신설하는 상호협약을 체결함으로써 매년 선별된 필리핀 공립고등학교의 교사교육, 한국어 과목 지원 등이 이루어지고 있다.

SPFL-Korea 담당 교사교육은 필리핀한국문화원이 담당을 하고 있으며 문화원 내 세종학당을 통해 현지 교사교육이 이루어진다. 해당 교사들은 매년 세종학당 본부가 개최하는 학회에 참여함으로써 재교육의 기회가 주어지지

한국어 특별과정이 개설된 라스피냐스공립고등학교

만 현실적으로 교사 본인의 유창성에 있어서는 초급에 머무는 등 한계가 있다. 이는 SPFL-Korean 담당 교사들이 주 담당 과목을 맡으면서 한국어는 부수적으로 특수과목으로 맡는 구조이기 때문에 개인별 전공 분야가 상이하고 한국어 교수에만 전념할 수 없는 환경의 영향이 크다. 2024년 현재 필리핀 전역의 공립고등학교에서 SPFL-Korean 과정이 개설되어 고등학생들이 한국어를 수학하고 있다.

세종학당 유치

필리핀은 이미 스페인으로부터 독립 후 미군정 시기 영어가 헌법상 공용어로 제정이 되어 명실공히 영어권 국가 중 하나로 알려져 있으며 일본의 '대동아 공영권' 주장 하에 일본어 교육이 진행되기도 하였다(윤영주, 2016). 또한 수백 년에 이르는 중국인 이민 역사와 더불어 중국 남방 복건성 지역어, 보통화, 대만의 민남어 등이 자리를 잡은 지 오래이며 중국계 교육기관에서는 계승어 혹은 외국어로 언어교육을 이어온 지 오래이다. 이후 다양한 외국문화원이 개설되면서 공자학원, 세르반테스 인스티투토, 알리앙스 프랑세즈, 괴테 인스티투트 등과 같이 다양한 타국 정부와의 외교 관계 속에 필리핀인을 위한 외국어 학습 기관이 증가하기 시작하였고, 최근 세종학당이 한국어 교육기관으로 등장하게 되었다.

코로나19 대유행 이전 필리핀에는 5개의 세종학당이 개설되어 있었는데 당시에는 한인이 운영하는 한국어교육 유관기관이나 한인 선교사에 의해 개설이 되었다. 필리핀 수도 메트로마닐라 내 파사이, 까인따, 케손시, 그리고 필리핀 남부의 세부시에 각각 세종학당이 개설되어 있었으나 세종학당 본부의 평가와 다양한 요인으로 운영을 멈추는 곳이 발생했다.

이후 정책적으로 해외 한국문화원의 한국어교육이 문화원 세종학당의 형식으로 운영이 되어 필리핀한국문화원 세종학당이 거점 역할을 하였으며 2018년 바따안시 바따안페닌슐라주립대학교(Bataan Peninsula State University) 내 발랑가 세종학당이, 2022년 UST-Angelicum 대학 내 케손시 세종학당 1(KSI-QC1)이 한국기술대학교와의 협력을 통해 개원, 2024년에는 아테네오대학교 세종학당인 케손시 세종학당2(KSI-QC2)과 웨스트비사야스주립대학 세종학당이 차례로 개원을 하였다. 이와 같이 세종학당의 세 가지 설립 유형(독립형, 재외공관 연계형, 국내대학 연계형) 모두가 필리핀 세종학당 4개소에서 이루어지고 있다.

[필리핀 세종학당 현황]

유형	기관명	개설연도
독립형	까인따 세종학당(KSI Cainta)	2014
독립형	발랑가 세종학당(KSI Balanga, Bataan Peninsula State University)	2018
독립형	케손시티2 세종학당(KSI Quezon City 2, Ateneo de Manila University)	2024
독립형	일로일로 세종학당(KSI Iloilo, West Visayas State University)	2024
연계형	한국문화원 세종학당(KSI Korean Cultural Center)	2018
연계형	산 후안 세종학당(KSI San Juan, Batangas (Hongcheon City)	2019
연계형	세부 세종학당(KSI Cebu, Wonkwang Health Science University)	2019
연계형	케손시티1 세종학당(KSI Quezon City 1, UST-Angelicum College - Seoul National University of Science & Technology)	2022
연계형	센트럴루손대학교 세종학당(CLSU KSI, Central Luzon State University - Suncheon National University)	2025

한국 대학 유일의 필리핀학, 부산외국어대학교

필리핀국립대학교 정치학과에서 석박사를 취득한 김동엽 교수가 재직 중인 부산외국어대학교는 다양한 외국어와 국제학 관련 과목을 개설하고 있는

데 그중에서도 눈에 띄는 것이 필
리핀어와 필리핀학 관련 과목이
다. 부산외국어대학교는 정부의
지방대학 특성화(CK) 사업의 일환
으로 개편한 동남아창의융합학부
에 필리핀어 전공 트랙을 개설하
여 2015년부터 2019년까지 5년간
운영되었다.

코로나19 이전까지 필리핀국
립대학교 딜리만캠퍼스와의 협약
체결로 객원교수가 파견되어 필

부산외국어대학교 김동엽 교수 연구실에서

리핀어 과목이 강의하였고, 필리핀 역사, 필리핀 사회와 문화, 필리핀 정치,
필리핀 경제, 등 다양한 과목이 개설되었다. 그러나 정부 재정지원의 종료와
학생 수급의 어려움으로 필리핀어 전공트랙은 2023년 2월로 폐지되었다.

한편 2022년 9월 부산외국어대학교는 필리핀 정부에서 추진하고 있는 해
외 필리핀학 증진 사업 추진 기관
으로 선정되어 주한 필리핀대사
관을 통해 총 400만 페소의 재정
지원을 받았다. 본 지원금은 한-
필 학자/학생 교류사업, 한-필 다
문화 가정 자녀 장학금 전달, 필리
핀 특강 시리즈, 국제학술대회 필
리핀 세션 지원, 그리고 한국인을
위한 필리핀어 학습 교재 출간 등
에 활용되었다.

기금 전달식에서 서명하는 디존-데 베가 대사

부산외국어대학교는 전 세계 50개 언어를 교육하는 국내 최대 외국어 교육기관으로 자리매김하겠다는 목표 하에 다양한 외국어 강좌를 개설하고 있다. 이에 따라 2025년 3월부터 필리핀어 강좌를 개설하여 운영하고 있으며, 향후 마이크로 전공으로 발전시킬 계획이다. 본 필리핀어 전공 개설을 지원하기 위해 2025년 5월에는 주한필리핀대사관이 필리핀 정부를 대표하여 제2차 필리핀학 증진사업 지원 기금을 부산외국어대학교에 전달했다.

5

필리핀 태권도 진출 역사

1958년 이승만 대통령 임기 당시 베트남 대통령 고딘디엠(Ngô Đình Diệm)이 국빈방문을 하여 전방의 제29사단에 가서 태권도 시범을 보았고, 그 자리에서 한국군의 강한 면모와 그 기술, 그리고 위력에 크게 감명을 받았다는 일화가 있다. 고딘디엠 대통령은 귀국 후 당시 주월남공사 최덕신에게 태권도 시범단 초청 제안을 하고 1959년 3월 중순 이루어진 국군태권도시범단의 방문이 우리 태권도가 최초로 해외에 나가 순회 시범을 한 것으로 기록된다. 시범단은 베트남 외에도 필리핀과 대만 등을 순회하면서 태권도 시범을 선보였으며 1960년을 전후하여 군사 원조의 한 방편으로 태권도교관단 7백 명이 10년 4개월에 걸쳐 베트남 전 지역에 배치되었으며, 이들은 베트남의 군인, 경찰관, 학생, 민간인,

필리핀 태권도의 대부 홍성천 필리핀 태권도협회 이사장

그리고 베트남 주재 외국인에게 태권도를 지도하였다고 한다(나채만·이영훈, 2018).

　필리핀에서의 태권도 진출 역사는 한국 태권도의 세계화 흐름 속에서 중요한 사례 중 하나라고 할 수 있다. 1970년대 초창기에 김봉수, 이형기, 이종만, 박영만 사범 등이 필리핀에 태권도를 소개하여 초기 보급의 기반을 마련한 것으로 알려져 있지만 자세한 기록이 남아 있지 않다. 단, 1970년 페르디난드 마르코스 필리핀 대통령 초청으로 한국인 최초로 공식 입국한 김복만 사범(1934-2021)이 필리핀 초창기 태권도 보급 확산에 지대한 역할을 하였다.

　그후 1976년 홍성천 사범이 필리핀에 입국하여 필리핀에 태권도를 재도입 및 제도화를 주도 하였고, 1976년 필리핀태권도협회(Philippine Taekwondo Association, PTA)를 설립하여 이사장 겸 CEO로서 현재까지 이끌면서 필리핀 태권도 발전을 주도한 인물이다. 1976년 필리핀에 사범으로 진출할 때 필리핀 계엄령 상태에서 국방부장관 상원의원들 등을 지도하며 수많은 필리핀

한·필 외교수립 75주년 기념공연 장면

춘천 세계청소년태권도선수권대회에서 태권도 금메달을 획득한 타치아나 케지아 만진

상류층 자녀들에게도 태권도를 지도하였다고 한다.

"필리핀 태권도의 아버지"로 불리는 홍성천 사범은 2016년 8월 국기원 이사장에 취임하여 이사회 의장으로서 전세계 태권도 조직 운영에 대한 가이드를 설정하여 기술 정책 방향을 설정하고 필리핀 태권도협회 간에도 가교 역할을 수행하여 국제적 통합과 인증 체계 구축에 크게 이바지하였다.

필리핀에서는 1980~90년대 들어서 태권도의 인기가 증가하면서 학교 및 대학교의 체육프로그램에도 포함되기 시작하였고, 필리핀 정부는 태권도를 공식 스포츠로 인정하고 국가 대회와 교육기관에 도입하였다. 1980년대 후반에는 동아시아 경기대회 및 아시안 게임에 참가하는 대표팀을 구성할 만큼 성장하였다.

2000년대 이후 필리핀 태권도 선수들은 아시아 및 세계대회에 출전하여 점차 성과를 내기 시작하여 2008년부터는 올림픽에도 필리핀 대표가 출전하기도 했다. 특히 2024년 춘천에서 열린 세계 태권도 주니어 챔피언십 대회에서 여성 49KG급에서 타치아나 케지아 만진(Tachiana Kezhia Mangin) 선수가 여성 최초의 금메달을 획득하기도 하였다.

재필리핀 대한체육회장배 태권도대회(2007.12.15. 한알의 밀알체육관)

　현재 태권도는 필리핀에서 가장 인기있는 무술 중 하나로 자리잡았으며, 어린이부터 성인까지 폭넓게 수련 중이고, 필리핀 공교육 체계 안에서도 교과 과정에 포함되거나 선택과목으로 운영되고 있으며, 2005년에는 필리핀 대한체육회 산하에 태권도협회(초대 회장, 황량곤)가 설립되면서 많은 한국사범들이 필리핀 사범들과 함께 필리핀 각지에서 활동하고 있고, 수련생을 지도하고 있으면서 한국 태권도 보급에 큰 역할을 하고 있다.

6

소록유니재단

SOROK UNI FOUNDATION INC

소록유니재단(Sorok Uni Foundation Inc.)은 필리핀한인총연합회 '15대 회장인 장재중 장로가 2002년에 설립한 "소외된 이웃이

없는 필리핀 만들기(Philippines without forgotten neighbor)"를 목표로 소외된 한센인, 노숙자, 소수종족. 장애아동과 OSEC성범죄 피해자들의 재활, 교육, 자립을 돕는 사회복지재단으로 필리핀 사회복지부에 등록된 일급 NGO단체이다. 매해 약 5,000명의 여러 부류의 소외된 필리핀인들이 혜택을 받고 있다.

설립배경

사마리아 마을

설립자 장재중 회장은 1984년도에 필리핀으로 사업을 위하여 이주하여 ㈜유니쉽(Uni-Ship Inc.)을 설립하여 국제 화물운송을 하는 해운회사로 자리를

잡았다. 1994년에 대한민국 부산의 상애마을(음성나환자정착촌)의 천대성 목사를 만나, 필리핀에 음성나환우 재활센터를 건립하는 제안을 받고 사마리아 구라선교회(Samaria Mission International Inc.)를 설립하고, 이사회의 일원인 양한갑 선교사의 노력으로 필리핀보건사회부의 노스깔로오깐(North Caloocan)시에 있는 국립나병원 (Dr. Jose N Rodriguez Memorial Hospital) 소유지로 병원 바로 건너편에 위치한 나대지 9천평을 20년 무상 임대받아 음성나환자재활마을인 사마리아 마을(Samaria Village)을 건축, 1996년부터 운영하기 시작하여 필리핀 음성나환자의 재활을 도왔다.

사마리아마을은 약 80명의 치유된 나환자들의 생계와 재활을 돕는 시설로, 관리자로 대한민국의 소록도중앙교회 담임목사였던 박창훈목사가 천대성 목사의 권유로 1997년 필리핀으로 넘어 와 제1대 사마리아재활마을의 원장으로 2000년까지 섬기다가, 원장직을 사임하고 주위에서 나환자교회를 개척하여 운영하던 중, 2004년에 한국서 단기선교팀으로 오신 분들과 민도로에 갔는데, 권사님 한 분이 바다에 빠진 것을 구하러 뛰어 들었다가 함께 익사하였다. 제2대 원장으로는 한국서 장애인 사역을 하시다가 필리핀 선교사로 파송되어, 한국아카데미에서 체육교사로 근무하던 김명학 목사가 2000년에서 2006년까지 한센인들을 섬기고, 제3대 원장부터는 필리핀 분들이 운영하게 하여 빈센트 빌로네스(Vincent Billones) 목사가 임명되어 2014년까지 운영하였다. 2014년에 임대계약 종결로 필리핀보건사회부에 환원시켜 현재는 노스깔로오깐시의 종합병원인 Dr. Jose N Rodrigues Memorial Hospital 의 시설로 운영되고 있다.

소록유니마을

사마리아 마을이 정부에 환원될 것에 대비하여, 대한민국의 음성나환자 정착촌을 모델로 케손주 산안토니오시(San Antonio, Quezon Province)에 5헥타르

한센인 정착촌 마을(SOROK UNI VILLAGE in San Antonio, Quezon. Resettlement by works)

(15,000평)의 코코넛 농장을 구입하기 위하여, 필리핀재단법인 '소록유니재단 Sorok Uni Foundation Inc.' 을 설립하여, 2002년에 설립자인 장재중 이사장이 농장을 매입하고, 마닐라에 있는 치유된 나환자 (한국에서는 음성나환자라고 하는데, 이분들은 나병이 완치된 사람들임)들을 이주하기 위해, 교회와 주택들을 건축하여, 2003년에 이주하려고 하였으나, 주위의 마을 주민들의 강력한 반대에 부딪쳐 2008년까지 5년간 전혀 사용을 못하고 방치해 두었다가, 새로운 산안토니오 시장이 선출되면서 2008년 부터 조금씩 이주하게 되어 정착촌으로 자리매김할 수 있게 되었다. 현재는 마을 주위의 필리핀분들과 좋은 교류가 이루어져 마을의 치유된 한센인들에게 일자리도 제공하는 상황이 개선되었고, 마을 안에 있는 '소록삼위교회'에는 주위 바랑가이의 주민들도 함께 하고 있다.

소록유니 박물관과 기념묘지
소록유니마을 입구 한 건물에는 재단의 역사를 전시해 있는 박물관과 기념묘지가 있다. 기념묘지에는 현재 사마리아마을의 1대 원장인 박창훈 목사, 그리고 초창기에 장재중 이사장에게 한센인 사역에 큰 힘이 되어준 강영삼 대표(라구나 칼람바 88온천 최초 설립운영자), 그리고 소록유니마을 1대 원장인 말론 까스띨료(Marlon Castillo) 목사의 묘가 안치되어 있다. 앞으로도 필리핀 나환자를 위하여 사역하다 돌아가신 분들을 모실 곳이다. 설립자인 장재중 회장도 이 곳에 안장되기를 원하고 있다.

소록MCS 마을

민다나오 잠보앙가시의 파소볼롱에 민다나오국립나병원(Mindanao Central Sanitarium, MCS) 안에 나병을 치유받고 완치된 무슬림 나환자들의 무허가 집성촌 마을이 병원부지 안에 있다. 장재중 이사장이 2006년에 잠보앙가의 이 마을을 방문, 소록유니재단에서 돕겠다고 하고, 먼저 다 쓰러져 가는 회교에 배당(Mosque)을 재건축해주고 환영을 받게 되었다. 학교를 안 보내고 잠보앙가시의 길거리 동냥을 내보내 그 수입으로 살아가는 이 마을의 한센인 부모들을 설득하여, 마을 내에 유치원을 건축하고 아이들 교육을 시작, 가까이 위치하고 있는 공립초등학교(Paso Bolong Elementary School)와 MOA를 체결하였다. 마을의 아이들을 학교에 보내고, 학교에 점심식사대를 소록유니재단에서 지원하여 마을 아이들에게 점심을 학교

에서 공급하니, 모든 아이들이 점심을 먹기 위해 학교를 다니기 시작하였고, 그 후 몇 년 후부터 잠보앙가시 길거리에 앵벌이가 없어지고, 이 아이들이 성장하여 지금은 매년 몇 명씩 대학에 입학하고 있다.

마닐라 노숙자 지원 사역

마닐라 루네타 리잘 공원을 중심으로 노숙하는 필리핀 분들에게 매 주일 마닐라 시청 앞의 보니파시오공원(Liwasang Bonifacio)에 매 주일 약 500명의 노숙자들이 모여, 기독교 예배와 매주 1,000개의 햄버거를 직접 구워 분배, 의료 서비스 그리고 이발이용 봉사를 제공해오고 있다. 이는 송동엽 목사가 최초로 시작한 활동으로 2010년부터 소록유니재단에서 이양받아, 장재중 이사장과 이강수 사장(LG에어컨)이 협력하여 2019년까지 봉사하였다. 2020년 2월 코로나19 팬데믹으로 인하여 모든 집회가 불허되고, 더 이상 보니파시오공원에서 봉사활동을 이어 갈 수가 없게 되었다. 여기에 있던 노숙자들을 마닐라 시청에서 마리끼나(Marikina)시에 위치한 Manila Boys Town Complex 안의 시설 (La Kamada)로 이주 수용하고 있어, 소록유니재단에서 2020년에서 2024년 현재까지 이곳에 있는 노숙자들에게 봉사를 하고 있다.

민도로 망안족 원주민 교육

민도로 섬 사불라얀시의 망안 원주민 자녀들의 교육을 도와 달라는 시장의 요청으로 KOICA에 프로젝트를 제출하고 통과되어, 2021-2023년 망안족 (Mangyan) 2개 초등학교 어린이들 400명에게 디지탈 교육을 시작하여 성공적으로 마치고, 제 2단계로 2025-2027년까지 5개의 초등학교와 고등학교에 교육 영양개선 사업을 진행한다. 민도로 현지인들과 필리핀교육부 그리고 소수종족위원회에서는 망안족 교육에 대해 깊이 감사하고 있다.

민도로 망얀 소수민족 교육 프로그램

OSEC 소아성애피해자 재활 프로그램

필리핀은 소아아동성애 비디오 촬영을 많이 하는 나라 중 하나인데 이는 명백히 불법이다. 경찰이 습격하여 제작자 등은 체포하고, 배우로 혹사 당한 아이들을 구출하는데 이 여자 아이들의 평균 나이가 11세로, 구출된 아이들 어느 누구도 자기 집으로 돌려보내준다고 해도 돌아가지 않으려 하는데 이는 부모가 불법 행위를 자행하기 때문이다. 필리핀사회복지부에서 아이들의 보호소를 마련 못하고 NGO들에 도움을 청한다. 필리핀사회복지부와 소록유니재단이 MOA를 체결하여 2025년부터 50명의 아이들을 키우기로 하고 카비떼 실랑에 건물을 마련했다.

필리핀 소록단편영화제

필리핀의 프로와 아마추어 영화제작자 감독 배우 시나리오 작가등에게 영화제를 통한 상을 받을 기회를 제공하여 더 넓은 세계무대로 나아가는 발판을 마련해 주기 위하여, 2022년에 제1회 소록단편영화제(SSFF, Sorok Short Film

제7회 소록단편영화제 시상식

Festival)를 개최하여 2024년도에 제9회를 맞이한다. 그동안 약 600편의 단편
영화가 제출되었고, 각 대학 영화동아리, 아마추어 제작자 또한 외국서 상을
받은 프로들도 참여하여, 많은 영화학도와 제작자들이 도전할 수 있는 장을
마련해주고 있다. 장기적으로 필리핀 영화 발전에 큰 기여를 하고자 하는 목
표로 매년 영화제가 개최된다.

연락처

주소 Unistar Building, 1239 T. San Luis St. Brgy 847, Pandacan, Manila
1011

7

필리핀 망고장학회

망고장학회 조직 배경

망고장학회 조직은 재필리핀대한체육회에서 최초로 논의되었다. 체육회는 매년 한국에서 개최되는 전국체전에 선수단 및 임원 등이 100여 명 참가해오고 있었는데 필리핀 한인을 대표해서 참가하는 큰 행사인 만큼 장기적이고 의미 있는 기회를 더불어 만들면 좋겠다는 당시 윤만영 체육회장의 제안으로 한국의 한-필 다문화 가정의 자녀들 중 체육 특기생들에게 장학금을 주기로 결정함으로써 시작이 되었다. 2013년 제 94회 인천 전국체전 당시 처음으로 한-필 다문화 가정의 자녀 10명에게 장학금을 지급하였다.

윤만영 체육회장과 윤상식 망고장학회 회장은 2015년에 재필리핀 대한 체육회 산하에 망고 장학위원회를 결성하고 더욱 체계적이고 장기적으로 후원할 수 있도록 조직을 만들었다. 3대 이동수 회장 체제부터 필리핀 망고장학회는 이사장을 중심으로 약 25명의 망고 장학위원들이 활동하고 있다. 2019

망고장학회 윤상식 회장과 주한필리핀대사관 마리아 테레사 디존-데 베가 대사

년부터는 필리핀 출신 이자스민 전 국회의원이 한국에서 FILKOHA(Filipino-Korean Heritage Association)를 운영하고 있어서 그 단체의 학생 6명을 선발하여 매년 같은 날 장학금을 지급하고 있다.

한 알의 망고 씨앗이 숲이 되어

한국에서 한-필 다문화가정을 이루고 한국에서의 삶을 개척해 나가는 필리핀 어머니들, 그들의 나라에 사는 한인들이 한국을 방문해 장학금을 준다는 사실은 다문화가정의 한-필 자녀들에게 긍지를 느끼게 해주었으며 필리핀을 더욱 자랑스럽게 느끼는 계기가 되었다. 필리핀 어머니들에게는 더 큰 용기를 주었다고 한다. 장학생 선발은 각 시청 여성복지과에서 다문화가정 자녀 중 성적이 우수한 아이들과 가정형편이 어려워 실질적으로 도움이 시급한 아이들을 대상으로 선발해왔다.

망고장학회 전달식

한인사회에 미친 영향

망고장학회는 필리핀 한인사회 구성원들이 서로 돕고 협력할 수 있도록 공동체 의식 함양에 항상 힘을 써오고 있으며 이것이 여러 단체가 장학회를 구성하는 시발점이 되었다. 한인들이 장학회에 참여함으로써 소속감을 느끼고

수여식 사진

필리핀 내 한인이라는 자긍심을 가질 수 있는 단체가 되도록 노력해왔다. 또한 글로벌 시대에 발맞춰 국제적인 감각을 함양하고 다문화 사회에 대한 이해를 높였으며, 6.25전쟁 참전국가에 대한 보은의 차원에서 필리핀을 더욱 사랑하는 마음을 가지면서 궁극적으로 한국과 필리핀 간의 교육, 문화 교류를 활성화하여 양국간 우호 관계 증진하는 것을 목표로 노력 중이다.

향후 계획

필리핀 망고장학회는 한국에 살고 있는 필리핀 다문화 가정의 자녀들을 대상으로 시작했지만 필리핀 내에서 살고 있는 다문화 가정의 자녀들과 코피노 학생들에게도 확대하여 그들이 꿈을 꾸고 이룰 수 있도록 거름의 역할을 해 줄 계획이다. 또한 앞으로 필리핀 망고장학회는 단순하게 재필리핀 대한체육회에 국한된 활동으로 그치지 않고 필리핀 사회에 대한 긍정적인 이미지를 심어줄 수 있는 민간 외교 단체로서의 역할도 해나갈 예정이다. 필리핀 망고장학회는 단순한 장학금 지급을 넘어 필리핀 한인사회의 발전과 양국간 우호 관계 증진에 기여하기를 희망한다.

[필리핀 망고장학회 역대 회장]

대수	성명 (재임 기간)
1대 회장	윤만영 (2013년 - 2014년)
2대 회장	윤상식 (2015년 - 2019년)
3대 회장	이동수 (2021년 - 현재)

8

필리핀 가나안농군학교
CANAAN FARMERS TRAINING CENTER FOUNDATION PHILS. INC.

"황무지가 개척돼야 싹이 트듯 사람도 정신개척이 먼저이다."

(변화는 마음과 생각에서부터 시작된다)

1994년 필리핀 라모스대통령은 한
국 원주의 가나안농군학교의 교장인
김범일 장로를 필리핀으로 초청하여
한국의 가나안농군학교와 같은 기관
을 만들어 달라고 요청했다. 이에 김
범일 장로는 정부의 여러 리더들을 만
나 학교의 설립에 관하여 논의하였으
나 진행이 잘 안 되었다.

1994년 김범일 장로는 우연한 기회
에 필리핀에 자리잡고 있던 이관수 회

라모스 전 대통령과 김범일 장로

가나안농군학교 부지와 기공식 (1997)

장을 만나 학교 설립의 상황과 문제점 등을 설명하고 도움을 요청하여 동역이 시작되었다. 1995년에 필리핀 정부에 이관수 회장을 대표로 하여 필리핀 가나안농군학교(Canaan Farmers Training Center Foundation Phils, Inc,)로 정식으로 등록을 하고 학교 부지를 찾기 시작하였다.

그러나 개척을 위하여 적당한 부지를 찾기는 쉽지가 않았다. 2년 후인 1997년 3월 한국 가나안농군학교에서 파송된 이원석 선교사가 팜팡가 플로리다브랑카 구타드의 산에 위치한 부지를 발견하였다. 이 부지는 1991년 폭발한 피나투보 화산 근처에 있는 지역으로 화산재가 50센티 쌓여 있는 황무지였다. 이 황무지를 개척하여 학교로 만들기 위하여 1997년 6월 기공식을 거행하였다.

기공식 후 9월부터 건축을 시작하였으나 IMF로 인하여 건축은 중단되었다. 건축은 중단되었지만 한국에서 파견된 이원석, 김익환, 김현철 선교사는 농사를 짓기 위하여 퇴비와 왕겨를 뿌려가며 화산제가 덮인 땅을 개척하기 시작하여 생물이 꿈틀대는 옥토로 변화시키었다. 나무도 없고 잡초만 무성한 벌판에 대나무로 교회당을 건축하고 예배, 기도 그리고 안식처로 사용하였다.

1998년 8월, 시간이 지체되고 후원만을 기다릴 수 없어 건물을 스스로 건축하기로 결정하고 9월부터 건축을 시작하였다. 그러나 재정적인 여건으로 건물을 완전하게 건축하여 시작하는 것은 불가능하였다. 개교를 늦추기에

제7부

는 시간이 너무 흘렀기 때문에 완전하게 지어진 건물은 아니지만 학교를 시작하기 위하여 1999년 2월에 준공식을 거행하고 김익환 선교사를 교장으로 훈련을 시작하였다. 이 준공식에는 당시 주

대나무교회 준공식

필리핀 한국대사관 박동순 대사, 한인사회 대표, 필리핀 외교부 및 지방정부 인사, 그리고 멀리 한국에서 온 인사들이 참석하였다.

한국의 가나안농군학교는 1962년 김용기 장로가 설립하였다. 1931년부터 '조국이여, 안심하라'고 외친 김 장로는 이상촌운동으로 시작하여 복민사상과 개척정신으로 한국 사회에 지대한 영향을 끼쳤으며 가나안농군학교의 개척정신이 새마을운동의 기초가 되었다. 김용기 장로는 1966년 막사이사이상을 받았으며 시상식에 두루마기와 고무신을 신고 참석하여 화제가 되었다.

김용기 장로의 차남인 김범일 장로는 한국의 가나안농군학교를 국제화하기 위하여 방글라데시를 시작으로 해외에 가나안농군학교를 설립하기 시작하였다. 이를 위하여 한국에 세계가나안운동본부를 맡아오고 설립하여 지금까지 전 세계에 25개의 지부를 두고 있다. 이관수 회장은 세계가나안운동분부의 창립 멤버이며 2007년부터 필리핀 가나안농군학교의 교장 겸 이사

김용기 장로의 막사이사이상 수상 (1966)

가나안농군운동 세계본부 창립총회 (2003년)

장직을 맡고 있다.

필리핀 가나안농군학교의 비전은 한국의 발전 모델을 기초로 하여 의식개혁과 개척정신으로 세계의 정신적 육체적 빈곤을 퇴치하여 삶의 질을 향상시키는 것이다. 내가 먼저 열심히 일하고(근로), 내가 먼저 이웃을 섬기고(봉사), 때로는 이웃을 위하여 나의 가진 것을 내어주는(희생) 삶을 기초로 하여 생활교육과 마음의 변화를 통하여 인간을 변화시킴으로 보람이 있고 아름다운 삶을 살아갈 수 있도록 만들어 가는 것이다. "먹기 위하여 일하지 말고, 일하기 위하여 먹자" 라는 식탁구호를 통하여 일의 중요성을 강조하고 있다.

훈련과정은 의식개혁, 지역개발, 기업가정신 및 자연농업 등으로 이루어져 있으며 지역의 지도자, 공무원, 회사의 간부, 종교 지도자, 학생 및 외국인 등 각계 각 층의 지도자들이 훈련을 받을 수 있다. 2019년까지 약 9,000명이 훈련을 받았으며 지역과 각 기관에 많은 영향을 주었다. 농촌지도자에게는 자연농업과 기업가정신을 통하여 스스로 자립할 수 있는 있도록, 회사 간부

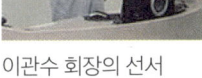
이관수 회장의 선서

들에게는 일의 중요성과 주인의식을, 정부지도자에게는 국민을 어떻게 올바른 섬길 수 있는지, 종교인에게는 사랑의 실천을, 학생들에게는 이웃을 위한 꿈을 가지고 도전하도록 권면하고 있다.

필리핀 가나안농군학교는 향후 안으로는 필리핀을 변화시키기 위하여 밖으로는 세계가나안운동의 중심적인 역할을 해 나갈 것이다. 필리핀은 인구와 인구분포도, 자원 및 지리적 위치 등 여러가지로 잠재력이 많은 나라이다. 그러나 빈부의 격차가 심하고 아직도 많은 사람들이 가난하게 살고 있다. 이를 타파하기 위하여 필리핀 가나안농군학교는 지속적으로 필리핀의 가난한 사람들이 정신개척과 의식개혁을 통하여 자신의 삶에 도전하도록 훈련하고 모든 사람들에게 정의와 사랑의 나눔을 실천하여 올바르고 보람된 삶을 살아갈 수 있도록 훈련해 나갈 것이다.

2015년부터 시작된 자립프로그램은 2024년 현재 농업(계란 생산판매)을 통하여 약 80% 정도 자립을 이루었으며 2025년 완전 자립공동체가 될 것이다. 현재는 현지인인 Neribeth Ignacio 여사가 교장으로, 이관수 이사장이 함께 섬기고 있다.

연락처

주소 Lot 1474, Gutad, Floridablanca, Pampanga, Philippines

9

사단법인 캠프

CAMP ASIA

　사단법인 캠프는 국제개발협력 NGO로 개발도상국의 취약지역과 주민들을 지원하는 것을 목표로 하고 있다. 2007년에 필리핀에 문을 연 캠프는 필리핀 내 불라칸을 시작으로 2025년 현재 중부루손(딸락,불라칸), 마닐라, 민다나오 등 4개 지역에서 중점 사업을 수행하며, 주민조직을 기반으로 일자리창출, 교육지원, 농업과 친환경에너지 사업, 보건의료 활동에 주력하고 있다. 현재는 농업사회적기업 올가(ORGA)와 카페 커먼그라운드(Common

봉제사업으로 창립한 '익팅(igting)'

딸락주립대학 근처에 개업한 카페 커먼그라운드
(Common Ground)

민다나오 다바오시 기후변화대응 농업사업　　필리핀 농업부와 진행하는 딸락주 콩 농사 사업

Ground)를 설립하여 농가에서 생산한 제품을 판매하며 농민소득을 증대하고, 청년 사회적기업가의 성장을 지원하는 사업을 운영하고 있다.

불라칸주 산호세델몬테시 이주민 지역을 중심으로 봉제사업을 구상하여 일자리가 없던 여성들이 스스로 생계를 이끌어나갈 수 있도록 '익팅(Igting)' 브랜드를 창립하였다. '엄마가 만든 가방(Nanay made this bag)'이라는 슬로건과 함께 필리핀 전통 문양을 나타내는 다양하고 화려한 디자인의 가방, 파우치, 모자 등을 만드는 익팅은 초창기 캠프의 물질적 지원으로 체계를 구축하고 생산과정을 공고히 한 후 현재는 독립적인 협동조합 형태로 사업이 지속되고 있다.

마닐라 도심 마카티시에 위치한 ORGA Healthy Food (올가) 매장은 캠프가 설립한 사회적기업 친환경먹거리 브랜드로 친환경 계란, 두부, 콩물, 유제품 등 직접 생산한 농산품으로 건강한 먹거리를 생산하여 판매함으로 한국 교민들과 현지인들에게 큰 사랑을 받고 있다. 딸락주의 농장에서는 농업 사회적기업 네이처링크(Naturelink)가 친환경계란, 친환경콩, 두부 등을 생산하고 다양한 작물을 지속성 있게 생산하기 위한 끊임없는 시도가 이루어지고 있다. 지역민들을 위한 농업교육도 진행되고 있으며 2024년부터는 딸락시 대학가에 카페 커먼그라운드(Common Ground)를 설립하여 농가에서 생산한 제품을 판매하며 농민소득을 증대하고, 청년 사회적기업가의 성장을 지원하는 사업을 추진해오고 있다.

2025포스코청암상을 수상한 이철용 대표

2023년부터는 민다나오 다바오시에서 두리안 생산농가를 중심으로 협동조합 'DAMAFACO'를 조직하였다. 기후변화로 생산량과 품질이 저하되어 생계에 어려움이 큰 농민들의 농장을 대상으로, 기후변화 데이터를 수집하고, 기후변화대응 농법을 적용하여 피해를 줄이도록 했다. 품종개량과 유기농업의 적용으로 생산된 좋은 품질의 두리안은 진공, 가공, 냉동하여 필리핀 전역에 유통한다. 기술역량과 협동조합 운영 체계가 강화된 협동조합은 현재 민다나오에서 협동조합을 확장하는 중이다.

2025년은 캠프에 뜻깊은 해로, 이철용 사단법인 캠프 대표가 25년간 사회적 약자를 위한 활동을 이어오며, 필리핀 빈곤지역에서 자립형 지원모델을 제시한 공로를 인정받아 포스코청암재단 봉사상을 수상하였다. 포스코 청암재단은 매년 과학상, 기술상, 교육상, 봉사상 부분에서 중요한 기여를 한 인물과 기관들이 수상자로 선정되었다.

제7부

연락처

주소 Lot A-2, Upper Quarry, Minuyan Proper, San Jose Del Monte City, Bulacan
전화 02 8354 2858 / 0905 307 0911

10
필리핀 한인대상 및
대한민국 유공 정부포상

필리핀 한인대상 포상과 수상자들

　필리핀 한인총연합회에서는 2014년부터 매년 한국과 필리핀 양국간의 우호증진 및 국위선양, 한인사회에 기여한 한국인 또는 필리핀인에게 한인대상을 수여해 포상하고 있다. 이 행사는 한인총연합회 이사회에서 매년 한인대상 선정위원회를 구성하여 엄격한 심사를 거쳐 수상자를 선정고 있으며, 한인대상 수상은 필리핀의 막사이사이상처럼 필리핀 한인사회에 좋은 이미지를 심어주고 있다.

　필리핀 한인대상 수여는 2014년부터 시행하였으며, 수상자 선정은 매년 한인총연합회 이사회에서 한인대상 선정위원회를 구성하여, 한국, 필리핀 양국간의 우호증진과 국위선양 및 동포사회에서 공로가 큰 한국인 또는 필리핀 사람을 선발하여 연말 한인총연합회 정기총회에서 한인대상을 수여한다.

2024년 한인대상 시상식 장면

[연도별 한인대상 수상자]

연도별	성 명	소속 및 직위
2014년	송 동 엽	Joyful Church 목사
	법 관 스 님	불락사 스님
2015년	황 인 수	정인한국어재단 교장
	권 영 수	바기오 킹스칼리지 교장
2016년	Roberto Fajardo	필리핀 경찰청장
	홍 재 수	우리소리 우리가락 국악인
2017년	Atty. Rolando L Villones	KCCP 변호사
2018년	Mary Therese Sitoy-Cho	세부 코르도바시 시장
2019년	이 동 수	코스모메디칼 대표
2022년	배 정 훈	전 대한민국대사관 무관
	이 철	두끼두끼 대표
2023년	안 일 호	마닐라 코리아타운협회장
	진 영 근	
2024년	김 원 갑	김원갑한의원 원장

대한민국 유공 정부포상 수상자

대한민국 정부는 매년 10월 5일 세계한인의 날을 기념하여 재외동포들의 권익 신장과 동포사회 발전에 공헌한 재외동포들을 선정하여 포상을 하고 있으며, 포상자 선정은 주필리핀 한국대사관과 한인총연합회의 합동 포상위원회에서 엄격한 심의를 거쳐서 선정하여 추천하고, 한국 외교부에서 최종 심사하여 유공 포상자를 결정한다. 아울러 민주평화통일자문회의와 정부 각부처에서도 유공 포상자를 선정하여 수시로 포상하고 있다.

[세계한인의 날 역대 유공 포상 수상자]

연도별	성 명	수 상 명	한인 단체명 및 직위
1978년	박 윤 화	국민훈장	제 1대 한인총연합회장
1984년	이 철 민	국민포장	제 5대 한인총연합회장
1985년	홍 성 천	국민포장	제14대 한인총연합회장
2003년	박 일 경	상공부장관 표창	SY Industrial Incorporation 대표
2005년	장 재 중	국민포장	제15대 한인총연합회장
2006년	한 덕 우	국민포장	제 2대 한인총연합회장
2008년	신 철 호	대통령 표창	제16대 한인총연합회장
2010년	이 관 수 이 원 주	국민훈장 모란장 국민포장	가나안농군학교 이사장 제 9대 한인총여합회장 조인터게더 소사이어티
2011년	김 영 기 신 성 호	대통령 표창 외교통상부장관 표창	필리핀 세계재난구호 필리핀 어드벤처 플라이트
2012년	박 휘 창 이 종 섭 정 의 권 김 수 진	국무총리 표창 외교통상부장관 표창 〃 〃	세부한인회 자문위원 한인총연합회 수석부회장 중부루손한인회 이사장 보라카이 우터리조트 대표
2013년	이 영 백 최 근 호	국민훈장 석류장 외교통상부장관 표창	제17대 한인총연합회장 세부한인회장

연도별	성 명	수 상 명	한인 단체명 및 직위
2014년	한 덕 우 신 철 호 신 경 서	국민훈장 석류장 국민포장 외교부장관 표창	제 2대 한인총연합회장 제16대 한인총연합회장 영일모터스 대표
2015년	나 용 주 류 용 호	외교부장관 표창 〃	필리핀 대한체육회 부회장 바기오한인회
2016년	윤 만 영 한 상 원	대통령 표창 외교부장관 표창	필리핀 대한체육회장 다바오한인회장
2017년	장 재 중	국민훈장 석류장	제15대 한인총연합회장 소록유니재단 이사장
2018년	이 원 주 박 일 경 이 동 수 고 광 태 김 혜 자	국민훈장 목련장 대통령 표창 대통령 표창 국무총리 표창 여성가족부장관 표창	제19대 한인총연합회장 제18대 한인총연합회장 코스모 메디칼 회장 한국선교협의회 사무총장 제5기 KOWIN 회장 (담당관)
2019년	이 장 일 윤 상 식 김 춘 배 김 숙 향 홍 재 수	국민포장 대통령 표창 국무총리 표창 외교부장관 표창 〃	제20대 한인총연합회장 대한어페럴 대표 제8대 한인총연합회장 한국기아대책/예수교성결교단 국악인, KOWIN 고문
2020년	강 창 익 박 제 인 천 애 자 안 일 호	국민포장 국민총리 표창 외교부장관 표창 행정안전부장관 표창	제22대 한인총연합회장 필리핀대한노인회장 한국여성연합회 이사장 DAMOA TECH 대표
2021년	김 기 인	국민총리표창	한국여성연합회 이사장
2022년	신 성 호 김 희 경 이 규 초 장 재 중 조 봉 환	국민훈장 석류장 대통령 표창 국민총리 표창 해양수산부장관 표창 3.1 평화메달	한인총연합회 수석부회장 한국여성연합회 이사장 ㈜ 씨파인해운 대표 제15대 한인총연합회장 세부한인회장
2023년	김 종 필 중부루손한인회	대통령 표창 대통령 단체표창	포스콘 회장 필리핀 중부루손한인회
2024년	한국상공회의소	대통령 단체표창	필리핀 한국상공회의소

[민주평화통일 자문회의 포상 수상자]

연도별	성 명	수 상 명	한인 단체명 및 직위
2013년	김 정 훈	대통령 표창	민주평화통일 필리핀지회
2014년	노 준 환 김 준 영	대통령 표창 〃	〃 〃
2015년	하 순 섭 이 수 정 이 상 명	국민훈장 목련장 대통령 표창 〃	민주평화통일 팔라우 지회장 민주평화통일 필리핀지회 〃
2016년	엄 현 종	대통령 표창	민주평화통일 필리핀지회
2017년	김 태 형	대통령 표창	〃
2018년	이 현 주	대통령 표창	〃
2019년	신 성 한 도 건 우 동남아협의회	대통령 표창 〃 대통령 단체표창	〃
2020년	문 대 진	대통령 표창	〃
2021년	박 혜 원	대통령 표창	〃
2022년	유 경 화	대통령 표창	〃
2023년	김 성 기	대통령 표창	〃
2024년	강 제 주	대통령 표창	〃

제4회 세계한인의 날 이관수 국민훈장 모란장 수상

제11회 세계한인의 날 장재중
국민훈장 석류장 수상

🔍 Focus

['아시아의 노벨상' 막사이사이상]

라몬 막사이사이상(Ramon Magsaysay Award)은 필리핀의 제7대 대통령 라몬 막사이사이 (1953년 12월 30일~1957년 3월 17일)를 기리기 위해 미국 록펠러 재단이 제공한 50만 달러의 기금으로 1957년 제정된 국제상으로, 아시아 지역에서 사회 공헌을 이룬 개인이나 단체에게 수여된다. 이 상은 '아시아의 노벨상'으로 불리며, 현재까지도 그 권위를 인정받고 있다.

시상 부문 및 변화

막사이사이상은 처음에는 정부봉사, 공공봉사, 사회지도, 언론·문학·창조성 교류, 평화·국제이해 등 6개 부문에서 시상이 이루어졌다. 1958년부터 2008년까지 각 부문별로 수상자를 선정했지만, 2009년부터는 '신흥 지도자' 부문을 제외한 모든 부문을 통합하여 수여하고 있다. 신흥 지도자 부문은 1996년 1회성으로 운영되었으나, 2000년 포드재단의 지원으로 상설화되어 현재까지 지속되고 있다.

수상식 및 시상 방식

막사이사이상은 매년 막사이사이 전 대통령의 생일인 8월 31일에 시상식이 개최된다. 인종, 성별, 국적, 종교에 관계없이 아시아 내에서 뛰어난 공헌을 한 개인 또는 단체에게 메달과 상금이 수여된다. 역대 수상자로는 종교 지도자인 달라이 라마(1959년), 테레사 수녀(1962년), 동남아시아국가연합인 ASEAN, 일본 애니메이션 영화 감독 미야자키 하야오(2024년) 등이 있다.

제 7 부

한국인 수상자

막사이사이상은 한국에서도 다양한 분야에서 활동한 인물들에게 수여되었다.

[역대 한국인 수상자]

연도	성명	활동내용
1962년	장준하	독립운동가, 정치인, 언론인
1963년	김활란	여성운동가, 제 7대 이화여자대학교 총장
1966년	김용기	개신교 농촌운동가, 가나안농군학교 설립자
1969년	김형서	이북출신 실향민 정착 지원
1975년	이태영	대한민국 최초의 여성 변호사, 독립운동가, 사회운동가
1978년	윤석중	시인이자 아동문학가, 대한민국 초대 방송위원장
1979년	장기려	외과의사, 의료보험을 도입한 의료행정가
1980년	엄대섭	사회운동가, 공공도서관 보급
1981년	강정렬	사회복지사
1986년	제정구	사회운동가 출신 정치인, 빈민운동
1989년	김임순	일제 강점기부터 장애 고아와 6.25전쟁 고아 무상교육
1996년	오웅진	신부, 음성 꽃동네
2002년	법륜	스님, 사회운동가, 정토회 지도법사
2005년	윤혜란	여성 시민운동가, 천안 YMCA 창립
2006년	박원순	시민운동가, 제 35-37대 서울특별시장
2007년	김선태	신부, 무료 안과진료와 개안 수술 등의 봉사활동
2019년	김종기	푸른나무재단 설립자, 학교폭력 예방과 비폭력문화 확산

2025.4.22. 막사이사이상 역대 한국인 수상자 모임(왼쪽부터 김종기 푸른나무재단 명예이사장, 수잔 아판 막사이사이상재단 대표, 김임순 애광원장, 법륜 스님, 델리아 앨버트 막사이사이상재단 이사(전 필리핀 외교장관), 마리아 테레사 디존-데 베가 전 주한필리핀대사)

2002년 라몬 막사이사이상 수상자들과 법륜스님

제13장
한-필 문화예술 교류

1
한국 음식 전파 발자취

필리핀에 한식을 전파한 초창기 한인들

최근 지구촌 어디를 가든 한식의 전파를 목격할 수 있고 필리핀도 예외가 아니다. 2024년 현재 필리핀 대도시뿐만 아니라 소도시에도 다양한 한국식당이 자리를 잡고 비빔밥, 불고기 등의 메뉴 외에도 퓨전 메뉴까지 필리핀인들의 생활 곳곳을 파고든 것을 볼 수 있다. 육식을 좋아하고 숯불구이를 좋아하는 필리핀인들에게 최근 몇 년 간 삼겹살은 선풍적인 인기를 얻고 있으며 거리 곳곳에서 삼겹살 간판을 어렵지 않게 볼 수 있다. 이렇게 한식이 인기를 얻고 삼겹살이 한식의 고유명사가 되기 전에도 필리핀에서 한국 음식이 존재했을까?

1967년 1월 28일 경향신문 기사에 따르면("亞細亞 의 韓國人 편") 필리핀 최초의 한국식당은 6.25전쟁 중에 한국에 파견된 필리핀 군인 및 엔지니어들과 인연이 돼 결혼하여 1954년에 필리핀으로 이주한 25명의 한국 여성 중, 유길자(황해도 해주), 안애자(충북 옥천), 구복향(부산) 씨 세 명이 동업하여 한국인 최초의 여성 창업자들이 1961년 마닐라에 '케이스 하우스'라는 최초의 한식당을 개업했다고 나온다.

1974년 마닐라에 코리아가든(Korea Garden)을 개업한 김현순 씨

10년 후인 1977년 4월 19일 경향신문 기사에서는("海外에 사는 韓國人(149) 比 마닐라市의 김치마담 金顯舜 씨 [上(상)]") 마닐라에서 코리아가든(Korea Garden)을 개업한 김현순 씨를 소개하고 있다. 기사에서 마닐라 내에 한식당이 일곱 곳이나 된다는 것으로 보아서는 한국전쟁 이후 필리핀으로 이주해 수도에 정착한 한인들이 생업을 위해 요식업을 시작했다는 것을 짐작할 수 있다. 1977년 당시 55세였던 김현순 씨는 태평양전쟁 시절 일본상사 직원으로 마닐라 생활을 이미 시작했었던 부군 김예수 씨를 따라 필리핀으로 이주를 하게 된 경우이다. 당시 김현순 씨가 마닐라에 왔을 때는 한인 남성이 고작 4명뿐이었다고 회고하며 그마저도 필리핀 부인을 두고 있어 김 씨와는 왕래가 없었다고 했다. 특히 2차 대전 당시 징용군으로 왔던 한국인이 필리핀인을 학살해 일본인보다 더 악랄하다는 이미지가 굳어져 거리를 걸을 때도 유쾌하지 않았다고 한다.

신장병을 얻어 타계한 남편, 두 아들의 양육, 공장과 회사 처분, 남편의 재산 법정투쟁. 이역만리 타국에서 김현순 씨는 누구보다도 열심히 살아야 했고, 1974년 필리핀 대사였던 유양수 대사의 부인이 김 씨에게 점점 마닐라에 한인이 늘어나고 있으니 한식당을 열어보라 권유를 한 것을 계기로 식당을 차리게 된 것이다. 일일이 필요한 재료를 서울에서 공수해 정성을 다한 한식은 개업을 하자마자 성황을 이루었고 김 씨는 '김치 마담'이라는 별명을 얻어

김정애 씨와 부군 플로레스 장교   한국관 식당에서 포즈를 취한 김정애 씨

1975년에는 패스트푸드센터 안에 김치가게를 내기에 이른다. 지금이야 필리핀에서 김치를 구하는 것이 어렵지 않지만 그 당시 김현순 씨의 김치 장사가 규모가 커져 일주일에 50kg을 담았다는 이야기가 전해진다.

이어서, 한국전쟁 중 필리핀에서 파견된 군인 로키 플로레스(Rocky Flores) 장교를 만나 1952년 부산에서 결혼하여 필리핀으로 이주한 김정애 씨가 1974년 마카티 주피터가(Jupiter Street)에 한국관 식당(Korea Garden Restaurant)을 개업하였다. 특히 한국관 식당을 설립한 김정애 여사는 정통 한국 요리문화를 최초로 필리핀에 정착시키고 발전시키는 데 큰 역할을 했다고 알려져 있으며 다양한 필리핀 신문기사에서는 필리핀 남편을 둔 한인 여성이 필리핀에 한식 문화를 소개하는 데 큰 기여를 했다고 평가된다. 김정애 씨는 Liza Flores라는 필리핀 이름으로도 알려졌으며, 현재 한국관 식당은 쇼핑몰 등지에 분점을 열고 꾸준히 사랑을 받고 있다.

마닐라시 말라떼 훌리오 낙필(Julio Nakpil)가에 위치한 코리안 빌리지(Korean Village)는 한국에서 필리핀 남편 떼오도리코 딸료(Theodorico Tallo)를 만나 베트남을 거쳐 필리핀으로 이주한 임인숙 여사가 문을 연 곳으로 2024년 폐점

제7부

을 하기 전까지 약 40년이 넘는 시간 동안 한식 사랑방으로 명맥을 유지해왔다. 미군부대 내 매점 계산대에서 일하던 임 여사는 레이떼 출신으로 한국전쟁 당시 미군부대 직원으로 한국에 왔던 떼오도리코를 만났고 둘은 결혼해 아들 폰시아노(Ponciano)를 낳았다. 남편이 베트남전에도 참전하게 되어 베트남으로 이주를 했다가 1971년 필리핀으로 돌아가 정착하게 된다. 부부는 1974년 'Pine Tree'라는 아주 작은 식당을 말라떼성당 근처에 열었다. 처음에는 서양식 위주의 음식을 팔다가 뷔페 스타일로 품목을 옮겼는데 수익이 크게 나지 않았다. 이때 임 여사는 한식을 소개하면 어떨까 구상하여 불고기, 갈비찜 등의 특별한 한식을 선보이기 시작했다.

이후 식당 자리를 옮겨 1978년 아드리아티코가(Adriatico St.) 근처에 새로운 터를 잡고 새 식당인 코리안빌리지를 개업하였다. 현재 마닐라 코리아타운 상점이 다수 위치한 아드리아티코 서클 지역은 70년대 당시 '핫플'로 알려진 곳으로 필리핀 유명 브랜드 등이 입점해 있었고 일본인과 한국인 관광객들이 꼭 거쳐가는 곳이었다. 코리안빌리지는 한국인 단체 관광객들에게 지나칠 수 없는 참새방앗간과 같은 곳이었다. 식당은 입소문을 타고 한국에 부임했던 필리핀 외교관, 한국 항공사의 필리핀 직원 등 한국의 맛을 그리워하는 이들이 점점 코리안빌리지를 더 많이 찾기 시작했다.

코리안 빌리지는 1978년 말라떼 아드리아티코에 처음 문을 연 후 2007년

임인숙 씨와 남편 떼오도리코, 아들 폰시아노

역사 속으로 사라진 코리안 빌리지

훌리오 낙필(Julio Nakpil)가로 위치를 옮겨 임 여사와 아들이 계속 운영을 하던 중 2020년 임 여사가 작고하였다. 그후 자녀들이 이어받아 식당을 운영해 갔으나 코로나19 봉쇄령이 길어지고 사업 운영에 어려움이 생겨 2023년 2월 26일 40년의 역사를 뒤편으로 문을 닫았다. 2018년 7월 인터뷰에서 임 여사는 70년대 당시 마닐라에 사무실을 두었던 ADB 한국 직원들, 1975년에 첫 취항한 대한항공 승무원들, 한인 유학생들을 위한 사랑방 역할을 했다고 회고하였다.

❖ 이역만리에서 동포들과 따뜻한 끼니를 나누던 임인숙 여사

2008년 12월 15일 한인총연합회가 연말 정기총회에서 최초로 시상한 '올해의 한인대상'을 임인숙 여사가 수상하였다. 임 여사는 1973년 필리핀으로 이주한 이후 '파인 트리(Pine Tree)'라는 자그마한 식당을 열었고 몇 년간 여러 시도를 한 후 한식당으로 업종을 변경해 '코리안 빌리지(Korean Village)'로 상호를 변경하고 한식 전파에 앞장선 인물이었다. 한인 수가 적고 한국의 국력이 강하지 않았던 시절 필리핀으로 유학 온 유학생들의 주머니 사정을 잘 알던 임 여사는 많은 유학생들의 끼니를 챙겨주기도 하였다.

2014년 필리핀 노인회 10주년 기념행사에서는 투철한 봉사정신으로 한인사회의 귀감이 되고 특히 유학생 및 어렵고 소외된 교민들을 위하여 격려하고 지원하고 있는 공로로 임인숙 여사가 "자랑스러운 실버인"상을 수상하기도 하였다.

현재 마닐라 코리아타운이 위치한 말라떼 지역은 한인 방문객과 필리핀 현지인을 위한 한식당이 아주 다채롭게 위치하고 있는 곳으로 유명하다. 남대문식당(1979년 설립, 현재는 폐업), 한국궁(Korean Palace, 1984년 설립), 아리랑, 로얄식당, 북경식당, 명가식당 등은 주말이면 문전성시를 이룬다.

마닐라 상업의 중심가를 수놓은 한글 간판

1980~2000년대는 필리핀에 한인 인구가 증가하면서 한인 밀집지역을 중심으로 한식당도 덩달아 증가하기에 이른다. 마닐라 말라테, 마카티 쥬피터, 케손 띠목, 파라냐케 B.F. Homes 일대와 알라방 지역, 세부의 후아나 오스메냐(Juana Osmeña) 및 F. 까바훅(F. Cabahug) 지역, 필리핀에서 가장 규모가 큰 한인타운 거리가 형성되어 있는 클락, 앙헬레스 중심부와 Fil-Am Friendship Highway를 따라 한인마트, 카페, 살롱, 사우나, KTV 등이 줄지어 영업하는 것을 볼 수 있다.

한인이 본격적으로 필리핀 이주를 하기 시작한 90년대 초반 한인 집단거주지를 중심으로 한국식당이 속속 등장하기 시작했는데 당시 한국 기업의 주재원으로 근무하는 이들이 도시 중심가와 공항에서 멀지 않은 외곽 도시에 한인 집단 거주지를 형성하면서 한식과 한국 식재료를 더욱 많이 찾기 시작하였고 시간이 흐름에 따라 한인이 운영하는 크고작은 식당들이 생겨나 마카티시의 빠드레 불고스가(Padre Burgos St.)는 90년대 초반부터 작은 코리아타운으로 불릴 만큼 한식당과 한국 식품점들이 다양하게 들어섰다. 이 거리는 줄여서 '피불고스(P. Burgos)'라고도 불리는데 한인이 집단으로 상업지구를 형성하기 전에 이미 일본인들이 상업, 유흥업을 운영하던 곳이었다. 마카티 상업중심가와 연결된 덕에 유동인구가 많으며 2010년까지는 한국대사관, 한국국제협력단 사무실 역시 근처 건물인 퍼시픽 스타 빌딩(Pacific Star

Building)에 위치하고 있었다.

식 당 명	위 치	전 화 번 호
Korea Garden (한국관)	마카티	87 - 5443
Koryo House (고려정)	"	88 - 2113
Masan Kitchenette (마산집)	"	815 - 0603
Mil-Yang Kitchenette (밀양집)	"	86 - 3101
Jin Go Gae (진고개)	"	815 - 0375
Korean Palace (한국궁)	마비니	521 - 6695/6
Korean Village (한국촌)	"	50 - 4958
Blue Hill (청구회관)	"	50 - 2325
Seoul Plaza	"	521 - 5855
Seoul Garden	"	59 - 9061

1993년 코트라 보고서에 등장하는 한식당 목록

한인 외에도 다양한 국적의 여행객과 이민자들이 자주 찾는 피불고스 거리에는 역사가 오래된 한식당이 여럿 있다. 그중 마산가든과 가야식당은 특히나 다양한 한인단체와 기관이 중요한 행사를 항상 치르던 곳이다. 설날과 추석 한인들이 모여 한식을 나누며 명절 행사를 치르고, 어버이날을 기념해 떡국행사를 진행하는 등 한인의 생활과 풍습이 두 식당에서 수십년간 목도되었다. 마산가든은 코리아가든(한국관)에서 요리사로 일하던 한국인이 1979년 마산키치너를 설립하여 1994년 상호를 변경하여 지금의 마산가든 식당을 설립하여 운영하게 되었다. 안타깝게도 가야식당은 2025년 1월 31일을 끝으로 마카티 가야 본점은 문을 닫게 되었지만 글로리에따(Glorietta)와 락웰(Rockwell) 쇼핑몰 내 분점을 계속 운영하면서 필리핀 내 한식 전파에 앞서고

마카티 가야 본점에서 개최한 설 맞이 떡국잔치

있다.

한인회 부회장을 역임한(2008-2009) 이종만 대표의 '동원가든'은 여전히 신선한 고기와 횟감으로 알려져 있는 곳이다. 한인들의 사랑방 역할을 하는 만선은 수십 년간 터줏대감으로 자리를 지켰고 현재는 '다래정'으로 상호를 변경해 한인사회의 과거와 현재를 함께해오고 있다.

고 이방우 회장이 운영하던 '부마 레스토랑'도 각종 해산물과 다양한 한식을 제공하며 한인과 필리핀인 모두에게서 사랑을 받던 곳이다. 이방우 회장은 필리핀한인경제인연합회 회장을 역임하고 "코필가족협의회" 회장을 맡으며 식당업과 더불어 한-필 가정 2세들을 지원하는 활동에 누구보다 적극

만선

가야

마산

동원가든

적이었다. 1980년대 초 봉제사업을 하기 위해 필리핀으로 온 후 사업이 성공하지 못하면서 다른 분야를 찾던 중 한국 문구상품 수입판매로 재기에 성공하였고, 그후 1997년 부마 레스토랑을 열어 한인의 존경을 받기도 하였다.

현지인의 사랑을 독차지하는 한인타운 내 한식당

인천-클락 직항 노선이 운영되면서 한인 방문객 수가 꾸준히 증가하는 빰빵가주의 클락 지역은 비공식적이나 아주 유명한 코리아타운이 자리하고 있다. 최근 앙헬레스 지역뿐만 아니라 필리핀 타 지역에서까지 선풍적인 인기를 끌고 있는 한국식 카페 '라라카페(Lala Café)'는 거대한 규모에 한국식 빵과 음료를 맛보는 것 외에도 아기자기한 인테리어로 사진을 찍어 소셜미디어에 올리는 것을 즐기는 필리핀인들의 사랑을 듬뿍 받고 있다.

일로일로 역시 필리핀 대기업 메가월드(Megaworld)가 개발한 상업부지 내에 한인회 사무실과 한인 업체가 대거 입점해 있어 필리핀인들에게 한식과 다양한 한국 관련 상품을 효과적으로 알리고 있다. 또한 한인들과 현지인 모두 즐겨찾는 고기베지, 돈갈비, 강변식당 등은 오랜 세월 동안 사업을 유지하며 한인들에게는 향수를 달랠 수 있는, 현지인들에게는 한국을 느낄 수 있는 명소로 자리잡았다.

한인들의 식재료 공급

파사이시 깔띠마(Cartimar) 재래시장 내 제주상회는 수년간 한인들이 식자재를 구입하는 곳이다. 깔띠마는 마닐라 서민들의 사랑을 받는 재래시장 중 하나로 야채, 청과, 어육류 등을 소도매로 판매하는 곳이다. 말라떼 등지의 한국 식품점과 여러 식당 역시 제주상회를 통해 필요한 식자재를 공급받는

깔띠마 재래시장 내에 위치한 한국 식료품점 제주상회

다고 한다.

말라떼 마닐라 코리아타운 내 위치한 한아름마트는 김영미 씨 내외가 우연히 마카티에 있는 한 국 슈퍼마켓을 방문했다가 본인 들만의 한국 식료품점 개업을 결 심하게 되었다고 한다. 말라떼는 구도심 관광지가 모두 모여 있어 한인 관광객이 꼭 찾는 곳이기도 하고 말라떼에서 가장 큰 쇼핑몰 을 인접한 지역이라 유동인구가 많다는 장점도 발견하게 되었다. 또한 한인 인구가 많은 지역으로 마닐라 코리아타운이 설립되면 서 경제가 활성화되어 찾는 이들

말라떼 마닐라 코리아타운 내 한아름마트

이 더 많아지기를 기대하고 있다. 마카티 상업지구 가까이 위치한 유기농식품점 올가(ORGA)는 사단법인 캠프아시아의 농업사회적기업으로 필리핀 농가에서 생산한 제품을 판매하며 농민소득을 증대하고 공정무역을 실천하고 있다.

해운업 종사 한인들이 많기도 하고 무역업계에서 수출입에 활발히 종사하는 한인들이 한인사회의 중추 역할을 해온 만큼 필리핀은 한국식품점이 비교적 많은 편이다. 말라떼, 케손시, 앙헬레스, 바기오, 세부 등 한인 이주가 수십 년에 걸쳐 이루어진 곳을 넘어서 이제는 중소도시 변두리에서도 한국식품점을 심심치 않게 볼 수 있다. 80-90년대에 중국이나 일본 식품점 내 작은 선반에 한국 식품이 진열되어 있던 과거를 상상해 보면 2000년대 들어 한인 이주의 증가와 한국 대중문화의 인기 상승으로 현재는 필리핀 현지 마트나 백화점에서도 한국 식품을 더 흔하게 보는 시대가 온 것이다. 한인이 운영하는 개인사업체 외에도 필리핀인이 필리핀식 구멍가게인 '싸리싸리(sari-sari)' 형태로 변형해 운영하는 소규모 한국식품점도 볼 수 있으며, 최근에는

마카티 유기농식품점 올가

프랜차이즈로 점차 상권을 넓히는 업체도 등장하기 시작하였는데 2019년 11월 마닐라 올티가스의 로빈슨스 갤러리아 쇼핑몰 내에 노브랜드(No Brand)가 최초로 입점한 것이 그 예이다.

최근 한식 트렌드

2000년대 초반 이후 한국 드라마를 위시한 한류가 필리핀 열도에도 상륙하면서 이전에는 한인 동포들이 즐겨 먹던 한식이 현지인들에게 점점 더 인지도를 얻기 시작하였다. 2000년대 후반에 들어서 도심의 쇼핑몰 내 푸드코트에서 김밥, 비빔밥, 떡볶이 등을 파는 한식 프랜차이즈 업체 등을 심심치 않게 볼 수 있게 되었고, 2010년대 중반 이후 필리핀에서 가장 눈에 띄는 한식 트렌드는 단연 삼겹살의 증가라고 할 수 있다. 육식을 즐기는 필리핀인들에게 한국식 삼겹살은 익숙하게 고기를 구워 먹으면서도 새로운 쌈 문화를 체험한다는 데서 필리핀인들의 호기심을 끌었고 한국식 치킨은 '치맥'의 유행으로 선풍적인 인기를 얻게 되었다. 2012년 고영훈 씨가 설립하여 말라떼 지역에 첫 지점을 연 삼겹살라맛(Samgyupsalamat) 식당은 필리핀 현지인의 식문화를 제대로 파악하여 한국식 무제한 삼겹살 컨셉으로 필리핀 전국에 빠르게 확산되어 첫 현지화 사례로 자리 잡았다.

특히 코로나19 대유행 속 봉쇄령이 지속되면서 배달 음식이 호황을 맞게 되었는데 넷플릭스 드라마 '사랑의 불시착'의 인기와 더불어 필리핀인들이 다양한 한국 미디어 콘텐츠를 접하면서 한국의 일상적 식문화에 점점 더 관심을 갖기 시작

삼겹살라맛 로고

삼겹살라맛 대표 고영훈 씨의 필리핀한국상공회의소 특강

하였다. 흥미롭게도 그와중에 인기를 끌게 된 것이 삼겹살, 분식, 달고나커피 등인데 배달과 외식 등 다양한 형태로 한식이 필리핀인들의 일상문화 속에 파고든 시점이라고 하겠다.

최근 도심에서 보이는 유행은 셀프라면바이다. 한국을 방문하는 필리핀인들이 늘어나고 한국 미디어를 통해 한국의 생활문화를 간접적으로 접하게 된 필리핀인들이 실제로 한국의 다양한 일상문화를 경험하는 데 관심을 가지게 되면서 라면, 아이스크림, 치맥, 스티커사진 등이 현지인의 문화활동으로 흥미롭게 자리잡고 있다. 한국에 가본 적이 없는 필리핀 젊은이들에게는 한강에서 라면을 끓여먹고 금요일 밤 홍대에서 치맥을 즐기는 그날을 꿈꾸며 필리핀에서 예행연습을 하는 셈이다. 또한 2020년대 이후부터는 한국 프랜차이즈 브랜드가 다수 들어와 있는데 2021년에는 뷔페식 떡볶이를 선보이는 두끼(DOOKKI)가 필리핀에 진출해 현재 대형 쇼핑몰에 다수 입점해 있고, 2024년에는 파리바게뜨가 해외 11번째 진출국으로 필리핀에 1호점을 개소해 필리핀인들에게 한국 빵을 소개하고 있다.

❖ 행사에 빠지지 않는 한국 떡

중요한 행사를 개최하고 설과 추석 명절을 지내기 위해 한인 동포들에게 필수품은 단연 떡이다. 다양한 직능단체는 설날 떡국잔치, 추석 송편 나눔, 출정식이나 총회 등을 위한 백설기 선물 등 행사를 위해 떡을 빼놓지 않는데 동포들의 사랑을 받는 떡집 중 한 곳은 마카티시에 위치한 만나떡집이다. 만나떡집은 이경춘 씨가 2000년 2월 만나식품을 운영하던 중 마카티 팜 빌리지(Palm Village)에서 창업을 한 떡집으로 2004년에는 일

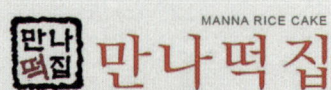

마카티 소재 만나떡집

요신문 남문희 대표가 인수를 하여 사업을 이어가고 있다. 또 이지현 대표가 2006년 문을 연 사과나무떡집 역시 메트로 마닐라 내 각지에 거주하는 한인들이 각종 행사와 명절을 위해 항상 찾는 떡집이다.

연락처
주소 5913 Matilde st., Kalaayan cor., Makati, Metro Manila
전화 0920-900-6251, 카카오톡 manna8960792

2

영화를 통해 본
한-필 문화예술 교류

필리핀 영화 속에 등장한 한국전쟁

한국전쟁 이후 분단국가가 되어 재건에 힘을 써야 했던 5-60년대, 필리핀은 남한에 비해 선진적인 문화 산업을 이룩하고 있었다. 특히 7-80년대까지도 필리핀은 수준 높은 영화를 제작하기로 세계적으로 알려져 있었고 한국은 아시아의 이웃 국가로 필리핀의 문화 수준을 우러러 보며 합작영화 제작에도 적극적으로 참여하던 시기였다. 휴전 2년 후인 1955년 경향신문 기사에 따르면 싱가포르에서 개최된 제2회 동남아시아영화제에 한국 영화인들이 처음으로 참여해 국제 교류를 시작하면서 국산영화를 육성하고 해외진출을 할 수 있는 방안을 타진하기 시작하였다고 한다. 마닐라 따긱시에 위치한 한-필친선협회 한국전 참전용사 박물관의 마크 꼰데노(Mark Condeno) 학예사에 따르면 1950년대 필리핀 영화계에서 한국전쟁과 관련된 영화를 약 6편 정도 제작을 했다고 한다. LVN Pictures 에서 1952년 제작한 영화 '코리아

한국전쟁 관련 이야기를 바탕으로 제작된 필리핀 영화

(Korea)'는 필리핀 15대 대통령 베니그노 아키노 3세의 아버지이자 전 필리핀 상원의원이었던 베니그노 아키노 주니어가 극본을 쓴 영화인데 안타깝게 유실되어 현재 어디에서도 원본을 찾을 수 없다. 17살의 아주 어린 나이로 최연소 종군기자로 한국전쟁에 참전한 아키노 주니어는 자신의 경험을 바탕으로 극본을 썼고 이 영화는 람페르토 아벨랴나(Lamberto Avellana) 감독이 제작했다.

한국전쟁과 관련해 필리핀 감독에 의해 제작된 다른 영화로는 제랄도 데 레온(Gerardo De Leon) 감독의 〈10th Battalion in Korea〉, 〈Batalyon Pilipino sa Korea〉(1954), 〈Lagablab Sa Silangan〉(Sunset Over Korea)이 있으며 1956년에 같은 제작사에서 만든 〈아낙 달리따(Anak Dalita)〉는 한국전 참전용사가 필리핀으로 돌아와 가난과 고난으로 점철된 인생으로 복귀하는 이야기를 그린 작품이다.

1957년 수잔나 데 구스만(Susana C. de Guzman) 감독이 만든 〈울릴랑 비뚜인(Ulilang Bituin)〉은 한국과 필리핀 최초의 합작 영화로 당대 신인 여배우 차리또 솔리스(Charito Solis)가 한국 여성 역할을 맡고 마리오 몬테네그로(Mario Montenegro)가 남우주연을 맡았다. 이 영화는 한국전쟁에 참전했던 록키 플로레스(Rocky Flores)가 한국에서 만난 여성과 사랑에 빠지는 이야기를 담고 있

김정애 씨와 필리핀 남편의 실제 이야기를 바탕으로 만든 영화 '울릴랑 비뚜인'

는데, 실제 연애담을 영화화한 것으로 부산에서 필리핀 참전군인이었던 남편을 만난 김정애(후 필리핀 이름 피델리자 플로레스) 씨는 1952년 결혼 후 필리핀으로 이주하여 1974년 필리핀 최초 한식당 '코리아가든(한국관)' 사업을 시작하였다.

1963년 필리핀의 타마라우 스튜디오(Tamaraw Studios)는 태평양전쟁에 대한 영화 '노 웨이 아웃(No Way Out)'을 필-한 합작 영화로 제작하기로 하고 바기오 등지에서 촬영을 하였다. 람베르토 아벨랴나(Lamberto V. Avellana) 감독이 메가폰을 잡은 이 영화에는 당대 필리핀 스타 레오폴도 살세도(Leopoldo Salcedo), 로날드 레미(Ronald Remy), 랄레인 베넷(Lalaine Bennett), 루 살바도르 주니어(Lou Salvador, Jr) 등이 등장했고 한국 배우 김성호, 박노식, 최

필-한 합작영화 <용사왕>(1976) 포스터

전 주한필리핀대사 루이스 크루즈와 그의 아들 카를로스 크루즈

지희, 김은희를 필리핀과 이웃 아시아 국가에 알리는 계기가 되었다.

그 시절 흔하지 않은 특수효과 영화인 〈용사왕〉(1976)은 한국과 필리핀 두 감독이 공동으로 제작한 영화였다. 한국의 단성사에서도 개봉하여 여름방학을 맞아 아이들이 좋아하는 괴기물로 인기를 끌었다고 전해진다.

한국전쟁과 관련된 가장 최신 필리핀 영화는 카를로스 크루즈 감독의 〈The Forgotten War〉로 1950-51년에 걸친 제10포병대대의 활약상을 기록한 영화이다. 이 영화는 한-필 수교 60주년을 기념하여 주한필리핀대사관이 진행한 사업 중 하나로 2009년 당시 주한필리핀대사였던 루이스 크루즈 대사가 그의 아들인 영화 감독 카를로스 크루즈를 통해 제작한 영화이다. 이 영화는 수교 60주년을 위한 홍보 영화로도 쓰였으며 필리핀 역대 대통령 등이 후원을 해 성사된 사업이라는 점에서 의미가 있다고 하겠다.

한국 영화와 드라마의 필리핀 현지 촬영

이렇듯 과거에는 필리핀 영화 제작사에 한국 제작사나 배우가 참여하는 판도였다면 한국 대중문화가 부강해지면서 최근에는 한국 방송국이나 제작사가 필리핀 현지에서 영화나 드라마를 찍기 위해 아름다운 촬영지를 선정하는 방식이 증가하고 있다.

1960-80년대에는 지금보다 필리핀 영화산업이 부흥했기 때문에 블록버

드라마 〈카지노〉, 영화 〈귀공자〉 포스터

스터 서양 영화가 다수 필리핀에서 촬영되었다. 〈지옥의 묵시록〉(1979), 〈플래툰〉(1986), 〈본 레거시〉(2012) 등의 영화 촬영지가 필리핀인데, 특히 베트남전쟁을 다룬 〈플래툰〉이 한국인들에게도 잘 알려진 관광지 팍상한(Pagsanjan)폭포에서 촬영되었다는 점이 흥미롭다. 2000년대 들어 다수의 한국 영화 역시 필리핀의 다양한 장소에서 촬영을 했는데 〈로맨틱 아일랜드〉(2008)는 보라카이에서, 〈돈의 맛〉(2012), 〈마스터〉(2016), 〈국제수사〉(2018), 〈귀공자〉(2023), 〈범죄도시4〉(2024) 등은 마닐라 도심과 팔라완 코론섬, 한인이 다수 거주하는 앙헬레스시 등 다양한 풍경을 담고 있다.

익히 알려진 것처럼 필리핀에서 비교적 한국인 대상 범죄율이 현실적으로 높게 보고되고 실제 발생하기도 하여 이러한 사회상을 그린 영화나 드라마가 필리핀에서 촬영이 되기도 한다. 2022년 디즈니플러스 16부작 오리지널 드라마로 선풍적 인기를 끌었던 〈카지노〉(2022-2023)는 앙헬레스시를 모티브로 극중 도시명으로는 아길레스(Agilez)를 사용한다. 클락국제공항, 클락 미도리호텔(Midori Hotel), 스토첸버그호텔(Hotel Stotsenberg) 등과 함께 중부루손한인회 실제 사무실 역시 촬영지가 되어 극중에 등장한다. 필리핀의 치안 문제와 한인 대상 범죄가 한국 미디어에 등장하는 것이 긍정적인 영향을 미치지 않으나 이렇게 한-필 영화 합작, 협력이 이루어진다는 점에서는 고무적이라니 한인들은 솔직히 다소 아이러니한 느낌을 버릴 수 없다.

반면 박훈정 감독의 영화 〈귀공자〉(2023)에서는 권투선수인 박선호 역의 주인공 '마르코'가 코피노로서 차별과 문제를 극복하는 통쾌한 스토리를 보여주는데, 영화의 배경은 필리핀이지만 촬영은 태국이었다고 한다. 그렇지만 필리핀과의 연결점으로 필리핀에서도 긍정적인 반향을 일으켰다.

양국 배우 교류와 제작사 합작

해외촬영 외에 최근 활발히 이루어지고 있는 것이 양국의 배우들이 활발히 국경을 넘어 활동하고 있다는 사실이다. 필리핀 유명 여배우 수 라미레즈(Sue Ramirez) 주연의 〈선샤인 패밀리〉(2019)는 일본 영화를 현대 한국 사회 맥락으로 리메이크한 한-필 합작영화였고, 인피니트 남우현과 필리핀 배우 야시 프레스만, 에릭 에헤르시토 등이 출연하는 액션 영화 〈더 가디언〉(정장환 감독), 예지원, 장태오 주연 〈산토스를 찾아서〉(정성한 제작) 등이 곧 개봉을 앞두고 양국의 팬들을 만날 예정이라고 한다. 〈산토스를 찾아서〉는 필리핀 최고의 P-pop그룹인 SB19을 탄생시켰던 ShowBT의 초대 대표 정성한 씨가 현재 운영 중인 엔터테인먼트사 SBtown을 통해 제작하는 한국-필리핀 합작영화다. 필리핀군의 한국전쟁 참전 75주년, 한국-필리핀 수교 76주년을 기념으로 기획된 영화다.

합작 영화에서는 오히려 필리핀 영화업계의 러브콜이 강세이다. 필리핀 유명 배우 벨라 빠딜랴(Bela Padilla)가 극본을 쓰고 양국 회사가 공동제작을 한 〈Ultimate Oppa(최고의 오빠)〉는 강원도 주요 관광지에서 촬영을 하며 강원도의 관광을 홍보하며 한류를 통한 필리핀인 방문 유치를 더불어 진행한 케이스였다. 필리핀 시네마원영화제(Cinema1)의 창작 프로그램에서 제작비를 지원 받은 내쉬 앙(Nash Ang) 감독의 〈Seoulmate(서울메이트)〉(2015), 몇 년 사이 한인들 사이에 가장 인기를 끌고 있는 관광지 보홀에서 촬영한 〈Sweet Escape(스윗 이스케이프)〉 역시 필리핀 배우와 한국 배우가 동시에 등장하는 스토리이다.

　가장 최근 필리핀에서 개봉된 〈Ma'am Chief: Shakedown in Seoul(맘 취프)〉(2023)은 필리핀 경찰이 용의자 검거 프로젝트를 위해 관광객으로 위장하여 한국을 찾는 이야기를 그린 영화로 필리핀에서 한류 인플루언서로 알려진 크링 킴(Kring Kim)이 케이팝 콘서트를 주도적으로 주최하는 펄프 스튜디오(Pulp Studio)와 함께 제작한 작품이다. 이 영화는 70% 이상 한국에서 촬영을 하였는데 필리핀인들이 관심 있어하는 관광지를 거의 다 보여준다고 할 정도로 줄거리가 짜여 있다. 주연을 맡은 멜라이 칸티베로스 프란시스코(Melai Cantiveros-Francisco)는 2023 서울 인터내셔널 어워즈의 수상자이기도 하다.

　부산국제영화제, 부천판타스틱영화제 등에서는 필리핀 감독들의 활약도

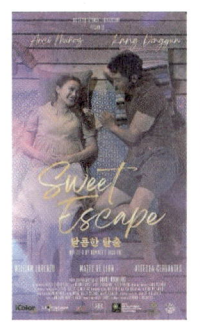
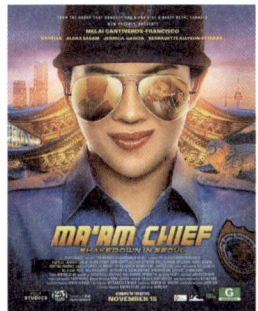

(좌-우)SBtown 정성한 대표, P-pop 그룹 YGIG 매그, 배우 예지원 | 합작 영화 포스터

매년 대단하다. 2009년에는 한국과 필리핀 수교 60주년을 기념해 '필리핀 독립영화의 계보학'이라는 주제의 특별전을 마련해 총 14편의 영화가 소개됐다. 브릴란테 멘도자(Brilliante Mendoza) 감독의 영화 〈도살〉과 라브 디아스(Lav Diaz) 감독의 〈콘셉시온 구역의 범죄자〉가 상영되었고, 2018년 제23회 부산국제영화제에서는 필리핀 영화 100주년을 축하하는 특별전이 마련되기도 했다 (조상우, 2023).

3
한-필 문화교류의 아이콘과 한류

양국의 문화 아이콘, 프레디 아길라와 신동파

또한 70년대 아시아 음악가 중 전세계에 널리 알려진 필리핀의 국민가수 프레디 아길라(Freddie Aguilar)의 노래 '아낙(Anak)'은 한국에서 '자식'이라는 번

프레디 아길라 음반 표지

2024년에 만난 프레디 아길라

1967년 농구 경기에서 맞선 에드가르도 오캄포
(Edgardo "Ed" Ocampo)와 신동파

안곡으로 불리며 원곡 못지않게 큰 인기를 얻었다. 이 때문에 현재까지도 연배가 있는 한국인들은 필리핀인을 만날 때마다 반드시 빼놓지 않고 하는 질문 중 하나가 "아낙 노래를 아느냐?"이다. 필리핀을 깊이 모르는 이라도 프레디 아길라를 알며 가사는 몰라도 자동적으로 허밍을 시작하는 이들을 흔히 볼 수 있다. 세월이 흘러도 필리핀 포크송의 대부 자리를 굳건히 지키며 중요한 국가 행사에서 'Bayan ko(조국)'라는 노래를 힘차게 부르던 그는 2025년 5월 27일 향년 72세를 일기로 생을 마감하였다. 말년에 무슬림으로 개종을 한 그는 마닐라이슬람묘지(Manila Islamic Cemetery)에 안장되었다.

음악계에서 프레디 아길라가 한국인들 사이에 유명했다면 스포츠계에서는 반대로 한국의 농구선수 신동파가 단연 고유명사로 현재까지도 필리핀인들의 입에 오르내린다. 필리핀에서 열린 1969년 아시아 선수권 대회에서의 맹활약으로 단숨에 필리핀인들 사이에 농구 영웅으로 등극해 50년이 지난 현재까지도 필리핀인들은 한국인과 대화를 시작할 때 "신동파를 아느냐?"고 묻는 열정을 보인다.

필리핀의 국가 스포츠라고 할 만큼 농구의 인기는 남녀노소를 불문하고 하늘을 찌른다. 프로농구뿐만 아니라 대학과 아마추어 리그 농구 역시 생중계를 놓치지 않고 보려는 이들이 거리를 메우며, 올림픽과 아시안게임 등 국제 경기에서 필리핀 대표팀이 다수 우승을 기록해 세계적으로도 명망이 높다. 이런 농구 국가에서 신동파는 여전히 '득점왕'으로 필리핀 국민들이 '신동파 신드롬'에 열광했으며 여전히 그를 기억하고 있다.

신동파가 과거 필리핀에서 농구계의 우상이자 전설이었다면, 현재 KBL에서 가장 인기가 많

한국 언론에 비춰진 필리핀 농구선수 벨란겔의 활약

은 용병 스카우트 타깃이 필리핀 선수들인데 2025년 현재 필리핀 선수의 경우 무려 10개 중 8개 구단에서 뛰며 큰 인기를 누리고 있다. 타 국적 선수들에 비해 몸값이 비교적 낮으면서도 훌륭한 기술을 선보이는 필리핀인들은 2020~2021시즌부터 KBL 소속 팀에 투입이 되었다. 샘조세프 벨란겔(한국가스공사)은 2022-2023시즌부터 한국가스공사에서 뛴 KBL 1호 필리핀 선수다. 그외에도 저스틴 구탕(삼성 썬더스), 론제이 아바리엔토스(현대모비스), 이선 알바노(DB), 렌즈 아반도(KGC) 등 필리핀 선수들의 활약으로 앞으로 농구를 통한 양국 교류가 더 기대된다.

필리핀 열도를 휩쓴 한류

2003년 필리핀의 대표 공중파 방송은 GMA7에서 〈명랑소녀 성공기〉, 〈가을동화〉 등을 방영한 이후 최근 방영한 〈도깨비〉 등 지금까지 필리핀 주요 방송사를 통하여 300여 편이 넘는 한국 드라마를 방영하였다. 2018년 한 해 동안 필리핀의 양대 방송사인 GMA7과 ABS-CBN에서는 51개의 한국 드라마가 방영되었고 TvN이 제작한 〈도깨비〉는 재방영임에도 최고 시청률 17.1%를 기록하였고 MBC가 제작한 〈로봇이 아니야〉는 평균 시청률 13%를 기록하였다. 필리핀 국민들은 한국 드라마를 '코리아노벨라

BTS 팬클럽 아미(ARMY)의 거리 행진

(Koreanovela)'라 부르며 즐겨 시청하고 있다.

K-pop 역시 수십 개의 팬클럽이 결성되는 등 상당한 인기를 구사하고 있다. 필리핀 최대의 케이팝 연례 행사인 'Philippine K-pop Convention'은 필리핀 내 케이팝 팬들을 위한 중추 역할을 하고 있다. 2009년 〈쏘리 쏘리〉로 전세계를 강타한 슈퍼주니어는 앨범 판매량 10만 장을 돌파하며 한국 가수 최초로 골드 판매를 기록하기도 했다. 2010년 원더걸스의 〈노바디〉는 필리핀 대선 캠페인 노래로, 2013년 싸이의 〈강남스타일〉은 필리핀 총선 캠페인 노래로 많은 후보들에게 애용이 되기도 하였다.

이러한 케이팝의 인기를 반영하여 필리핀한국문화원과 다양한 지역 한인회에서는 케이팝 경연대회를 개최하여 재능이 있는 필리핀인 인재를 발굴하기도 한다. 문화원의 'Pinoy K-pop Star'를 통해 케이팝 커버 댄스 그룹이 등장하여 현지 고등학교, 대학교 축제에서 인기몰이를 하기도 한다. 코로나19로 봉쇄령이 내려진 당시에는 필리핀문화센터(CCP)와 필리핀문화예술위원회(NCCA) 등이 케이팝이 전세계적인 큰 반응을 얻으며 선도하고 국제적으로 인기를 얻어 소프트파워로 한국의 국력에도 도움이 된다는 점에 착안하여 필리핀 대중예술인 양성을 위한 대회를 개최하는 등 한국의 사례에서 벤치

마킹하고자 하는 움직임을 보이기도 하였다.

이즈음하여 각광을 받은 것이 'P-pop(Pinoy pop)'이다. 케이팝 가수와 그룹이 하루아침에 완성되는 것이 아니라 도제와 연습생 시기를 거쳐 세계인이 함께 즐길 수 있는 질 높은 결과물이 나오는 것이라는 판단 하에 한국인이 운영하는 연예기획사에서 P-pop 그룹 연습생을 모집하기 시작하였고 필리핀 내 연예인 등용문이라는 ABS-CBN 방송국의 Star Magic 오디션 프로그램을 통해서도 다양한 예비 연예인을 훈련시키기 시작하였다. 이리하여 SB19, BINI, ALAMAT, BGYO, 1st.One, GAIA, PLUUS, G22 등 케이팝에서 영감을 받아 필리핀 현지의 사회문화적인 맥락과 팬들의 염원을 담은 다양한 P-pop 그룹이 생겨나기 시작하였다.

이렇게 한류는 드라마와 음악으로 필리핀 대중의 인기를 얻고 있는데 최근에는 한식에 대한 관심으로 확산되면서 수도 메트로 마닐라를 중심으로 한국식당이 늘고 있으며, 한국 화장품, 패션 등에 대한 수요도 크게 증가하였다.

필리핀 대표 P-pop 그룹 SB19과 BINI

필리핀 의류회사 벤치(BENCH)의 한국 연예인 광고판

　필리핀은 특히나 상품 판매와 홍보에 연예인 마케팅이 큰 역할을 하는 만큼 식음료, 의류, 생활가전, 아파트 등 거의 대부분의 영역에서 한국 연예인을 모델로 기용하는 현상이 이어지고 있다. 2025년 필리핀 관광부(Department of Tourism, DOT)는 배우 서인국을 모델로, 필리핀 부동산 대기업 SMDC는 배우 이민호를, 최근 던킨도너츠 필리핀은 케이팝 그룹 TXT(TOMORROW X TOGETHER)를 새로 영입하였다. 브랜드 이미지 재고와 판매 증가뿐만 아니라 다양한 팬클럽을 참여시킴으로서 나비효과를 톡톡히 볼 수 있다는 것이 업계의 증언이다.

4

다양한 한-필 문화교류 축제

쌍방향 교류의 장 '한-필 문화교류 축제'

나와 다른 이들과 가까워지고 서로를 더욱 깊이 이해하기 위해서 가장 중요한 것 중 하나는 문화를 공유하는 것이다. 한인들이 집단 주거지를 형성하고 필리핀 전역에 뿌리를 내려가면서 필리핀인들에게 한국 문화를 알리고 민간 외교관 역할을 자청하기 시작하였고, 그것이 가장 확연히 드러나는 것이 매년 한인총연합회가 개최해 오고 있는 '한-필문화축제'이다. 최초 개최 당시는 '한-비문화축제'로 불린 이 행사는 1992년 당시 대사관에서 유일하게 영사 업무를 담당하던 홍승목 총영사가 한인들이 함께 모여 어울릴 수 있는 행사를 제안, 장려하면서 제1회 한-비문화축제가 생겨났다.

당시 홍 영사는 필리핀 동포 사회가 단결이 잘 되지 않는 것을 지켜보면서 규모도 작은데 서로 어울리지 않는 원인이 무엇일까 고민 끝에 동포 사회 안에 사기꾼이나 범법자들이 너무 성행해 그럴 것이라 생각을 했고, 동포 사회

2021년 코로나19 봉쇄령 속 온라인으로 진행한 제30회 한-필 문화교류 축제

의 질을 높이기 위해 한인체육대회나 음악회 같은 모임을 생각해냈다고 한다. 그후 이런 모임이 긍정적으로 작용하는 것을 보면서 한인총연합회에 필리핀 지역사회를 아울러 함께 화합할 수 있는 행사를 해보자고 제의했고 그렇게 해서 처음으로 생겨난 것이 한비문화축제(현 한-필 문화교류 축제)였다.

첫 해는 사실 단순히 노래자랑 형식으로 진행되어 필리핀인들이 한국 노래를 부르고 한국인은 필리핀 노래를 부르는 조촐한 경연대회였지만 현재까지 한 해도 거르지 않고 진행이 되면서 더욱 다채로운 행사로 발전을 거듭해오고 있다.

2010년부터는 중부루손한인회도 자체적으로 한-필 문화교류 축제를 개최해오고 있다. 지역사회의 한국인과 필리핀인들이 어우러지는 장을 마련하는 동시에 태권도 시범공연, 씨름대회, 한국 가수들의 초청공연 등을 준비해 한국 문화를 알리고 타국에서 지내는 동포들의 외로움을 달래는 시간을 만드는 것이 특징이다. 2025년 4월에는 최초로 필리핀 한류문화관광총연합회(회장 장한식)가 까비떼 실랑시에서 한류 문화교류축제를 개최하였다. 실랑시는 한인 은퇴 이민자 등 한인 거주가 두드러지는 마닐라 외곽 도시로 지역사

2014년 한필문화교류축제(2014.11.8.~11.9)

2015년 한필문화교류축제(2015.10.4.)

2016년 한필문화교류축제(2016.10.15.)

2017년 한필문화교류축제(2017.9.9.)

2018년 한필문화교류축제(2018.10.27.)

2019년 한필문화교류축제(2019.9.28.)

2022년 한필문화교류축제(2022.9.30.)

2023년 한필문화교류축제(2023.9.30.)

한-필 문화교류 축제에 대한 현지 언론 기사

제33회 한-필 문화교류 축제에서 축사 중인 한
인총연합회 윤만영 회장

2023년 한필문화교류축제

2023년 한필문화교류축제

회 내 한인의 참여를 이끌어내고 한국의 대중문화 외에도 전통문화를 소개
하며 한류의 재발견을 하게 된 장이었다.

2024년은 한-필 수교 75주년을 기념하여 '우정'을 주제로 한 2024년 한국
영화제가 개최되었다. 우정을 주제로 한 한국 영화 다섯 편을 마닐라, 세부,
다바오, 바기오에서 상영을 하였다.

수교 70주년 기념 다채로운 행사

2019년에는 수교 70주년을 기념하여 필리핀 문화예술위원회와 필리핀한
인총연합회가 주관하고 주필리핀한국대사관과 한국문화원이 공동 주최한
한-필 문화교류축제가 파사이 알리우극장(Aliw Theater)에서 성대하게 개최되

일로일로한인회와 함께 행진하는 한동만 전 대사(가운데)

기도 하였다. 양국의 문화를 동시에 알리는 자리로 한국과 필리핀의 전통, 대중문화를 대표하는 공연단의 무대가 펼쳐지고 노래와 춤 경연대회가 진행되었다. 필리핀 대세 그룹인 SB19과 필리핀 현지에서 케이팝을 전파하고 있는 최다슬(Dasuri Choi), 배진호(Jinho Bae) 등이 출연하였다.

수교 70주년을 기념하는 2019년에는 필리핀에서 한-아세안 특별정상회의도 개최가 되어 이를 기념하기 위해 필리핀 세부와 한국 서울에서 '한국-필리핀 청소년 합창공연'을 잇달아 개최하였다. 2019년 10월 외교부와 주필리핀세부분관이 주최하고 주한필리핀대사관과 한국예술종합학교의 후원으로 세부의 호텔과 쇼핑몰에서, 그리고 서울 세종문화회관에서 개최된 이 행사는 양국 청소년 교류와 한-필 우호 관계 증진을 위해 기획되어 약 3개월 간의 연습을 거친 청소년 합창단이 우리 민요인 아리랑과 필리핀 동요 등 각국을 대표하는 음악과 대중음악 등 총 12곡을 선보였다. 특별히 이 공연에서는 이영조 작곡가가 "아리랑 고갯길에 핀 삼빠기따 꽃(Sampaguita on the Arirang Hill)"을 편곡하여 양국 청소년들이 한국어와 따갈로그로 부른 것이 감동을 더했다는 후문이다.

당시 주필리핀 한국대사관 한동만 대사는 필리핀 각 지역의 한인회 및 다양한 단체들과 한-필 수교 70주년 관련 행사로 수교기념일(1949년 3월 3일)을 기념한 케이팝 콘서트, 한국문화 관광대전, 한인과 필리핀인이 함께하는 우정의 퍼레이드 등을 개최하는 데 앞장섰다. 특히 2019년 6월 2일 마닐라 베이와 인접한 로하스 대로

로하스 대로에서 대형 국기를 들고 행진하는 한국과 필리핀 청소년들

(Roxas Boulevard)에서 성대하게 개최한 우정의 퍼레이드에는 각 한인 단체와 필리핀 한국국제학교 학생들 및 필리핀 걸스카우트, 보이스카우트, 필리핀 시민들이 함께 참여해 수천 명의 양국 국민이 어우러지는 대동의 장을 연출해냈다.

로하스 대로(Roxas Boulevard)를 따라 퀴리노 그랜드 경기장(Quirino Grand Stand)과 라하 술라이만 광장(Rajah Sulayman Plaza) 구간을 왕복 코스로(약 3.8km) 거리 행진하였다. 걷기 행진에 이어 경기장에 마련된 무대에서는 양국 문화 교류 행사의 일환으로, 수교 70주년 기념 공연을 위해 필리핀을 방문한 국기원 단원들이 태권도 시범 퍼포먼스를 선보였다. 양국 간 문화 교류 행사로 한국은 풍물놀이 공연을, 필리핀은 마닐라 시청 공연팀이 필리핀 전통 무용 공연을 보여주었고 핑크판타지, SB19 등 필리핀에서 활약 중인 케이팝 스타들의 공연도 펼쳐졌다(KOCIS, 2019).

제7부

마닐라 코리아타운의 새로운 시도 '워터쇼' 특별공연

마닐라 코리아타운 워터쇼

2022년 마닐라 코리아타운은 코로나19 대유행 동안 적극적으로 행사를 개최할 수 없던 끝에 필리핀 내 방역이 자리를 잡아갈 즈음 오랫동안 준비해온 워터쇼를 개최하였다. 한국 가수 싸이의 콘서트 형식으로 한국에는 익히 알려진 형식이었지만 열대국가 필리핀인들에게 시원한 물줄기를 선사하며 코로나19로 지친 몸과 마음의 스트레스를 날려버릴 수 있는 즐거운 시간을 마련하고자 준비한 특별공연이었다.

마닐라 코리아타운의 중심가인 레메디오스서클에 대형 옥외공연장을 설치하고 한국 문화에 관심 있는 누구나 참여해 K-pop과 P-pop을 즐기고 필리핀 건기의 무더위를 씻어버리는 공연을 기획하였다. 또한 2024년 마닐라 코리아타운은 경상북도 기능봉사회와 협력하여 코리아타운 내 대형쇼핑몰인 로빈

슨스 마닐라(Robinson's Manila) 쇼핑몰에서 한국 전통음악 공연, 한복 패션쇼, 김치 만들기 등 시민들을 위한 참여형 행사를 개최하여 좋은 반응을 얻어냈다.

필리핀 방송계에 두각을 나타낸 한인들

1990년대 후반 필리핀 거주 한인의 수가 급격히 늘고 영어교육, 사업, 은퇴이민 등 다양한 목적으로 장기 체류자가 늘면서 부모를 따라 필리핀으로 건너온 1.5세 한인들도 더불어 증가하기 시작했다.

2004년 6월 필리핀의 ABS-CBN 방송국에서 개최하는 신인 탤런트 공개 채용 프로그램 '스타 서클 퀘스트'에 한국인 학생 하나가 참가를 한다. 필리핀의 발라드 여왕 레진 벨라스케스(Regine Velasquez)와 같은 스타가 되겠다는 야망으로 레진의 영화 대사를 읊으며 연기를 하고 심사위원들은 이 엉뚱한 한국인에게 합격을 준다. 7천 명의 지원자 중 10명을 뽑는 이

필리핀에서 데뷔 후 활동 중이던 산다라박의 모습(2005)

선발대회에서 산다라박은 2등을 차치하고 이것이 바로 2NE1의 산다라박이 필리핀 연예계에 첫발을 내딛는 순간이었다. 산다라박은 유창한 필리핀어 실력과 귀여운 외모, 엉뚱하면서 발랄한 성격으로 단숨에 필리핀인들의 인기를 얻었고 가수, 배우, 모델 등 필리핀에서 눈코 뜰 새 없이 바쁜 활동을 해나 갔다.

산다라박이 한국에 알려진 계기는 KBS2 다큐멘터리 〈인간극장〉이었는데 필리핀에서 최고의 스타가 되기 위해 고군분투하는 모습으로 한국인 시청자들의 마음을 사로잡기도 했다. 이후 산다라박은 필리핀에만 머물기보다는 한국으로 가 본격적인 훈련을 받아 실력을 키우고자 하는 꿈을 공공연히 내비쳤고 마침내 한국으로 돌아가 YG기획사 소속 연예인이 된다.

그레이스 리(Grace Lee)로 더욱 잘 알려진 이경희 씨는 1982년 서울 출생으로 10살 때 부모님을 따라 필리핀으로 이민을 왔다. 아테네오데마닐라대학교에서 언론학을 전공하고 일찌감치 방송계에서 뉴스와 방송을 진행하면서 진가를 보여준 그레이스리는 필리핀 언론계에서는 외국인 최초로 앵커를 역임한 보배이다. 유창한 필리핀어와 지적인 면모로 한국 대사관과 공공기관의 중요한 행사에서 사회자로 자주 등장하기도 하며 현재는 레스토랑 기업

필리핀 언론과 소셜미디어에서 두각을 보이는 그레이스 리, 샘 오, 라이언 방

과 프로덕션 기업, 장소협찬 기업을 아우르는 HBC 대표이사로 재직 중이다.

라디오 디제이로 왕성하게 활동 중인 샘 오(Sam Oh)도 빼놓을 수 없다. 1980년생인 오상미 씨는 예의 명랑하고 발랄한 끼로 필리핀인들 사이에서 인기가 높은 방송인이다. 화려한 수상 이력에 아울러 한국의 대형 연예인들이 팬미팅, 홍보 행사를 할 때 넘버원 사회자로 꼽히는 인물로도 알려져 있다. 현재는 Magic 89.9 라디오 FM 채널의 'Good Times' 진행을 맡고 있고 몇 년 전까지는 필리핀 GMA방송국의 요리 프로그램인 'Sarap at Home'에서는 집밥 실력을 선보이기도 했다.

산다라박과 같이 〈인간극장〉에 나와 한국에 알려진 이가 바로 라이언 방(Ryan Bang). 라이언 방은 Pinoy Big Brother라는 리얼리티쇼에 한국인 참가자로 나와 특유의 긍정적인 성격과 유머감각을 선보여 단번에 필리핀 팬들의 주목을 받은 인물이다. 또한 한국문화원 초창기 케이팝 댄스 강사로 두각을 나타낸 최다슬(Dasuri Choi)은 뛰어난 춤 실력으로 GMA방송국의 정오쇼 'Eat Bulaga'에서 외국인 거주자들이 참가하여 끼를 선보이는 'Foreignay'라는 프로그램에서 단번에 스타가 되어 영화, 코미디쇼 등에 종종 출연을 하기도 하였다.

최근 유튜브, 틱톡과 같은 뉴미디어가 젊은 세대들의 삶 속에 파고들면서 필리핀 내 한인 인플루언서들의 움직임도 활발해지고 있는 추세이다. Jinho Bae(배진호), Juwonee(김주원), Jessica Lee(이슬), 산드라 정(Sandra Jung) 등은 컨텐츠 크리에이터로 활발한 온라인 활동을 하고 있으며 한국 문화 홍보 행사에서도 얼굴을 보이고 있다.

5

한-필 관광을 통한 인적교류

필리핀 관광 1위는 한국관광객

　한국과 필리핀이 이미 국제사회에서 가장 전통적인 우방국가로서 좋은 국가관계를 유지하고 있는 데다가 한국인들과 필리핀인들이 상대국에 대해 좋은 이미지를 갖고 또 관광을 통해 양국민 간의 교류가 활발하게 이루어지고 있다는 것이 국제사회에서 좋은 사례가 되고 있다. 이러한 양국민 간의 좋은 관계는 양국 정부기관이나 민간 기업들이 정치, 경

세부 방문 외국인 중 한국인이 가장 높다는 뉴스 보도

제 협력 활동을 펼쳐나가는 데 든든한 기반이 되기 때문이다.

필리핀에 입국하는 관광객들의 국가별 순위가 2009년까지만 해도 미국 시민권을 포함한 필리핀인을 포함한 미국인이 1위였는데 2010년부터는 한국인이 1위를 유지하고 있다. 2020년 초 코로나19 발생으로 인해 필리핀을 방문한 한국인의 숫자는 급격히 감소하였으나 2022년부터 다시 방문객 숫자가 증가하고 있다. 필리핀 관광청의 통계에 따르면 2024년 한국인 방문객은 157만 명으로 전년 145만 명보다 증가하여 총 방문객 수의 26%를 차지했다고 한다. 아래에서 보듯이 세부 한 곳만 보더라도 2024년 세부가 위치한 Region 7의 외국인 방문객 중 41.17%가 한국인으로 미국인(9.39%), 일본인(9.08%), 중국인(5.09%) 등보다 월등히 높은 수치이다.

대한민국 비자신청센터(KVAC) 개설 운영

2023년 주필리핀대한민국대사관은 필리핀인들의 한국 방문이 더욱 원활해질 수 있도록 비자신청센터(KVAC)를 신설해 비자 관련 업무를 처리하고 있다. 주필리핀대한민국대사관 내 영사

과에서 다년간 근무한 안규석 청장의 지휘하에 유연하면서도 효율적인 비자 관련 업무를 해내고 있는 KVAC은 코로나19 이후 해외여행이 본격적으로 활발해지면서 필리핀인의 한국 방문에 큰 기여를 하고 있다.

비자센터 운영기관인 하나투어(송미선 대표)는 지난 2015년 중국 광저우를 시작으로 중국 , 베트남, 필리핀을 포함 현재 9개소를 개설하여 운영하고 있으며 필리핀 비자신청센터는 2023년 8월 31일 BGC BRITTANY HOTEL 9층과 10층에 개설되었다. 비자신청센터는 한국-필리핀 양국간 인적교류 증대

필리핀 대한민국비자신청센터 안규석 청장과 직원들

및 K-Culture 영향 등으로 인해 사증 신청자가 급증함에 따라 사증 접수 교부 업무를 한국 법무부에서 운영을 위탁 받았으며, 사증 발급 심사에 대한 심사는 기존대로 주 필리핀 한국대사관에서 수행한다.

2023년 8월 개설 이후부터 현재까지 약 35만 건의 신청을 처리하였으며, 일일 방문객이 평균 400명(성수기 일일 방문객 800명)에 이르고 있다. 온라인 예약 시스템 및 키오스크를 운영하고 고객을 위해 100석 규모의 대기좌석 및 한국 관광 시청각 자료도 제공하고 있다.

현재 더욱 다양한 서비스를 확대하려는 비자신청센터는 추후 프리미엄 서비스 및 프라임 타임 서비스 운영 도입 검토, Door to Door 서비스 등 고객 편의를 위한 서비스 강화를 구상 중이다. 또한 한-필 우호 증진 및 교류에 공헌하며 필리핀 현지 학교 및 기관을 대상으로 사회공헌 활동도 강화할 계획이다.

필리핀 관광부 서울사무소(DOT Seoul)

필리핀 관광부(Department of Tourism, DOT)는 서울에 한국사무소를 두고 한

필리핀 관광부의 한국어 상담사 안내문(필리핀 관광부 페이스북)

국인 관광객을 위한 지원을 강화하고, 필리핀의 주요 관광 시장인 한국과의 관계를 더욱 개선하기 위한 노력의 일환으로 주한 필리핀무역투자진흥국(PTIC)과 협력하여 2025년 5월 14일, 새롭게 단장한 필리핀 쇼룸(Philippine Showroom)을 공식 오픈했다. 최근 한국어 상담사 지원을 통해 소통의 문제를 도우며 더 많은 한국인의 방문을 기대하고 있다.

양국교류가 증가하면서 하늘 길도 넓어지고 있다. 한국과 필리핀 간 항공자유화협정에 따라 인천-마닐라뿐만 아니라 무안, 제주, 대구에서도 마닐라와 세부 간 직항편이 새로 늘어났다. 한국의 지자체에서도 발 빠르게 움직여 원주시가 필리핀 코르도바시와 농업 분야 국제교류협력을 체결하고, 창원대학은 필리핀 빰빵가주립대학과 학술교류협정을 체결하고 협력사업을 펼쳐 나가기로 하였다.

한국에서 만나는 필리핀

서울 속 필리핀, 혜화동 "리틀 마닐라(Little Manila)"

서울역사편찬원의 〈서울 내 외국인 집단활동지의 역사〉에 따르면 조선 후기 천주교 비밀 모임이 열린 성균관 반촌에 1909년 독일 베네딕토회가 백동수도원을 설립한 후 학교, 성당 등의 마을을 형성하였다고 한다. 당시 독일 종교인들이 거주하여 이곳은 '독일인 마을'로 불렸고 시간이 흘러 독일인들이 떠난 자리에 현재의 혜화동 성당이 들어섰다. 했다. 천주교 신도들의 발길이 더욱 잦아지고 다양한 배경으로 한국으로 이주하는 필리핀인들이 늘면서 이곳은 자연스럽게 필리핀 천주교 신자들이 일요일에 꼭 방문하는 성당이 되었고 성당 앞 거리에는 일요 벼룩시장이 서 좌판을 펴놓고 식재료, 과자, 요깃거리 등을 파는 필리핀인 상인들이 증가하기 시작하였다. 이리하여 현재 이 거리는 '리틀 마닐라(Little Manila)'라는 독특한 공간으로 변모하였다.

필리핀군 참전 기념비

통일로변에 있는 이 기념비는 6·25전쟁 당시 아시아국가들 중 최초로 필리핀이 한국 파병을 결정하고 9월 19일 부산항에 도착한 후 큰 활약을 펼쳐준 필리핀 참전용사들을 기리는 비로, 산화한 영령들의 넋을 위로하고 후손에게 그 뜻을 전하기 위하여 1974년 10월 2일 국방부에서 건립하였다. 필리핀참전기념비 뒷면에는 제 10대대 전투단, 제20대대전투단, 제19대대전투단 등 참전했던 부대들의 마크게 새겨져있다. 필리핀대대는 1951년 9월을 시작으로 1955년 5월 정전협정이 체결될 때까지 1개 보병대대전투단 연인원 7,420명을 한국전선에 파견하였다.

필리핀군참전기념비

책을 통해 만나는 필리핀

문학을 통한 교류도 흥미롭다. 주한필리핀대사관은 2024년 12월 한-필 수교 75주년을 기념하여 특별책자 〈이민자: 이주 이야기(Dayo: Stories of Migration)〉를 출판하였다. 이 사업은 한국에 사는 필리핀인, 필리핀에 사는 한인들의 다양한 배경과 삶의 방식을 조명하고 각자의 위치에서 어떤 역할을 하고 있으며 앞으로 양국이 더 우호적인 관계를 지속하기 위해 어떠한 동반자적 시각을 가지고 함께 나아가야 하는지에 대한 수필을 모아 영어와 한국어 두 언어로 구성한 책자이다. 한국전 참전용사 고 막시모 영(Maximo Young)의 손녀이자 현재 한국외국어대학교에서 유학 중인 얼린다 메이 영(Erlinda Mae Young)이 편집을 맡

주한필리핀대사관의 한-필수교기념 출판물 '이민자
(Dayo)'

고 40개의 다양한 이주 이야기를 담고 있다.

2010년대 이후부터는 한국 문학의 필리핀 유입 또한 증가하였는데 2019년부터 에이팝 출판사(Apop Books)는 한국의 베스트셀러 자기계발서, 에세이 등의 판권을 구입해 필리핀 독자들을 위해 영어로 번역하는 사업을 진행해 오고 있다. 한국 드라마와 영화에 등장하는 한국 서적과 케이팝 아이돌들이 즐겨 읽는 책을 필리핀 팬들이 직접 읽게 되는 기쁨이 실현되는 순간이다. 필리핀국립대학교 한국학연구소는 한국학 관련 책자를 발간하고 한국 관련 서적 홍보를 위한 북토크 등을 진행한다. 2024년에는 한국전 참전용사 알프레도 카이톤(Alfredo L. Cayton) 대령의 전쟁 수기 북토크를 개최하기도 하였다.

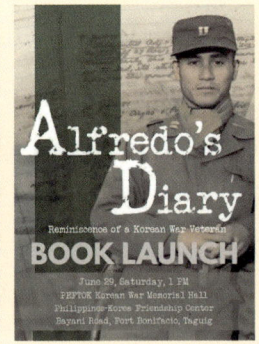

필리핀에서 열린 한국 서적 관련 행사들

6

한-필 가정의 역사
및 실태와 동향

　한-필 가정에 대한 이야기는 한인의 필리핀 이주 및 한인회 역사 자체와 밀접하게 엮여 있다. 일제 치하 강제징용과 위안부 동원의 굴곡의 역사를 지나 전후 경제적 암흑기 동안 늘어나는 국제결혼 속에 이민 1세대나 다름없이 필리핀행을 택한 한국 여성들이 이역만리 타국에서 새로운 삶을 시작한 이야기, 1990년대 이후 해외여행의 자유화와 이민의 증가 속에 더 많은 양국 국민이 한국과 필리핀에서 가정을 이루어 살게 된 시기, 2000년대 이후 꾸준히 증가한 이주와 한-필 가정으로 다양한 삶의 방식을 영위하고 있는 현세대에 이르기까지 한인과 필리핀인의 화합이 이루어진 역사와 배경은 다각도에서 관찰할 수 있다.

　1990년대 초 한인의 해외여행이 자유화되고 이주와 이민이 증가하면서 국제결혼 역시 더불어 증가하였다. 당시 필리핀도 예외는 아니었고 1990년대 이후부터 현재까지 한국을 찾아 가정을 이룬 필리핀 결혼이주이민자는 꾸준히 증가하고 있다. 1980-90년대에는 통일교를 통해 맺어진 국제결혼가정 중

한필가족협회 회원가입현황
(2024.8.31 기준)

기준일 현재 전체 참여자 **288명** / 회원가입 신청서 제출자 **81명** / 중복가입 및 무효 제외 = **73명 (25.3%)**

A. 연령대 (유효 응답 72명)
1. 50대	**29명**
2. 40대	16명
3. 60대	14명
4. 30대	9명
5. 70대	4명

B. 주거지 (유효 응답 73명)
1. 카비테	**14명**
2. 마닐라 (NCR)	8명
3. 앙헬/클락	7명
4. 한국	5명
5. 퀘존 (NCR)	4명
5. 라구나/산타로사	4명
5. 타귁 (NCR)	4명
6. 파사이 (NCR)	3명
6. 딸락/팜팡가	3명
7. 만달루용/올티가스 (NCR)	2명
7. 라스피냐스(NCR)	2명
7. 민다나오/다바오	2명
7. 안티폴로/까인타	2명
7. 문틴루파/알라방 (NCR)	2명
8. 파라나케 (NCR)	1명
8. 파식 (NCR)	1명
8. 산후안 (NCR)	1명
8. 블라칸	1명
8. 산파블로	1명
8. 보라카이	1명
8. 일로일로	1명
8. 마카티(NCR)	1명
8. 보홀	1명
8. 세부	1명
8. 바기오	1명

C. 자녀수 (유효 응답 73명)
1. 자녀 1명	**21명**
2. 자녀 2명	19명
3. 결혼 (출산) 예정 / 무응답	17명
4. 자녀 3명	11명
5. 자녀 4명	6명

D. 자녀연령 (한국 학령 기준)
1. 유아/미취학	**35명**
2. 초등	31명
3. 중등	11명
4. 대학/대학원생	3명
3. 성인	3명

E. 혼인연차 (유효 응답 71명)
1. 4-10년 차	**26명**
2. 11-20년 차	20명
3. 1~3년 차	10명
3. 결혼예정/무응답	9명
4. 21-30년 차	4명
5. 31년 이상	2명

F. 거주연수 (유효 응답 73명)
1. 11-15년	**18명**
2. 16-20년	17명
3. 5년 이내	13명
4. 6-10년	10명
5. 21-25년	6명
6. 26-30년	5명
7. 31년 이상	4명

G. 직업군 (유효 응답 73명)
1. 회사원/사무직	**9명**
1. 자영업	**9명**
2. 요식업/숙박업	8명
3. 무직/무응답	7명
3. 소매/도매/유통업	7명
4. 차량/운수/운송/부품업	5명
5. 컨설팅/여행/관광업	4명
5. 건축/건설업	4명
6. 기계/전기/설비/기술직	3명
6. 서비스업	3명
7. 미디어/방송	2명
7. 무역업	2명
7. 인력송출	2명
7. 은퇴	2명
7. 부동산	2명
8. 교육업	1명
8. 광산업	1명
8. 선원	1명
8. 농업	1명

H. 관심사(1) (유효응답 71명 / 복수 응답)
1. 생활정보	**44명**
2. 친목도모	43명
3. 교육	36명
4. 대외활동	30명
5. 사업	19명

I. 관심사 (2) (유효응답 71명 / 단수 응답)
1. 친목도모	**8명**
1. 대외활동	**6명**
2. 교육	6명
2. 생활정보	6명
3. 사업	1명

■ 협회 단톡방 참여 : 카톡(오픈채팅)에서 '한필가족협회' 검색 후 가입
https://open.kakao.com/o/g0HJyJRe
■ 가입 후 절차 : 대화명 (실명-거주지역명)변경 ▶ 회원가입 ▶ 가입인사 :)
■ 네이버 카페 : https://cafe.naver.com/hanphillfamily

한필가족협회 2024년 설문조사 결과

필리핀인 배우자가 다수 포함되어 당시 필리핀에서 한국으로 이주한 초창기 결혼이민자들이 대다수를 차지하는 것도 특징적이었다. 2025년 현재 한국에 거주하는 한-필가정과 필리핀인 배우자 통계에 건줄 정도는 아니지만 과거부터 현재까지 필리핀으로 이주하여 정착한 후 필리핀 현지에서 배우자를 만나 가정을 꾸리고 사는 한국인의 수 역시 현재까지 증가해 한-필 가정이 필리핀 대도시뿐만 아니라 전역에서 다양하게 거주하고 있는 것을 볼 수 있다.

한국 내에서의 한-필 가정 태동

1950년대 국내 언론에는 외국인과 한국인의 혼인에 대한 기사가 종종 등장하였다. 당시 통계에 의하면 외국인 군인과 혼인을 한 한국인 여성은 1954년말 37명으로 집계가 되었는데 외국인 군인의 국적은 미국 31명, 호주 6명, 대만 2명, 인도네시아 1명, 필리핀 1명, 스웨덴 1명이었다고 한다. 한인 여성들의 학력은 대부분 국민학교 졸업이며, 대학졸업자는 7명에 불과했고 대부분 중하층 가정 출신이었으며 군부대에서 근무를 하다가 외국 군인을 만나

장성숙 씨와 필리핀 배우자 말라바난

부에노 전 주한필리핀 대사와 부인 박현죽 씨 가정에 관한 신문기사

혼인을 하게 된 경우가 대부분이었다.

1959년 9월 21일 기사에서는 한국에서 국제결혼을 신고하는 유일한 관서였던 서울 중부구청 호적과에 신고된 국제결혼 총 469건 중 필리핀 부부는 13건으로 나타났다고 한다. 당시 전체 국제결혼자 누계는 189,756명이었고 한국인 남자를 만나 한국으로 시집 온 필리핀 여성은 1명이었다고 한다. 21세기 수천 명의 필리핀 여성이 한국인 배우자를 만나 한국에 살고 있는 현실과는 사뭇 다른 과거의 모습이다.

당시 주한필리핀대사관 책임대리공사를 지내던 안토니오 P. 림에 따르면 한국전쟁에 참전한 필리핀 군인과 한국인 여성 사이의 혼인 건수는 50쌍으로 파악되었다고 한다. 1960년대 들어서는 서울에 거주하는 외국인 수도 증가하여 총 외국인 중 필리핀인은 36명이었고 이중 16명이 필리핀 여성이었다. 1969년 통계에서는 한국인과의 국제결혼이 2769건, 필리핀 여성과 결혼한 한국 남성이 한 명으로 파악되었다고 한다.

1970년대 후반 한국에서는 해마다 국제결혼 건수가 증가하고 국적도 다양화되는 추세를 보였다. 1973년부터 1978년까지 국제결혼 총성혼건수 21,226건 중 98.1%인 20,858건이 한국인 여성의 국제결혼이며, 동시기 외국인 아내를 맞아 결혼한 한국인 남성은 388명이다. 배우자 국적은 미국, 독일, 중국, 캐나다, 필리핀 순으로 선진국 지향적인 결혼관이 두드러졌다. 한국 여성 대부분은 주한미군과 기지촌 여성의 결합이며, 시민권 취득 목적의 변칙결혼도 많았다(동아일보, 1979.6.9.).

이화여고 출신의 장성숙 씨는 한국전쟁 이후 육군본부정보국에서 타이피스트로 있다 반도호텔 안에 있는 모 외국인 회사에 취직했는데, 그곳에서 친구 소개로 남편 말라바난 씨를 만나 1955년 필리핀 공사 주례로 결혼식을 올렸다. 부부는 딸 켄티와 아들 주니어를 두고 후암동에 거주하고 있었는데 기사에 따르면 까비떼로 이주를 할 예정이라고 나타난다. 1962년 3월에는 한국에 새로 부임한 주한 필리핀 대사의 부인이 박현죽이라는 한국 여성이었는데, 당시 대사로 부임한 막시미니 부에노 씨는 한국전 시기 유엔한국재건위원회(NUCURK) 필리핀 대표로 한국에 방문하여 당시 이화여고 출신으로 조선호텔 프런트 데스크에서 근무하던 박 씨를 만나 혼인에 이르렀다고 전해진다. 부에노 대사는 미국 미시간대학교를 졸업하고 서울대 명예법학박사, 철학박사, 문학박사 학위 등 3개 박사학위를 소지한 석학 출신의 외교관으로 그의 선친은 마닐라에서 큰 방직공장을 운영했다고 한다(동아일보 1962. 3. 27.).

한인여성의 결혼이주, 필리핀 내 한-필 가정의 증가

1949년 3월 3일 한국과 필리핀 정부가 공식 수교를 맺은 후 한국전쟁 이후인 1954년 1월 19일 마닐라에 공식적으로 한국 공사관이 설치되고 그해 필리핀으로 유입된 한인의 수는 총 14명이고 그중 6인이 여성이었다고 한다. 최초의 한국전쟁신부 김충성 양이 1952년 영국 출신 하사와 결혼해 한국을 떠난 이래로 수백 명의 소위 '전쟁신부'들이 한국을 떠나 살기 시작하였다. 쿠츠미(2007)에 따르면 휴전 이후부터 1960년까지 약 30명의 한국 여성이 파병 필리핀 군인, 군무원, 기술자 등과 결혼해 필리핀에 정착한 것으로 나타난다. 전후 한국에서 필리핀은 미국 다음으로 널리 알려진 국가였다(김동엽, 2021).

한인회 1대 회장을 지낸 박윤화 선생은 1951년 29세에 당시 16세 여고생이었던 마르셀라 마난셀라(1935년생으로 추정)와 혼인하여 슬하에 4남 1녀 두었다. 박 선생의 부인 마르셀라는 결혼 후 치대에 진학하기도 하였다. 당시 교민 가운데 가장 성공한 한국인으로 박 선생이 꼽힐 정도였다. 박 선생의 집은 공관이 생기기 전까지 민간 외교 중심지 역할을 했다고 한다.

마카티 코리아가든 주인 김정애 씨는 1953년 필리핀으로 이민을 온 한국

여성이다. 배화여고 졸업 후 21세인 1952년 플로레스 소위와 서울에서 결혼, 마닐라로 왔다. 2남 2녀를 두고 식당을 운영하던 당시 필리핀 여인들과 결혼한 한인 남성들도 있었는데 대부분이 필리핀 여인들과 결혼했기에 서로 왕래가 없었다고 전해진다. 2차 세계대전 중 징용 나왔던 한국인이 무차별로 필리핀인들을 학살했다는 이유에서 한국에 대한 이미지가 좋지 않았을 시절이라고 한다.

김정애 씨는 재비한국부인회의 간사 역할도 하였는데 1980년 당시 약 80여 명의 한국인 부인들이 마닐라를 비롯해 필리핀 전역에 살고 있었다고 한다. 재비한국부인회는 비단 필리핀인과 결혼한 한인 여성뿐만 아니라 한국인 남편을 따라 필리핀 정착한 한인 부녀자들끼리 외로움을 달래기 위해 시작된 단체로 향후 공관직원 및 주재상사원 부인들도 회원으로 참여하며 통합되었다. 현재는 필리핀한국여성연합회로 단체명이 변경되어 필리핀 내한인 여성을 위한 중심적인 기관으로 운영되고 있다. 초대 회장은 필리핀 남편 말라바난과 한국에서 혼인한 후 필리핀으로 이주한 장성숙 씨가 역임하였다.

1951년 7월 20일 동아일보에 따르면 필리핀 정부는 필리핀 이민법을 준수하는 사람에게 필리핀 입국을 허가하겠다고 발표하였는데 한국에 파견되어 있는 필리핀 군인과 결혼하는 한국 여자에게 완전한 필리핀 시민권을 부여할 것이며, 군인의 처가 된 사람들의 입국을 속히 추진할 것이라는 내용이었다.

1967년 1월 28일자 경향신문 기사에는 한국전쟁을 계기로 필리핀인과 결혼해 필리핀에 정착해 사는 한국 여성들이 있었다고 취재되었는데 안애자(충북 옥천 출신), 유길자(황해도 해주 출신), 구복답(부산 출신)는 공동투자로 '케이스 하우스'라는 한국요리점을 운영했다. 안 씨는 1954년 한국에서 필리핀 남편을 만나 필리핀에 정착했고, 1961년 음식점을 개업해 종업원 50여 명을 거느릴 정도로 성장했다고 한다. 마닐라의 케이스 하우스는 한인이 개업한 한식당임에도 당시 일본 색이 다소 짙고 종업원들도 기모노 차림이었다고 전해진다.

한국전에 참전한 필리핀 육군 대위 퍼펙토 두긍 플로레스 대위(필리핀 국방성 근무)와 결혼해 마닐라 케손시에 가정을 꾸린 김정애 씨는 황해도 출신이었다. 1951년 당시 부모와 함께 부산으로 피난을 왔다가 플로레스 대위와 인연이 닿게 되었다. 둘은 바기오시에 사는 교포 박 모 씨의 도움을 받아 故막사이사이 대통령 영부인이 증인이 되어 마닐라에서 성대한 결혼식을 올렸다. 부부의 연을 맺고 파올, 아이라, 마리안, 파멜라 4남매를 두고 필리핀에서 살던 김 씨는 한국이 그리워 막사이사이 대통령 생전 영부인을 통해 남편을 한국에 있는 필리핀 대사관 무관으로 파견해달라고 로비도 했으나 잘 되지 않았다고 한다. 당시 필리핀 군인과 결혼해 필리핀에 온 한국인 여성은 루손 섬에 다수 거주한 것으로 파악이 되는데 필리핀 군인 남편들은 대부분 하사관 계급으로 월급이 적었으며, 제대 후 농업에 종사하는 경우가 많았다고 한다. 맞벌이를 하는 경우가 흔했는데 김정애 씨 역시 마닐라에서 식당을 운영하기 시작했다 (1961. 1. 31.).

2000년대: 한-필/필-한 가정의 다문화 지형 등장

2000년대 들어 특기할 점은 한국 내 필리핀인들의 적극적인 역할이 대두되었다는 점이다. 일례로 2008년 필리핀인 출신 귀화자로 외사경찰관 특채에 응시해 경찰관이 된 아나벨 카스트로 경장의 이야기가 인상적이다. 카스트로 경장은 지인의 소개로 남편을 만나 1997년 한국으로 건너와 전남 함평에 3남매를 두고 다복한 가정을 꾸렸다. 함평경찰서에서 통역 자원봉사를 하다 귀화자로서 외사경찰관 특채에 응시해 경찰관이 된 것이다. 됐다. 카스트로 경장은 중앙경찰학교 교육을 마치고 2008년 7월 안산 단원경찰서에 배치돼 외국인특별치안센터에 근무하다 현재는 단원서 외사계에서 근무하고 있다.

활발한 방송 활동을 통해 잘 알려져 있는 이자스민 리는 민다나오 다바오에서 자라 1993년 아테네오 데 다바오 대학교(Ateneo de Davao University) 생물학과 재학 중 항해사로 다바오를 방문한 한국인 남편 이동호 씨를 만나 1995년 결혼하였다. 1998년 귀화해서 이주 여성들의 봉사단체이자 문화네트워크인 물방울나눔회 사무총장을 지냈다. 유창한 한국어와 특유의 통통 튀는 성격 덕분에 방송계에서도 두각을 나타냈다. 서울특별시 글로벌센터에서 외국인생활지원과 주무관으로 일하며 외국인공무원 1호가 됐고, KBS 러브인 아시아와 EBS 한국어강의 등 방송 활동도 해나갔다. 영화 의형제(2010)와 완득이 어머니 역으로 영화 '완득이'(2011)에도 출연하여 이름을 알렸다. 2012년에는 제19대 총선에서 새누리당 비례대표로 당선되었고 2019년에는 정의당으로 입당하여 이주민인권특위 위원장으로 임명되었다. 또한 제 21대 국회에서 약 4개월간 의정활동을 하는 등 비례대표 재선에도 성공하였다.

필리핀에서도 1990년대 이후 2000년대 초반까지 사업, 투자, 교육, 취업 등 다양한 목적으로 이민을 온 한인들 중 필리핀인 배우자와 가정을 꾸려

귀화한 필리핀 결혼이주여성들: (좌) 아나벨 카스트로 (우) 이자스민

한-필 가정이 대거 증가하기 시작했다. 휴양지로 알려진 필리핀인 만큼 단기 방문객의 수가 매년 미국, 일본을 제치고 1위에 등극할 정도로 증가하였고 직항기의 증가도 이에 한몫하였다. 그러면서 자연스럽게 부작용도 없지 않았는데 특히 유흥지에 방문하거나 단기 거주를 하는 한국 남성들이 필리핀 현지 여성들과 관계를 맺고 아이가 생겼을 때 책임지지 않는 경우가 왕왕 발생하기 시작하였고 이는 한국 언론에 단골 기사로 등장하기 시작하였다.

이 당시 신조어가 '코피노'(코리안+필리피노)였다. 혼혈이나 국제결혼이 한국 사회에 비해 부정적인 편견이 덜한 필리핀에서는 한국계 혼혈이라면 이국적인 외모에 장점이 더욱 많다고 고려되는 경우가 많았으나 한국인의 사고방식으로는 한국인 아빠에게 버림받은, 합법적인 혼인 가정에서 태어나지 않은 '서자' 낙인을 찍기 시작했다. 특히 미군기지가 오랫동안 자리해 미군과 필리핀 여성 사이에 태어난 혼혈아 및 한부모 가정이 많았던 앙헬레스, 수빅 등지에서 여전히 유흥업이 성황함에 따라 미국계 필리핀인 혼혈인을 일컫는 '아메라시안(Amerasian)' 후 일본계 필리핀인 혼혈인 '자피노(Japino)'에 이은 현

한필가족협회의 지역사회 봉사활동

상으로 '코피노(Kopino)'가 등장한
것이다. 한국의 주요 언론사에서
도 2000년대 중반 이후부터 코피
노에 대한 기사와 현지 조사를 실
시하였고, 한국 정부 기관과 비정
부단체 등에서는 코피노 지원을 위
해 또 다른 노력을 기울이기 시작

한필가족협회 오정호 위원장 가족

했다. 그러나 정부 차원의 공식적
인 전수조사가 부족하기에 코피노 이슈는 언론에서 다소 뻥튀기되는 현상이
반복되어 온 것이 현실이다.

필리핀 현지에서는 코피노어린이재단을 설립한 손범식 이사장이 부인 놀
미 가르시아-손 여사와 함께 한국인 아버지의 친자인지나 금전적 지원이 없
는 아이들을 위해 공부방을 마련하고, 세부의 한기역 목사, 앙헬레스의 동방
사회복지회, 마닐라 Open Rainbow Children Center 김순희 센터장 등이 수

한동만 대사의 코피노어린이재단 방문(2018)

필리핀국립대 졸업식에서 재단 출신 존 델라디아(John Deladia)와 함께한 손범식, 놀미 가르시아-손 부부(2019)

년간 교육, 생활비 지원 등에 손길을 보탰다.

한인회와 직능단체, 종교단체들 역시 '코피노' 지원에 나섰고 한국 언론의 무분별한 '코피노' 용어 남발 및 자의적 정의에 대한 비판의식을 강화해왔다. 한-필 가정 사이에서도 용어에 대한 인식이 상이하여 충돌이 있어온 것이 사실이다. 2024년에는 필리핀 내 한-필 가정을 다양하게 아우를 수 있는 '한필가족협회'가 출범하였고 2025년 중부루손을 중심으로 '다문화가족연합'도 출범하였다. 또한 한-필 가정이 다수 파악되는 도시와 지역에서 비공식적인 소모임이 존재하여 한-필 가정 간의 우애를 도모해오고 있다.

한·필 사랑의 가정

세부 한인회 조봉환 회장 부부

조 회장은 1995년 친지 방문차 세부에 갔다가 이주를 결심해 그곳에 정착했다. 18년 전 아내를 만나 결혼했고, 현재 부동산 개발·임대와 리조트, 요식업 등을 하고 있다. 조봉환 세부한인회장의 부인인 매리 테레제 시토이-조(Mary Therese Stioy-Cho) 시장이었다. 시토이-조 시장이 시장으로 봉사하고 있는 코르도바시는 세부 주에 속하는 인구 8만의 도시다. 세부 막탄 국제공항에서 불과 5분 거리에 있는 여의도 같은 섬 도시

조봉환 세부한인회장의 부인인 매리 테레제 시토이-조(Mary Therese Stioy-Cho) 시장

로, 해수면 매립 등 개발사업이 한창인 곳이라고 한다.

데라살대학교 루즈 수플리코-정 부부

정재훈 씨는 2007년 서울의 한국외국어대학교에 교환 교수로 온 와이프를 만나 교제 후, 2008년 결혼해 2009년부터 필리핀 마닐라에 계속 거주하고 있다. 그는 씨티은행, GM 모터스를 거쳐 현재는 미국회사인 Dupont에서 Senior HR Data Analyst로, 듀폰 코리아와 듀폰 태국 직원의 인사관리를 담당하고 있다. 업무와는 별개로 개인적으로 한국과 필리핀의 정치, 경제, 사회

문제, 다문화 가족의 권익 향상에도 많은 관심을 가지고 있다. 아내인 루즈 수플리코-정(Dr. Luz Suplico Jeong)은 라살대 정교수이자 몬드라곤 인터내셔널 필리핀 마케팅 경영 석좌교수이다. 그녀는 라살 대학교에서 개발학 박사 학위를 취득했다. 그

녀의 연구는 국제 무역과 공익연계 마케팅에 중점을 두고 있다. 그녀는 글로벌 비즈니스 저널(Journal of Global Business)의 편집장을 맡고 있으며, 미국, 유럽, 아시아의 여러 대학에서 방문 교수로 재직했다.

김선아-마이클 메디나 부부

1991년 아버지의 사업을 계기로 가족이 모두 마닐라로 이주한 김선아 씨는 고등학교 졸업 후 미국과 한국을 오가며 지내다 2007년도에 다시 필리핀으로 돌아왔다. 남편 마이클 메디나(Michael Medina) 씨와는 International School Manila(ISM) 동문의 인연으로 만

나 2015년에 결혼을 하여 슬하에 딸 하나를 두고 있다. 현재 김선아 씨는 리크루팅 및 HR관련 사업을 하고 있고, 마이클 씨는 Siargao섬에 위치한 리조트와 기타 개인사업을 하고 있다.

이영애 - 제이슨 아드빈쿨라 부부

천애자 이사장과 전 한인회장 고 이영백님의 딸 이영애 씨는 1982년 부모님을 따라 마닐라에 오게 되었다. 이후 미국에서 오랫동안 혼자 지내다가 다시 필리핀으로 돌아왔고, 첫 직장을 다니던 중 지금 남편인 제이슨 아드빈쿨라 씨를 만났다. 2016년에 결혼하여 지금은 7살 난 딸이 하나 있고, 딸은 이영애

씨가 나온 International School Manila에 다니고 있다. 부부는 현재 금융 서비스 업계에 종사하고 있다.

배경민-시드니 바타 부부

2010년 필리핀국립대학교 언어학과에 객원교수로 파견된 배경민 씨는 같은 학과에서 중국어를 강의하는 시드니 크리스토퍼 바타(Sidney Christopher Bata) 씨를 만나 동료의 정을 키워가기 시작해 2012년 11월 부부의 연을 맺었다. 배 박사는 현재 필리핀국립대학교 한국학연

구소 소장을 맡고 있으며, 중국인 이민자의 후손 4세인 바타 박사는 현재 필리핀국립대학교와 아테네오데마닐라대학교에서 강의하고 있다. 배박사 부부는 다문화와 교육에 대한 열정을 나누며 필리핀 후학 양성에 힘쓰고 있다.

앙헬레스 베데스다 최철호 원장 부부

2000년 3월, 20대 초반의 청년으로 새로운 환경을 경험해보고 싶다는 단순한 마음으로 필리핀 행에 오른 최철호 씨. 그렇게 시작된 필리핀 생활은 어느덧 25년이라는 시간을 넘어섰다. 최 씨의 삶은 필리핀에서 수학하던 신학교의 총장님으로부터 의과대학에 가보지 않겠냐는 한 마디에서 큰 전환점을 맞았다. 큰 도전의식이 필요했지만 진지한 고민 끝에 의대에 진학하게 되었고, 그 선택은 삶의 방향을 완전히 바꾸는 계기가 되었다. 소아과 인턴 실습 중 지금의 아내(소아과 전문의)를 만나게 되었고 3년 연애 끝에 결혼하여, 둘은 함께 앙헬레스시에 '베데스다 병원'을 설립했다. 최철호 원장은 2025년 4월, 필리핀 국가 의사 면허 시험에 최종 합격하였고 베데스다병원이 '필리핀의 세브란스'가 되어 필리핀 땅에서 사랑과 회복의 통로가 되기를 간절히 소망하고 있다.

박병인-라쉘 헤로디아스 부부

한국 출신 바리톤 박병인과 필리핀 출신 소프라노 라쉘 헤로디아스(Rachelle Gerodias)는 2014년 3월 싱가포르 오페라 페스티벌에서 모차르트 오페라 〈코

지 판 토데(Cosi fan tutte) > 에 함께 출연하며 처음 인연을 맺었다. 이후 두 사람은 결혼하여 두 아들을 두고 필리핀에 정착한 Power Opera Couple로 불리며 필리핀 주요 오케스트라 무대와 오페라 작품에 꾸준히 참여하고 있다. 이들은 필리핀 필하모닉 오케스트라와의 협연을 비롯해 교육활동까지 폭넓게 이어가며 필리핀 클래식 음악계에 활력적이고 긍정적인 영향을 미치고 있다.

바리톤 박병인 씨는 독일 슈투트가르트의 국립음대(University of Music and Performing Arts Stuttgart)에서 수학했으며, 세계적인 테너 프란치스코 아라이자(Franscisco Araiza)의 지도를 받았다. 유럽과 아시아 각지에서 오페라와 콘서트 활동을 활발히 이어왔고, 현재는 필리핀을 중심으로 공연과 교육활동을 병행하고 있다. 그의 대표적인 배역으로는 <예브게니 오네긴>의 오네긴, <카발레리아 루스티카나>의 알피오, <팔리아치>의 토니오 등이 있다.

소프라노 라쉘 헤로디아스 씨는 미국 뉴욕 로체스터에서 성악 및 성악 문헌(Vocal Performance & Vocal Literature) 석사를 취득하고, 홍콩 Academy for Performing Arts에서 오페라 전문 박사를 수료했다. 현재 필리핀 클래식 및 오페라계에서는 가장 저명한 소프라노 중 한 명으로 손꼽힌다. 2008년 오스트리아 빈 폴크스오퍼(Volksoper Wien)에서 푸치니 투란도트의 리우 역으로 유럽 무대에 데뷔했으며, 2010. 2012년 두 차례 연속 대구 국제 오페라 페스티벌에 초청되어 필리핀 여성 성악가로서는 최초의 기록을 세우는 등 국제적 위상을 높여 왔다. 그녀는 동남아시아 및 아시아 무대 전반에서 활발한 공연 활동을 이어가고 있다.

현재 두 사람은 함께 설립한 스튜디오 Gerodias-Park Music Studio를 통해 젊은 성악 인재들을 양성하는 데 힘쓰고 있으며, 다양한 음반 및 녹음 작업, 필리핀 국립 오케스트라와의 협연, 그리고 필리핀 내 한인 동포사회 행사 참여 등 폭넓은 문화 활동을 이어가고 있다.

한국과 필리핀을 잇는 이 성악가 부부는 양국을 거점으로 세계 여러 무대를 누비며, 다양한 문화 행사와 예술 가곡 오페라 무대에서 뛰어난 기량을 선보이고 있다. 이들의 활동은 양국 문화 예술 교류의 모범적 사례이자, 국제적 커리어를 지닌 아티스트로서의 가치와 의미를 더욱 빛내는 주목할 성취라 할 수 있다.

제8부

필리핀 한인사회를 이끈 사람들

제14장
원로들에게 듣는다 [1]
전직 대사와 여성 원로

한국을 시종일관 지지한 우방국

윤석헌

주필리핀한국대사관 제6대(1967-1969) 대사

> 1922년 경기 안성 출생, 1954년 변영태 당시 외무부 장관의 권유로 외교관 생활 시작한 뒤 외무부 차관과 주필리핀 대사, 주프랑스 대사, 주유엔 대사를 지냈다. 외교관에서 은퇴한 뒤인 1986~1992년에는 한국외교협회 회장을 역임했다. 2022년 별세. (향년 100세).
>
> * 이 원고는 회고록 〈먼 길을 후회없이〉에서 필리핀 부분을 발췌하여 재정리한 것이다.

필리핀 주재 당시의 상황

1967년 9월 30일자로 주필리핀 대사로 임명되었다. 싱가포르와의 통상교섭 때문에 실제로 마닐라에 부임한 것은 11월 하순으로, 그 해 11월 23일 말라까낭궁에서 마르코스(Ferdinand E. Marcos) 대통령에게 신임장을 제출하였다. 당시 마르코스는 아직 독재자로 변신하기 전으로 똑똑하고 영특하게 보이는 유능한 정치인이었다. 필리핀은 미국과 밀착된 특수 관계에 있는 나라로 한국문제에 대하여 시종일관 우리를 지지해주고 6·25전쟁 때에도 군대를 파견하여 참전한 16개국 우방 중의 하나이다.

매년 UN 총회에 상정되는 한국문제 토의에서는 필리핀 대표가 으레 웅변을 토하며 한국의 입장을 지지하고 공산 측의 무리한 정책을 성토하곤 하였다. 따라서 양국 간에 정치적으로 중요한 분쟁이나 의견 차이가 없어 주재

대사로서는 그다지 어려움이 없었고 경제 문제에 있어서도 한국의 사과와 필리핀의 바나나를 교역하는 정도의 이야기가 오고 갈 뿐이었다. 그러므로 양국 간의 전통적인 우호관계를 국민간의 이해와 우호로 발전시키기 위하여 필리핀의 각계각층과의 접촉을 넓히고 지방 각지를 방문하여 한국을 소개하는 데 힘썼다. 내가 필리핀 대사로 부임할 당시 마닐라에는 아시아개발은행(ADB)에 천병규(千炳圭) 전 재무부장관이 이사로 와 있었고 계봉혁(桂鳳赫) 박사 등 한두 명의 직원이 근무하고 있는 등 교민사회는 비교적 단출하였다.

나르시소 라모스(Narciso Ramos) 외무장관은 원만한 인격의 신사로서 나에게 친절히 대해 주었으며, 또 골프를 즐겨서 주말에는 가끔 골프를 같이 쳤다. 본부에서 중요한 지시가 오면 의전장에게 라모스 장관과의 골프 약속을 부탁하여 골프장에서 중요한 외교 업무를 처리하기도 하였다.

마닐라 주재 후반기에는 외무부장관이 로물로 장군(Gen. Romulo)으로 바뀌었는데, 나는 이 분과도 무간하게 지냈다. 이 분은 내가 주미대사관에 처음 근무할 때 필리핀의 주미대사를 지낸 사람으로, 당시 쉐리단 서클(Sheridan Circle)의 서쪽에 한국 대사관이 있었고 북쪽에 필리핀 대사관이 있었으며 한국과 필리핀 대사 두 분이 다 키가 작은 대신 연설을 잘하는 것으로 소문이 나 있었다. 양유찬 대사는 산부인과 의사 출신이라 아기 해산에 관한 농담이 일품이었고, 로물로 대사는 제2차 대전시 맥아더 장군 휘하의 홍보 담당 보좌관(계급은 준장)으로 있을 때 레이테(Leyte)섬 상륙작전 시 맥아더 장군은 넓적다리까지 물에 잠겨 해안에 상륙하였는데 자기는 가슴까지 물에 젖어 뒤따랐다는 이야기를 자랑삼아 자주 하였다.

한 번은 본국 근무로 귀국하기 전, 그에게 웅변 기술을 배우려면 어떻게 하면 되느냐고 물으니 서울 가지 말고 마닐라에 더 있으면 가르쳐 주겠다고 하여 웃은 적이 있다. 나르시소 라모스 외무장관의 아들이며 6·25전쟁 때 참전, 필리핀군 정찰 소대장으로 활약한 피델 라모스(Fidel Ramos) 대령이 한국

정부로부터 아무런 훈장을 받지 못한 것을 발견하고, 나는 이에 대한 적절한 서훈을 정부에 건의하였다. 정부에서는 이 건의를 받아들여 1970년 10월 보국훈장 삼일장을 수여하였다. 마닐라 외교계에서는 다른 지역과는 달리 한국이 분단국이라는 데서 오는 이상한 차등감 같은 것 없이 당당히 위신을 지킬 수 있고 필리핀인과도 같은 아시아인으로서 동료의식을 갖고 편하게 사귈 수 있어서 좋았다.

필리핀 재임 시 기억에 남는 일

필리핀 재임 시 기억에 남는 일들 중에는 채명신 파월군 사령관의 초청으로 월남에 가서 파월 국군을 위문한 일이 있다. 그런데 내가 탄 비행기가 사이공 비행장에 착륙하려 할 때 창밖으로 소방차가 사이렌 소리를 내며 비행기를 따라오는 모습과 대기하고 있던 의장대 뒤의 사람들이 우왕좌왕하는 모습이 보였다. 비행기가 정지하고 문이 열리자 채명신 장군이 달려와 내 손을 잡으며 이 비행기의 두 엔진 중 하나가 정지되어 비상착륙한 것이라고 위기 상황을 전해주었다. 나는 다행히 중부 전선에 나가 있는 맹호부대와 백마부대를 위문하고 대포도 쏘아보면서 월남전쟁의 실상을 살펴볼 수 있었다.

재임시 입장이 곤란한 일도 있었다. 부임한 지 약 1년이 지났을 무렵, 어느 날 마닐라의 신문에 마르코스 대통령이 불원간 대만을 공식 방문하는데 그 다음에 한국을 방문하게 될 것이라는 보도가 크게 게재되었다. 즉시 어떻게 된 일인지 알아보니, 필리핀 정부는 대만과 마르코스 대통령의 대만 방문을 협의중이었는데 대만만 방문하고 돌아오면 모양새가 좋지 않으니 나선 김에 한국도 방문하고 싶어서 한국 측의 초청을 유도하려고 신문지상에 슬그머니 이 생각을 흘린 모양이었다. 나는 본부에 이런 사정을 보고하고 한국-필리핀 양국 간의 긴밀한 우호협력을 일층 강화하기 위해서는 이 일을 실현시키는 것이 바람직하니 마르코스 대통령의 희망을 들어주는 것이 좋겠다고 건의하였다. 그런데 웬 일인지 정부로부터는 별다른 회답이 없었다.

　나중에 알고 보니 1966년 10월 24일~25일 마닐라에서 열린 월남 참전 7개국 정상회담 때 마르코스 대통령이 존슨 미국 대통령만 귀빈 대접하고 박 대통령 등 다른 국가원수에게는 소홀히 대접한 데 대해 좋지 않은 인상을 갖고 있었던 것이다. 큰 탈 없이 필리핀 근무를 마치고 1969년 12월 서울로 돌아왔다. 서울로 복귀하자마자 1969년 12월 8일자로 외무차관에 임명되어 이후로도 중책을 수행하게 되었다.

필리핀의 매력은
자연환경과 국민

김재신

주필리핀한국대사관 제25대(2015-2018) 대사

외교부 아시아 태평양국장, 동북아국장, 차관보, 대통령실 외교비서관, 주독일 및 필리핀 대사(2015-18) 역임 후 퇴직. 국립외교원 일본연구센터 고문 겸 겸임교수, 남서울대학교 객원교수, 2024년 4월부터 한-아세안센터 사무총장 재직중.

가슴 아픈 사건 사고에 대한 기억

돌이켜 보면 필리핀에서 지낸 3년 가까운 기간은 아름다운 자연환경 하에서 선량하고 친절한 필리핀 사람들과 더불어 즐겁고 행복한 시기였다고 생각한다. 다만, 빈번히 발생하는 각종 사건·사고는 부임해서 이임할 때까지 나를 포함한 대사관은 물론 교민사회 전체를 마음 졸이게 하고, 안타깝게 하였다.

모든 사건·사고가 가슴 아픈 일이었지만, 그 가운데 특히 2016년 10월 무고한 한국 기업인 J 씨가 필리핀 현직 경찰에 납치되어 살해된 어처구니없는 일이었다. 사건 발생 후 대사관과 한인회는 모든 기록과 상황 등을 분석하고 납치한 차량을 추적한 결과 경찰관이 중심이 된 사건으로 판단하였다. 더욱이 이들은 경찰청사 내 주차장에서 J 씨를 살해하고 시신을 화장하여 유기한 것으로 밝혀졌다.

이 사건은 필리핀뿐만 아니라 한국 국내에도 큰 충격을 주어 한·필리핀 관계에까지 부정적인 영향을 미칠 것으로 우려되었다. 주재 대사인 나로서는 철저한 수사를 통해 하루빨리 범인을 검거하여 엄중한 법의 처벌을 받도록 하는 수밖에 없었다.

이를 위해서는 필리핀의 사회체제상 대통령의 강력한 지시가 효과적일 것으로 판단되어 두테르테 대통령을 단독 면담하여 대통령이 미망인을 만나 사과와 위로를 하고 신속하고 철저한 수사를 지시해줄 것을 요청했다. 대통령이 직접 미망인을 면담하고, 적극적인 수사를 지시함에 따라 수사가 본격화되어 결국 범인 일당이 검거되고 주범은 종신형이 선고되었다.

필리핀 내 사건·사고는 정부의 강력한 단속에도 불구하고 근절되지 않고 있다. 이를 가능한 한 미연에 방지하기 위해서는 거주 교민이나 방문객들 모두 스스로 안전 문제에 대해 경각심을 갖고 안전대책을 강구할 필요가 있다.

전력보조금 미지급 문제 해결

또 한 가지 기억에 남는 일은 장기 현안이었던 한국기업에 대한 전력보조금 미지급 문제를 해결한 것이다. 이 문제는 내가 부임하기 훨씬 전인 2008년 3월 한국기업 A사가 필리핀 지역에 생산시설 투자(20억불)에 대한 인센티브로 전력보조금을 받기로 필리핀 정부로부터 약속받았고, 2010년 3월에는 또 다른 회사인 B사가 10년간 5억불 투자 조건으로 전기료 할인 혜택을 받기로 하였다.

그러나 이후 필리핀 측은 자금 부족과 국내회사에 대한 역차별 소지가 있다는 이유로 전력보조금 지불과 할인 혜택을 중단하여 결국 양국 정부 간 문제로까지 비화되었다. 이 문제 해결을 위해 전임 대사들은 필리핀 정부 고위 인사들을 접촉하여 협조를 요청하였으나 별다른 진전을 보지 못했다.

나 역시 부임 전부터 이 문제 해결을 위한 외교적 노력을 요청받고, 2015년 6월 부임 직후 대사 신임장 제정식 기회에 외교관례에는 어긋나지만 직접 아퀴노 대통령에게 문제 해결을 위한 조치를 요청하였다. 이에 따라 대통령이 관계 장관에게 해결 노력을 지시하였으나 이후로도 별 진전이 없었다. 그래서 다시 대통령을 비롯한 외교, 재무, 통상장관, 상원의장, 경제자유구역청장 등 관련 고위 인사를 계속 접촉하여 필리핀 정부의 적극적인 조치를 촉구했다. 2015년 11월 외교장관을 다시 면담하여 지원을 요청하였고, 결국 필리핀 측은 APEC을 계기로 한-필 정상회담에서 전력보조금 지급을 약속하였다.

이에 따라 필리핀 측은 2016년 2월부터 몇 차례에 걸쳐 A사와 B사에 대해 수십억 페소 (수백억원 규모)를 지급하여 문제가 해결되었다. 이 문제는 기본적으로 한국 투자 기업에 대한 필리핀 정부의 약속 불이행에 따라 발생하였지만, 한국기업과 공관의 끈기 있고 단합된 노력으로 원만히 해결된 일이라 다행스럽게 생각한다.

필리핀의 매력은 자연환경과 국민

무엇보다 필리핀은 아름다운 자연환경과 선량하고 친근한 필리핀 국민이 가장 큰 매력이라고 생각한다. 7천여 개의 섬으로 이루어진 필리핀은 아름다운 자연환경에 매료되어 한국인들이 가장 많이 방문하는 나라 중의 하나이다. 나 역시 근무 기간 중 가족과 함께 세부, 보라카이, 팔라완, 보홀 등지를 여행하면서 행복한 시간을 보냈다. 지금도 가끔 그때의 사진을 들여다보면서 즐거웠던 시절을 회상하곤 한다.

또한 선량하고 친근한 국민성은 필리핀에 대한 호의를 증대 시키는 요인이라고 생각한다. 사회 구조와 체제상 여러 어려움이 있음에도 불구하고 사람들이 기본적으로 심성이 착하고 긍정적이어서 함께 생활하는데 즐거움을 배가시켜 준다.

개인과 마찬가지로 국가 간의 관계에 있어서도 상호 이해와 신뢰, 존중이 무엇보다 중요하다고 생각한다. 한·필 양국이 서로의 관계를 중요시하여 전략적 동반자 관계로 발전시키기로 한 만큼 이를 위해 정부 차원에서 통상, 투자 확대 등을 위한 다층적인 협력 증진 노력과 함께 민간 차원에서도 인적 교류 및 문화 교류 증진을 통해 상호 이해와 우의 증진을 위해 계속 노력할 필요가 있을 것이다. 현재 근무하고 있는 한·아세안센터도 양국간 무역·투자, 문화 및 인적교류 증진을 위해 매년 30여 개의 협력 사업을 실시하고 있다.

필리핀 한인사회의 좋은 전통 유지 발전

빈번한 사건·사고 발생에도 불구하고 한인사회 구성원들이 전체적으로 돈독한 관계를 유지하면서 상부상조하는 것은 필리핀 한인사회의 커다란 장점이라고 생각합니다. 여타 지역의 경우 한인회장 선거나 민주평통위원 선정 등을 둘러싸고 때로는 잡음이 발생하는 경우가 있다. 이에 비해 필리핀의 경우 원로를 중심으로 한 지도층의 협의와 조정을 통해 의견을 수렴하고 있어 원만한 한인사회가 유지되고 있다고 생각한다. 이러한 바람직한 전통은 앞으로도 계속 발전시켜 나가기 바란다. 또한, 교민 사회가 주축이 되어 장학회를 구성하여 매년 한국에 거주하는 필리핀 청소년을 대상으로 장학금을 주며 격려하는 것은 여타국 교민 사회에 커다란 모범이 되는 사례라고 생각한다.

필리핀 한인사회는 '소·화·제'

한동만

주필리핀한국대사관 제26대(2018-2020년) 대사

한-필 관계 발전 공로 '황금대십자상' 수상

1985년 외교부에 근무(제19회 외무고시)한 이래 알제리, 영국, 호주, 미국(뉴욕, 워싱턴)에서 주재. 청와대 외교안보수석실 행정관, 외교부 안보정책과장, 통상홍보기획관, 국제경제국장으로 근무한 후, 주샌프란시스코 총영사 역임. 외교부 재외동포영사 대사를 마치고 2018년부터 2020년 말까지 주필리핀 대사로 근무.

한-필 관계 발전 강화와 양국 우호증진에 크게 기여한 공로를 인정받아 필리핀 정부로부터 '황금대십자상(Order of Sikatuna, Grand Cross, Gold Distinction)' 수상. 2020년 12월, 필리핀 상원과 하원이 각각 공적을 인정하는 결의안 채택.

퇴직 후에는 국립외교원 아세안-인도연구센터 고문(2021.4-2023.4), 2030 부산 엑스포 유치위 상임위원 겸 외교장관특사(2021.9-2023.9)를 역임하고 현재 서울대 아시아 연구소 방문학자와 연세대, 가톨릭대, 성신여대, 아테네오 데 마닐라 대학에서 초빙교수로 근무 중.

재임 기간 동안 한-필 관계 증진의 성과와 의미

첫번째는 2019년 한국과 필리핀 수교 70주년을 맞아 필리핀한인총연합회와 여러 활동을 한 것이다. '2019 한국-필리핀 상호교류의 해'를 맞아 2019년 3월 7일 개막 행사로 마닐라 몰 오브 아시아(Mall of Asia) 아레나에서 '한국-

제8부

필리핀 K팝 우정 콘서트'가 개최되어 수천 명이 참석하였고, 2019년 6월 2일 개최된 한-필 수교 70주년 기념 친선 퍼레이드 페스티벌은 필리핀 한인총연합회(회장 변재홍), 필리핀 대한체육회(회장 윤만영) 등 필리핀 한인단체가 주관하고 주필리핀 대한민국대사관, 한국문화원, 필리핀 체육위원회, 마닐라 시청 등 양국 정부가 후원한 행사로 행사 당일 양국 국민 수천 명이 함께 로하스 대로(Roxas Boulevard)를 따라 키리노 경기장(Quirino Grandstand)과 라하 술라이만 광장(Rajah Sulayman Plaza) 구간을 왕복 코스로(약 4.0km) 거리행진을 한 것이 뜻깊은 기억으로 남아 있다. 걷기 행진에 이어 경기장에 마련된 무대에서는 양국 문화 교류 행사의 일환으로, 수교 70주년 기념 공연을 위해 필리핀을 방문한 국기원 단원들이 태권도 시범 퍼포먼스를 선보였고, 양국 간 문화 교류 행사로 한국의 풍물놀이, 마닐라 시청 공연팀의 필리핀 전통무용 공연이 펼쳐져 양국 국민 모두 흥겨운 시간을 가졌다.

두번째는 코로나19 대응을 위해 필리핀 한인사회와 함께 공동 대응한 것이다. 코로나19 초기부터 주필리핀 대사관은 당시 필리핀 보건부장관인 두케(Duque III) 장관을 만나서 한국과 필리핀 간 코로나 공동대응 방안을 논의했고, 록신(Locsin) 외교부장관에게 방역물품을 2차례에 걸쳐 전달했으며, 한국전 참전용사들에게 마스크 4만 장을 전달하였다.

필리핀 정부가 코로나19 방역을 위해 외국인 입국을 금지하는 가운데 한국 교민과 기업인 170명의 특별 예외 입국을 허용했는데, 코로나19 사태 이후 한국 교민의 필리핀 입국이 허용된 것은 이때가 처음이었다. 주필리핀 한국대사관은 필리핀 한인총연합회를 통해 재입국을 희망하는 교민 수요를 파악한 뒤 필리핀 외교부, 관광부 등 관련 부처와 적극적으로 협의했지만 전 세계에서 유일하게 예외 입국을 허가받은 것은 한인총연합회의 눈부신 성과였다. 한인총연합회는 록신 외교장관 부인이 주최한 바자회에 기부를 하고 별도로 변재홍 회장이 록신 외교장관을 만나서 방역물품을 전달하면서 한국 교민의 예외적인 입국을 요청하자 록신 장관이 즉시 조치하라는 지시를 내려 가능했던 일이다.

세번째는 2020년 1월 12일 따알 화산(Taal Volcano) 분화시 한인사회와 협력하여 우리 동포들을 적극 도운 일이다. 화산 폭발 후 주필리핀 대사관은 비상대책반을 구성하여 우리 교민들의 안전을 위해 필리핀 정부와 협력하였다. 따알 화산 폭발이 일주일 이상 지속하는 가운데 필리핀 한인총연합회가 한인들의 대피와 피해 복구 지원에 발 벗고 나섰다. 한인총연합회는 변재홍 회장을 위원장으로 하는 재난대책위원회를 구성하고 대규모 폭발이 일어날 경우를 대비, 교민 대피 계획을 마련했고, 필리핀 주재 한국대사관 등과도 협의해 긴급한 상황이 발생하면 마닐라에 있는 한국대사관, 한국국제학교, 한국-필리핀 친선센터, 마닐라연합교회 등지에 교민들이 대피할 수 있도록 했다. 아울러 마스크 1만 2천 개를 한국에서 수송하여 나누어 주고 현지에서 관광업에 종사하는 교민 상당수가 화산 폭발로 심각한 타격을 입은 것으로 알려지자 한인연합회는 성금을 모아 어려움을 겪은 우리 동포들을 지원하고 화산재 청소에 앞장서기도 하였다.

아름다운 자연환경과 행복을 추구하는 삶

첫번째 필리핀의 아름다운 자연환경과 필리핀사람들의 친절을 들 수 있다. 필리핀은 연간 열대성 기후를 가지고 있으며, 해변, 열대 우림, 화산 활동으로 형성된 화산, 호수 등 다양한 자연 환경을 경험할 수 있다. 보라카이, 보홀 등 세계적인 휴양지, 세부 등 해양스포츠의 매력으로 2020년 코로나 이전에는 약 200만 명의 한국인이 찾을 정도로 아름다운 관광지이며, 필리핀 사람들은 그 어느 동남아시아 지역 사람들보다 친절하고 행복하다고 생각한다.

필리핀 사람들은 현재 자신이 가진 것이 충분하지 않더라도, 자신이 가진 것에 만족하며 삶의 행복을 추구하는 삶을 이어간다. 이에 더하여 필리핀 특유의 유머 감각과 고난을 맞이하는 태도, 그리고 '바할라 나'(bahala na: 고난의 시간이 와도 삶은 계속되어야 한다)와 같은 낙천적이고 긍정적인 생각도 행복으로 가는 길에 한 몫을 차지하고 있다고 생각한다.

둘째, 필리핀은 2014년에 이미 1억 명 이상의 인구를 자랑하는 '인구 대국'이며, 천만 명 이상이 해외에 거주하고 있고 고학력 노동력이 풍부하며, 대부분 영어구사능력이 뛰어나다는 장점이 있다. 유엔 인구국에 따르면 필리핀의 중위 연령은 24.2세로 동아시아에서 가장 젊은 국가이며, 필리핀의 노동시장은 세계 경쟁력 보고서에서 조사대상 61개국 중 4위에 오르는 등 세계에서 경쟁력 있는 나라 중의 하나이기도 하다.

아세안의 관문 필리핀

필리핀은 〈국가비전 2040〉을 달성하기 위해 도로와 항만 등 인프라 건설에 1800억 달러(약 200조 7900억 원)를 투입하고 있다. 기후 변화에 대응하기 위해 지열, 태양광 등 신재생에너지를 대폭 확대할 계획을 가지고 있는 만큼 한국과의 협력 여지가 많은 국가이다.

한국은 중국, 미국, 일본에 이어 필리핀의 4번째 큰 무역 상대국이다. 그러나 한국은 상당한 무역흑자를 보이고 있어 장기적으로 무역 균형이 필요하다. 이를 위해 재임시 정부에 필리핀과 자유무역협정(Free Trade Agreement, FTA) 체결을 건의하여 결국 성공적인 협상을 통해 2024년 말에 자유무역협정이 발효되어 앞으로 양국간 상호 호혜적인 무역이 더욱 확대될 것으로 전망된다. 아세안 '관문'인 필리핀은 인프라 분야뿐만 아니라 방산분야에서도 우리의 중요한 파트너이다. 이미 한국산 경전투기 12대, 호위함과 초계함을 한국으로부터 구입하였고 앞으로 원자력 분야에서도 협력 여지가 큰 나라이다.

앞으로 지속적으로 필리핀과 장기적인 호혜협력관계를 유지하는 것이 중요하다. 이를 위해 필리핀에 도움이 되는 개발협력도 확대할 필요가 있다고 생각한다.

필리핀 한인사회는 '소·화·제'

필리핀 한인사회는 "소·화·제", 즉 소통과 협력을 제일 중시하고 있다. 세대간 갈등을 최소화하기 위해 기성세대가 차세대 단체와 긴밀히 협력하고 있고 서로 다른 단체들 간에도 늘 소통과 화합, 단결을 통해 세계 다른 한인단체의 모범이 되고 있다.

또한 필리핀 한인사회는 어려운 이웃을 돕는 '섬기는 리더십'을 실천하는 모범적인 단체이다. 한인연합회가 코로나 시절이나 따알 화산 분화 시 어려운 동포들을 돕는 데 앞장서 왔으며 코윈 필리핀 지부는 쓰레기 마을인 '톤도 마을'을 적극 도왔고 한인동포들은 최빈곤층 아이들이 공부하는 마리아 수녀원에도 도움의 손길을 주었을 뿐 아니라 망고장학회를 결성하여 한국에 거주하는 어려운 필리핀 사람들에게 장학금을 전달하여 왔다. 이러한 한인사회의 숭고한 노력에 경의와 존경심을 표한다.

효율적이고 편리한
한국생활

Ambassador Ma. Theresa Dizon-de Vega

마리아 테레사 디존-데 베가

전 주한필리핀대사

마리아 테레사 디존-데 베가 주한필리핀 대사는 30년이 넘는 시간 동안 외교관으로서 근무해왔다. 전직 독일 대사, 뉴욕 총영사를 역임하였고 멕시코, 홍콩, 영국, 미국의 필리핀 재외공관에서 다양한 임무를 완수해왔으며 필리핀 외무부 차관, 정책보좌관으로도 활동하였다. 디존-데 베가 대사는 시카투나 훈장(Order of Sikatuna), 라칸둘라 훈장(Order of Lakandula), 마비니상(Gawad Mabini)의 수상자이기도 하다. 필리핀국립대학교 딜리만 캠퍼스에서 영문학 학사학위, 캐나다 퀸스대학교 영문학 석사학위를 취득한 후 아테네오데마닐라대학교 법학대학원을 졸업하고 홍콩대학교에서 중국경제법 과정을 이수하였다. 현재 홍콩대학교 아시아센터의 이주학 전문 연구원으로도 재직 중이다.

대사 부임 전 한국 방문 기억

한국에 부임하기 전인 2007년 필리핀 외무부 알베르토 G. 로물로 당시 장관과 공식 방문을 한 적이 있다. 당시 외무부 장관 특별보좌관 자격으로 한국을 방문했는데, 회의 참석차 청와대를 처음으로 가본 것은 여전히 잊지 못할 기억으로 남아 있다. 공식 방문이었기 때문에 다른 유적지나 한국 문화를 느낄 만한 곳을 가볼 기회는 없었지만 거의 20년이 지난 지금도 서울의 역동적인 모습에 대한 기억은 충분히 인상적이다. 당시 건설된 지 얼마 되지 않았던 인천국제공항을 보고 선도적인 디자인에 경이를 느낀 것도 기억에 남는다. 그때는 현재 전세계를 휩쓸고 있는 한국 문화가 서서히 자리매김하는 시간이기도 했다.

효율적이고 편리한 한국생활

한국 생활은 효율적이고 편리하다. 인프라, 서비스, 편의시설 면에서 흠잡을 것이 없기도 하지만 편안한 생활 속에서 워라밸을 누리는 것 역시 가능한 곳이 한국이다. 물론 한 국가와 사회, 역사, 문화를 더욱 깊이 이해하려면 노력해야 한다. 현대인의 생활방식을 보자면 서울은 디지털 시스템이 사회 전반을 연결해주는 아주 편리한 곳이라고 할 수 있다. 근 20년간 한국 콘텐츠, 특히 한국에 대한 서적을 즐겨 보면서 한국의 역사, 사회, 문화를 더욱 깊게 이해하게 되었다. 수박겉핥기식의 이해가 아니라 한국을 지속적으로 이해하려 노력하고 한국이 나아가는 미래 방향에 대해 눈여겨 보는 것이 중요하다고 생각한다. 서울은 전세계 도시 중 외국인이 살기에 가장 안전한 곳 중 하나로 알려져 있듯이 외국인들이 정착해 삶을 영위하는 데 큰 어려움이 없다. 풍부한 문화시설과 다양한 활동은 문화예술, 음악, 영화, 문학을 사랑하는 사람에게는 정말 선물과 같은 곳이다. 롯데콘서트홀, 세종문화회관, 서울아트센터 등 내게 영감을 준 곳이 서울에는 아주 많다.

양국 관계 발전에서 기억에 남는 순간

솔직히 너무나 많은 일들이 있어 하나를 골라 말하기가 쉽지 않지만, 여러 가지 이룬 성과 중에서 필리핀과 한국 양국 관계를 전략적 동반자 지위로 격상한 것과 자유무역협정 합의가 기억에 남는다. 필리핀 정부로서는 일본과 경제적 협력을 체결한 이후 17년만에 처음으로 체결한 자유무역협정이다. 이 두 행사 모두 수년간 양국이 끊임없이 손을 맞잡고 노력해온 결과라고 해야 할 수 있다.

개인적으로 한국 생활에서 즐거운 것

한국에 살면서 다양한 것들을 즐기고 있다. 필리핀 사람들은 열대국가에서 자랐기 때문에 뚜렷하게 사계절을 경험하는 것이 참으로 특별하게 느껴졌다. 봄, 여름, 가을, 겨울을 보내면서 한국인들이 참여하는 축제, 취미, 관습, 제철요리 등을 경험할 수 있었다. 예를 들어, 봄의 벚꽃축제, 여름에 먹는 팥빙수와 삼계탕, 가을의 김장, 겨울 산책 등을 꼽을 수 있다. 그리고 늦은 저녁에도 필요한 게 있으면 편의점으로 가서 물건을 살 수 있고, 편리한 대중교통과 신속한 음식 배달 서비스와 같은 편리함을 언급하지 않을 수 없다. 개인적으로는 박물관에서 항상 새로움을 발견하는 즐거움이 아주 크다.

한국에 살고 있는 필리핀인들을 위한 조언

한국에서 일정 기간 동안 살거나 일할 계획을 가지고 있다면 한국의 역사, 문화, 사회, 경제, 한국어와 한국인을 깊이 이해하도록 노력하는 것이 중요하다. 한국의 대중문화를 통해 한국을 표면적으로 이해할 수는 있지만 그것을 넘어서 이해하려는 자세가 필요하다. 호기심을 가지고 한국인들과 가까이 지내면서 심도 있게 한국을 알아가고 새로운 것을 발견해간다면 필리핀과의 유사성도 많이 느끼게 될 것이다. 한국의 여름 별미인 팥빙수와 필리핀의 할로할로(halo-halo)가 비슷하고, 필리핀인과 한국인 모두 맥주를 마실 때 안주가 빠지지 않는 것은 비슷하다. 또한 양국 국민 모두 음악을 사랑하고 가족을 중시하는 문화가 있는 것더 유사한 부분이다. 한국전쟁 당시 자유를 수호하기 위해 필리핀인이 피땀 흘린 역사를 가슴 속에 새기며 뜻깊은 한국생활을 해나가길 기원한다.

한필관계 발전을 위한 바람

나는 항상 필리핀과 한국의 관계는 무탈하다고 강하게 믿고 있다. 양국은 굴곡의 역사를 함께 지나며 희생과 용기의 정신으로 어려움을 극복해 왔다. 양국은 민주주의에 대한 열망과 인권에 대한 존중, 또한 규칙에 기반한 국제 질서에 대한 헌신 등의 가치를 공유하고 있다. 두 나라는 과거의 역사를 함께하는 동시에 전략적 동반자로서 미래를 내다보며 에너지와 환경 기술, 디지털화와 AI 기술, 스마트농업, 창조산업, 인프라, 스마트공업, 관광 등 다양한 분야에서 협력할 것을 약속하고 있다. 이러한 모든 새로운 도전을 통해 사람 중심의 협력을 지속적으로 강화하고 다양한 분야에서 기술, 전문성, 혁신성, 강한 끈기를 키워나가며 더욱 공고히 협력하며 지역의 평화와 번영, 안정을 이룩하기 위해 노력할 것이다.

필리핀 생활
반세기

천애자

필리핀 한국여성연합회 제22대 회장

필리핀과의 인연 계기

한국전쟁이 한창이던 1950년 11월, 부친께서 한국은행 도쿄 지점에 근무하던 시기에 일본 도쿄에서 태어났다. 필리핀에 오게 된 계기는 개인적인 인연과 역사적 배경이 함께 작용했다. 1982년 10월, 남편이 아시아개발은행(ADB)에서 새 업무를 시작하게 되어 두 아이와 함께 필리핀에 왔다.

그러나 나와 필리핀과의 인연은 그보다 더 앞선 1966년 12월 부친께서 새로 창립된 아시아개발은행의 Executive Director로 부임하시면서 이미 시작되었다. 여담으로 당시 ADB 본부의 유력한 후보지는 일본 도쿄였는데, 필리핀 마스코스 대통령의 적극적인 로비로 하루 만에 본부의 위치가 마닐라로 결정되었다는 흥미로운 얘기를 들은 적이 있다. 만약 그때 본부가 일본 도쿄로 정해졌다면 나의 삶의 방향도 많이 달라지지 않았을까 싶다.

필리핀에 생활의 매력과 어려웠던 점

오랜 세월 필리핀에 살면서 특히 인상 깊은 것은 노인을 깊이 공경하는 문화가 있다는 점이다. 우리나라는 핵가족화로 이런 모습이 점점 사라지지만, 필리핀은 여전히 대가족 중심의 생활이 남아 있으며, 지방에서는 더욱 두드러진다. 가끔 고국을 방문하면 공공장소에서 노인들의 느린 행동이나 디지털 기기에 서투른 모습에 불편함을 드러내는 젊은이들을 보게 되는데, 이런 태도는 노인들의 자존감을 위축시킨다. 반면, 필리핀은 모든 공공장소에서 'Senior Priority' 제도를 시행하며, 다양한 할인과 우대 조치가 일상화되어 있다. 물론 필리핀에 이런 장점만 있는 것은 아니다. 일부 계층의 게으르거나 비정직한 태도로 사회 부조리와 갈등이 만연하기도 하다. 이런 점들은 이 사회의 복잡한 현실과 구조적 한계를 이해하려 해도 받아들이기는 쉽지 않다.

남편 이영백 회장의 한인사회 업적

2004년, 남편이 아시아개발은행에서 은퇴하면서 고국으로 돌아갈 계획을 세웠지만, 필리핀 한인사회를 위해 봉사하는 것도 일종의 국위 선양이며, 애국의 한 형태일 수 있다는 마음에 필리핀에 머물기로 결심했다.

사실 남편은 아시아개발은행에 근무하던 초창기 시절부터 한인사회에 한글학교 교장, 골프협회 간사, 한인회 부회장, 감사 등 여러 직책을 두루 거치며 활동해 온 경험이 있는 터라 한인회장직을 맡았을 때도 일을 수월하게 진행할 수 있지 않았나 싶다. 특히 IMF 외환위기 이후 많은 한국인들이 필리핀으로 이주하며 교민 수가 약 15만 명에 이를 정도로 급증하던 시기, 필리핀 전역에 흩어져 있던 한인사회의 여러 단체를 하나로 아울러 필리핀 한인총연합회를 만들고, 각 단체가 독립성을 유지하면서 한인총연합회 안에서 함께 발전할 수 있도록 한인회 조직의 기반을 세운 것을 남편의 큰 업적 중 하나라고 생각한다.

필리핀 한국여성연합회 회장과 이사장 역임

2010년 필리핀 한국여성연합회 회장직을 맡았을 당시만 해도 여전히 1978년 초창기부터 사용해 오던 '한국부인회'라는 명칭을 유지하고 있었다. 그러나 시대 변화와 함께 여성의 역할이 더욱 포괄적이고 능동적으로 확장

제8부

되고 있는 현실을 반영하여, 더 많은 젊은 여성 회원들의 참여를 유도하고자 새로운 명칭의 필요성을 느끼며 '필리핀 한국여성연합회'라고 명칭변경을 제안하였고, 2018년 이사장 취임과 함께 공식 명칭으로 채택하게 되었다.

그 무렵, 풍부한 경험을 지닌 이현주 회장의 주도 아래, Philippine Symphony Orchestra와 한인 청년 연주자들이 함께 무대에 서는 한-필 음악회를 성공적으로 개최하여 문화교류의 장을 열었으며, 교육 분야에서는 필리핀국립대학교(UP)와의 MOU 체결을 통해 'UP 한국학 장학금' 제도를 마련하였으며, 이를 통해 한국어와 한국학을 배우는 필리핀 대학생들에게 장학금을 수여하기도 했다.

필리핀에서의 자녀 교육과 반세기 이주사

자녀 교육에 있어서는 아이들이 모국어와 예의범절만큼은 절대 잊지 않도록 늘 강조해 왔다. 아이들이 어릴 적부터 집에서는 한국어로 대화하고, 부모를 공경하는 마음과 겸손함을 강조하는 한국적인 삶의 태도를 자연스럽게 익히도록 노력했다. 내가 어린 시절 부모님과 함께했던 시간들을 떠올려보면 특별한 훈계보다는 식사 시간이나 평범한 일상 속에서 주고받았던 이야기들이 지금도 깊이 남아 있다. 그 말들이 교과서의 어떤 지식보다 더 깊은 울림을 주는 인생의 교훈이 되었듯, 나도 자녀들에게 그런 일상의 가르침을 전하고자 노력하였다.

우리 가정의 필리핀 이주사는 2세대를 지나, 손녀인 3세대까지 이어지는 43년간 반세기의 시간을 맞이하게 되었다. 머물다 가는 걸로 생각했던 필리핀에서의 시간이, 얼마 전 세상을 떠난 남편의 유해를 이곳 필리핀 땅에 모시게 되면서, 이 땅에서 우리의 삶이 단지 머물다 가는 여정이 아니라 하나의 '가정사'로 남게 되었음을 실감한다. 어쩌면 이것이 바로 한 가정의 '이주사'가 시작되는 순간이 아닌가 싶다.

필리핀 한인사회의 발전을 위한 바람

이국 땅에서 서로 의지하며 땀과 정성으로 일구어낸 필리핀 한인 공동체가 오늘날 다양한 분야에서 한국인의 위상을 드높이고 있는 모습을 보면 참으로 자랑스럽다. 특히 필리핀 한인사회의 건전한 공동체 의식과 뛰어난 협동심은 내가 알고 있는 어느 나라의 한인사회보다 돋보이며, 여러 나라 한인사회에 모범이 되고 있다고 생각한다. 앞으로도 우리의 빛나는 정체성 및 전통을 소중히 이어가고, 잘못된 부분은 용기를 가지고 과감히 개선해 나가는 성숙한 한인 공동체로 발전해 가기를 진심으로 기원한다.

최초의 한식당과
실버회 조직

임인숙

최초의 한식당 〈코리안 빌리지〉 창업자

필리핀 남편을 만나 필리핀으로

1935년에 이북인 해주에서 태어났다. 광복과 전쟁 와중에 재산을 모두 잃고 피난 다니며 고생도 많이 했다. 한국에서는 회사에 다녔는데, 전후 복구 사업을 위해 온 외국계 기술회사였다. 그 회사의 같은 사무실에서 일하던 필리핀 사람을 만나 5년 동안 연애하다가 1964년에 결혼했다. 남편은 제도사로 일하고 있었으며, 한국에서의 생활은 풍족했다. 그 회사가 베트남에도 사업장이 있어서 그곳에 같이 파견 나갔다가 필리핀으로 오게 되었다.

1972년에 처음 필리핀에 왔는데, 그때는 마르코스 정권이 계엄령을 선포해서 정치적으로 아주 불안한 상황이었다. 필리핀에는 아는 사람이 아무도 없었는데 나는 아이까지 있었다. 그나마 내가 영어를 할 줄 알아서 적응할 수 있었다. 남편은 아무것도 할 줄 모르는 사람이었다. 의식주를 해결하는데 식당이 제일 쉬울 것 같아 1974년부터 식당을 시작했다. 이름을 파인트리 (Pine Tree)라고 지었는데, 조그마하게 시작하다 보니까 너무 힘들었다. 당시에는 한국사람이 거의 없어서 현지인 중심으로 햄버거나 스파게티 등을 만들어서 팔았다.

한국식당 〈코리안 빌리지〉로 이름 개명

그러다가 한국 음식을 하자 생각하고, 필리핀 사람들한테 스끼야끼(전골)가 인기가 있어서 불고기를 팔기 시작했다. 일본 음식은 비싼데, 비슷한 것을 싸게 파니 손님들이 좋아했다. 식당 옆에 양복점이 있었는데, 거기에 양복 맞추러 오는 공무원들이 많이 왔다. 그래서 이름도 〈코리안 빌리지〉로 바꾸고 한국음식 중심으로 운영했다. 파인트리라는 이름으로는 3년 동안 영업했다.

식당에는 1975년에 마닐라에 취항하기 시작한 대한항공 사람들이 많이 왔다. 처음에는 대한항공 사무실이 없어서 매일 식당에 와서 지내기도 했다. 그 항공사 때문에 식당이 살아났다. 그 후 신부님도 오고, 학생들도 식당에 많이 왔다. 학생들이 찾아오면 반가워서 더 잘 대해 주었다. 그때 만난 사람들과는 아직도 연락하는데, 교수가 된 사람도 많다. 지난번에 경희대에서 한 번 모인 적이 있다. 대한항공 사무실이 나중에 마카티에 생겼고, ADB도 여기 마닐라에 있다가 올티가스로 갔다. 그러다 보니 한국 사람이 많이 없어져서 다시 주 고객이 필리핀 현지인으로 바뀌게 되었다.

남편의 내조 덕에 100배 늘어난 자산

내가 벌어서 가정 경제를 이끌어왔기 때문에 남편 장례식 날에도 시장을 봐서 장사해야 했다. 남편은 나하고 나이가 12살 차이가 났다. 아침에 일어나 옷을 잘 차려 입고 당구장에 가 있다가 내가 부르면 언제라도 달려왔다. 그리고 내가 퇴근할 시간이면 먼저 집에 와서 나를 맞아줬다. 화가 나는 일이 있으면 남편한테 다 풀었다. 식당에서 힘든 일은 내가 다 하자 남편이 "왜 주인이 되어서 주방에 들어가느냐."고 했다. 내가 모든 일을 다 알아서 하니까 한국 사람들이 그 사람(남편)더러 복덩이라고 했다. 남편이 죽은 지 23년이 되었다. 돌이켜보면 인간성만큼은 좋은 사람이었다. 나를 한 번도 배신한적이 없다. 나는 필리핀에서 아주 밑바닥부터 시작했다. 필리핀에 올 때 1만 달러를 가지고 왔는데, 지금 재산을 정리해보면 100만 달러 정도 되니 100배 늘어난 셈이다.

당시 한인사회의 풍경과 실버회의 시작

한인사회에 관해 얘기하자면, 초기에 관광 가이드를 한 한국사람들은 돈을 많이 벌었다. 손님들이 쇼핑을 많이 해서 그랬던 것 같다. 나는 학생들하고 가깝게 지냈다. 학생들이 찾아오면 돈도 안 받고 식사를 내주곤 했다. 한국에 관한 뉴스도 계속해서 〈조선일보〉를 배달받아 봤다. 한 4년 전부터 배달이 오지 않아 못보고 있다.

한인회에 어머니회가 있는데 한번 모이라고 해서 갔다. 회지를 보니 남자는 한인회라고 하고, 여자는 와이프라고 적혀 있었다. 외국인 마누라라고 해서 그냥 와이프라고 하나 싶어서 기분이 나빴다. 내가 중심이 되어 실버회를 처음 시작했다. 나이가 60이 넘은 사람들이라 욕심이 없으려니 했는데, 다들 욕심이 많았다. 처음에는 모임을 하면서 내가 돈을 다 냈다. 뭔가 생산적인 것을 하자고 해서 꽃집을 하기도 하고, 강사를 모셔다가 배우기도 했다. 비용이 많이 들다 보니 회원들 간에 다툼도 일어나고 해서 그만뒀다. 그게 모태가 되어 지금 필리핀 노인회가 되었다.

필리핀과 한국의 문화적 차이

우리 가족에 대해서 말하자면, 우리 아버지는 6척이나 되는 장신이셨는데, 우리 엄마는 아주 조그마했다. 우리 엄마는 피아노를 치기도 했다. 아버지가 앞으로 영어가 필요하다고 해서 오빠는 그때부터 영어를 열심히 해서 미국으로 유학 갔다. 오빠는 정치학 박사를 따서 미국에서 살고 있고, 미국 여자와 결혼했다. 우리 신랑은 일본말도 좀 하고, 가볍지 않고 점잖은 사람이었다. 나는 한국 국적을 계속 유지하다가 신랑이 먼저 죽게 되면서 필리핀 국적으로 바꿨다. 부동산 소유권 문제 때문에 국적을 바꾸기로 했던 것이다.

나는 현지인과 결혼했으니까 문화적 차이에 대해 말할 처지는 못 되지만 필리핀 사람과는 문화적 차이가 있는 것 같다. 장사하면서 그런 문화적 차이를 이해하게 되었다. 내가 거래하는 가게도 크리스마스가 되면 나한테 선물을 달라고 한다. 여기 사람들은 돈 많은 사람이 좀 더 내놓아야 하는 것을 당연하게 생각한다. 그렇지 않으면 인색하다고 생각한다. 필리핀 사람들은 게으르고 한국 사람들은 세계에서 제일 부지런한 사람인 것 같다.

제15장
원로들에게 듣는다 [2]
2000년 이전 한인회 회장

1. 제1대 (1967-1978) 박윤화 회장
2. 제2대 (1980-1981) 한덕우 회장
3. 제3대 (1982-1983) 엄익호 회장
4. 제8대 (1990-1991) 김춘배 회장
5. 제9대 (1992-1993) 이관수 회장
6. 제12대 (1998-1999) 박현모 회장

필리핀 한인 역사의 개척자

박윤화

제1대(1967-1978년) 회장

출생 배경과 만주 유학시절

1913년에 독립운동가들을 많이 배출한 평북 의주군 고성면 용산동에 있는 한 넉넉한 농가에서 태어났다. 18세가 될 무렵 공부를 위해 만주로 떠났다. 사실 공부도 목적이었지만 일제 경찰의 감시를 피하기 위한 목적이 더 컸다. 만주로 가기 전에 고향교회 학생부에서 낸 팸플릿에 실린 글이 독립사상을 고취시켰다고 해서 당시 일경의 고등계에서 문초를 받기도 했다. 18세 어린 나이에 정처 없이 만주로 떠난 나는 만주 동변에 있는 고급 상과학교에 입학 했다. 그러나 내가 학교에 들어가 2학년이 될 무렵 일제가 만주를 집어삼키 기 위해 일으켰던 완바오산 사건을 통해 일본군이 만주로 다시 진주하게 되 면서 나는 고향으로 돌아왔다.

그 당시 나의 꿈은 미국에 가서 박사학위를 따는 것이었지만, 집에 와서 몇 년을 보내다 보니 일경의 감시는 더욱 심해지고 꿈은 점점 멀어지는 것 같았다. 그래서 서울에라도 가서 길을 뚫어 보자는 생각으로 상경을 했다. 이렇게 무작정 상경해서 당시 서울에 있었던 미국대사관을 찾아갔으나 미국 에 갈 수 있는 길이 없었다. 당시는 제2차 세계대전의 전운이 감돌 때라 미국 비자를 얻는 것이 거의 불가능했다. 여러 번 찾아가서 간청했더니 대사관 직 원이 일단 필리핀으로 가면 미국으로 가기가 쉽다고 일러주었다.

필리핀으로 가게 된 계기와 고려약방(古麗藥房)

내가 나름대로 필리핀 행을 결정한 것은 당시 필리핀이 미국의 통치를 받고 있어서 우선 미국에 가기 수월하다고 판단했고, 또한 영어도 익히고 미국으로 가는 여비를 장만할 수 있겠다는 생각 때문이었다. 1935년 5월 나는 부산에서 일본 나가사키행 연락선에 몸을 실었다. 당시 필리핀에 가려면 일본에 가서 필리핀행 배로 갈아타야만 했다. 당시 22세의 청년으로 통통배를 타고 며칠 밤낮이 걸려 마닐라에 도착한 것이 1935년 5월 말경이었다.

여비만 달랑 들고 필리핀에 온 나는 아는 사람도 없고 말도 안 통하는 이곳에서 우선 먹고 잘 걱정이 태산 같았다. 며칠 여인숙 같은 데서 자고 나니 돈이 떨어져 지금의 리잘 공원(Rizal Park)에서 며칠 동안 노숙하기도 했다. 당시 마닐라에는 화교들이 많이 살고 있어 차이나타운을 이루고 있었다. 나는 혹시 그곳에서 기거할 곳을 찾을 수 있을지 모른다는 생각으로 차이나타운을 찾아갔다. 다행히 그곳에서 발견해낸 것이 고려약방(古麗藥房)이었다.

나는 고려(古麗)라는 상호가 고려(高麗)를 잘못 표기한 것이라면 혹시 이곳에서 동포를 만날 수 있을지 모른다는 기대를 안고 약방에 들어갔다. 뜻밖에도 그 약방은 한인 최명집 씨가 경영하던 곳이었다. 눈물이 나도록 반가웠다. 나중에 알았지만 최 씨 외에 또 한 사람이 마닐라에 있었는데, 두 사람 모두 중국인을 상대로 인삼을 팔고 있었다. 또 인삼을 무역하기 위해 말라야(말레이시아)에서 마닐라로 들락날락하는 한국인 인삼 장수도 10명 정도 있었다. 내가 처한 사정 얘기를 하니, 최 씨는 약방 일을 도와주면서 같이 살자고 반겨주었다. 그때 처음 동포의 따뜻한 정이 얼마나 고마운가를 뼈저리게 느꼈다.

주경야독하며 약제 무역, 태평양전쟁의 발발

이렇게 해서 나는 낮에는 약방 일을 거들면서 마닐라 대학(현 필리핀국립대학교/UP 의 전신) 영문과 야간부에 다녔다. 당시 필리핀에는 마닐라 대학 외에도 몇몇 미션 스쿨이 있었지만, 학생 수가 적어 공부하고 싶으면 아무나 대학에 들어갈 수 있었다. 마닐라 대학도 말이 대학이지 1년에 입학하는 학생이 고작 40~50명 정도로 규모가 작았다. 낮에는 고려약방의 점원으로 일하고 밤에는 학교에 다닌 지 그럭저럭 6개월이 지났다. 고려약방에서는 주로 부산과 인삼 무역을 하고 있었다. 하루는 최 씨가 나더러 약방 일도 알게 되었으니 독립해서 약제 무역을 하라고 권해 나는 학교에 다니며 약제 무역을 시작했다. 최 씨의 도움으로 부산에 있었던 신형대제약주식회사와 거래를 터서 홍삼, 백삼, 인삼 은단 등을 수입해서 팔았다. 약제 무역은 그런대로 재미가 있었고 나는 얼마간의 돈도 저축할 수 있었다. 내가 마닐라 대학 3학년이 되던 해 태평양전쟁이 터졌다.

태평양전쟁이 발발하자 미군들이 필리핀에 있는 일본인을 잡아 수용소에 가두기 시작했다. 한인도 체포한다는 소문이 들려와 이틀 동안 꼼짝하지 않고 방 안에 숨어 있었다. 이대로 있다 가는 꼭 잡힐 것 같아서 한인이 있는 곳에라도 가자 마음 먹었다. 3년 동안 고학을 하면서 모아두었던 한약재와 집기를 버리고 한밤중에 마차를 타고 고려약방으로 향했다. 고려약방에 닿으니 그 곳에서는 주인 최 씨 외에 한인 두 명이 반갑게 맞아주며 우선 약방 2층에 숨어서 사태를 지켜봤다. 매일 라디오에 귀를 기울였고, 미국 방송을 통해 미국에 있는 한인은 자유롭다는 것을 알게 되었다. 그러던 중 하루는 미군 헌병이 느닷없이 약방에 들이닥쳤다. 옆집에 살던 필리핀사람이 미군에 고발한 것이었다.

그 필리핀 사람은 최 씨의 도움도 꽤 많이 받았지만 최 씨가 돈을 잘 번다고 시기해서 밀고한 것 같았다. 최 씨와 나, 그리고 다른 두 명은 경찰서로 끌려갔다. 나는 우리들을 다루었던 미군에게 여권을 보여주면서 우리는 일본인과 다른 한인이라고 항의했지만 허사였다. 심지어 여권을 빼앗고는 돌려

주지 않았다. 그날 오후 우리들을 경찰서에서 미군 헌병대로 끌고 가더니 일본인과 함께 유치장에 넣었다. 우리 일행은 12시간 동안 먹을 물 하나 얻지 못한 채 또다시 미군 트럭에 실려 수용소로 옮겨졌다. 당시 마닐라에서5~6 킬로미터 떨어진 곳에 일본인 회사의 사택이 있었는데, 미군들은 그 건물을 수용소로 사용하고 있었다. 거기서 우리들은 매일 주먹밥을 먹으면서 수용소 생활을 했다. 수용소에서 한 달쯤 지났을 때, 일본군이 진주하면서 풀려나게 되었다. 수용소에서 나와 집에 가보니 피땀 흘려 모아둔 상품들은 모조리 약탈당한 상태였고, 나는 다시 빈털터리가 되었다. 게다가 전쟁 때문에 물자마저 귀해 배급 물자로 겨우 끼니를 이어갈 수밖에 없었다.

배급 물자 장사, 1945년 일본의 패망

다시 일본 사람들이 필리핀으로 와서 회사나 상점을 차리기 시작했다. 당시 일인들이 사업 자금조로 일본 정부의 융자를 받는 것을 보고 얼마나 부러워했는지 모른다. 돈도 없고 그렇다고 손 벌릴 데도 없었던 나는 고생 고생하며 모은 적은 돈으로 배급 물자로 나온 쌀과 담배를 싸게 사서 넘겨주는 장사를 하기 시작했다. 미군정 치하에서는 일본인으로 오인을 받아 적국 국민 취급을 받고, 일본 치하에서는 일본인이 아닌 제삼국인 취급을 받아야 했다. 배급장사를 하는 동안에도 일본 형사들이 방해했다. 그렇게 미군이 다시 필리핀에 상륙할 때까지 4년 동안 배급 장사를 하며 근근이 지냈다.

1945년 4월 마닐라 인근에서 미군과 일본군의 치열한 전투가 벌어졌고, 결국 미군이 진주한다는 소식이 들여왔다. 우리는 일본군이 패하고 미군이 다시 들어온다는 소식에 반가웠지만, 또 다른 시련이 우리를 기다리고 있었다. 다시 돌아온 미군 특무대 CIC는 마닐라의 일본인과 더불어 한인에 대한 검문을 시작했다. 이때 나도 마닐라 교외에 있는 전범수용소로 끌려갔다. 고려약방 최 씨 등 서너 명의 한인이 이미 잡혀와 있었다. 그때 수용소에는 우리 일행 외에도 징용 또는 학병으로 끌려왔던 한인이 거의 1백여 명이나 되었다.

수용소에서 전쟁범에 대한 조사를 시작하였고, 우리들도 일단전쟁범으로 조사를 받았다. 그러더니 얼마 후에 임시석방이란 이름으로 풀려 나왔다. 석방 조건으로 우리는 1주일에 한 번씩 특무대에 출두하여 보고해야 했다. 수용소에서 풀려나와 보니 마닐라 시가지는 완전 무법천지였다. 성난 필리핀 사람들이 일본인은 물론 한인도 눈에 띄는 대로 잡아다가 총으로 쏘아 죽이는 판이었다. 간신히 몸을 숨겨 집에 왔지만 양식이 떨어져 굶기를 밥 먹듯 했다. 1주일에 한 번씩 미국 특무대에 보고해야 했기에 겨우 사람들 눈을 피해 미군에 보고하고 오면 온몸에 진땀이 났다. 이렇게 연금과도 같은 생활을 한 지 얼마 안 되어 마닐라는 8·15광복을 맞이했고, 일본의 항복이 알려지자 마닐라 곳곳에서 축하의 폭죽이 터졌다.

남북 분단으로 필리핀에 눌러앉아 사업

시가지 분위기는 더욱 험악해져 일본인과 한인에 대한 수색은 날로 심해졌다. 광복의 기쁨 대신 실의에 빠져 집 안에 숨어 있던 어느 날 반가운 손님이 찾아왔다. 평소에 친분이 두터웠던 중국인 차본남 씨였다. 필리핀의 중국 화교들은 이미 장개석 총통이 이끄는 국민당 지부를 조직했었는데 차 씨는 그 조직의 간부를 맡고 있었다. 차 씨는 우리나라도 일제의 수모를 받았는데 어찌해서 숨어있느냐고 말하면서 같이 일해보자고 했다. 차 씨의 소개로 나는 화교신문사에 일자리를 얻을 수 있었다. 그 신문은 국민당 기관지였는데 나는 영문 광고를 중국어로 옮기는 일을 했다. 필리핀에 있는 화교 약 2천 명을 대상으로 한 신문이어서 규모는 작았지만 대우가 좋았고 입사하고 얼마 안 있어 나는 신문 광고 부책임자로 승진했다. 신문사에 들어간 후부터 나의 신분은 비교적 자유로워졌고, 또 세월이 흐르자 무법천지였던 마닐라도 흥분이 가시고 점차 안정되어갔다.

당시 조국이 독립되었으니 보따리를 꾸려 귀국하려 했지만, 남북한이 갈라져 고향에 가지 못하게 되어 눌러앉게 되었다. 결국 마닐라에 뿌리를 내린 나는 처음에 돈도 없고 해서 일본과 거래하는 무역회사에 다녔지만, 일본인과 접촉하는 것이 싫어 곧 그만두었다. 그리고 목재 수입상인 청우사에 들어가 필리핀에서 원목을 수입하는 일을 도와주면서 한국과 연결된 사업을 하게 되었다. 1955년에 무역회사(회사명 Associate Commercial Trading)를 차려 기업인으로서 자리를 굳혀나갔다. 필리핀에서 나오는 나왕 원목을 한국에 수출하는 사업을 했는데, 당시 원목 무역이 초창기여서 처음에는 여러 번 실패했지만, 차츰 사업이 번창했다. 그러다가 1976년에 필리핀 정부가 원목 수출을 총생산량의 25퍼센트 가량으로 제한하는 정책을 발표하면서 원목 수출 사업은 점차 기울게 되었다. 이후 필리핀 사람과 동업으로 건축업을 하기도 했으며, 그 외에도 한인들과 함께 여러 가지 사업을 했다.

독립 자금 지원 뜻 전달과 김구 선생의 편지

다른 한인들과의 관계에 대해 말하자면, 내가 이곳에 처음 왔을 때는 한인이라고는 몇 명 되지 않았다. 초기에는 나에게 많은 도움을 준 고려약방의 최 씨와 일부 인삼 장수들이 전부였다. 한인으로서 태평양전쟁을 경험하면서 많은 어려움을 겪었고, 또 그 과정에서 여러 한인을 만나게 되었다. 전쟁이 끝나고 전범수용소에서 나와서 수용소 이외에 마닐라에 흩어져 있는 한인이 약 20여 명 정도 된다는 것을 알게 되었다. 몇몇은 모여 이제는 광복이 되고 나라를 되찾았으니 한인을 규합하고자 했다. 나는 국민당의 차본남 씨를 통해 당시 중경에 있던 임시정부에 마닐라에 있는 교포들이 조국독립을 위해 적극 협력하고 모금을 해서 자금을 보내겠다는 내용의 편지를 보냈다. 그리고 얼마 안 돼 임시정부로부터 "당신 편지를 보니 감사하다. 돈을 보낼 생각하지 말고, 그곳 수용소에 갇혀 있는 한국인 포로를 위해 쓰라."라는 내용과 함께 "중국 국민당과 협력해서 교포 보호에 만전을 기하라."는 내용의 김구 선생의 친서가 전달되었다.

나는 고려약방 최 씨와 함께 우선 중경 임시정부의 지시대로 전범수용소에 있는 한국인 포로 석방 교섭에 나섰다. 미국 특무대를 찾아가 한인 포로 석방을 여러 차례 교섭했지만, 일본군 군무원이라도 포로이니만큼 포로에 관한 국제 규약에 따라 원적지로 보내 처리해야 한다는 답변만 들었다. 이 무렵부터 마닐라에 한인이 한두 명씩 늘어났다. 마닐라의 치안이 안정되자 일본군에 끌려왔다가 탈출했던 사람들이 모여들기 시작했던 것이다. 돈도 없고 말도 통하지 않은 이들에게 나는 직장도 알선해주고 상해를 거쳐 본국으로 돌아갈 수 있도록 여비 등을 마련해주기도 했다.

한인사회 기여와 한인회 설립, 민간외교 주역

광복 후 시작한 원목 수출 사업이 잘되어 당시 필리핀에서 가장 성공한 한인으로 꼽힐 정도였다. 사람들은 나를 박 회장으로 불렀으며, 화통한 나의 성격으로 당시 한인들에게 많은 인심을 샀던 것 같다. 한국에서 외교관이나 운동선수들이 필리핀에 오면 돌봐주기도 하고 이러저러한 도움을 주곤 했다. 그 중에는 농구선수 신동파도 있었다.

1956년 한인회가 조직된 이래 줄곧 한인회장을 맡으면서 한인의 일이라면 궂은일도 마다하지 않았다. 우리나라 운동선수 팀이 필리핀에 원정경기를 오면 앞장서서 선수들을 보살펴주었기 때문에 우리나라 복싱협회에서는 나를 명예 부회장으로 추대하기도 했다.

우리 집은 한국 공관이 들어선 1958년 이전만 해도 민간 외교의 중심지가 되었다. 나는 필리핀에 코리아에 대한 좋은 이미지를 심기 위해서 많은 일을 했다. 복싱선수나 농구단을 초청해서 경기를 주선하기도 했으며, 동포 선수단이 필리핀에 오면 으레 나를 찾았다. 우리나라에서 최초로 세계 챔피언에 도전한 서강일 선수와 필리핀의 에르히테 전도 내가 주선했다. 그리고 이화여고, 한국은행 농구팀을 초청하여 필리핀에 코리아 여자 농구를 알리는 데 힘쓰기도 했다.

내가 한인회를 조직했을 때만 해도 이곳의 한인들은 공관 직원을 합쳐 겨우 200여 명에 불과했지만, 1977년 당시 800명이 넘었다. 그만큼 조국이 발전한 증거일 것이다. 또한, 한국에 다녀온 필리핀 사람들이 발전된 조국을 보고 부러워하는 것을 들으면 가슴이 뿌듯하다. 환갑잔치를 서울에서 하려고 했는데, 사정이 여의치 않아 못하게 되어 섭섭했다. 나는 모두가 한민족의 긍지를 살려 보다 성실하게 일하고 단합해야 한다고 당부하고 싶다.

필리핀인과 한인의 관계, 필리핀인 아내

필리핀 사람과의 관계에 관해서 말하자면, 40대 이상의 필리핀 사람들은 한국인에 대해 썩 좋은 감정을 가지고 있지 않다. 징용이나 학병으로 나갔던 한인들이 필리핀 사람들을 많이 해쳤기 때문이라고 한다. 당시 징용 나갔던 한인들은 일본군이 시켜서 어쩔 수 없이 했겠지만, 일부는 행동이 지나친 경우도 있었다는 얘기를 들었다. 또한, 만주에서 있었던 사건처럼 일본이 나쁜 짓을 벌여놓고 한인에게 덮어씌운 일도 적지 않으리라 생각한다.

미군이 마닐라에 다시 돌아와서 남아 있는 일본인을 찾기 위해 검문 검색할 당시, 최 씨 집에 숨어 있던 우리를 이웃 필리핀 사람이 일본인이라고 신고한 일도 그런 감정의 표현이 아니었을까 싶다. 또한, 광복 직후 필리핀 사람들이 일본인이나 한인 할 것 없이 잡아다가 총으로 쏴 죽이려 해서 피해 다녔던 일도 기억에 남아 있다. 하지만 전쟁 후 사회가 안정되고, 또 귀국에 대한 희망도 사라지면서 현지에 적응해 살게 되었다.

필리핀 아내를 만나 결혼도 하고, 필리핀 파트너와 건축사업도 함께 했다.

아이들에게 필리핀인 대부를 만들어줄 정도로 필리핀 사람들과 친밀한 관계를 유지했다. 무엇보다도 한국과 필리핀이 친밀한 관계로 발전할 수 있도록 나름 많이 노력했다. 필리핀 사람들이 좋아하는 복싱이나 농구를 통해 친해지려고 경기를 여러 차례 주선하기도 했다.

분단으로 막힌 길, 자식의 이름에 담긴 조국 사랑

우리 가족에 관해서 말하자면 마음이 아프다. 내가 서울을 떠날 때 고향에 계신 부모님께 3년이면 돌아오겠다고 편지를 띄운 것이 마지막 편지가 될 줄은 몰랐다. 북한에서 작고했거나 아니면 고생하고 있을 부모님에게 자식된 도리를 못다 한 것을 생각하면 눈물이 난다. 광복 후 이어진 조국의 분단으로 결국 귀국하지 못하고 필리핀에 정착하게 되었고, 당시 39세였던 나는 1951년에 필리핀 여고생이었던 마르셀라 마안 셀라(당시 16세)와 결혼했다. 결혼 후에 아내는 대학에 진학하여 치과의사가 되었다. 우리 부부 사이에 4남 1녀가 태어났는데, 나는 독립을 위해 평생 동안 애쓴 이승만 박사를 흠모하여 아이들의 이름을 이 박사의 영문 성인 Rhee를 따서 지었다. 장남은 R자인 로버트(Robert), 차남은 H자인 헨리(Henry), 삼남은 E자인 에드워드(Edward), 장녀는 E자인 엘리자베스(Elizabeth)로 지었다. 막내는 스티븐(Steven)으로 이름을 지었다.

////////// 인터뷰 덧글 //////////

박윤화 씨는 현지인과의 관계에 관해서는 자세한 말을 남기지 않았다. 그가 신문 인터뷰에서 언급한 일부 내용과 큰아들 로버트와 딸 베티의 말을 통해 정리한 내용이다.

나는 죽어서도 말한다
-고 박윤화 초대 한인회 회장 묘에서

박윤화 회장 묘소 방문한 마닐라 연합교회 신용기 장로 외 교우들
(Manila Memorial Park Cemetery 2024.3.17)

오늘은 2005년 11월 1일 All Saint's Day
많은 사람들이 내 곁을 지나는 구나.
그러나 그들의 소리는 그렇게도 반갑지가 않다네!
그저 이국풍만 풍기니…

지난 이맘때는 놀랍게도 반가운 음성이 들렸는데… 그것도 수십여년만에
그리고 그토록 보기에 가슴 뭉클한 태극기 몇개가 내 주위에 꽂혀 있었으니
말이다.
그 후부터 한 해가 되는 이 시간인데 왜 반가운 음성이며 작은 태극기가 아
직 없는지?

매년 이맘때면 다시 오마 하던 그 약속의 속삼임
나는 아직 기억하고 있는데…

기구한 시대에 태어난 나. 일본 군국주의가 팽창의 활기를 치고 있을 때.
나는 젊은 나이에 꿈도 많았지!
그러나 그 꿈은 다 사라지고 생각지 않은 인삼장수로 이곳 필리핀까지 오
게 되었단다.
시키는 대로 현지인과 결혼하고 정착하여 차후에 올 일본인들을 위한 육탄
의 전진 기지역활을 담당하라는…
나라와 태극기를 잃은 한 많은 민족의 슬픔을 간직한 그런 사람중의 하나
였지…

그런데 놀랍게도 "I Shall Return" 이라고 약속한 대로, 미군의 상륙
"Tacloban).
그리고 감격의 조국해방
그러나 태어난 현지 자식 때문에. 이젠 타의보다 자의로 이곳에 계속 살게
되었지…
이것도 하나님이 나에게 준 태의 열매가 되었기 때문에…

한국대사관이 개설되고 목재 상사 주재원 기타 한인들이 조금씩 모여 이
곳에도 처음으로 한인회가 탄생하게 되었으며 부족한 사람이 첫 회장이 되
었다네.
1973년 12월 이국의 망년을 보내는 자리에서, 이곳에서 한인교회를 세울
것을 다짐하면서 준비가 시작되었으니 다음 해 4월 부활주일에 창립예배를
가졌다네.

그것이 마닐라한인연합교회가 되었으며 나는 교회 건축 위원장을 맡아 봉사해오다 불의의 교통사고로 지난달의 모든 아픔을 잊고 지금 천국에 와 있다네.

교회 장으로 천국 환송잔치를 베풀어준 행사에 감사하다네.

매년 오겠다는 그약속의 시간이 다시 왔기에 오늘 (2005. 11월 20일 추수감사 주일) 기다렸던 그 반가운 음성과 함께 태극기가 내 주변에서 다시 보게 되었으니 친구여. 고맙구려! 내년에 다시 만나세.

* 신용기 장로가 박윤화 초대 한인회 회장(1967~1978)의 묘를 찾아 지난날의 사연을 떠올리며 고인에게 전한 대화 형식의 산문시

사진에서 왼쪽이 신용기 장로

필리핀 교포로 소개된 고 박윤화 한인회 초대 회장 (1962.10.04. 조선일보3면 사회)

필리핀 한인사회의 초석

한덕우

제2대(1980-1981) 회장

필리핀 한인사회의 초석을 다진 한덕우 고문은 2019년 12월 7일 새벽 2시 13분에 향년 86세의 일기로 별세했다. 한덕우 회장(1933-2019년) 필리핀 이주와 정착 이야기는 2011년 마닐라서울 편집부와의 인터뷰 기록을 근거로 편집된 내용을 정리하였다.

한덕우 회장은 숭실대를 졸업하고 서울에서 5년여 정도의 무역업을 하다가 1965년 단돈 100불만 소지한 채 홍콩을 경유, 필리핀에 도착하여 65년을 생활했다. 故 한덕우 회장은 지난 2011년 '마닐라서울'과의 인터뷰에서 "필리핀에 처음 왔을 때 필리핀은 한국과 비교할 수 없는 부자 나라였다고 술회하였다.

은행 뱅킹 시스템에서 수십, 수백만불의 입출금이 가능했고, 한국에는 당시 흑백TV밖에 없었는데, 필리핀은 컬러 TV방송국이 5곳이나 있었다"고 회상하며, 시장을 분석해 보니 모든 상권의 주인이 화교였다며, "내가 필리핀에서 신용만 얻게 되면 무엇이든지 잘 할 수 있겠다는 확신이 들었다"고 당시를 회상하면서 사업에서 '신용'을 강조했다.

그는 필리핀에 도착해서 처음에는 자, 물통, 간이 이음새 제품 등을 판매하였으나, 당시 자본이 없어 3~4년은 매우 힘든 생활을 보냈으며, 사

제8부

업이 점차 반열에 오른 것은 사과 무역을 시작한 72년부터였다.

당시 일본 사과는 5~6불했는데, 한국 사과는 3불이라 필리핀 시장을 빠르게 점유할 수 있었다고 인터뷰에서 밝힌 바 있다. 하지만, 사과 박스에 대한 포장 문제로 마닐라 부두가 사과 천지가 된 적도 있었다며, 많은 사람들의 도움으로 72~77년도까지 사과 수입상으로 큰 성공을 거 뒀다고 밝혔다.

이후, 중국 사과의 수입으로 한국 사과 수입이 어려워졌을 당시, 한국의 풍산금속과 거래를 시작으로 필리핀에 화약과 탄피를 구분해 수입을 하는 사업을 발전시켰으며, 영성무역의 주력 아이템인 필리핀 돈을 용도에 따라 구별해 주는 뱅크노트 프로세싱이라는 사업을 펼치면서 오늘날의 영성무역으로 성장했다.

故 한덕우 고문은 1980년부터 81년까지 제2대 한인총연합회장의 역임을 시작으로 한인사회를 위한 봉사활동에 앞장섰다. 1991년 10월 5일에는 필리핀 최초의 한인경제단체인 무역인협회를 출범시켜 초대 회장을 역임했고, 1996년에는 필리핀 한인상공회소를 창립하여 초대 회장으로 한인상공인들의 화합과 협력에 노력했다.

특히, 한국인의 정체성 확립에 관심을 갖고 있는 故 한덕우 회장은 필리핀한국국제학교 초대 이사회 이사로서 현재의 필리핀한국국제학교 설립에 기여를 하였으며, 지난 2013년에는 회사의 이름을 딴 '영성백일장'을 개최하여 필리핀에 거주하는 한국 학생들에게 꿈을 심어 주기도 했다. 또한 숭실대(경제 56) 졸업 50주년을 기념하여, 지난 2011년 모교 장학금 2억을 기탁하기도 했으며, 숭실대는 2015년 한덕우 동문 네이밍 헌정식을 개최하였으며, 현재 숭실대 베어드홀 102호 강의실이 '한덕우 강의실'로 명명되어 있어 후배들에게 꿈을 전하고 있다.

故 한덕우 회장은 지난 2014년 '제8회 세계한인의 날'에 '동포사회의 화

故 한덕우 회장 빈소 (Heritage Park, Fort Bonifacio, Taguig, 2019.12.8.)

합과 모국 발전에 기여한 공로'로 대한민국 정부로부터 국민훈장 석류장을 수상하기도 했다. 故 한덕우 고문의 장례식은 필리핀한인총연합회 葬으로 장례가 진행되며, Heritage Park에서 장례를 치른 후 12월 13일 화장 후 한국으로 모신다고 유족을 대표하여 상주 한기석 씨가 전했다

현지 필리핀 사회에
동화하는 한인회

엄익호

제3대(1982-1983) 회장

필리핀에 첫발을 내딛게 된 계기

젊은 시절 1950년~60년대에 20년이 넘도록 공군장교와 대한민국 역사상 32세의 상공부 최연소 상역국장, 공업국장을 역임하였고, 기아산업과 신진 자동차를 거치면서 영광스런 젊은 세월을 보냈다. 그러나 그 시절에는 어느 정도 사회적으로 존경받는 지위에 있는 사람들, 설령 고위직(高位職)에 있는 사람이라 하더라도, 정치적으로나 경제적으로 그 신분을 안전하게 보장받을 수는 없었다. 그리하여 내 자식의 더 나은 교육의 기회와 미래를 위하여 이민을 결정하였으나 막상 어디로 가야할지가 큰 고민이었다.

일단 일본 동경과 오사카를 거쳐 규슈 지방을 돌고, 당시 괌(Guam)에서 자리를 잡고 살던 누이를 만난 뒤 미국을 둘러보았다. 잠시였지만 괌에서 누이와 함께 시간을 좀 보내는 동안 누이네 일을 도우며 있으니까 마음이 참 편했다. 괌에는 당시도 한국과 일본의 이민자가 제법 되었고, 누이네 가게에서 한국, 일본 식품들을 판매했기 때문에 수입도 꽤 괜찮았다. 누이는 또한 주로 일본인들을 상대로 토지매매 중개업을 하기도 하였다.

어느 날 누이가 하는 말이, 매부는 늘 돈을 하늘에다 뿌리고만 다니고 벌지는 않는다며 그가 필리핀에서 설탕 수출사업을 한다고 돈만 쓰고 다니고 있으니 나더러 같이 필리핀에 따라가서 한번 봐 주라는 것이었다. 필리핀은 내가 공군시절 잠깐 가본 적은 있었지만 잘 알지 못하는 나라였다. 어쨌든 나는 누이의 부탁으로 매부와 함께 필리핀으로 향했다. 그리고 그 필리핀 방문이 나의 인생 후반부를 크게 바꾼 결정적인 계기가 되었다.

그 시절 한국에서는 때 아닌 이민 바람이 불어 다수가 외국으로 나갔다. 여기에는 베트남 전쟁이 한 원인이 되었는데, 1975년 4월에 미국의 지원을 받아 싸우던 남베트남이 북베트남의 지원을 받은 베트남 공산주의자, 소위 베트콩에게 패하여 베트남에 주둔(駐屯)하던 미군이 철수했다. 이를 본 사람들이 한국도 어쩌면 공산주의 정부인 북한에게 먹힐 수도 있다는 두려움에 미주로 도피성 이민을 가기 시작했고, 정부에서는 일부 지명인사들의 해외 이주 단속을 하기도 했다. 내가 처음 필리핀에 발을 들여 놓았을 당시의 필리핀은 마르코스(Marcos) 대통령이 독재(獨裁) 권력을 행사할 때였다. 필리핀 전역에는 계엄령(Martial Law)이 내려져 있었고, 민(民), 관(官), 군(軍) 전부 그 어느 곳도 예외 없이 경계가 삼엄했다. 그 모습이 마치 작은 한국을 보는 듯하여 나는 필리핀으로 더 마음이 쏠렸다.

한국에서는 소위 끗발 좋은 잘 나간다는 사람 하나만 붙잡으면 안 되는 일이 없었다. 중앙정보부의 김형욱 씨나 청와대 비서실의 이후락 씨, 공화당의 재정책임자였던 김성곤 씨가 그 대표적인 예라 할 수 있다. 나는 필리핀에서도 그러할 것이라 생각했었다. 그래서 한국에서 2인자로 있느니, 나의 제2의 인생 전성기(全盛期)를 필리핀에서 한 번 꽃피워 보기로 결심했다. 한국으로 돌아와서 가족들에게 이민에 대한 이야기를 했다. 생뚱맞은 이민 제안에 가족들이 몹시 놀랐다. 아내는 잘 알지도 못하는 데다 아무런 연고(緣故)도 없는 필리핀으로는 가기 싫다며 강하게 반대했다. 그러나 이내 아내는 나를 이해해 주고 내 뜻에 따랐다. 필리핀으로의 이민이 결정된 후, 서류준비를 비롯하여 집 문제와 아이들 학교 문제 등등 준비할 것들이 한둘이 아니었다. 내 가족들이 필리핀에 첫 발을 내딛은 날은 1975년 11월 16일이었다. 우리는 마카티 마갈랴네스 빌리지 마르가리타(Margarita) 가의 18번지에 처음으로 둥지를 틀었다. 집이 꽤 크고 좋았다. 나는 우선 아이들을 필리핀 최고의 학교인 마닐라 국제학교(International School Manila)에 입학시켰다. 당시 현종이 11학년, 하경이 9학년, 우종이 5학년으로 들어갔다. 처음에는 모두들 영어 때문에 고생을 좀 하였다. 그 또한 내가 일일이 통역을 해 주느라고 애먹었다. 지금 생각해 보면 재밌지만, 그때 심지어는 아내가 가정부들을 야단칠 때에도 나더러 통역하라고 해서 기가 막혔던 적도 있었다.

필리핀 정착 초기의 인상적인 기억

1970년대 당시 필리핀의 한국 교민은 대사(大使) 등 외교관을 포함하여도 고작 250여명 남짓이었다. 현재 마닐라에 거주하는 한국교민의 수가 수십만 명이라니 지금과는 사뭇 대조적이다. 그 당시는 'SOUTH KOREA'를 아는 사람보다는 농구선수 신동파를 아는 사람이 더 많았을 정도로 대한민국에 대한 인지도는 거의 전무했다. 마르코스 대통령의 계엄령 시대였고 미화 1불이 7페소 가치의 시대였으나 기존 정권 세력에 반대만 안 하면 치안은 나쁘지 않았던 기억이다.

한인에 대한 필리핀인들의 인식

솔직히 1970년대 80년대 초반까지도 서비스 문화는 필리핀이 한국보다 더 발달하였을 정도로 필리핀은 미국 문화와 경제 군사적 영향을 받아서 나쁘지 않았던 기억이다. 그 당시 한국인은 그냥 근면하지만 급하고 빨리빨리 해야 하는 민족으로 생각했던 것 같다. 그리고 필리핀 젊은이들이 6.25전쟁 때 파병을 해주어 도움을 준 나라로 기억하는 것 같았다. 1990년대 후반에 들어와서 본격적으로 한국인 관광객들이 필리핀을 찾기 시작하면서 한국에 관하여 더 알게 된 것 같다.

필리핀 생활의 어려움 극복

필리핀은 외국인이 적응하기에는 언어도 그렇고 문화적으로나 필리핀 국민들의 외국인들에 대한 호감도가 좋은 편이라서 과거나 현재에도 매우 좋다고 생각을 한다. 다만, 나라의 빈부를 떠나서 우리는 이들을 무시하거나 차별을 해서는 절대로 안 된다. 오히려 이들 덕분에 우리들이 타국에서 생활을 할 수 있고 잘 살 수 있는 기반이 되었다는 것에 항상 감사해야 한다.

필리핀에 계속 체류하게 된 계기

나에게도 위기가 딱 한 번 있었다. 1980년 초반에 마닐라 공항에서 아키노 상원위원 암살 사건이 있고 필리핀 경제가 침몰하고 군부의 쿠데타가 수차례 반복되는 과정에서 외국인 기업이나 투자자들이 대부분 필리핀을 떠나가는 상황에서 나 또한 한국으로 복귀하여 한국에서 편한 삶을 살아볼까 망설이던 시기도 있었다. 하지만, 그 당시 믿고 있던 천주교 내 오푸스 데이(Opus Dei)라는 단체의 인도를 받고 더욱 깊은 신앙인이 될 수 있었고, 힘들 때 항상 내 곁을 지켜준 사랑하는 아내와 가족이 있었기에 다시 만회하며 정착할 수 있었다. 다행히 두 아들이 필리핀에서 자리를 잡고 손주까지 필리핀에서 자라게 된 것도 필리핀에 체류하게 된 이유이다.

필리핀 이민을 꿈꾸는 한인들을 위한 조언

필리핀은 결코 만만한 나라가 아니다. 시장규모는 작으나 그에 반해 가격 구조는 별로 안 좋다. 다시 말해서 경쟁력이 충분히 있어야 한다. 그래도 다른 동남아 국가에 비하여 필리핀은 같은 기간 동안 시간 투자하면서 덤으로 영어도 배울 수 있는 좋은 기회의 나라이며, 뭐니뭐니해도 한국과 지리적으로 거리도 가깝고 정이 많은 나라이다. 덥고 느리고 짜증나는 일 투성이지만, 부정적인 것을 보기보다 긍정적인 것을 더 많이 생각하고 살 수 있다면 필리핀은 살기 좋은 나라이다.

필리핀에 살고 있는 다음 세대들을 위한 당부

앞서 언급한 바와 같이 우리가 필리핀에서 사는 한 이 나라 국민들에게 감사하면서 살기를 바란다. 이분들이 있기에 우리가 생활을 할 수가 있고 성공할 수가 있다. 이왕이면 영어만 배우려고 하지 말고 따갈로그이든 세부아노이든 자기가 살고 있는 곳의 필리핀 언어도 조금이라도 젊을 때 적극적으로 배워두기를 바란다. 절대로 후회는 안 할 것이다.

한인회에 바라는 점

내가 필리핀 한인회장을 할 때는 교민 수도 적었고 본국과도 교류가 적었던 시기라서 필리핀 내의 한인회가 단독적으로 모든 일을 추진해 왔었다. 당연히 당시 한인회 회장의 업무도 교민간의 소통과 모임 활성화사 주 업무 였던 것 같다. 내가 한인회장을 하던 초창기 때보다는 지금 한인회장직을 맡고 봉사하는 한인들의 업무 강도는 비교도 안될 만큼 클 것이라고 생각한다. 앞으로 점점 규모도 더욱 커지리라 생각하지만, 현지 필리핀 사회에 잘 동화할 수 있는 필리핀 한인회가 되기를 당부드린다.

2019년 설날 떡국잔치에 참석한 고 엄익호 회장

한인사회의
구심점 역할

김춘배
제8대(1990-1991) 회장

필리핀에 첫발을 내딛게 된 계기

1973년 ㈜남광토건에서 필리핀 정부공사를 수주하는 과정에서 전체 공사 책임자로 일해 달라는 영입 제안을 받은 것이 필리핀으로 오는 계기가 되었다. 30대 초반의 젊은 청년에게 그런 제안을 한 이면에는 ㈜남광토건 회장님과의 특별한 인연이 있었다. 그 당시 나는 ㈜한국포항제철의 토건부 직원으로 남광토건에서 하고 있는 공사에 주 감독자로 일하고 있었다. 포항제철의 전체 도로공사를 맡아 하고 있는 남광토건 회장님은 자회사가 맡고 있는 공사현장을 자주 둘러보곤 하였다. 나는 포항제철의 주 감독자로서 포항제철의 근간이 되어 줄 도로공사를 매우 철저하게 감독했다. 주 감독자인 내가 수주기업 입장에서 볼 때는 까다롭고 깐깐한 젊은 감독으로 보였으리라 생각된다. 공사를 성공리에 완공하고 주 감독자 임무도 끝나 포항제철 토건부에서 계속 일하고 있는데, 어느 날 남광토건의 오너이자 회장님이 나를 찾았다. 당신께서 꼭 영입하고 싶은 인재라고 하시며, 나에게 처음하는 해외공사 수주를 위한 입찰부터 전 과정을 "나와 함께 일해 보세"라며 적극적으로 제안해 주셨다.

나로서는 국내 굴지의 대기업에서 촉망받으며 나의 꿈을 펼칠 평생직장이라 여기고 만족하며 일하고 있던 터였기에 ㈜한국포항제철에 비하여 규모가 작고 해외경험이 없는 기업으로 이직한다는 생각을 하는 것조차 어려웠다. 그런데 "김 감독이라면 충분히 할 수 있다고 믿네. 내가 확신하네. 나는 자네의 기술성과 창의성 그리고 성실성과 정직성을 믿으니 나와 함께 일하세."라며 연이은 제안에 해외공사를 주도적으로 해볼 기회다 싶어 마침내 필리핀으로 오게 되었다.

필리핀 정착 초기의 인상적인 경험

필리핀은 수천 개의 섬으로 이루어진 나라로 섬마다 다른 환경과 종교적인 특성이 다르긴 하나 1970년대 초 내가 본 필리핀인들의 첫인상은 착하고 밝고 친절하다는 것이었다. 또한 긍정적인 성격에 일터에서도 상사의 업무지시에 협조적인 사람들이란 생각을 했다.

그러나 초기에 만난 필리핀 주민들은 우리가 그들의 도로를 건설하는 것에 기대도 하지 않는 듯했다. 기존에 있었던 그들의 자체 공사가 흠결이 많았기에 '당신들이라고 별 수 있겠어.' 하는 의구심으로 바라보았다. 하지만 도로건설공사가 진행되면서 주민들이 우리를 보는 눈은 달라졌고 친근하게 대하며 그들의 지역 축제에 귀빈으로 초청하기도 했다. 당시 우리의 역할은 한국과 필리핀 사이 민간가교로서 일석다조의 효과를 가져다주었다.

한인에 대한 필리핀인들의 인식

1970년대 초 필리핀으로 진출하여 공사를 시작할 무렵에는 우리는 6.25 전쟁의 아픔과 폐허 그리고 가난에서 벗어나려 세운 제1차 국가경제개발계획과 제2차 국가경제개발 5개년 계획이 막 끝나 제3차가 시행되면서 우리의 토건 기술도 해외로 진출하기 시작했던 시기였다.

기업인들과 산업역군들 그리고 온 국민 누구나 할 것 없이 불철주야 헌신하며 국가 발전과 가정경제를 위해 일하던 시기이기도 하다. 대한민국 기업인들, 기술자들과 근로자들은 국가와 혼연일체가 되어 토건기술이 해외로 활기차게 진출하기 시작하여 필리핀인의 도로공사도 하게 되었으나 필리핀인들은 한국에 대해 아는 바라고는 필리핀이 6.25전쟁에 참전하여 도와주었던 나라, 그들의 아버지나 삼촌으로부터 듣거나 학교에서 배운 전쟁 이야기가 그 당시 필리핀인들이 한인에 대해 가졌던 인식이었다. 대한민국이 훗날 한강의 기적이라 불린 국가가 되는 과정에서 산업현장에 불철주야 일하며 경제발전에 총력을 다하고 있음을 필리핀의 대다수 국민들은 모르고 있었던 것이다.

필리핀 생활의 어려움 극복

우리는 유교적인 문화와 교육을 받고 있었고 주말이나 공휴일도 마다 않고 일했으나 필리핀은 오랜 서양문화의 영향을 받아 현대 교육을 받아온 국민으로서 여유롭고 개방적으로 보였다. 직장에서의 문화적 차이는 컸다는 생각이 든다. 하지만 우리가 주도하는 기업이기에 현지인들은 한국의 문화에 적응하고 우리 역시 그들의 문화를 이해해야 했으나 하루 아침에 변하기는 불가능했다. 그러나 점점 필리핀 직원들의 참여의식과 직장에 대한 만족도가 높아지면서 '마이 컴퍼니'란 단어 대신 '우리' 회사로 인식이 바뀌는 것을 볼 수 있었다. 서로의 관습을 고집하기보다는 서로에게 큰 불편이나 거슬림, 상처가 되지 않는 정도에서 수용하는 수용 문화, 배움 문화, 배려 문화로 재창조되었고, "빨리 빨리"라는 새로운 직장문화가 생겨났다.

필리핀에 계속 체류하게 된 계기

30대 초반의 청년의 나이에서 어느덧 50여 년을 더한 세월을 필리핀에서 살고 있다. 대학교에서 전공한 토목공학의 이론과 기술을 아낌없이 발휘할 수 있었지만 어떤 지침서나 연구논문 등 참고할 자료도 없이 항만공사를 성공시키기 위해서는 공구나 장비까지도 다시 제작해야 했기에 밤샘은 일상인

나날의 연속이었다.

그 당시, 필리핀의 남부 섬 민다나오는 종교분쟁이 매우 심했던 섬이었고 열악한 지역이라서 바다를 육지화하는 항만도시를 건설하는 공사 중 항시 언제 터질지 모를 위험 발생에 대비하면서 공사를 해야 했다. 그래서 처자식과 몇몇 한인 가족들은 공사현장과 사무실에서 멀리 떨어진 곳에서 지냈으며, 반국가 단체 강도들이 민간인의 집에 침입하는 등 안전이 보장되지 않았던 곳이었다.

자녀들이 본격적인 학교 교육을 받아야 할 시기에는 아내와 자식들은 마닐라로 이사하여 공교육에 충실할 수 있도록 했다. 그후 연이어 이어지는 현지 정부와의 도로, 항만, 상수도 공사 등의 체결로 필리핀에 계속 머물게 되었다. 가족에겐 미안한 생각이 크지만, 자식들이 모두 잘 자라주었고, 지금은 각자의 자리에서 성실하게 살고 있으며, 나 역시 나라를 위해 일했고 기술을 최고조로 발휘했다는 보람과 긍지, 자부심을 가지고 현재도 필리핀에서 살고 있다.

필리핀 이민을 꿈꾸는 한인들을 위한 조언

미래에 필리핀에서 살고자 하는 한인들에게 다섯 가지 조언을 하고 싶다. 첫째, 의사소통능력을 갖추어야 한다. 영어를 자국어처럼 쓰고 말할 수 있도록 준비를 하고 현지어 능력도 갖추어야 한다. 둘째, 확실한 목적과 목표를 설정하라. 자신이 잘하고 잘할 수 있는 일을 발견하고 끊임없이 관심두고 개발하는 것은 아주 중요하다. 셋째, 타인을 존중하라. 타인의 말에 경청하며 특히 외모가 다르고 경제적 능력이 다르다 하여 비하하거나 반면에 주눅이 들지도 말기를 바란다. 넷째, 어디에 살든지 한국인으로서 높은 자존감을 갖고 나라를 더욱 사랑하기를 바란다. 마지막으로 필리핀 현지의 관습이나 문화를 이해하고 법을 따르는 것도 잊지 말아야 하겠다.

필리핀에 살고 있는 다음 세대를 위한 당부

한국인으로서의 자부심, 자신의 자존감은 높이 가질수록 좋겠으나 우월감이나 비교 주장이 아닌 협조와 협력을 통해 도움을 주고받는 대인관계를 가질 것을 당부한다.

한인회에 바라는 점

재필리핀한인회는 필리핀 내 한인사회의 구심점 역할을 하고 있다. 해를 거듭할수록 발전해 나가는 한인회를 볼 때 초창기의 한인회보다 무궁한 발전을 했다는 생각을 한다. 이에 대해 초창기의 한인회장이었던 나는 매우 기쁘고 든든하게 생각한다.

우리 재필리핀한인회는 한국의 대중소기업 및 현지법인, 현지 상공인, 정부기관 주재원, 유학생, 은퇴자, 여행자 등이 다양한 목적과 계기로 장·단기 체류하고 있는 모든 분들을 위한 중심 단체로 외국인 또는 한국인이라서 당하는 억울한 일이 발생하지 않도록 하는 데 좀더 애써 주고, 특히 소상공인 분들께서 상법이나 세법에 저촉되어 불법이나 불이익이 없도록 도움이 되는 정보와 지침을 많이 만들어 주기를 바라며 관련 강의도 개최해주기를 바란다.

한인회장을 역임시 특별한 기억

1990년 제8대 필리핀 총연합회장이었던 당시의 특별한 기억으로는 한인 음악회, 한인친선체육대회, 1991년 서울에서 열린 제2회 세계한민족체육대회 등이 있다. 또한 피나뚜보 화산 폭발 시 이재민을 위한 쌀 지원, 6.25전쟁 참전용사의 후손들에게 장학금 수여 및 참전용사 및 가족 만찬회 등을 실시한 것도 기억에 남는다. 재필리핀 한인교포신문 창간과 한인회 교민 송년회 및 정기총회 등 교민 간 우호 증진과 양국 관계 활성화를 위해 개최한 모든 행사 하나하나가 특별한 기억이고 소중하고도 잊지 못할 추억으로 남아 있다.

제8부

현지인, 필리핀 정부와
좋은 관계

이관수

제9대(1992-1993) 회장

필리핀에 첫발을 내딛게 된 계기

1979년 12월 필리핀에 한국에서 생산되는 제품을 수출하기 위해 상담 차 필리핀을 처음 방문했다. 당시에는 필리핀에서 한국이 잘 알려지지 않았기 때문에 한국 제품을 수출한다는 것이 매우 어려웠다. 특히 다국적 기업에 제품을 수출하는 경우에는 더욱 어려웠던 시절이었다. 지속적인 노력으로 수출에 성공했고 시장이 확장됨으로 1984년 마닐라에 작은 사무실을 운영하며 필리핀의 주요 미국계 반도체회사에 자사 제품을 수출하였다.

당시에는 필리핀에 외국계 반도체 조립공장이 제일 많이 있었던 시기였다. 1986년 당시 품질 문제로 자재 수급에 문제가 있었던 필리핀에서 가장 규모가 큰 반도체 회사인 Motorola의 요청으로 공장을 이전하게 되어 이주하게 되었다.

필리핀 정착 초기의 인상적인 경험

1986년은 EDSA혁명으로 마르코스 대통령이 실각하고 새로운 정부가 들어섰던 때라 매우 어수선한 상황이었다. 공장 근처에는 KMU 노조의 붉은 깃발들이 걸려 있었고 많은 외국계 투자회사들이 노조로 인하여 철수하던 시절이었다. 정부 각 부처에는 해외 투자자에 대한 안내와 절차가 잘 준비되어 있지 않은 실정이었다. 투자 신청을 하였으나 6개월이 지나도 허가가 안 나와 어려움을 겪고 있을 때 당시 후배인 삼성지점장이 투자청(BOI)의 담당 이사를 소개해 주어 3일만에 허가가 나오게 되었다.

당시 이사였던 분이 나중에 대통령이 된 아로요(Gloria Macapagal Arroyo)였다. 많은 나라에서 공통된 현상이지만, 필리핀에서도 사업을 잘하기 위해서는 높은 자리에 있는 사람들과 교류를 많이 해야 된다는 것을 알게 되었고, 필리핀 정부와의 관계에서 힘을 모을 수 있는 단체가 필요하다는 것도 느끼게 되었다.

한인에 대한 필리핀인들의 인식

1980년대는 필리핀인들이 한국을 잘 모르던 때였다. 당시 필리핀인들이 한국이라는 나라는 몰라도 농구선수 '신동파'는 알 정도로 한국은 널리 알려지지 않았던 시기였다. 시간이 흘러 1989년과 1990년 초에 한국의 중견 기업들이 필리핀의 수출 공단에 투자를 시작했다. 한국이 투자를 시작하고 초기에는 한인에 대한 인식이 좋았는데, 시간이 지나자 한국으로 파견된 근로자들의 불만이 필리핀에 알려지자 한동안 인식이 안 좋아지기도 했다.

특히 투자 초기에 근로 현장에서는 언어 소통의 문제와 문화적인 갈등으로 인하여 한인 간부들과 필리핀 현장 직원과의 마찰이 자주 일어났었다. 이러한 문제는 여러가지 행사와 문화의 이해로 많이 해소되어 한인에 대한 인식이 점차 좋아졌다.

필리핀 생활의 어려움 극복

필리핀인 대부분이 생활 영어에는 큰 문제가 없었기 때문에 언어의 어려움은 없었다. 또한 1980년대 말과 1990년대 초에는 필리핀 직원들도 영어가 어느 정도 되었기 때문에 큰 문제가 없었다.

제8부

문화 차이의 극복은 한국과 필리핀 문화의 장점을 살려 한국문화 50%, 필리핀문화 50% 적용방식을 택하여 극복하였고 새로운 투자자에게도 이 방식을 권고하였다. 회사에서 노조를 결성하려고 시도하였을 때 상당히 어려움을 겪었지만 일대일 설득과 인내함으로 노조 설립을 중단시켰다. 그때 이들을 통해서 배운 것은 필리핀 사람들을 마음으로부터 존중하고 가슴과 가슴이 대화하면 모든 일이 잘 해결될 수 있다는 교훈을 얻게 되었다.

사업을 하면서 필리핀 정부와의 관계에서의 어려움은 필리핀의 법과 규정을 잘 이해함으로 해결하였다. 법과 규정을 잘 알게 되면 대화가 되고 설득이 되기 때문이다. 실제로 부가가치세(VAT)가 처음 도입되었을 때에 간접수출(Constructive Export)의 경우 영세율이 적용이 안되었는데 본인이 한국의 경험을 살려 영세율이 적용될 수 있도록 한국의 규정과 절차를 소개함으로 규정을 개정하는데 도움을 주었다.

필리핀에 계속 체류하게 된 계기

사업체가 현지에 있었고 회사를 운영하는 여건이 한국보다는 좋았다. 일상생활도 한국보다는 여유로웠고 또한 영어권이라 의사소통에 제약이 없고 자녀 교육 여건도 좋았기 때문에 계속 체류하게 되었다. 또한 한국과의 거리도 멀지 않고 소요 시간도 짧아 거의 1일 내지 2일 생활권이라고 볼 수 있어 여러 가지로 편리하게 생활할 수 있는 나라로 느껴졌다.

필리핀 이민을 꿈꾸는 한인들을 위한 조언

타국에서 살아간다는 것은 결코 쉽지 않은 일이다. 필리핀은 인구가 많고 젊은 세대가 많아 잠재력이 있는 나라이고 외국인에 대하여 배타적이지 않은 나라이기 때문에 외국인이 거주하기에는 비교적 편한 나라라고 할 수 있다. 이민을 오기 전에 필리핀의 법과 문화에 대해 스스로가 충분한 연구와 준비를 해야 한다. 의사소통을 위한 언어를 습득하는 것이 도움이 되고, 필리핀의 법과 규정을 지켜야 한다는 마음가짐과 필리핀인과 함께 더불어 살아야 한다는 기본적인 마음을 가지는 것이 도움이 된다. 특히 사업을 목적으로 오는 경우 경험이 풍부한 좋은 조언자로부터 상담을 받는 것이 필요하다.

필리핀에 살고 있는 다음 세대를 위한 당부

필리핀의 삶 속에서 가장 중요한 의사소통인 영어와 필리핀어를 잘 구사해야 한다. 현지인과의 관계를 잘 맺음으로 필리핀인들이 한국에 대하여 호감을 갖도록 노력해야 한다. 또 필리핀에 뿌리를 내리면서도 한국인의 정체성을 가지고 한국의 발전과정 및 역사에 대하여 잘 알아야 한다. 한인사회 특히 필리핀 현지인 사회 속으로 합류하는 것이 좋은 자산이 된다. 그러므로 각종 한인사회단체 특히 필리핀 사회단체에 가입하여 활동하는 것이 도움이 된다.

한인회에 바라는 점

필리핀은 무한한 잠재력을 갖고 있는 나라이다. 한인들이 필리핀에서 성공적이고 보람 있는 삶을 살아가기 위해서는 현지인과의 좋은 관계 그리고 필리핀 정부와도 돈독한 유대관계를 가져야 한다. 이러한 유대관계를 위하여 한인들의 대표 단체인 한인회가 대사관과 협조하여 필리핀 정부 및 정치인과의 모임을 주선하고 이 일을 위하여 필리핀에서 공부하고 의사소통이 원활한 젊은 차세대들을 한인회에서 함께 일할 수 있도록 하는 것이 미래를 위해 도움이 될 것이다. 서로가 서로를 이해하고 품고 인정할 때 한인사회는 더욱더 발전할 것이라고 생각한다.

한인회장 역임시 특별한 기억

1990년도 초에는 한인 경제단체가 없었기 때문에 한인회가 한인들의 전반적인 영역을 담당하였다. 특히 1990년도 초부터 필리핀 정부와 함께 한국에서 투자설명회를 진행하여 투자 유치를 하였고 필리핀에 진출하려는 투자자에 대한 컨설팅, 투자업체를 위한 각종 세미나를 진행하여 현지에서 회사를 운영하는데 어려움이 없도록 도움을 주었다. 한인회 혼자 모든 영역을 감당한다는 것에 어려움이 있어 경제단체를 조직하는데 관심을 갖고 있던 한인 사업가들과 함께 여러 단체를 조직하기도 했다.

한국인 범죄자들이 필리핀에서 활동을 못하도록 외무부장관이 필리핀을 방문했을 때 한국정부에 경찰영사의 파견을 요청하여 처음 한 명이 오게 되었던 것이 지금의 경찰영사 제도의 초석이 되었다.

1991년 피나투보화산이 폭발하여 앙헬레스 근처의 마을들이 화산재로 인해 큰 피해를 입고 많은 이재민이 발생했다. 한인회에서는 모금을 하여 쌀 50kg 300가마니와 별도로 컨테이너 분량의 선물 박스를 준비하여 이재민에게 나누어 주었다. 당시 한 할머니가 울면서 태어나서 처음 쌀 한 가마니를 받았다고 고백하여 큰 보람을 느낀 적이 있다.

1990년대초 한국투자업체에서는 한국인과 필리핀 종업원 사이에 문화의 차이로 인한 갈등이 발생했고 한국에 일을 하러 간 필리핀 근로자에 대한 불미스러운 일이 발생하여 필리핀인의 한국인에 대한 감정이 좋지 않은 방향으로 흘러가기 시작하였다. 이에 필리핀인과 한국인 사이의 이해를 돕고 좋은 관계를 형성하기 위하여 1992년 처음으로 한-비 장기자랑대회(지금의 한-비 문화교류 축제)를 시작하였고 필리핀 정부 지도자로부터 많은 호응을 얻어 관계가 개선되었다.

2010년 한국정부로부터 국민훈장 모란장을 수훈하는 영광을 얻었는데, 이 훈장은 개인이 받은 것이라기보다는 필리핀 한인사회의 역할과 발전을 인정하고 격려하기 위한 것이고 한인회가 받은 훈장이라고 생각하며 필리핀 한인회를 자랑스럽게 생각한다. 필리핀 한인사회의 무궁한 발전을 기원한다.

봉사로 시작한 한인회 활동

박현모

제12대(1998-1999) 회장

필리핀 생활의 시작

1974년 2월에 연세대학교 신학과를 졸업하고, 필리핀으로 오기 전까지는 서울 생명의전화와 소년원에서 상담을 하는 등 주로 시민단체에서 활동했다. 필리핀으로 오기 전 한국에서는 노동운동과 농민운동에 관심이 많았다. 외국으로 나온 것은 필리핀이 처음인데, 연세대학교 상담소 소장으로 있던 반피득(Peter Vanlirop) 교수가 추천하여 1977년에 필리핀으로 유학을 오게 되었다. 한국기독교장로회 경남노회 전도사로서 자비량 선교사 자격으로 와서 조용히 필요한 역할을 하면서 목회 상담을 연구할 생각이었다.

당시 필리핀 상황은 경제적인 수치로는 한국이 높았지만, 실제 체감하는 발전 수준은 오히려 필리핀이 높았던 것 같다. 당시 필리핀에는 한국의 장충체육관의 두 배 규모의 아라네타 Araneta 콜로세움도 있었다. 또한, 피자집이나 생음악 밴드가 일반화되어 한국과는 다른 문화를 가지고 있었다. 당시 비록 마르코스 대통령 아래 계엄령 시기였지만, 실제 사회적 분위기는 자유로웠다.

필리핀에 와서 라살 대학교(De La Salle University Manila) 심리학과 대학원 석사 과정에 입학해서 석사논문으로 ADB, WHO, 지상사 등에 나와 있는 한국인의 결혼 상담(marriage counseling)에 관해 썼다. 하지만 학위를 따는 데는 크게 관심이 없었다. 하숙하고 있던 집 바로 앞에 알고 지내던 중국인이 하던 회사가 있었는데, 일본어를 할 줄 아는 사람이 필요하다고 해서 타이완 국적의 화교 여성 한 명을 데려왔다. 그녀와 1980년 6월에 결혼해서 필리핀에 정착했다. 한국으로 다시 귀국할 생각도 했었는데, 중국 여성과 결혼도 했고, 또한 당시 한인회와 대사관에서 이런저런 할 일이 있어서 필리핀에 머물게 되었다. 아내는 계속해서 회사에 다녔으며, 아내가 다니던 회사 사장이 차린 여행사인 Pioneer Tours에서 일을 시작했다.

1981년에 약간의 비용을 지불하고 영주권을 취득했다. 당시 1년에 한국인 50명에게만 영주권을 주는 제도가 있었는데, 나중엔 신청자들이 많아지고 배정된 수가 제한되자 가짜 영주권을 팔기도 했다. 영주권을 취득한 후 5년이 지나면 시민권을 신청할 수 있다. 하지만 한국 국적을 포기하고 필리핀 국적을 취득해야 하기 때문에 필리핀 국적을 취득하는 경우는 아주 드물다. 동남아에는 이민을 받아주는 국가가 없다. 필리핀도 마찬가지라서 한인 동포들은 대부분 장기체류자이다. 근래에 생긴 은퇴비자로 오는 것은 준 이민에 해당한다. 많은 경우 학생비자나 취업비자를 받아서 오는 경우가 많으며, 때에 따라서는 관광비자를 통해 들어와서 비자를 연장하며 장기 체류하는 경우도 많다. 그래서 필리핀에서는 한인이면서 필리핀 시민권자를 지칭하는 '교민회'라는 말을 쓰지 않고, 한국국적의 장기체류자를 의미하는 '한인회'라는 용어를 쓴다.

한인회 활동과 한비문화교류 활동

한인회 활동을 본격적으로 시작한 것은 1982년 제3대 회장인 엄익호 회장 때 학생회 총무를 하면서부터였다. 그 당시 한인회에서 2년 동안 거의 풀타임으로 봉사했다. 그때 여기저기 돌아다니면서 한인회 주소록도 만들었다. 그리고 1985년부터 필리핀 내 한국신문사 지국장을 했다. 한인회에서는 제

12대 회장(1998~1999)을 역임했다. 한인회장을 역임한 후, 후임 회장들이 내가 수집한 책이나 문화행사 등을 없앤다고 해서 한인회 옆에 70여 평의 방을 자비로 얻어 2000년에 한비문화교류센터를 만들어 2010년까지 10년 동안 운영했다. 센터에서는 여러 가지 활동을 했는데, 웅변대회, 말하기대회, 만화대회 등을 개최했다. 지금은 한국문화원이 생기면서 그곳에서 그러한 사업을 주도적으로 하고 있다.

필리핀에 살면서 주로 한인들을 대상으로 필리핀 사람과 연결해주는 일을 했다. 한국전에 참전했던 라모스 대통령이 2000년에 한양대학교에서 명예박사를 받도록 주선해준 적도 있다. 한국의 수많은 무용단을 초청하여 필리핀에서 공연할 수 있도록 했으며, 한·필 수교 50주년에 카터 대통령의 해비타트(habitat) 사업에 참여하여 한인들이 16채의 집을 지을 수 있게 했다. 북한 어린이 돕기 운동의 하나로 1만 달러를 모금해서 전달하기도 했고, 마리끼나시에 한국참전용사비를 건립하기도 했다. 이렇게 다양한 활동을 하면서 필리핀에서 인맥을 넓혔다.

필리핀에 살고 있지만, 한국의 정치적 변화에도 관심이 많다. 한국에 관한 뉴스는 주로 신문이나 TV 등을 통해 자주 접하고 있다. 체육회 활동을 해서 한국 농구에도 관심이 많다. 필리핀 사람들이 농구를 너무 좋아해 한국의 농구팀을 초청해서 연수나 대회를 주선하기도 하고, 필리핀 농구팀 10여 곳을 한국에 초청하기도 했다.

필리핀 이주 초창기에 한인과의 교류는 주로 주말에 한인연합교회에서 이루어졌다. 당시 함께 교류하던 다른 유학생들도 있었는데, 그중 K 씨는 졸업 후 한국에 돌아가 성심여대 교수가 되었다. 또한, 떡집을 운영하던 J 씨라는 거창 아줌마도 있었다. 당시 한인회 회장이었던 박윤화 씨는 한국 아줌마들에게 좋은 이미지를 심어주었다. 벌목사업을 해서 경제적으로 여유가 있었고, 한국에서 권투선수가 오면 돌봐주기도 하고 인심도 후했다. 당시 H 목사님의 소개로 박윤화 회장을 처음 만났다. 그는 1978년 12월에 박정희 대통령으로부터 훈장을 받고 돌아와 며칠 후인 12월 31일에 지프니를 타고 가다가 전복사고로 돌아가셨다.

필리핀 한인사회의 변화 과정

한국사회가 변함에 따라 필리핀 한인사회도 많이 변했다. 주로 소수의 대학원생으로만 이루어져 있던 유학생 사회가 1988년 이후부터는 학부생들도 많이 들어오기 시작했다. 남미로 이민 갔다가 필리핀으로 오는 한국인들도 있었는데, 무슨 사고를 치고 온 게 아닌가 하고 의심을 사기도 했다. 일부 한인들은 한국에 있는 회사에서 필리핀으로 파견 나왔다가 3~5년 근무하고 돌아갈 시기가 되면 퇴직하고 남아서 사업을 시작하는 경우가 많았다. 김춘배 한인노인회 회장님처럼 현장소장을 하면서 현지인들을 잘 사귀는 사람들은 성공적으로 사업할 수 있었다.

필리핀에 처음 왔을 때는 한국에 소식을 전하기 위해 주로 영어로 텔렉스(Telex)를 사용했는데, 좀 지나니 팩스(Fax)가 생겼다. 지금은 인터넷을 통해 이메일이나 카톡으로 통신한다. 매주 필리핀에 오는 항공 노선이 200개가 넘고, 지방에 직항도 많이 생겼다. 그러다 보니 마닐라의 비중이 점점 줄어들고 메트로 마닐라의 한인사회가 절반 정도로 줄어들었다고 한다. 유학생 수도 많이 줄고, 기러기엄마 수도 많이 줄어들면서 한인식당이나 여행사도 많이 줄어들었다.

초기에 이주해온 한인 부모들은 자녀들이 국제학교를 거쳐 미국으로 대학 진학을 해서 정착하기를 바랐다. 하지만 한국 경제가 발전하면서 요즘은 한국에 있는 대학에 진학하려는 경향이 생겨났다. 그리고 대부분의 한인은 자녀들이 필리핀 사람과 결혼하는 것에 대해 부정적으로 생각하는 것 같다. 자녀들이 한국인 배우자를 구했으면 하지만, 굳이 외국인을 찾는다면 백인, 일본인, 중국인을 선호한다. 필리핀에서 사업하는 한인들의 자녀가 미국에서 유학하고 돌아와서 아버지의 사업을 이어받는 경향도 나타나고 있다.

필리핀 한인 중에는 ADB, WHO, IRRI 등과 같은 국제기구에 파견 나와 있는 사람들이 있는데, 이 사람들은 한인사회에서 부유층에 속하는 사람들로 부유한 생활을 하고 있다. 가장 많은 한인이 나와 있는 곳은 ADB인데, 약 80명 정도 있다고 한다. 과거에는 서로 간에 모임을 만들어 교류도 했다고 하는데. 지금은 같은 ADB 내에서도 잘 어울리지 않는다고 한다. 마닐라에는 약 30개의 교회가 있는데, 종교를 중심으로 가장 지속적인 한인공동체가 형성되어 있다. 그리고 연고 모임이나 직종 모임 혹은 취미생활 등을 중심으로 여러 모임이 있다. 각종 동문회와 향우회가 있고, 상공인 모임이나 무역인협회, 그리고 체육회 등도 있다. 그리고 골프나 축구 혹은 테니스 등 각종 동호회 활동을 중심으로 한인들이 모인다.

필리핀 한인사회의 조직과 단체

필리핀 한인사회를 대표하는 조직으로는 초기에 한인회만 있었다. 부인회는 필리핀인과 결혼한 사람들이 주축이 되었고, 이후 한국인과 결혼한 사람들을 중심으로 또 다른 부인회가 만들어졌다. 이후 두 부인회를 하나로 합치면서 부인회 명칭을 한마음회로 바꾸었고, 필리핀인과 결혼한 사람들은 점차 참여가 줄어들게 되었던 것 같다.

필리핀에서 한인 단체로서 최초로 필리핀법인등기소 SEC에 등록한 곳은 유학생 출신의 A 씨가 퀘손에서 만든 한국 한인회였다. 이는 기존에 법인등기 없이 한인회를 운영하던 사람들에게는 충격이었으며, 이를 계기로 상공인회를 만들고자 한인 식당인 코리아가든 2층에 20명이 모여 발기인대회를 했다. 이것이 현재 한인상공회의소가 되었다. 또 다른 조직으로 요식업협회가 만들어져 활동하다가 이후 실업인회로 변경하였고, 다시 경제인연합회로 이름을 바꾸었다. 대부분의 한인사회 조직들은 참여율도 낮고 재정적으로도 취약한 편이다. 현 필리핀 한인총연합회는 필리핀 법인등기소에 이사 15명으로 등록되어 있으며, 각 조직/기관/지역 대표들 총 40명이 이사로 선임되어 있다. 주필리핀 대한민국대사관 대사가 직접 나서서 한인사회 조직이 안정적으로 활동할 수 있도록 노력해주었으면 좋겠다.

다른 사람들에 비해 필리핀의 여러 지역을 방문할 기회가 많았다. 신문사 지국장을 하다 보니, 한국의 각종 언론기관에서 필리핀에 와서 취재나 촬영을 할 때 내가 동행하곤 했다. 민다나오 무슬림 지역에서 반군 활동하는 지역에도 동행한 적이 있고, 한국 기업이 건설한 바탄의 핵발전소도 방문한 적이 있다. 필리핀의 지방은 마닐라보다 집이나 도로가 오히려 깨끗하다. 도시처럼 빈민가도 없고 인심도 후하다.

필리핀에서 로터리클럽 회원으로 활동하면서 1982년에 서대전 로터리클럽과 필리핀 말라본 로터리클럽의 자매결연을 주선하는 등 총 8차례 한국과 필리핀의 로터리클럽 간 자매결연을 주선한 바 있다. 필리핀에서 로터리클럽 회원이라면 이 사회에서 성공한 사람이다. 그런데도 책임감이 부족한 것이나 약속에 대한 개념이 부족한 것은 마찬가지라는 것을 느낀다. 필리핀에서 40년이 넘도록 생활해왔지만, 마음을 나눌 진정한 필리핀 친구를 만들지 못했다. 외국인을 대하는 태도, 특히 한국인에 대한 필리핀 사람들의 태도는 주로 무언가 이용할 가치를 먼저 생각하는 것 같다는 생각이 든다.

한국 화교 출신 아내 이야기

일부 필리핀 사람들은 한국인을 가난하게 살다가 갑자기 잘살게 된 졸부로 생각하는 것 같다. 미국인이나 일본인은 필리핀 사람을 무시하는 경우가 없는데, 한국인들은 그런 측면이 있다. 그렇지만 한국인들한테 잔정이 많다는 것을 아는 필리핀 사람도 있다. 한국 사람들은 화를 냈다가도 나중에 미안해서 더 잘해주는 경우가 있다. 이런 점을 이해하는 필리핀 사람들은 한국 사람과 잘 지내고, 그렇지 않으면 부정적으로만 생각한다.

내 아내의 부모님은 중국의 산둥반도 출신인데, 평양에 와서 살다가 한국 전쟁 때 남하했다. 아내는 한국에서 1951년에 태어나 20세까지 부산에서 살 았다. 학교는 부산 초량에 있는 화교학교를 나왔다. 그러다가 박정희 대통령 때 화교에 대한 차별정책이 시행되자 쫓기듯 타이완으로 가게 되었다. 그 당 시 많은 화교가 미국, 호주, 타이완으로 이주했다. 필리핀에 와서 나를 만나 결혼했을 때는 이미 타이완에서 살고 있을 때였다.

아내는 과거에 오사카에서 중국인이 하는 병원에서 일한 경험이 있어서 일본어를 잘한다. 중국인 사장이 필리핀에 있는 쇼핑센터 관리자로 데리고 오면서 나를 만나게 된 것이다. 아내는 만다린어, 한국어, 일본어, 필리핀어 등 여러 언어를 구사한다. 아내는 1980년에 나와 결혼한 후 한국 국적을 취 득했다. 하지만 타이완에 가족이 있고, 타이완 정부로부터 연금도 타고 있 다. 내가 한인회 활동을 하면서 아내도 한인부인회 활동을 했다. 2001년에는 부인회 회장에 출마하여 회장이 되기도 했다.

제16장
원로들에게 듣는다 [3]
2000년 이후 한인회 회장

1. 제14대 (2001-2002) 홍성천 회장
2. 제15대 (2004-2005) 장재중 회장
3. 제18대 (2009-2010) 박일경 회장
4. 제19대 (2011-2012) 이원주 회장
5. 제20대 (2013-2014) 이장일 회장
6. 제22대 (2017-2018) 강창익 회장
7. 제23대 (2019-2021) 변재흥 회장
8. 제24대 (2022-2023) 심재신 회장

필리핀에 대해
충분히 공부

홍성천

제14대(2001-2002) 회장

필리핀에 첫발을 내딛게 된 계기

1945년 서울특별시에서 태어나 1958년부터 취미로 태권도를 시작했고, 1966년 국가대표로 발탁되었다. 1972년 국기원 설립 이후 국제사범 교육을 이수했으며, 개인 태권도장을 운영하면서, 본업 인 이모부의 회사인 문유현 전기설계사무소(성균관대 전기공학과 졸업, 증권거래소 담당 설계사)에서 근무하던 중, 대한체육회의 추천을 받아 1976년 대사관 문화교류 차원에서 2개월간 필리핀 에서 태권도를 교육하기 위해 오게 되었다. 애초 2개월 예정이었던 방문이었지만, 제자들을 두고 떠나기가 어려워 6개월씩 체류를 연장하며 교육을 이어갔다. 2년 후인 1978년부터는 개인적으로 태권도 보급에 적극적으로 나섰고, 현재까지 필리핀에서 활동을 이어오고 있다.

필리핀 정착 초기의 인상적인 기억

1976년 필리핀에 도착했을 때, 한국에서는 아직 흑백 TV만 보급되었지만 이곳에서는 이미 컬러 TV가 보급되고 있었다. 당시만 해도 필리핀이 경제적으로 한국보다 앞서 있었다고 할 수 있다. 자동차 색상도 한국은 검은색이 대부분이었으나, 필리핀은 빨간색 등 다양한 색상의 차량이 많아 문화 차이를 크게 느꼈고, 적응에 시간이 필요했다.

당시 필리핀 사람들의 한국인 인식

전반적으로 우호적인 편이었다. 택시를 타면 기사들이 먼저 일본인이냐고 물었고, 내가 한국인이라고 하면 "신동파"라는 이름을 외쳤다. 그만큼 당시에는 한국 국가대표 농구선수 신동파 씨가 유명했으며, 덕분에 한국에 대한 이미지는 긍정적이었다. 당시 내가 가르친 사람들은 대부분 고위 층 인사였다. JP리잘 체육관에 도장을 열었는데, 당시 입회비가 300페소로 은행원 월급 800페소의 절반에 달해 상당히 비싼 편이었다. 국방부장관 등이 태권도를 배우고 주변에 소개하면서 자연스럽게 상류층 사회에 태권도가 자리 잡았다.

언어와 문화 차이 극복 방법

부딪히며 배울 수밖에 없었다. '브로큰 잉글리시'로라도 대화를 시도하며 현지인들과 접촉했고, 처음엔 몸짓으로 가르치다가 점차 대화를 섞었다. 시간이 지나면서 생활에 필요한 영어를 익히게 되었다. 1977년부터 라살대학교 체육과에서 태권도를 가르쳤으며, 국제 마스터 인스트럭터 자격을 활용해 학생들을 지도했다. 당시 박현모 회장이 라살대학교에서 석사 과정을 밟고 있었고, 낮에는 학교에서, 저녁에는 도장에서 제자들을 교육했다.

필리핀 이민을 꿈꾸는 한인들과 다음 세대들을 위한 조언

필리핀에서 오래 살 계획이라면 사전에 필리핀에 대해 충분히 공부해야 한다. 무엇보다 언어를 이해하고 극복하는 것이 중요하다. 영어보다 따갈로그어를 배우는 것이 현지 적응에 더 도움이 된다. 현지화에 힘써야 한다. 필리핀 친구를 사귀되, 가능하다면 상류층 인맥을 쌓는 것이 좋다. 태권도 보급도 고위층에서 시작했기에 현재처럼 발전할 수 있었다고 생각한다.

한인회에 바라는 점과 한인회장 시절 기억

과거 한국인에게 가장 큰 어려움은 언어였지만, 지금은 문화 차이가 더 크다고 본다. 한인회가 필리핀과 한국의 문화 차이를 소개하는 세미나를 자주 열고, 정착 방법·비즈니스 팁·사기 예방 등 실질적인 정보를 제공하길 바란다. 특히 따갈로그어 수업을 열어 다양한 계층과 소통할 수 있는 기반을 마련해야 한다.

2000년 제13대 이세채 회장 시절 부회장으로 활동했고, 2001~2002년 제14대 한인회장으로 재임했다. 이 기간 재향군인회와 경제인협회를 설립했으며, 한인회 이사회를 체계화해 산하 단체장들을 포함시켰다. 2001년 대한체육회를 설립해 2002년 정식 가입시켰고, SEC 정관을 개정했다. 당시 한인체육대회는 3,000명 이상이 참가하는 대규모행사로 발전했으며, 지역한인회 설립에도 힘썼다.

한국국제학교 설립 경위

토요 한글학교가 임대료 문제로 자리를 옮겨 다니자, 한국국제학교 설립 요구가 있었다. 당시 한국 정부는 영어권 지역에는 한국국제학교가 필요 없다는 입장이었으나, 역 이민 증가와 특례입학 가능성을 근거로 교육부와 협의해 50:50 재원 투자 조건을 이끌어냈다. 학교 부지 매입과 건물 건설을 추진했고, ADB 출신 인사들이 50만 달러를 모금해 종자돈을 마련했다. 이후 한전 50만 달러, 삼성 30만 달러, 한진 20만 달러, 대한항공 10만 달러 등 기업과 교민들의 기부로 총 400만 달러를 모금했고, 한국 정부로부터 동일 금액을 지원받았다.

부지 매입 과정에서는 필리핀 대사관의 추천으로 현재 위치를 확정했으며, 향후 증축을 고려한 설계로 발전 가능성을 남겨두었다.

필리핀 태권도 보급과 국위선양

1976년 필리핀 입국 후 본격적으로 태권도를 보급하며, 필리핀태권도협회 (Philippine Taekwondo Association)를 창립해 제도화에 힘썼다. 필리핀 육군사관학교 사범을 시작으로 학교 중심 태권도 교육을 확산했고, 1979년 제1회 필리핀 전국선수권대회를 개최했다. 현재 필리핀 전역에 20개 지부가 있으며, 연간 200개 이상의 대회가 개최되고 있다. 등록 수련인구는 약 20만 명, 지금까지 태권도를 배운 인구는 100만 명을 넘어섰다. 수많은 정관계 인사가 태권도를 배워 한국과 필리핀 간 우호적인 민간교류에 크게 기여했다.

K-Wave
세계화의 길

장재중
제15대(2003-2004) 회장

필리핀에 첫발을 내딛게 된 계기

필리핀에 첫 발을 내딛은 시기는 1976년도에 7월 ㈜대한선박 소속 화물선인 '수성호'의 2등 항해사로 벵겟(Benguet)주의 산페르난도(San Fernando) 시의 포로포인트(Poro Point) 항에서 중동으로 수출하는 시멘트를 선적하러 입항하였던 때였다. 당시 대한민국은 경제개발 5개년 계획으로 1인당 GNP가 약 200불이었는데, 필리핀은 우리의 두 배인 500불 정도로 잘 사는 나라였다. 당시 기억에 남는 것이 미화 1달러를 페소로 환전했더니 약 7.5페소를 받았는데, 당시 산미겔 맥주 1병 값이 1페소였으니 대략 계산이 될 것으로 본다.

당시 필리핀은 미국의 영향으로 공장들이 많았고, 시멘트 수출도 많이 했다. 그 이후로 1981년부터 매달 필리핀에서 합판 제제목을 유럽으로 수출하는 것을 선적하기 위해 ㈜삼미해운 소속으로 출장을 와 모든 주요 항구를 방문하게 되고, 1982년부터 2년간 당 회사의 싱가폴에서 동남아주재원으로 근무하면서 필리핀도 자주 출장 와 거래처들과 인연을 쌓아갔다.

이 시기는 마르코스 대통령이 장기 집권을 하고 있던 때였는데, 어디를 가도 대한민국보다 잘 살고 평화로웠다. 특히 그 당시에는 마닐라에는 빈민촌이 많이 안 보였다. 이멜다 여사가 지방을 잘 지원해줘 많은 국민들이 지방에서 편히 사는 것 같았다. 하지만 1986년 피플파워로 마르코스 장기집권이 무너지고 새 정부 '코리 아키노' 정부가 들어서면서 세원이 부족하여 지방의 지원이 끊기자 지방의 많은 사람들이 돈을 벌러 마닐라로 마닐라로 상경하여 빈민촌들이 여러 곳에서 만들어지기 시작하였다.

필리핀으로의 이주와 정착

나는 1984년 7월에 대한민국의 회사를 사직하고 마닐라 소재의 프랑스 회사인 SEAWOOD SHIPPING 의 GM으로 스카웃되어 완전 이주자의 삶이 시작되었다. 당시 대한민국 일반국민들에게 여권이 안 주어졌던 시대였기에 해외에 나올 수 있는 사람은 극소수였다. 추정컨데 1984년에 필리핀 전역에 한국인이 약 500명 정도였을 것으로, 길 가다 한국인을 만나면 너무 반가워 술 한잔 하자고 했던 때였다. 국제기구, 상사주재원, 유학생, 미군과 결혼하여 오신 분, 개인 사업자 등이 교민 사회의 대부분이었다. 1988년 서울 올림픽 이후에 대한민국 정부가 일반여권을 발급하고 자유롭게 해외여행이 시작되어 필리핀에도 한인들이 자리잡기 시작하였다.

1986년 2월 26일 마르코스 대통령이 미국으로 도피하기 전까지는 1983년 니노이 아키노 전 상원의원이 국민의 염원으로 마침내 대통령 허가 하에 미국서 NAIA 공항에 도착하자마자 피살되자, 전국적인 반마르코스 데모가 계속되고 마침내 피플파워로 대통령이 도피하게 되고, 미망인 코리 아키노가 대통령에 취임하게 되었다. 이 혼란 기간 동안에 대부분의 미국회사 그리고 유럽회사들이 필리핀을 떠났다. 결국 내가 머물던 프랑스 회사도 떠나며 나와 함께 가자고 했지만, 나는 남아 내 회사 Uni-Ship을 설립하였다.

내가 남게 된 이유는 미국과 유럽을 많이 다녀 보면서 '동양인에 대한 인종차별'을 알게 되었기에 아시아에 남기로 결정한 것이다. 이 당시만 하여도 필리핀 노년층은 한국인에 대한 부정적인 인상을 가지고 있었다. 2차대전 시 일본이 필리핀을 점령시에 일본군은 징병된 한국병사들을 형무소 간

수 등 후방에 많이 배치하여, 필리핀 사람들을 괴롭혔던 매우 안 좋은 인상이 남아 있었던 것이다.

필리핀 한인동포 사회가 빠르게 성장하면서, 한인들은 여러 단체를 운영하기 시작하였다. 자연스런 큰 공동체 모임은 교회로 시작하였고, 필리핀한인회를 주축으로 각 분야별로 시작하였다. 나는 필리핀한인회에서 간사로 봉사를 시작하여 필리핀한인회 15대 한인회장직과 이사장직을 마치기까지 총 26년 동안 필리핀한인총연합회를 섬겼다. 물론 그 전에 한인교포무역인협회(OKTA) 회장을 거쳐, 필리핀한인상공회의소(KCCP) 창립멤버로 4대 8대 회장을 수행했다. 이러한 관계로 필리핀한국국제학교(KISP) 설립 멤버로 홍성천 14대 회장님과 함께 부이사장으로 학교를 세웠고, 2대 이사장을 역임하게 되었다.

필리핀에 계속 체류하게 된 이유

많은 분들이 어떻게 필리핀이란 나라에 40년 이상을 살아왔냐고 자주 물어온다. 여러 좋은 점들이 있지만, 나는 '사람 냄새가 나는 나라'라고 대답한다. 친절하고 다정하고 예의 있는 필리핀 사람들에게서 인간미를 듬뿍 느낀다. 현대사회 가장 큰 문제인 '외로움'을 피해 갈 수 있는 나라다. 하지만 반대로 필리핀인들을 싫어하는 분들도 많은데 깊이 들어가 보면 우리 한인들이 필리핀 사람들과 사는 법을 잘 모르고 수직관계에서 강압적으로 부리려는 자세가 인간관계를 해치고 있다고 본다.

우리 민족의 약점은 한번도 다른 민족을 다스려 본 경험이 없어서 모든 사고와 비교 그리고 행동이 '한국과 한국인'이 기준이 되었기에 이러한 어려움들을 직면하게 된다. 필리핀 사람들을 한국인 같이 바꿔 보려고 노력하는 분들이 많지만 결국 실패한다. 하지만 내가 필리핀 사람 같이 바뀌면 모든 것이 이해된다는 것을 잘 깨닫지 못한다. 본인은 바뀌지 않으면서 어려운 현실에 대해 푸념하니 많은 사고들이 발생하기도 하는데, 들어가 보면 우리 한국인이 사고의 원인을 제공한 것이 많다.

15대 필리핀한인회장으로 선출되었을 때, 한인회를 이끄는 방법으로 우리끼리 모여 운동회 총회 봉사 등도 좋지만 한인회는 '필리핀으로부터 한인동포를 보호하고 돕는 일을 하는 단체'라고 규정지었다. 한인 각 개인이 필리핀 정부로부터 보호받기가 어렵기에 이것을 한인회가 해야 된다고 생각했고 지금도 마찬가지이다. 우리끼리 모여 하는 행사들은 많은 직능단체에서 할 수 있다.

2013년 나의 첫 한인회 사업은 '마닐라베이 쓰레기 청소'였다. 약 2천 명의 한인들과 마닐라시 코스트가드가 한몸이 되어 해안에 밀려와 쌓인 덤프트럭 50대분의 쓰레기를 함께 제거했다. 필리핀으로부터 좋은 반응을 받았고 최대 일간지 마닐라불레틴(Manila Bulletin) 1면에 전면으로 기사가 실리기도 했다. 또한 한인동포사회의 혁신운동으로 '좋은 이웃인 한국인'이란 표어로 수만 장의 노란색 스티커를 제작하여 모든 공공장소와 술집 식당 공공화장실에 부착하여, 우리가 좋은 모습을 보여주자는 운동을 전개하였다. 그동안 한인회사무실을 임차하여 전전하던 것을 한인회 사무실구입운동을 벌여 우리 소유의 사무실을 마카티에 마련하였고 지금까지 사용하고 있다. 또한 당시 많이 사회문제로 거론되기 시작하였던 코피노 아이들을 돕는 운동을 한인회에서 시작하였고, 임기 후에 코피노어린이재단(KOPINO CHILDREN'S ASSOCIATION INC.)을 설립하여 당시 사회국장을 담당했던 손범식 씨가 현재까지 원장으로 운영하고 있다.

개인적으론 필리핀에서 많은 '소외된 이웃'을 만나게 되면서, 특히 1994년에 필리핀 한센인(나환자)을 만나게 되고 그게 시초가 되어 '소록유니재단' 필리핀 NGO를 설립하여 '소외된 이웃이 없는 필리핀 만들기' 목적으로 한센인, 노숙자, 소수종족, 성피해자, 장애인들을 지금까지 섬기게 되었다. 매년 약 4천 명의 소외된 필리핀 이웃 사람들이 전국적으로 혜택을 누리고 있다. 재단 유니폼 가슴엔 한국국기와 필리핀국기 표시를 하고 봉사한다.

필리핀 한인총연합회에 바란다

필리핀 한인총연합회가 벌써 25대 회장을 배출하였고, 필리핀 한인 100년사 책자도 발간된다. 그래서 우리 필리핀 한인총연합회가 앞으로 어떻게 나아가면 좋을지 나의 생각을 몇 가지 적어 본다.

첫째, 필리핀 한인총연합회는 필리핀의 모든 한인과 단체의 구심점으로 잘 운영되어야 한다. 모든 조직이 한인회와 연결되어 필리핀 전체가 함께 움직여야 한다.

둘째, 필리핀 정부로 부터 한인개인과 사업체의 권리와 안전에 우선하여야 한다. 이 일은 필리핀한국상공회의소(KCCP)와 긴밀하게 협력하여 이루어져야 한다. 필리핀 정부는 외국인투자의 중심인 외국 상공회의소를 인정하지만, 교민들 모임은 잘 인정하지 않고 있다. 필리핀에 거주하는 다른 나라 사람들은 교민회가 없고 상공회의소가 대변인 역할을 하고 있기 때문이다.

셋째, 한국대사관과 각별하게 협력하여 동포들의 어려움과 권익을 보호하여야 한다고 생각한다.

2025년 대한민국이 여러 가지로 어려운 시기이다. 우리가 다시 한번 앞으로 나아갈 길은 이제 '세계화(Globalization)'밖에 없다고 생각한다. 더 이상 국내기업이란 말이 필요없고, 우리의 젊은이들이 세계로 나아가야 한다. K-Wave로 세계가 대한민국을 다 아는 이때 그 파도를 타고 우리가 세계로 나아가 조국 대한민국을 부강하게 세계의 일류국가로 나아가야 하는 것이 애국하는 길이라고 생각한다. 대한민국이여 영원하라!

제8부

필리핀에서의 생활은 '행운아'

박일경

제18대(2009-2010) 회장

필리핀에 첫발을 내딛게 된 계기

1978년 서울대학교 문리과대학을 졸업하고 한국 대한무역진흥공사를 거쳐 두산실업에 입사했다. 1984년 두산실업 마닐라 지사장으로 부임하면서 필리핀에 첫발을 디뎠고, 2년 후 SY Industrial Corporation 무역회사를 설립해 현재까지 운영하고 있다.

41년간 필리핀에 거주하는 동안 꽤나 다양한 단체의 장을 역임하였다. 한인무역인협의회와 상공회의소 회장 재임시는 OKTA 장학회와 KCCP 장학회를 만들어 현재까지 약 650여 명의 필리핀 학생들에게 장학금을 수여하고 있다. 그리고 민주평통 동남아협의회장과 한인총연합회장을 역임하면서 다양한 분야에서 한인 동포 분들을 위해 봉사하며 살아왔다. 2008년에는 한국기독실업인(CBMC) 마닐라지회를 창립하여 회장으로 섬기고 있고, 2024년부터는 한국기독실업인회 아시아연합회 총회장을 역임하고 있다.

한인회장 역임시 특별한 기억

2009년 한인총연합회 회장 재임시 당시 유명환 외교통상부 장관께 탄원서를 제출하고 외교통상부를 직접 방문하면서 지속적으로 노력한 끝에 필리핀 경찰청 내에 세계 최초로 코리안데스크(KOREAN DESK)를 신설하여 현재까지 운영되고 있으며, 교민 안전에 일익을 담당하고 있다.

마닐라 동포 사랑쉼터를 운영하게 된 경위

2016년에 한인동포 노숙자들을 구호하기 위해 〈마닐라 동포사랑쉼터〉를 창설하였고, 현재까지 〈마닐라 새생명교회〉 선교 구제사역의 일환으로 〈마닐라 동포사랑쉼터〉를 통하여 필리핀 내 동포 노숙인들을 구호하여 대사관을 통하여 불법체류 벌과금을 면제해주는 서류 절차 기간 3~4개월 동안 말라테 소재 쉼터에서 숙식을 제공해드리다가 출국서류 완료 후 한국으로 보내드리는 일을 계속하고 있으며, 2025년 8월 현재까지 지난 9년간 한국으로 귀환한 동포 노숙인들은 246명에 달한다. 이 동포사랑쉼터의 구호사역은 해외한인 동포 노숙자가 존재하는 한 앞으로도 계속 진행될 것이다.

이와 관련해서는 2018년 7월 15일자 월드코리아 뉴스, 2022년 5월 29일 연합뉴스, 2025년 4월 21일 아리랑 TV에 〈마닐라 동포사랑쉼터〉의 봉사활동상이 자세히 방영된 바 있다 .

필리핀에 살고 있는 다음 세대들을 위한 당부

우리 한인들이 제2의 조국으로 살아가고 있는 필리핀은 2025년 현재 국민소득(GDP)이 US $4,000 수준이고 국가 전체소득에서 인프라 스트럭쳐에 투자하는 비율이 5.5%에 달하는데, 이 4천불의 GDP와 5.5%의 인프라 투자비율은 1987년의 대한민국과 똑같은 수치이다. 1987년의 대한민국의 국민소득이 US $4,000 정도밖에 안되었다는 것이 잘 믿어지지 않지만, 1987년부터 2025년까지의 한국의 변화를 생각해보면, 최근 바타안-카비테 해상교량 공사계획(6조 8천억원 규모), 파나이~네그로스섬 연결공사(6조 5천억원 규모), 클락~칼람바 고속철도 연결공사 등 대규모 인프라 공사들이 움직이는 필리핀을 보면 생동감이 넘친다. 그러므로 지금 이곳 필리핀에서 살고 있거나 사업을 계획하고 있는 젊은 한인들은 '행운아'라는 생각을 하며 현실을 믿고 필리핀에서의 삶과 사업을 적극적으로 모색해 보기를 권면한다.

그리고 타인의 평가에서 자유로워지기를 바란다. 사업을 운영한다면, 그 사업의 규모나 수치가 혹시라도 남에게 보여주기 위한 것이어서는 안된다. 비즈니스에서는 돈을 버는 것, 즉 경제적 수치와 내실이 더 중요하며, 남에게 보여주기 위한 사업과 수치는 위험하기도 하고 아무 의미도 없다. 늘 내 인생 최고의 프로젝트는 다음 프로젝트이고, 내 인생 최고의 전성기는 다음 해라는 생각을 가지고, 삶을 따라가는 것이 아니라 삶을 끌고 가는 마음으로, 하루하루를 꾹꾹 눌러서 매시간 알차게 채우며 살아가는 젊은 한인들이 되기를 소원한다.

한국인과 필리핀인이 이웃으로

이원주

제19대(2011~2012) 회장

필리핀에 첫발을 내딛게 된 계기

전 직장인 조광무역에 근무 중 1977년 조광무역과 필리핀회사가 합자회사를 설립하여 운영하던 중 1979년 12월에 필리핀 합자회사 파견근무 발령을 받아 설렘과 도전의 꿈을 안고 1980년 2월 3일에 필리핀행 비행기에 오른 게 나의 해외 첫 나들이로 필리핀 여정이 시작되었다. 비행에서 만난 필리핀 가요계의 아이콘 프레디 아길라(Freddie Aguilar) 씨가 제1회 서울 국제가요제에서 Anak(아낙)이란 노래로 최우수상을 받고 귀국하는 비행기에 동행하는 영광도 함께했다. 영하 3도에서 출발한 서울 날씨와는 달리 4시간 후에 도착한 마닐라는 33도의 후끈한 열기가 나를 맞이했다.

필리핀 정착 초기의 인상적인 기억이나 경험

나의 근무지는 마닐라만 서쪽에 위치한 BATAAN PEZA 필리핀 제1자유무역수출공단 지역이었다. 하루의 시작은 매일아침 야구선수 출신인 공장장님의 구령에 맞춰 국민체조와 4Km의 조깅으로 체력을 단련하며 공단 내 소수 한국인의 이미지를 알렸다. 1980년 어느 날 서석준 상공부 장관이 공단을 방문했는데, 이때 일주일 동안 손 태극기를 만들어 직원들과 함께 헬기 도착 시간에 맞춰 태극기를 흔들며 환영했다. 서장관은 하늘에서 본 태극기 물결에 감동하여 이런 시골에 이 많은 태극기를 누가 만들었냐며 흐뭇해했다. 뿐만 아니라 다른 일정까지 조정하며 공단에 근무중인 한국인들을 호텔로 초청해 점심을 초대하여 이런 외진 곳에서 고생한다며 격려했던 기억이 아직도 생생하다.

한인에 대한 필리핀인들의 인식

80년대 초만 하더라도 한인들이 그렇게 많지 않았다. 마닐라엔 ADB같은 국제기구에 근무하는 분들과 지상사 직원들 그리고 남광토건 같은 도로건설 관계자들이 대부분이고 일반 개인사업자는 그렇게 많지 않은 시절이었다. 그 당시 밖에서 필리핀인을 만나면, "Are You Japanese, Chinese?"로 물어오고, 아니라고 하며 "Korean."이라고 하면 "Korean?"이라며 반문하던 때로 한국인에 대한 인식이 거의 없었던 시절이었다.

어쩌다 한국을 아는 여러 사람들의 애기를 들어보면 대부분 한국과 한국인에 대한 안 좋은 기억들을 얘기하곤 했다. 나이가 많은 할아버지들은 2차 대전 말 일본군이 필리핀을 침략했을 당시 징용으로 징집된 한국군인을 앞세워 대창으로 잔인하게 필리핀인을 살해한 것을 보고 한국인을 인식하고 있다. 짧은 영어로 우리도 식민지 국가로 일본군의 앞잡이가 될 수밖에 없었던 상황을 설명하기가 쉽지 않아 난감했던 기억이 있다.

이 문제는 내가 한인회장인 2011년 〈한·필 역사포럼〉에서도 UP 교수가 위와 같은 내용으로 한국인의 비인도적인 잔인함에 대한 내용을 공개했을 때 한국의 역사학 교수가 그 당시 한국이 일본의 식민지배 하에 주권이 없어 어쩔 수 없었던 상황을 설명해도 이해를 못해 한인회 부회장이 추가로 필리핀의 스페인 식민 역사를 상기시켜 이 문제가 일단락된 기억이 있다.

그리고 또 하나는, 한국전쟁 때 필리핀이 한국에 군대를 파병하여 도와준 우월감과 한국전쟁 이후 세계에서 최빈국의 이미지로 한국인을 내려다보는 경우가 많았다. 이런 이미지는 우리나라의 눈부신 경제발전과 '86 서울아시 안게임, '88 서울올림픽을 성공적으로 치른 한국의 저력을 보여준 이후부터 한국을 무시하던 필리핀인들이 한국과 한국인을 바라보는 시선이 달라지는 계기가 되었다.

필리핀 생활의 어려움 극복

처음 필리핀에 와서 두 가지 문제가 언어소통과 문화차이 극복이었다. 언어 소통에서 더 큰 문제는 한국인의 짧은 영어 회화력으로 한국인의 근성인 "빨리빨리" 문화와 현지인의 책임지지 않으려는 느긋함의 문화 차이에서 오는 많은 오해와 갈등을 극복하는 일이었다.

한국관리자들이 현지관리자에서 뭘 물어보면, 대부분의 현지인들은 잘 몰라도 모른다고 말하지 않고 아는 것처럼 대답한다. 그러고 나서 나중에 책임질 일이 생기면 본인 책임이 아닌 것처럼 다른 사람에게 책임을 떠넘기는 경우가 많아 이런 과정에서 한국인들은 큰 소리로 화를 내며 책임을 추궁한다. 큰소리로 화를 내다 보니 현지인의 잘못이나 책임은 없어지고 오히려 다른 사람 보는 앞에서 자기를 망신주어 인격을 모독했다고 노동청에 고발하기도 한다.

특히 젊은 여성에게 친근한 표현으로 했던 말들이 성희롱에 해당된다고 노동청에 고발해 노동담당관에게 불려가 필리핀 문화를 잘 몰라서 그랬다며 사과하고 각서를 쓴 경험도 몇 번 있었다. 이런 일들을 겪으며 한국과 필리핀의 문화적인 차이점을 이해하고, 상식적으로 하지 말아야 할 내용들을 목록으로 만들어 숙지하며 언행을 조심해 필리핀 문화에 조금씩 익숙해지는 계기가 되었다.

필리핀에 계속 체류하게 된 동기

1983년 두 번째로 미국 회사에 취업하면서부터 필리핀에서 작은 사업체를 만들어 운영하는 게 나의 꿈이고 목표였다. 미국 회사를 다니며 경험을 쌓고 인맥과 회사설립 자금을 만들어 1987년 10월 KAYLEE Fashion을 설립하여 하청으로 운영하다 1991년부터 소규모 위착수출을 시작하여 1995년부터 직수출로 회사가 안정되어 왔으나 코로나19로 인해 의류 제조업이 엄청난 타격을 입고 현재까지 어려운 제조환경에서도 자체 현지 브랜드를 만들어 회생의 꿈을 위해 새로운 도전에 임하고 있다.

필리핀 이주를 꿈꾸는 한인들에 대한 조언

해외이주는 언어와 문화가 다른 나라에 제2의 새로운 삶의 생활터전을 마련하는 것이다. 그러려면 이주의 목적이 분명해야 한다. 도전정신뿐만 아니라 필리핀에 정착하기 위해 내가 어떤 장점들을 가지고 있는지, 어떤 결심을 하고 있는지도 굉장히 중요하다. 먼저 언어와 필리핀 문화를 먼저 습득하고 내가 갖고 있는 재능을 겸손한 마음으로 내어 놓아야 한다. 한국인들만의 고립된 생활이 아니라 필리핀인의 생활 속으로 들어가 함께 이웃이 되어 생활할 마음의 준비가 되어 있으면 적응하는 데 많은 도움이 되리라 생각한다.

필리핀에 살고 있는 다음 세대들을 위한 당부

영어뿐만 아니라 필리핀어를 능숙하게 배우고 문화도 익혀야 한다. 한국인들의 만남이나 모임만을 고집하지 말고 현지인들의 사업가나 상류층 사람들과 사귀고, 좋은 인맥을 쌓아 가족들과도 자주 어울리는 것이 좋다. 그렇게 친목을 쌓고 현지화하여 필리핀 속 한국인으로 자신을 성장시켜 나가는 것이 매우 중요하다.

한인회에 바라는 점

한·필 문화축제처럼 필리핀 단체나 필리핀인들과 함께하는 거리나 공원 가꾸기 같은 프로그램을 개발하여 일회성이 아닌 한국인과 필리핀인들과 이웃으로 더불어 살아가는 관계를 만들어가는데 일조하면 좋겠다.

한인회장을 역임시 특별한 기억

지역한인회와 지회를 정비하여 지회가 필리핀한인총연합회의 조직 구성의 일원으로 뭉쳐서 활동하기 위해 일부 본부 지원금을 받아 서로 상부상조하는 기틀을 마련했다. 그동안 소원했던 지회와의 관계를 서로 협력하는 관계로 이어놓아 19대 회장 퇴임 때는 지역한인회장들이 총회장에게 감사패를 전달하는 진풍경이 벌어지기도 했다.

또한 노인회를 한인총연합회 직속 산하 단체로 정관을 개정했다. 아울러 지금까지의 한인회 후원금을 한인업체나 개인을 관례를 넘어 필리핀 기업 SMART, PEPSI-COLA, BDO, LANDBANK 등 필리핀 기업들에게 한국 커뮤니티를 알리고 후원금을 받는 기틀을 마련했다

JTS 민다나오 학교 건립과 활동 내용

1993년 법륜스님이 인도 콜카타 지역에서 빈곤퇴치, 문맹퇴치 질병퇴치 이념으로 시작한 의료 및 구호활동 〈Join Together Society(JTS)〉가 1996년에는 한국에도 설립되고, 2002년에는 필리핀에도 설립되었다.

2002년 법륜스님이 막사이사이상 평화와 이해 부문 수상자로 선정되었을 때 심사와 안내를 담당했던 Archbishop-Emeritus Antonio J. Ledesma 당시 주교님께서 법륜스님의 남북 평화활동에 기여한 경험들이 민다나오 종교분쟁 해결에 도움이 되었으면 좋겠다는 요청으로 2003년 4월에 처음으로 민다나오를 방문하게 되었다. 이를 시작으로 2003년 〈JTS Philippines〉이 설립

되어 민다나오 지역의 평화와 문맹퇴치를 위한 학교건축과 마을개발 활동이 시작되었다.

2024년까지 6개 주(Province), 25개 군단위 지역(Municipality) 유치원 9곳, 초등학교 49지역, 고등학교 2곳, 전통학교 2곳, 10개의 장애학교를 포함해 총 73지역에 크고 작은 학교를 세우고 마을 개발과 상수도 설치 등을 지원했으며, 개인적으로는 2003년 초창기부터 2023년까지 20년간 〈Philippines JTS〉 대표를 맡아 자원활동가로 활동했다.

현지생활 적응에 도움주는 한인회

이장일

제20대(2013-2014) 회장

필리핀에 첫발을 내딛게 된 계기

대학교 선배님이신 장재중 회장님의 권유로 1996년도 8월에 필리핀 선원 송출 사업을 위해 필리핀에 첫 발을 내딛게 되었고, 이에 대한 큰 포부를 안고 필리핀에 정착하기로 결심하게 되었다.

필리핀 정착 초기의 인상적인 기억

정착 초기에 중학교 1학년과 초등학교 5학년인 자녀가 둘이 있어 ISM(미국 국제학교)에 입학하게 되었는데 부모로서 타지에 가족을 데리고 온다는 것이 쉽지 않았으나 자녀들이 생각 외로 적응을 잘해주어 필리핀을 더욱 잘 이해하게 되고 정이 들게 되었다.

한인에 대한 필리핀인들의 인식

1996년도의 필리핀은 한국에 대한 인식이 부족하였으나 시간이 지날수록 한국이 성장하고 우수하다는 것을 알게 되어 어느 순간 그 뿌듯함을 느낄 수 있었다.

필리핀 생활의 어려움 극복

예상하였던 것보다 언어와 문화에 대한 어려움은 적었으며, 자녀들 또한 필리핀에 적응을 잘하여 큰 어려움은 없었으나 초창기 사업의 어려움으로 인하여 체중이 약 10kg 정도 빠졌었으며, 부단히 노력한 끝에 안착할 수 있었다.

필리핀에 계속 체류하게 된 계기

필리핀 현지에서의 자녀들에 대한 교육 문제와 필리핀 선원송출 사업으로 인하여 필리핀에 계속 머물게 되면서 자연스레 정착하게 되었다.

필리핀 이민을 꿈꾸는 한인들에 대한 조언

특별한 조언이라기보다 필리핀에 정착하여 오래 삶을 이어가고 계시는 분들의 생생한 경험담을 직접 들어보는 것이 가장 생생한 조언이 될 것으로 생각한다.

필리핀에 살고 있는 한인 다음 세대를 위한 당부

한국과는 다소 다를 수 있는 필리핀의 문화와 생활습관을 이해하고, 필리핀 문화에도 좋은 점들이 많으니 그런 우수한 부분들은 우리가 본받아 배우는 것이 좋겠다.

한인회에 바라는 점

필리핀에 계시는 동안 필리핀을 충분히 이해하고 서로 존중해주면 안전하게 생활할 수 있으리라 생각한다. 교민들의 현지생활 적응 어려움 등에 대해 한인회에서 적극적으로 임해준다면 교민사회 발전에 아주 큰 힘이 될 것이라 생각한다.

한인회장 역임시 특별한 기억

2013-2014년도 안전사고가 빈번하여 최초로 안전기금 약 2백만 페소를 조성하였으며, 2014년도 민다나오 지역의 호우로 인한 수해가 있었을 당시 한인회 명의로 약 150만 페소를 후원한 기억이 있다.

필리핀을
제2의 고향으로 생각

강창익

제22대 한인총연합회장(2017-2018)

1981년 7월 필리핀 원목 수출회사인 KARAMFIL 사에 스카우트되어 마닐라에서 3일간 OJT 교육을 받고 민다나오 부뚜안(Butuan)시로 파견되어 원목 구매와 한국 수출 업무를 시작하였고, 그후 다바오시로 옮겨서 벌목 회사인 산판 회사와 합작으로 제재목 공장을 인수하여 운영했다. 그 당시 필리핀 사람들에게 한국은 후진국이었으며, 자신들이 도왔던 불쌍한 나라라고 생각했던 것 같다. 1980년 후반부터 한국은 개발도상국으로 격상되어 서서히 필리핀 사람들에게 경계 대상이며 칭찬을 듣는 나라가 되었으며, 한국 제품들을 수입하여 필리핀에 판매하는 한인 무역회사들이 많이 생기기 시작했다.

2003년 세부시로 사업장을 옮겨 골프장과 리조트를 인수하여 운영하였으며, 필리핀 학생들에게 장학금을 정기적으로 지급하는 일을 했다. 한국 위상은 점차 선진국 반열로 진입 중이었다. 시간이 흘러 2023년 코로나19 팬데믹 기간 동안 운영 중단과 관리 부재로 망가진 세부 골프장과 리조트 사업을 정리하고, 현재는 2001년부터 진행해온 가축사료 원료 수출 사업에 집중하며 지내고 있다.

한국은 K-pop, K-drama, K-food 등 모든 면에서 세계 10대 강국이 되어 필리핀 사람들로부터 존경을 받는 나라가 되었다. 1992년 처음으로 필리핀 한인회 이사로 선출되어 교민 봉사를 시작하였으며, 1997년에는 부회장을 역임하였다. 그리고 2000년 후반부터 민주평화통일 자문위원으로 활동하였고, 필리핀 한인무역협회(OKTA) 회장을 거쳐 2017-18년 2년간 필리핀 한인총연합회 회장으로 봉사하였다.

필리핀에 44년간을 살아오면서 지금 가장 후회스러운 일은 필리핀 타갈로그어를 열심히 배우지 않고 영어만 고집했던 것이다. 필리핀에서 사업을 하고자 하는 차세대들은 필리핀을 제 2의 고향으로 생각하고, 타갈로그어를 잘 사용할 수 있도록 꼭 공부하기를 바란다.

한인회관 건립 통한
자생력 확보

변재흥

제23대 한인총연합회장(2019-2021년)

필리핀에 첫발을 내딛게 된 계기

대학을 졸업하고 한국 최대의 물류회사인 대한통운주식회사에 입사하여 경리, 기획, 총무, 해외사업, 국제영업, 러시아, 중앙아시아, 사우디아라비아, 리비아 대수로공사 현장 등 다양한 분야에서 근무경력을 쌓으면서 해외요원으로 선발돼, 미국상사로 가기 전 첫 발령지로 1997년 10월 필리핀 마닐라 법인장으로 발령을 받고, 7천6백여 개의 섬으로 구성되어 있는 물류시스템이 열악한 이곳 필리핀에 한국의 선진 물류시스템과 운송장비들을 가져와 필리핀에 대한통운을 설립하라는 본사의 지상 명령을 받고 중,장기 계획을 수립하여 근무를 시작하게 되었다.

그러나 부임하자마자 태국에서부터 불어닥친 IMF 여파가 전 아시아를 강타하여 필리핀의 환율과 물가가 치솟으면서 법인 운영이 어려웠으며, 당시 한국 재계 10위 본사 동아그룹이 워크아웃되면서, 2000년 3월 필리핀 현지 법인을 인수 운영하던 중 사업상의 여러가지 우여곡절의 삶을 겪는 과정에서 후안 폰세 엔릴레(Juan Ponce Erile) 상원의장과의 인연으로 2003년 12월 대통령 특별명령 EO156호로 중단된 한국 중고차 수입을 수빅항과 북쪽 카가얀 아파리 항구로 한국 중고차 수입을 성사시켜 당시 필리핀 전국에 120여개의 한국인 중고차 판매업체들과 함께 힘들었던 사업기반을 구축하게 되었다. 이로써 미국으로 이민가려던 꿈을 접고 필리핀에서 회사를 운영하면서 정착하게 되었고, 유년기에 함께 온 아이들은 마닐라에서 공부하여 미국으로 유학시켜 미국 뉴욕주 변호사와 의사로 성장하였고, 한국 공무원 재직 중 조기퇴직한 아내의 정성스런 내조에 힘입어 현재까지 28년간 필리핀에서 회사를 운영하면서 만족한 삶을 영위하고 있다.

필리핀 정착 초기의 인상적인 기억

필리핀에 파견되기 전에 마닐라를 방문하여 3개월 동안 사전 시장조사를 하고, 필리핀 진출 중, 장기 세부 사업계획을 세우고 진출을 했지만, 시장조사 때 보지 못했고 생각지 못했던, 필리핀 직원들 간의 의사소통 문제와 관급공사를 수행하면서 상식을 초월한 공사 기성 수령의 지연 등으로 인한 회사 자금운영 문제, 특히 아침 시작 회의에서 잔뜩 지시한 과업들이 오후 퇴근 시간에는 아무것도 성사된 것이 없을 때의 허탈감 등으로 많은 좌절을 경험한 것들이 한두 번이 아니었다. 아침 회의 때 필리핀 직원들은 어떤 업무지시에도 "Yes Sir! No Problem. I Will do my best!"라고 대답한다. 차라리 회의 때 "아, 그것은 이러이러하기 때문에 안됩니다."라고 하면 또 다른 방법을 찾아보지 않았겠는가. 필리핀 사람들의 성격은 오랜 식민지 생활을 했던 국민성의 영향인지 절대 상사 앞에서는 "No"라는 부정적인 말을 하지 못한다는 걸 6개월이 지나서야 인지했던 경험이 있다.

필리핀 생활의 어려움 극복

주재원으로 파견되어 3-4년 후 본국이나 제3의 나라로 떠나야 하는 지상사 주재원들의 운명이지만, 나는 IMF 사태로 인해 미리 예상하지 못했던 현지 법인을 인수하라는 본사의 권유를 받아들이면서, 제2의 인생을 운명적으로 필리핀에서 살게 되었다. 언어 문제는 본사에 근무하면서 국제업무를 담당하였고, 해외 출장, 근무를 하면서 익힌 언어 덕분에 대체적으로 필리핀에 살면서 크게 어려움을 느끼지 못하고 지금까지 살아왔다. 그러나 영어로 소통이 되다 보니 따갈로그어 배우는 것을 등한시하여 28년이 지난 지금도 따갈로그로어 소통을 못한다는 것이 많이 아쉽다. 필리핀은 스페인과 중국 문화가 가미되어 집안 어른을 공경하고 가정을 중시하는 문화는 우리와 별 다를 게 없이 잘 융화하면서 살아왔다.

한인회장 역임시 특별한 기억

2019년-2021년 3년간 한인총연합회장을 역임했는데 부임 첫해 6월 2일 한-필 외교 수립 70주년을 맞이하여 아침 6시 양국 국민 약 7천여 명이 마닐라 퀴리노 그랜드스탠드 스타디움(Quirino Grandstand Stadium) 광장에 모여 양국 대형 태극기를 앞세워 왕복 5km의 마닐라 로하스대로를 행진하며 양국 간의 친목과 우호증진에 크게 기여한 행사가 기억에 남는다.

그리고 2020년 1월 12일 사전에 전혀 예상하지 못했던, 타일화산 폭발로 인한 인근 3천5백여 명의 우리 동포들의 안전을 위해 태스크 포스 팀을 조직하여 생필품 및 마스크, 청소, 긴급 자금 등을 지원하였으며, 그해 3월부터 시작된 코로나19 팬데믹 봉쇄령으로 10만여 명의 한인들 중 거의 2/3가 한국으로 철수하면서 사업상 또는 경제적인 이유로 남아 있는 한인들의 생명 안전을 위해 5차에 걸친 긴급 구호물자 지원을 하였다.

특히 은퇴비자 소유자들의 안전한 귀필을 위해 필리핀 테오도로 록신(Teodoro L. Locsin, Jr.) 외무부 장관과 외무부 강당에서 서로 마스크를 쓰고 담판을 해서 세계 최초로 한국인 960여 명의 입국을 단계적으로 성사시켰던 일, 팬데믹 기간 동안 필리핀 경찰청과 이민국을 설득하여 32명의 한국인 장기불법체류자 및 노숙자들을 안전하게 한국으로 귀국시켜 그들에게 새로운 삶을 찾아준 일, 특히 코로나19 기간 때 코로나로 사망한 13명의 한인들을 장례

처리해서 수목장 또는 한국으로 운구해서 가족들에게 인계해 드렸던 일, 오랜 역사와 전통을 자랑하는 한-필문화축제도 팬데믹 기간 동안 중단하지 않고 온라인으로 매년 개최하여 한-필간 문화교류에 힘썼던 일 등이 주마등 같이 스쳐간다.

그리고 오래된 한인총연합회 정관 규정을 현실에 맞게 개정하고, 특히 한인회 설립 50여 년 만에 선거관리규정을 신설하여 전국 선거인단 중 대의원 300명이 민주적인 방식으로 한인회장을 선출하는 획기적인 선거시스템을 만들어 제25대 한인총연합회장 선출부터 시행하게 되었다. 그러나 한인회장 출마 때 제1 선거공약으로 내세웠던, 필리핀 한인 동포들의 영원한 숙원사업인 한인회관 건립은 팬데믹 영향으로 인하여 이루지 못한 것이 끝내 아쉬움으로 남는다.

필리핀 이민을 꿈꾸는 한인들을 위한 조언

나의 경험으로 보면 이민을 오기 전에 필리핀에 이민 오는 목적이 무엇인지 구체적인 인생 계획을 세우는 것이 중요하다고 본다. 사전에 현지를 방문하여 시장조사를 철저히 할 것. 사업상 언어 소통에 문제가 없이 영어나 따갈로그어를 준비하는 것도 중요하다. 사업을 할 예정이라면 자신이 제일 잘할 수 있는 분야의 업종을 선택하기를 바라고, 마지막으로 사업체를 운영하면서 직원들이나 주변 필리핀인들을 무시하거나 이유 없는 한국인의 우월감을 절대 보이지 말라고 조언하고 싶다.

필리핀에 살고 있는 다음 세대들을 위한 당부

우리는 필리핀에 사는 한인 "디아스포라"이다. 우리 한인 동포들은 자의적이거나 타의적으로 또는 경제적 등 여러가지 이유로 고국을 떠나 이곳에 이주하여 문화적 정체성을 유지하며 새로운 공동체를 형성하며 살아가고 있다. 이러한 새로운 환경 속에서 우리는 첫째, 우리 고유의 언어 종교 전통을 유지하며 우리들의 문화를 발전시키는 문화적 정체성을 유지해야 한다. 둘째, 우리 고국에 대한 집단적 기억과 신화를 공유하며 이를 통해 공동체를 강화해야 한다. 셋째, 필리핀 사회, 경제, 정치를 이해하고 적응하며 새로운 정체성을 형성하여 한국인의 정체성을 유지하고 발전시키면서 이 땅에서 살아가야 할 것이다.

한인회에 바라는 점

한인총연합회는 1935년에 필리핀에 이주해 오신 박윤화 회장님께서 1969년 한인회를 설립하여 어언 56년이 된 오랜 역사와 전통이 있는 한인 공동체 조직이다. 우리의 숙원사업이고 구심적 역할을 할 수 있는 한인회관을 하루빨리 건립하여 누구에게 도움 없이도 한인회를 자체 운영할 수 있는 자생력을 갖춰야 한다. 그리고 계속 늘어나고 있는 한-필 다문화 가족 2세들이 잘 성장하여 뿌리 내려서 이 나라 상류층과 접목하여 한인들의 파워 경쟁력을 가질 수 있도록 제도적인 뒷받침을 할 수 있는 시스템을 구축하여야 할 것이다. 필리핀 한인총연합회의 무궁한 발전을 기원한다. Mabuhay!!!

다음 세대들에게 매력적인 한인회

심재신

제24대(2022-2023) 회장

필리핀에 첫발을 내딛게 된 계기

국립 목포해양대를 졸업했다. 언젠가 외국 생활을 한 번 해보고 싶다는 생각을 갖고 있던 차에 20대 초반인 1977년 승선 실습으로 외항선에 첫 승선을 하게 되어 일본을 경유해 미국을 기항하게 되었다. 그때 당시의 일본과 미국은 그야말로 딴 세상으로 눈이 돌아갈 정도의 수준이었다. 세상이 이렇게 다를 수 있단 말인가? 깜짝 놀란 나는 언제든 한 번은 꼭 멋진 외국에서 살아보리라 마음먹었다.

몇 년 간의 승선 생활 중 승선원으로 근무했던 회사의 사무실에서 육상 직으로 일하게 되었다. 그 후 결혼을 하고 외국으로 나갈 기회를 보고 있었는데, 마침 한 회사에서 마닐라 주재원 자리를 권유받았다. 1996년 9월, 회사를 옮겨 마닐라의 송출회사 현지 사무실에 발령을 받아 필리핀 생활을 하게 되었다.

필리핀 정착 초기의 인상적인 기억

필리핀에 첫발을 내딛던 1996년 10월, 출퇴근길에서 깜짝 놀라는 일이 발생했다. 첫 출근길도 그랬지만 퇴근길은 아주 혼잡하였다. 특히 말라테 지역 교통체증이 심한 곳은 거북이 걸음이었고, 지금처럼 교통신호나 도로 표

지판이 설치되지도 않았는데 좁은 삼거리 병목에 차가 뒤엉켰다. 분명 뒤
엉켰는데 누구 하나 불평하지 않고 순서대로 하나씩 빠져나가고 있었다. 놀
라운 일은 누구 하나 빵빵거리거나 창문을 열고 욕지거리 하는 사람이 없었
다. 한국이었다면 이건 상상할 수도 없는 장면이어서 적잖이 놀라고 말았
다. 차 경적을 집에 떼어놓고 다니나 싶었다. 지금도 교통문화만큼은 매우
신사적이다.

　다른 일화 하나는 지금으로부터 20여 년 전에 일어난 일이다. 한인회에서
모든 식당에 스티커를 붙이고 필리핀 방문객에게 모자를 하나씩 나누어 주
었는데, 그 모자에 쓰인 문구가 부끄럽게도 "한국인의 품위를 지킵시다!"였
다. 나도 얼마 동안은 모자를 쓰고 다녔다. 골프장에서 한국인 추태가 한창
이던 때라고 생각된다. 캐디에게 그린을 잘못 읽는다고 투정하거나 손찌검
을 하고, 앞서서 경기를 하는 팀에 대해 늦는다고 고함을 치고, 식당에서 큰
소리로 한국말로 종업원을 하인 부리듯 하는 등 꼴불견이 많아 현지 언론에
자주 오르내렸다.

　주요 일간 신문에 한국인의 침략(KOREAN INVASION)이라는 제목의 사설이
실리기도 하였다. 내가 놀란 것은 사설의 내용 중 한국인의 무례는 필리핀
의 책임이 있다는 언급이었다. 한국전쟁 시 가난한 한국을 군사적 경제적으
로 도와서 지금은 필리핀보다 부자의 나라가 되었지만 도덕에 대한 교육이
나 계몽을 자기들이 하지 않아 지금 이 꼴을 당하고 있다는 논평이었다. 나
는 이 논평을 읽고 앞으로 필리핀 생활을 하면서 언행을 조심해야겠다고 다
짐하는 계기가 되었다.

필리핀에 계속 체류하게 된 계기

　처음 필리핀에 왔을 때는 아이들 영어공부가 주목적이었으므로 5~6년 후
귀국할 예정이었다. 그러나 1997년 말 IMF가 닥쳤다. 여러 가지로 변화가 많

았고 한국의 해운 사정도 상황이 좋지 않아 앞으로의 진로를 결정하지 못하고 있었다. 그러는 동안에 아이들의 영어 실력이 늘면서 학교 생활에 적응이 되어가고, 아내도 그럭저럭 현지생활에 적응이 빨랐다.

나도 필리핀 생활이 생각보다 보람있었고, 주재원으로 일하다 보니 한국보다 시간적으로 더 여유로웠다. 무엇보다 골프를 즐길 수 있었고, 결정적으로 시원한 산미구엘 맥주 덕분에 필리핀 생활을 장기적으로 생각하는 계기가 되었다고 본다.

근무계약을 연장하고 5년쯤 지나니 완전히 가족 모두가 필리핀 물이 들어 한국으로의 귀국은 선택지에서 멀어지고 필리핀 정착이 필수선택이 되고 말았다. 우선 아내가 매우 만족해하고 있었다. 무엇이 가장 좋은지 물어봤더니 생활비가 적게 드는 점이 가정주부로서는 가장 큰 이점이며, 가정부를 두고 있으니 집안일 짐을 덜게 되어 좋다는 것이다. 이러하니 한국으로 귀국할 수 있겠는가.

필리핀 이민을 꿈꾸는 한인들에게 조언

무엇보다도 이민의 목적이 무엇인가를 숙고해 보아야 된다. 외국 생활이 결코 만만한 일은 아니고 쉽게 생각하고 왔다간 시행착오를 겪게 되고 실패하면 인생의 쓴맛을 볼 수도 있다.

굳이 조언을 한다면, 필리핀은 한국과 가까우므로 자주 왕래하면서 할 수 있는 직업이 권장된다고 본다. 또한 본인의 전문성이 무엇인지를 고려하여 전문성을 살릴 수 있는 직업을 가질 수 있다면 이민을 고려해 볼 만하다고 본다.

또한 가족을 대동한 이민이라면 심사숙고하기를 권한다. 내 주위에 '경호 할머니'가 계셨는데, 사업이 꼬이고 사기를 당하여 단란한 가족이 풍지박산이 나 할머니와 손자가 고생을 호되게 한 경우를 보았다.

필리핀에 살고 있는 다음 세대를 위한 당부

누구나 미래에 대한 꿈이 있겠지만 꿈을 위해서는 부단한 노력이 필요하다. 우선 좋은 학교를 선택하는 것이 많은 선택지를 위해 최우선이 아닌가한다. 또한 언어 장벽을 넘어 의사소통에 지장이 없을 만큼 몇 가지로 언어 구사 능력을 갖춘다면 좋겠다.

다음은 인간관계를 위해 사회성을 갖추는 경험을 활발히 하기를 바란다. 아무리 인공지능이 발달한다고 해도 일정 부분은 인간의 역할이 필요할 것이다. 시대가 지나고 문명이 발전할수록 인간다운 인간, 그리고 직업이나 일뿐만 아니라 취미나 성격, 상식 등 다양성을 요구하는 환경이 조성될 것으로 본다.

한인회에 바라는 점

한인회장을 역임했던 한 사람으로서 한인회의 역할과 책임감을 실감하였다. 필리핀과 같이 생활기반이 확고하지 않은 한인동포가 많은 경우에는 한인회의 역할이 막중하다. 그러나 지역한인회와 중앙의 총연합회 간의 유기적, 재정적 관계에 한계가 있다. 총연합회나 지역한인회 모두 독자 생존이 불가능한 자립성 부족이 가장 큰 문제이다. 한인회장의 기부금과 기업체의 후원금, 동포회원들의 후원금과 회비로 운영되고 있으나 운영 경비의 대부분을 한인회장 개인의 기부금으로 충당하고 있는 실정이다. 물론 몇몇 지역 한인회는 자립도가 충분하여 예외이다.

덧붙여 필리핀에 진출하는 우수기업이 많아야겠고, 베트남 하노이 한인회처럼 자립도를 높일 수 있는 프로젝트의 개발이 시급하다. 이를 위해서는 2년 단임보다는 실적이 있는 회장은 연임을 권장하는 제도를 추천하고 싶다.

마지막으로, 미래 세대와의 단절이 눈앞으로 다가와 차세대들을 위한 한인회 활동 강화가 요구되고 있다. 어떻게 하면 미래 세대에게 매력적인 한인회가 될 수 있을까에 대한 심도있는 고민이 절실해 보인다.

한인회장을 역임시 특별한 기억

한인회장 당선자 신분이던 2021년 12월 16일, 슈퍼 태풍 '오데트'가 세부, 네그로스, 보홀 지역을 강타하였다. 한인회의 새로운 조직에 비상사태가 내려졌다. 태풍은 무자비하여서 375명의 인명피해와 200만 명이 넘는 현지인들에게 피해를 입혔다. 다행히 한인 동포들의 인명피해는 없었으나 모든 업소가 마비되고 일일 생활이 어렵다는 보고를 받게 되었다.

전기, 수도, 통신시설이 파괴, 마비되고 공항, 부두 시설들이 파손되어 구호품도 제대로 공급할 수 없는 지경이 되었다. 한인회에서는 한인 신문과 한인회 지회 등 조직을 통하여 구호물품과 구호금을 기부하였다. 많은 한인동포들과 단체에서 쌀이며 라면, 옷가지, 생수, 정수기, 약품, 비상발전기, 비상약품 등등 많은 성원과 구호금을 보내주셨다. 그러나 고맙게도 정성을 다해 보내주신 구호품을 전달할 방법이 없어 막막하였다.

'궁하면 통한다.'는 말이 있다. 고민 끝에 잘 알고 지내던 필리핀 친구에게 긴급상황을 전했다. 그 친구는 필리핀 해양경찰의 조직개편에도 실력을 행사했던 터라 다행히 해경의 도움을 받게 되었다. 마침 해경에서도 피해지역 해경을 돕기 위해 해경 함정을 파견할 준비 중이었다. 우리의 구호물품을 해경 함정에 싣고 세부로 향하였다. 현지 세부에 도착해서 상황을 보니 가장 시급한 문제가 식수였다. 며칠이 지난 후부터는 식수 배급을 하고 있었으나 역부족이었다.

한인회에서는 대사관에 비치중이었던 간이 정수기를 공급하여 수돗물을 정수하여 사용할 수 있었다. 여러 대의 비상발전기를 구입하고 정수기를 가동해 생산된 물을 현지인들에게 공급할 수 있었다. 현지 해경사무실과 관공서 등에도 식수를 공급해주며 한·필 우호를 다지는 계기가 되기도 했다. 당시 현지에서 거의 한 달 동안 구호활동에 고생하신 세부지역 한인회 간부 및 임원들 그리고 안전 담당 부회장께 특별히 감사를 드린다.

지금도 태풍이 올 때면 그때가 생각난다. 필리핀은 자연재해가 많고 치안이 불안하여 한인동포들의 안전이 최우선이다. 제24대 한인회의 구호가 '안전하고 활기찬 한인사회'였다. 무엇보다 안전이 우선이라고 생각하여 전국에 비상시 연락 책임자를 지정하고, 정기적으로 '안전 세미나'를 개최했다. 한국국제학교, 교회, 지역 한인회, 지회 등 대사관의 안전 담당 순회 영사와 함께 2년 동안 10회 이상 개최한 안전세미나는 한인 동포들의 좋은 호응으로 지속할 수 있었던 것이 가장 보람된 일로 기억에 남는다.

또한 임기 중에 보라카이 한인회의 민주적 직접 선거를 통한 회장선거를 지원하였으며, 성공적으로 새로운 회장을 선출하게 되었다. 임기 중 까가얀 데 오로 지역한인회가 지회에서 승격되어 지금까지도 모범적인 지역한인회로서의 활동을 하고 있어서 보라카이 한인회와 함께 더욱 애정이 가는 한인회이기도 하다.

참고 자료

■ 학술논문

김도형. 2014. "일제 말기 필리핀·버마 지역 한인 병사의 강제 동원과 귀환." 『한국독립운동사연구』 47: 153-196.

김도형. 2015. "도산 안창호의 '여행권'을 통해 본 독립운동 행적." 『한국독립운동사연구』 제52집: 35-63.

김동엽. 2009. "동남아 은퇴이주의 실태와 전망: 필리핀을 중심으로." 『동아연구』 제57집: 233-265.

김동엽. 2018. "이주 시기와 형태에 따른 필리핀 한인 동포의 국가 정체성 연구." 『동아연구』 37(2): 287-317.

김동엽. 2021. 『필리핀, 한인 이주의 역사와 발전, 그리고 정체성』 서울: 도서출판 눌민.

김민정. 2014. "한국과 필리핀 '사이': 세계화정책 이전 필리핀의 재외한인과 결혼이주." 『한국사회학회 사회학대회 논문집』 229-231.

김민정. 2015. "1900년대 초중반기 필리핀의 한인이주에 대한 성찰적 연구." 『사회와역사』 107: 251-284.

박정현·김동엽·리노바론. 2015. 『한국-필리핀 교류사』 서울: 폴리테이아.

성현경 엮음, 2015. 『경성 엘리뜨의 만국유람기』 서울: 현실문화연구.

송건호. 1991. 『홍사익 장군의 평전』. 국사편찬위원회.

이원혁·오훈일, (2025), "대한제국과 일제강점기 인삼상인의 해외진출과 독립운동 활동", 인삼문화 7, 121-150.

한국교회 필리핀 선교 40년사 발행위원회. 2016. 『한국교회 필리핀 선교 40년사』 서울: 도서출판 크리스천언론인협회.

한국동남아연구소. 2010. 『동남아의 한국에 대한 인식』 서울: 명인문화사.

한동만. 2019. 『아세안이 답이다, 필리핀을 주목하라』 서울: 글로벌콘텐츠.

Jose, Lydia Yu. 2011. "The Koreans in Second World War Philippines: Rumour and History." *Journal of Southeast Asian Studies* 43(2): 324-339.

Kutsumi, Kanako. 2007. "Koreans in the Philippines: A Study of the Formation of their Social Organization." Miralao, Virginia A. and Lorena P. Makil (eds). *Exploring Transnational Communities in the Philippines*. Quezon City: Philippine Migration

Research Netork and Philippine Social Science Council.

Lee, Choong Lyol, Seok-Joon Hong, and Dea-yeong Youn eds. 2015. *ASEAN-Korea Relations: Twenty-five Years of Partnership and Friendship*. Seoul: Nulmin Books Publishers.

■ **웹페이지**

장달수의 한국학 카페. 1900년대 초 언론 및 잡지 기사 재인용. http://cafe.daum.net/_c21_/.

한국독립운동사편찬위 편. 2005. 『한국독립운동의 역사』. 온라인 자료. https://search.i815. or.kr/publication/history/list.do.

유엔 평화기념관. (연도미상). 필리핀군 참전기념비. https://www.unpm.or.kr/un2022/sub. php?&MenuID=126&bCode=X8&cate=&st=&ss=&gotoPage=4&mode=view&bo_no=76

■ **전자 매체**

마닐라무역관. (1993). 필리핀의 경제동향 및 전망. 마닐라무역관. https://openknowledge. kotra.or.kr/handle/2014.oak/21488

양혜린. (2023.5.2.). 「참전기념 시설물 소개」(4) 필리핀군 참전기념비. 코나스넷. https:// konas.net/article/article.asp?idx=60738&project=95

오재범. (2008.2.8.). 필리핀 홍승목 총영사 [인터뷰] 제 4회 발로 뛰는 영사상 수상자. 재외동 포신문. https://www.dongponews.net/news/articleView.html?idxno=11940

재외한국문화원. (2019.6.11). 한-필 수교 70주년 기념 친선 퍼레이드 페스티발 개최. https:// phil.korean-culture.org/ko/338/board/153/read/97354;jsessionid=2mzlz5NsEjjUf0 kNN+pvQI4J.kocc20

주필리핀한국대사관. (2020.1.21). 한-필 수교 70주년 기념 '2019 한국영화제' 성공리 개최. https://overseas.mofa.go.kr/ph-ko/brd/m_3661/view.do?seq=1328537

조상우. (2023.10.24). 필리핀, 영화 및 드라마 촬영 인센티브 확대 시행. 한국국제문화교류진 흥원 통신원리포트. https://kofice.or.kr/c30correspondent/c30_correspondent_02_ view.asp?seq=23277

Kim, Se-jeong. (Apr 19, 2009). Father, Son Collaborating to Promote the Philippines. The Korea Times. https://www.koreatimes.co.kr/foreignaffairs/20090419/father-son-collaborating-to-promote-the-philippines

Odehas, Tonette. (Nov 26, 2023). South Koreans in Central Luozon urged to learn PH Culture, find friends. The Philippine Daily Inquirer. https://www.pressreader.com/

philippines/philippine-daily-inquirer-1109/20231126/281797108744465?srsltid=A
fmBOoqBnG2e4fHLdJAs5CWJwgZYYSz1XlbuD0hbFq5Wy7GNapFozrGe

■ 신문, 잡지, 사료

「비율빈(比律賓) 대통령(大統領)을 회견(會見)코저, 신국도(新國都)의 그의 취임식전주면(就
　　任式前奏面) _ 빌립빈 대학(大學)에서 오영섭(吳永燮) 」, 『삼천리』 7권 11호, 37-43,
　　1935.12.1.

「재류 비률빈 고려인회 제 일회 총회 긔념 촬영 」, 『조선일보』, 1936.8.7.

「우리映画(영화)를 海外(해외)로 東南亞映畵祭參加(동남아영화제참가)를 中心(중심)으로 (上
　　(상) 」, 『경향신문』, 1955.7.6.

「外国人士家庭訪問(외국인사가정방문)比律賓大使館(비율빈대사관)「림」氏夫人(씨부인)」, 『경
　　향신문』, 1959.2.3.

「国際家庭(국제가정) (4) 比律賓男性(비율빈남성) 」, 『동아일보』, 1959.1.5.

「『마닐라』의韓(한)·比國際家庭(비국제가정) 」, 『동아일보』, 1961.1.30.

「亞細亞(아세아)의 韓国人(한국인) (3) 필리핀」, 『경향신문』, 1967.1.28.

「海外(해외)에 사는 韓國人(한국인) (120) 살아있는 필리핀 移民史(이민사) 朴允華(박윤화) 씨
　　[1]」, 『경향신문』, 1977.2.3.

「海外(해외)에 사는 韓國人(한국인) (120) 살아있는 필리핀 移民史(이민사) 朴允華(박윤화) 씨
　　[2]」, 『경향신문』, 1977.2.4.

「海外(해외)에 사는 韓國人(한국인) (120) 살아있는 필리핀 移民史(이민사) 朴允華(박윤화) 씨
　　[3]」, 『경향신문』, 1977.2.24.

「海外(해외)에 사는 韓國人(한국인) (120) 살아있는 필리핀 移民史(이민사) 朴允華(박윤화) 씨
　　[完(완)]」, 『경향신문』, 1977.2.28.

「海外에 사는 韓國人(149) 比 마닐라市의 김치마담 金顯舜 씨 [上(상)]」, 『경향신문』,
　　1977.4.19.

「필리핀에 金大建(김대건)신부 銅像(동상) 」, 『동아일보』, 1986.5.15.

「[TV하이라이트/25일]'인간극장-내 이름은 산다라 박' 외」, 『동아일보』, 2009.10.9.

「[인터뷰] 필리핀의 보아 동포스타 산다라 박」, 『재외동포신문』, 2005.1.4.

편찬위원회

편찬위원장	**변재흥**(제25대 한인총연합회 이사장)
집필위원장	**김동엽**(부산외국어대학교 아세안연구원장)
수석집필위원	**배경민**(필리핀국립대학교(UP) 한국학연구소장)
집필고문	**한동만**(전 주필리핀 한국대사)
집필위원	**전재종**(한비21 편집기자)
	최현준(마닐라서울 편집기자)
연구위원장	**박현모**(제12대 한인총연합회장)
연구위원	**안일호**(마닐라코리아타운협회장)
	공재성(코렉스해운항공 이사)
	안권(코렉스해운항공 차장)
	Sidney Christopher Bata(아테네오대학교 중국학과 교수)
편집위원장	**김구정**(좋은아침 대표)
편집위원	**신은숙**(좋은아침 실장)
감수위원장	**장재중**(제15대 한인총연합회장)
감수위원	**이종섭**(전 재향군인회 필리핀지회장)
관리위원장	**신성호**(제23대 한인총연합회 수석부회장)
관리위원	**이동준**(한국관광협회 회장)
	장은영(한인총연합회 이민노동위원장)

홍보위원장	**양한준**(제3대 언론인협의회 회장)
편찬위원회 고문단	**김춘배**(제8대 한인총연합회장)
	이관수(제9대 한인총연합회장)
	박현모(제12대 한인총연합회장)
	홍성천(제14대 한인총연합회장)
	장재중(제15대 한인총연합회장)
	박일경(제18대 한인총연합회장)
	이원주(제19대 한인총연합회장)
	이장일(제20대 한인총연합회장)
	강창익(제22대 한인총연합회장)
	변재흥(제23대 한인총연합회장)
	심재신(제24대 한인총연합회장)
	윤만영(제25대 한인총연합회장)
감사	**김종덕**(한인총연합회 상임감사)

편찬후기

한동만(집필고문) 전 주필리핀 한국대사

『필리핀 한인 100년사』 발간을 진심으로 축하한다. 그동안 변재흥 한인총연합회 이사장님을 중심으로 수고해 주신 모든 분들께 감사드린다. 이 책은 필리핀 한인 역사에 귀한 발자취가 되고 앞으로 100년 한인 역사의 소중한 이정표가 될 것이다.

김동엽(집필위원장) 부산외국어대학교 아세안연구원장

필리핀에 대해 깊은 인연과 애정을 가진 사람으로서『필리핀 한인 100년사』출판에 집필위원장으로 참여하여 후기를 남기게 되어 감회가 남다르다. 이전에 개인적으로 필리핀 한인사를 연구할 때는 자료 수집에 있어 상당한 한계를 느꼈지만, 이번에는 필리핀한인총연합회가 출판에 주체로 참여함으로써 그러한 한계가 많은 부분해소될 수 있었다. 지난 100년 간 필리핀 땅에 남긴 한인의 족적을 총망라한 이 책이 현재 필리핀에 살고 있는 한인들에게는 정체성 확립에 기여하고, 장차 필리핀으로의 이주를 꿈꾸는 분들에게는 소중한 길잡이가 되기를 바란다. 나아가 일반 한국 국민들에게도 널리 읽혀져 한국과 필리핀 간의 인적교류 확대와 정서적 교감의 증진에 이바지하기를 진심으로 기대한다.

배경민(수석집필위원) 필리핀국립대학교(UP) 한국학연구소장

개인적으로 필리핀으로 이주하여 산 지 16년의 시간이 흘렀다. 필리핀 사회에서 이민자로 살며 나 역시 다양한 경험을 하고 있지만 이번 필리핀 한인 100년사 집필에 참여하게 된 것은 정말 새로운 경험이었다. 내가 살아보지 않은 지난 100년의 시간을 거슬러 올라가 보며 필리핀에 발을 디딘 선구자들의 삶과 이전 세대의 역동적인 삶에 대해 더욱 깊이 알게 되었다. 100년이라는 시간은 단순히 활자로 이해하는 것과는 차원이 다른 문제이다. 현재의 한인사회를 일군 이들의 노력에 감사드리며,

이 책을 통해 현세를 사는 필리핀 한인들이 공동체 정신을 가지고 앞으로 더욱 더 전진할 수 있기를 바란다.

양한준(홍보위원장) 언론인협회장, 《마닐라서울》 대표

『필리핀 한인 100년사』는 이 땅에 첫 발을 내디딘 선구자들의 삶에서부터 오늘에 이르기까지, 필리핀 한인사회가 걸어온 발자취를 되짚은 기록이다. 역사는 화려한 사건보다, 세월 속에서 서로를 의지하며 살아온 사람들의 삶과 마음이 모여 만들어지는 시간의 흔적이라 생각한다. 이 책은 그 흔적을 가능한 한 사실에 충실히 담아내려는 작은 노력이자, 다음 세대가 그 길을 이해하고 이어 가길 바라는 마음의 기록이다. 『필리핀 한인 100년사』가 전하는 진실한 이야기가 필리핀과 한국을 잇는 우정과 상생의 발자취를 되새기는 계기가 되기를 바란다. 이 귀한 작업에 정성과 열정을 다해주신 모든 분들께 깊이 감사드린다.

전재종(집필위원) 《한비21》 편집기자

"기록은 기억을 지배한다." 그리고 "구슬이 서말이라도 꿰어야 보배"라 했다. 고려 대장경을 만든 수많은 승려와 장인들, 조선왕조실록은 기록에 목숨 건 사관들이 있었기에 가능했다. 『필리핀 한인 100년사』 편찬 작업은 오랫동안 생각만 했지 선뜻 행동에 옮기지 못했던 일이었다. 변재흥 편찬위원장이 2019년부터 시작했던 역사 기록 프로젝트의 확장판 격이다. 2019년 발간된 〈한인이주 발자취 화보집〉을 보면서 묘한 감흥이 들었고, 이 감흥이 나를 100년사 작업의 참여자로 이끌었다. 지난 2년 간 발간을 위해 자료를 모으고, 더하고 깊고를 반복한 변재흥 편찬위원장 및 모든 집필진들에게 감사를 표한다. 100년사가 한·필 교류 역사를 연구하는 모든 이들에게 소중한 밑거름이 되기를 소망한다. 100년의 시간은 길고 긴 역사 속에서 보면 작은 티끌일지도 모르지만 역사는 대대손손 계속될 것이고, 나의 기록 또한 계속 이어져갈 것이다.

최현준(집필위원) 《마닐라서울》 편집기자

필리핀 한인 이주 100년사에 작은 부분이나마 함께할 수 있어 큰 영광이었다. 필리핀 땅에 먼저 발을 디딘 선배님들의 소중한 발자취를 되새기는 소중한 시간이었으며, 우리의 오늘 또한 후배들에게 부끄럽지 않게 남기겠다는 다짐의 기회가 되었다. 시간의 조각들을 모아 한 권의 책으로 엮는 일이 이처럼 귀하고 뜻 깊은 일임을 깨달으며, 앞으로 우리 삶의 기록과 보존에 더욱 마음을 다하고자 한다.

안일호(연구위원) 마닐라 코리아타운협회장

필리핀 한인 100년사 편찬이라는 뜻 깊고 위대한 결실을 진심으로 축하 드린다. 이 한권 의 역사서에는 낯선 땅에서 헌신과 땀으로 뿌리를 내린 선구자들의 용기와 지혜, 그리고 끈기 있는 삶의 기록이 고스란히 담겨 있다. 후대에 귀한 자료가 될 이 기록을 위해 혼신의 열정을 바치신 변재흥 편찬위원장님과 집필위원님들의 노고에 깊은 감사를 드린다.

공재성(연구위원) 코렉스해운항공 이사

필리핀에서 한국 회사에 근무하다 나와서 여러 일을 해오면서 평소 필리핀 사회와 교민 사회에 대한 정보 취득과 접근이 더디고 쉽지 않음을 경험했다. 더 늦지 않게 교과서 같이 요긴한 책을 만날 수 있어서 동포사회 일원으로 참으로 반갑고 고마울 따름이다. 한인 동포 한 분의 결단으로 시작해서 오랜 세월 동안의 정보를 책 한권으로 담아내기까지 보이지 않는 곳에서 애쓰신 여러분들의 헌신과 노력에 마음 깊이 감사드린다. 이 여정에 조금이나마 참여하게 된 것이 즐거운 추억으로 남을 것 같다.

안권(연구위원) 코렉스해운항공 차장

필리핀 한인 이주 100년의 역사를 정리하는 이 작업은 단순한 기록을 넘어, 우리의 뿌리와 정체성을 되새기는 여정이었다. 수많은 자료를 수집하고, 선배들의 이야기를 되살리는 긴 작업에 미약하나마 함께할 수 있어서 영광이었다. 다음 세대가 이 기록을 바탕으로 우리의 역사를 기억하며, 앞으로의 역사를 기록으로 만들어 나갈 때 참고할

이정표가 되기를 바란다. 이 소중한 역사를 함께 지켜주신 모든 분들께 진심으로 감사드린다.

장재중 (감수위원장) 제15대 한인총연합회장

필리핀 한인 이주 100주년을 기념하는 이 뜻깊은 책자의 감수 작업을 맡게 된 것은 내게 큰 영광이었다. 지난 한 세기에 걸친 우리 한인들의 발자취를 기록하고 보존하는 일은 결코 가벼운 과업이 아니며, 공동체의 뿌리를 지키고 미래 세대에게 정체성과 자부심을 전하는 귀중한 작업이라 생각한다. 소중한 글과 자료를 제공해준 모든 필자 분들께 깊은 경의를 표한다. 많은 분들의 정성과 열정이 모여, 필리핀 한인 100년의 발걸음을 정리하는 귀한 결실을 손에 들게 되었다. 이번 기념 책자의 발간을 통해 필리핀 한인사회가 더욱 하나 되고 굳건해지는 계기가 되리라 믿는다. 우리 공동체가 걸어온 길을 기억하는 일은 곧 미래를 밝히는 등불이 된다. 이 소중한 기록이 다음 세대에게 지혜와 용기를 전하는 귀한 유산이 되기를 바라며, 이 책의 발간을 위해 애써주신 모든 분들께 감사드린다.

한국·필리핀 역사 연대표

◀ 200년경 '발랑가이' 목선 이주 정착
공동체>바랑가이>부족국가
▶ 900년 시대상 담은
라구나 구리비문 발견

◀ 972년 송나라 역사서에 필리핀 부족 국가 언급 기록
(톤도왕국 귀족들 모습)
982년 송나라 접촉. 1001년 부투안 조공 사절단 기록
주변국 영향 힌두교, 불교 전파

1060
800 1000 1060 1080 1100 1120 1140 1160 1180 1200

1160

200년경 고구려 환도성 천도
668년 고구려 멸망
◀ 918년 왕건 고려 건국
926년 발행 멸망

936년 고려 후삼국 통일
1044년 천리장성 완공
1145년 김부식, 삼국사기
1170년 정중부 무신정변

1196년 최충헌 무신정권수립

▶ 1762-1763년
영국 스페인에 선전포고
마닐라 침공 2년간 통치
가브리엘라 실랑 무장혁명

◀ 1744년 다고호이 반란
85년 간 보홀에서 벌어진
역사상 가장 긴 반란

1593년 마닐라 300~400명
일본인 거주지 건설 (현재 PACO 지역)
◀ 1614년 다카야마 우콘, 카톨릭 신도 추방령에
교인 300명과 필리핀 정착 (조선인 3명 포함)

1760
1800 1780 1760 1740 1720 1700 1680 1660 1640 1620

1660

1750년 균역법 시행
1751년 이종혼 택리지 저술
1801년 순조 공노비 철폐, 신유박해
◀ 1802년 문순득 필리핀 표착

1702년 백두산 분화
1712년 조·청 국경 표시
백두산 정계비 세움
1725년 탕평책 시행

1624년 이괄의 난
1627년 정묘호란
1636년 병자호란

1610년 허준
동의보감 완성

◀ 1872년 카비테 반란 발생
전국확산, 곰부르자 사제처형

◀ 1896년 호세 리잘 처형
1897년 자포테 다리 전투
아기날도 대통령 선출
1898-99년 말로로스 헌법 공포

1941-45년 일본 침공/항복
1950년 필리핀 군 한국전
참전/파병

1860
1820 1840 1860 1880 1900 1910 1920 1930 1940 1950

1930

1806년 병인갱화
1839년 김대건 필리핀 유학
1846년 김대건 신부 순교
1866년 병인박해, 병인양요

1876년 강화도 조약
1903년 첫 하와이 이민 100명
1905년 을사늑약 체결
1921년 이승만 필 거쳐 미국행

1929년 안창호 이상촌 답사 필 방문
1929년 여운형 필리핀 방문 중 억류
1935년 박윤화 선생 필리핀 도착
◀ 1936년 재필리핀고려인회 창립총회

1945년 일제 패망, 광복
◀ 1945년 박윤화 선생
대한인국민회 필리핀지방회 정식조직보
1948년 대한민국헌법공포정식수립

2016년 두테르테 대통령 취임, 마약퇴치캠페인
2020년 코로나팬더믹 봉쇄조치
2022년 마르코스 주니어 대통령 취임
2025년 두테르테 전 대통령 ICC 이송

◀ 2016년 지익주씨
납치 살해 사건

1998년 조셉 에스트라다 대통령 취임
2001년 EDSA II 혁명으로 에스트라다 축출
2004년 글로리아 아로요 대통령 취임
2010년 베니그노 아키노 3세 대통령 취임

2021
2025 2023 2021 2019 2017 2015 2013 2011 2009 2007

2011

2018년 평창 동계올림픽 개최
2020년 코로나19 보건위기 사태
2022년 윤석열 대통령 취임 2025년 탄핵
2025년 이재명 대통령 취임

▼ 2015년 박근혜 대통령, 2018년 문재인 대통령,
2024년 윤석열 대통령 필리핀 방문

▶ 2005년 노무현 대통령 필리핀 방문
2008년 이명박 대통령
◀ 2011년 이명박 대통령 필리핀 방문
2013년 박근혜 대통령 취임 2017년 탄핵

필리핀은 스페인 식민지배 이전까지
각 지역별 공동체 (규모 따라 수 천 명의
도시국가)를 이끌던 족장 '다투 (DATU)'에
의해 통치되었음

▶ 1405년 명나라 영락제의 정화 원정대
루손섬 사절 파견, 무역 주도권 장악
◀ 1407년 슬루 군주 술탄 파두카 파할라 사절단.
조공 방문했다 병사. 중국에 묻힌 필리핀 왕

1260   1460

| 1220 | 1240 | 1260 | 1280 | 1300 | 1320 | 1340 | 1360 | 1380 | 1400 |

◀1236년 고려대장경 조판 (1251년 완성)
1285년 일연 삼국유사 편찬

▶1392년 태조 이성계
조선 건국

▶1569년 레가스피
세부 스페인령 첫번째 주로 편입
1570년~1571년 스페인
식민정부 수립. 마닐라 수도로 선포

▶ 1521년 마젤란 필리핀 발견
라푸라푸 저항으로 죽음
1543년 스페인 원정대 도착,
'라스 이슬라스 필리 피나스'로 명명

1500년 경
피나투보 화산분화
(1991년 분화와
비슷한 규모)

1560   1460

| 1600 | 1580 | 1560 | 1540 | 1520 | 1500 | 1480 | 1460 | 1440 | 1420 |

1592년
임진왜란 발발
1598년 이순신 장군,
요토미 히데요시 사망

◀1543년 주세붕 백운동 서원 (소수서원) 건립.
서원의 시초 1575년 동서분당 시작
▶ 1412년 경복궁 경회루 완공
1443년~1446년 세종대왕 훈민정음 창제 및 반포

1951년 미필 상호방위조약 체결
1953년 라몬 막사이사이 대통령 선출
1960년 국제미작연구소 설립
1965년 페르디난드 마르코스 대통령 선출

1966년 필리핀군 월남 파병,
▶월남전 참전 6개국 마닐라 정상회의 (박정희 대통령 참석)
1967년 동남아국가연합(ASEAN) 결성
1972년 제헌회의새헌법 통과/1972년~81년 계엄령선포/해제

1969   1981

| 1960 | 1965 | 1969 | 1972 | 1975 | 1977 | 1978 | 1981 | 1983 | 1985 |

1949년 대한민국·필리핀공식수교
1950년 한국전쟁 발발
1953년 휴전 협정 조인
1954년 마닐라 공사관 설치

◀1960년 419 혁명 / 이승만 하야
1961년 박정희 516 군사 정변
1964년 월남 파병~1973년 철수 완료
1967년 박윤화 초대한인회장 취임

1979년 부마항쟁
1979년 1026 박정희 서거비상계엄
1979년 1212 군사반란 (전두환 집권)
1980년 광주 민주화 운동
▶1981년 전두환 대통령 필리핀 방문

1991년 피나투보 화산 분화
◀ 1992년 피델 라모스 대통령 취임, 미군 철수
1995년 스카이웨이 프로젝트 시작
1997년 아시아 금융위기 필리핀 강타

1983년 베니그노 아키노 주니어 암살
1986년 EDSA 혁명, 마르코스 일가 하와이 출국
1987년 새 헌법 국민투표 비준
1989년 마르코스 하와이에서 사망

2001   1991

| 2005 | 2003 | 2001 | 1999 | 1997 | 1995 | 1993 | 1991 | 1989 | 1987 |

1998년 김대중 대통령 취임
▶ 1999년 김대중 대통령 필리핀 방문
2002년 한일 월드컵 공동 개최
2003년 노무현 대통령 취임

1991년 남북한 유엔(UN) 동시 가입
1993년 김영삼 대통령 취임, 금융실명제
◀ 1996년 김영삼 대통령 필리핀 방문
1997년 IMF 구제금융 (외환위기)

1983년 KBS 이산가족 찾기 생방송
1987년 6월 민주항쟁 / 629 선언 / 헌법 공포
1988년 노태우 대통령 취임/서울 올림픽 개최
1990년 3당 합당 (민주자유당 결성)

부록

사진으로 보는 필리핀 한인
100년의 발자취

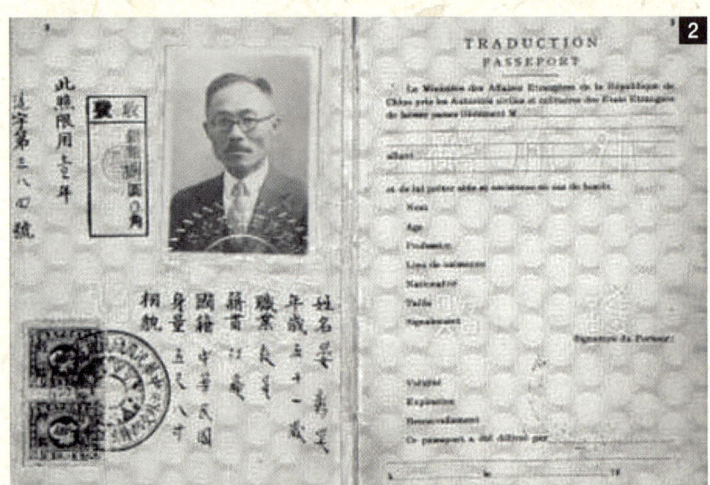

① 1929.4.22. **도산 안창호 선생의 필리핀**(비율빈) **방문**
② **도산 안창호 여권**

① 팍상한폭포를 방문한 안창호 의사, 김창세 박사
② 1932.01.01. 필리핀 한인들의 새해 파티 모습
③ 1946. 신한민보에 보도된 필리핀 한인의 삼일절 행사

① 1952.06.11. 심태영 국방부 장관이 UNCURK의 필리핀 대표에게 감사장 전달
② 필리핀 수상 표창

① 제2회 마닐라 아시안게임 종합 3위 달성
② 제2회 마닐라 아시안게임 참가선수단 환영 (1954)

① 1956.02.16. 주필리핀공사 귀국(김영기 추정)
② 1957.07.22. 이승만 대통령, 김훈 주필리핀공사에 신임장 수여
③ 1958.03.27. 동남아파견 한국 예술친선사절단 필리핀 마닐라 도착
④ 1958.04.11. 김훈주 필리핀 대사 동남아 파견 한국 예술친선사절단 사열

① 1962.09.24.
박정희 국가재건최고회의의장
주브라질대사, 주영국대사, 주필리핀대사
신임장 수여 기념촬영
② 1963.09.27.
필리핀 정부가 콜레라백신을 한국
보건사회부에 기증
③ 1963.11.05.
박정희 대통령권한대행 유양수
주필리핀대사 신임장 수여

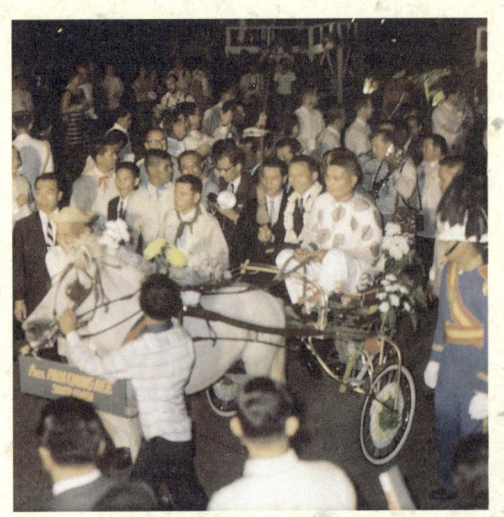

부록

1966.4.22. 필리핀 한국전 참전 기념비 제막식

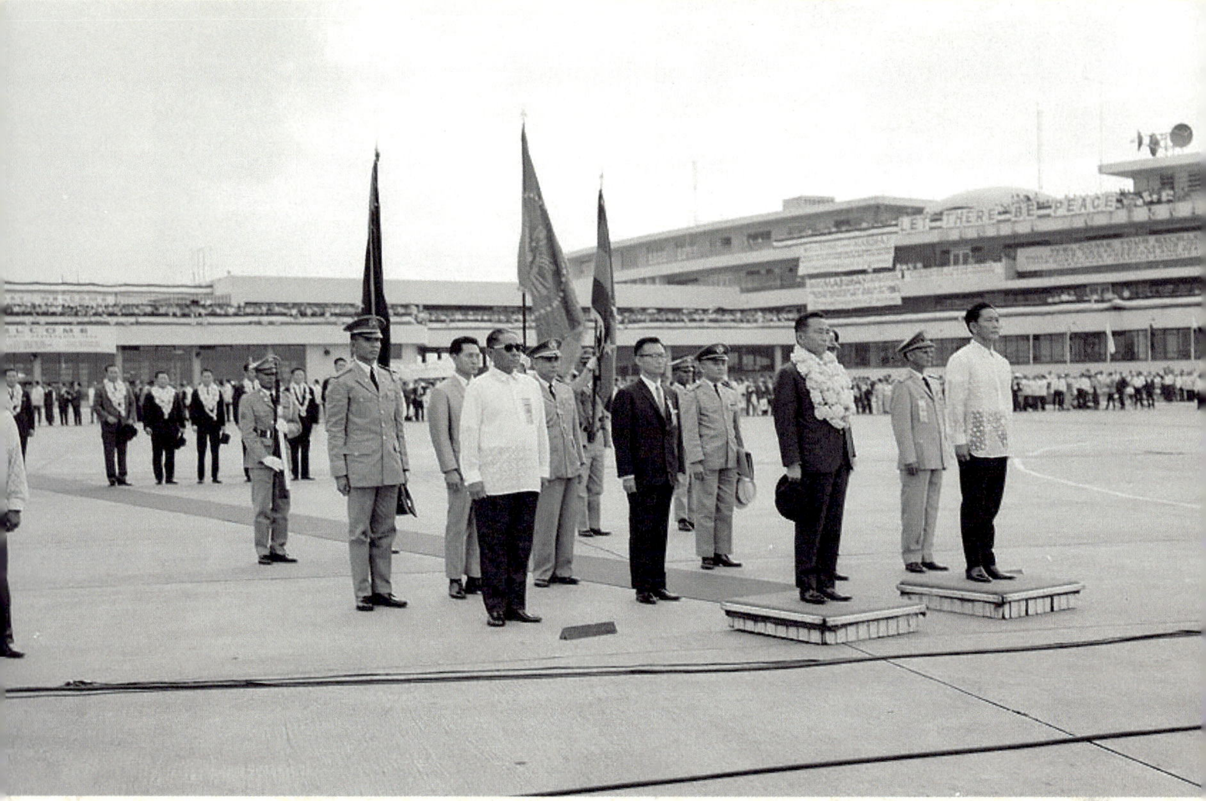

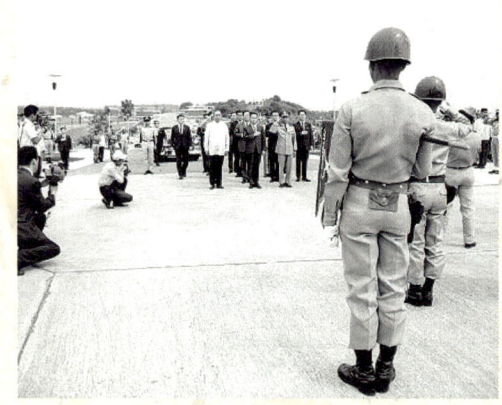

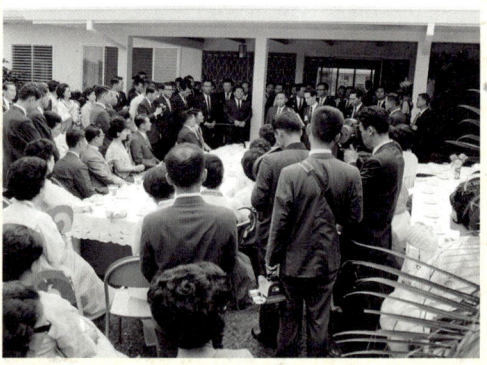

① 필리핀 한국전 참전 기념탑 제막식(1966)
② 박정희 대통령, 마카파갈 전 필리핀 대통령 접견(1966)
③ 1967.11.11. 박정희 대통령 윤석헌 주필리핀대사 신임장 제정 후 기념촬영

1971.08.27. 홍경모 문화공보부차관 주필리핀 교포 접견

① 1976.04. 앙헬레스 Manila North Road 준공기념비(김춘배 고문 사진)
② 1980. 도로건설비(김춘배 고문 사진)

① 1976. **남광토건 준설선가동**(김춘배 고문 사진)
② 1980~1983. **남광토건 터널 건설**(김춘배 고문 사진)

전두환 대통령 각하 내외분

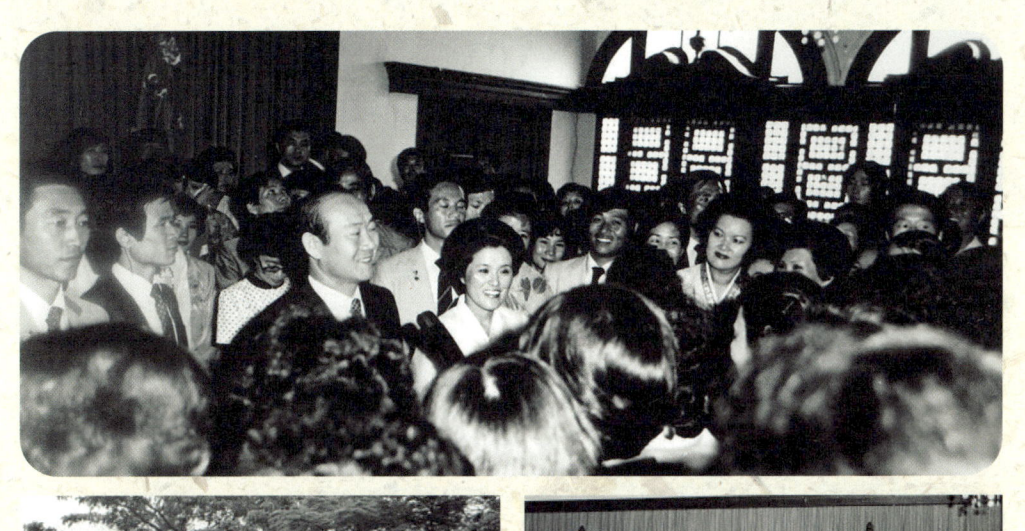

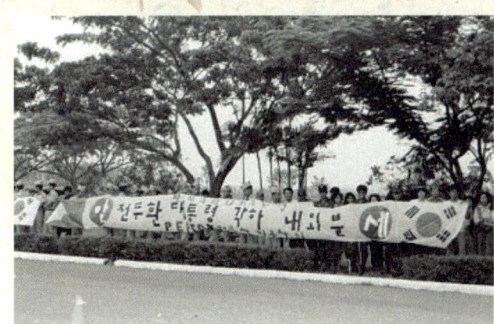

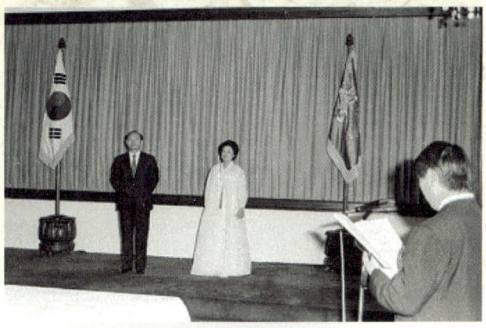

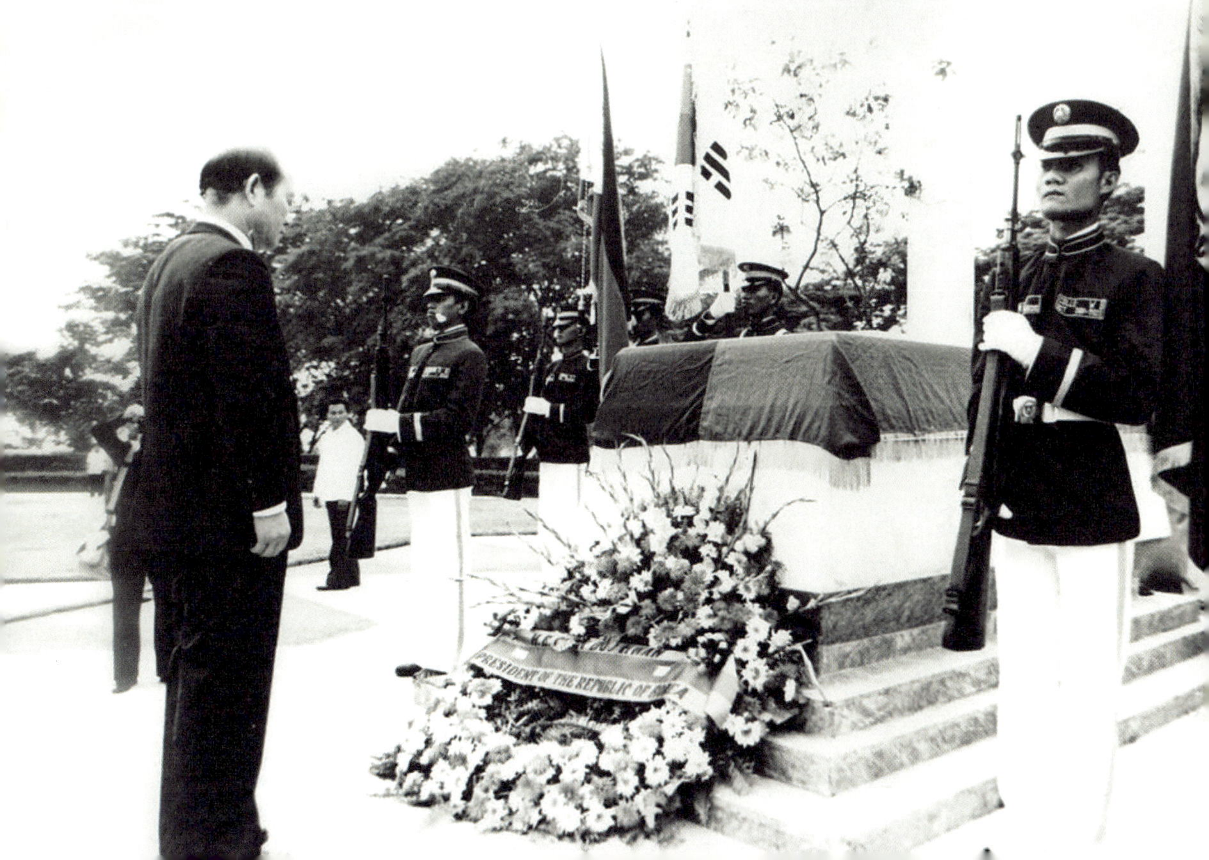
PRESIDENT OF THE REPUBLIC OF

① ② 김수환 추기경 필리핀 방문

1990년

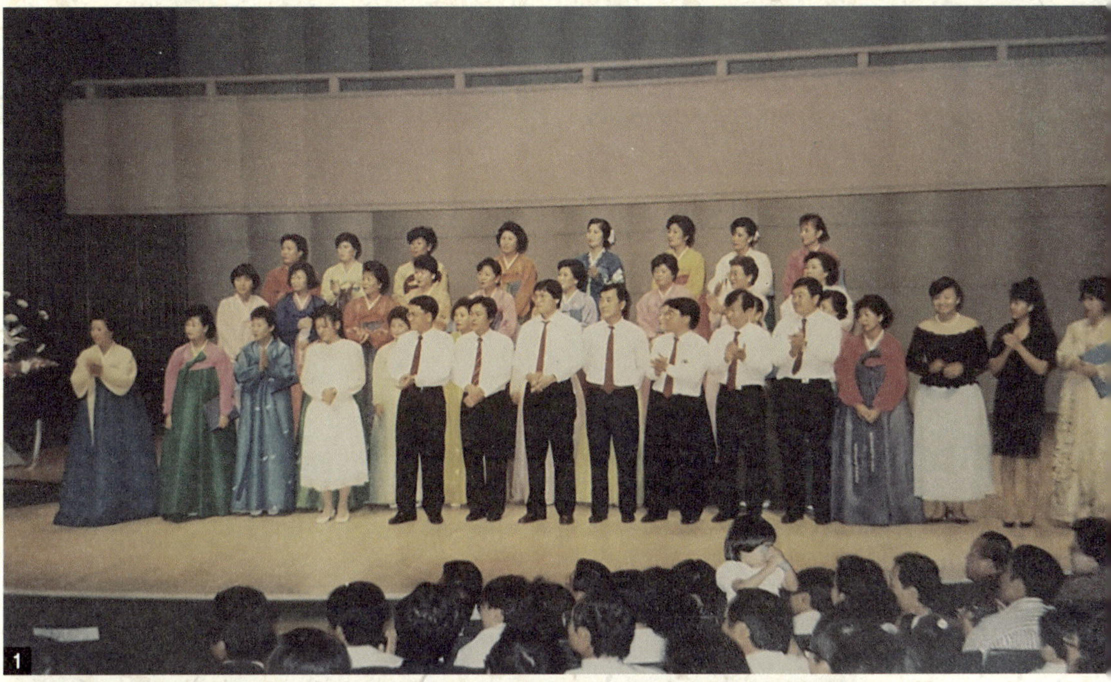

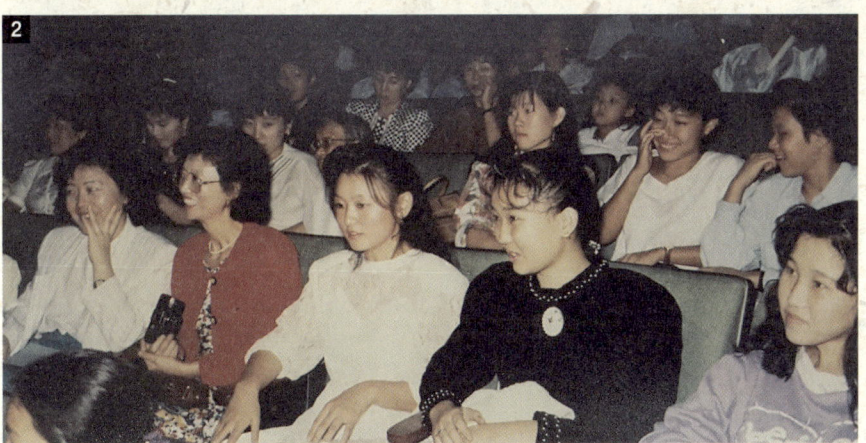

① ② 1990.10.12. **광복45주년 기념 추석맞이 한인음악의 밤 1**

① 1991.09. 제 2회 세계한민족체전
② 1991.07.20. 피나투보산 구호활동

1992년

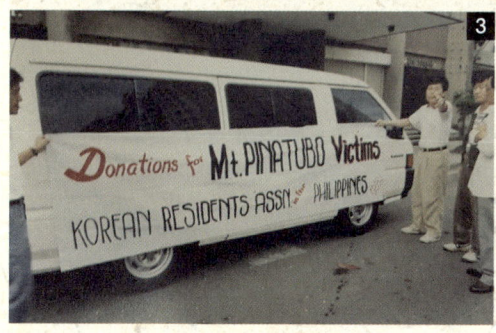

① 1992. 한인회 정기총회
② 1992. 제1회 한비문화교류축제
③④ 1992. 피나투보산 구호활동

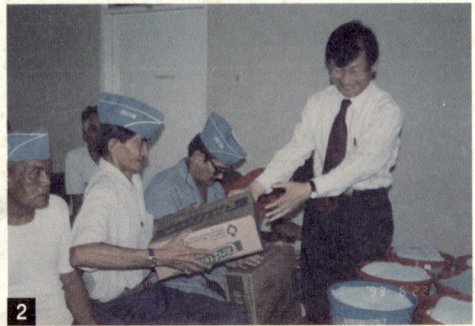

① 1993.01.08. 대사관 신년하례식
② 1993.06.22. 참전용사 병원 방문
③ 1993.10.03. 한인음악회
④ 1993.12.10. 마닐라지역 통일문제 토론회

① ② 1993. 한-비문화축제

1994년

1994.11.10-11. 김영삼 대통령 아태순방 첫 번째 방문국인 필리핀

① 1994. 제3회 한-비문화교류축제

① 1995. 제4회 한-비문화교류축제
② 1995 한인상공회의소 현판식

1996년

1996. 제5회 한-비문화교류축제

1997년

① 1997.11.28. 한국상공회의소와 필리핀-한국경제위원회(PHILKOREC) 환영회
② 1997. 제7회 한-비문화교류축제

① 1998. 제7회 한-비문화교류축제
②③ 1998.02.10. 리잘공원 내 한-필 우호를 위한 무궁화 기념식수

① 1999. 한-필수교 50주년 제8회 한-비문화교류축제
②③ 1999. 제12회 한인 체육대회

① 2000. 제9회 한-비문화교류축제
② 2000.7.20. DTI장관 마누엘 로하스 주니어(Manuel Roxas II)와의 만남

2001-10-21 김대중 대통령 마카파갈 아로요
(Gloria Macapagal Arroyo) 필리핀 대통령과 개별정상회담

① 2001.08.01. 비자문제 해결위한 이민국장 초청 강연회
② 까비떼한국인투자자협의회 사무실 전경

2002년

① 2002. 한인회 신년다과회
② ③ 2002.09.01. 법륜스님 막사이사이상 수상 기념 강연회
④ 2002.03.21. 필리핀한인상공회의소 회의에서 손상하 주필한국대사
⑤ 2002. 한인회 정기총회

① 2002.08.26-27. 옥타 한인무역쇼
② 제11회 한비-문화교류축제

① 2002.05.27. 한-필수교 병원 개원
② 2002.08.17. 제11회 한-비문화교류축제
③ 2002. 마닐라베이 환경 정화 봉사

① 2003. 한인회 임원회의
② 2003. 제12회 비한친선문화축제 예선전 현수막
③ 2003. 의료봉사

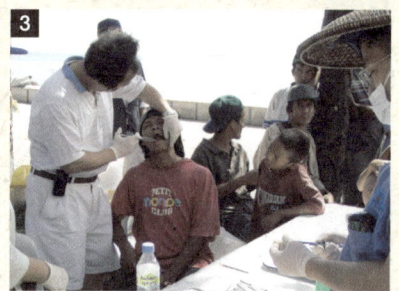

① ② ③ ④ 2003. 마닐라베이에서 치의료 봉사, 환경정화 봉사활동
⑤ 2003.3.25. 마카티 현대자동차 개업식

① 2003.12.16. 필리핀한인총연합회 사무실 개소식
② 2003.12.16. 한인총연합회 이전

2004년

2004.07.16. 마닐라 하나은행 23주년 기념식

2005년

① 2005.11.18. 홍종기 주필한국대사와 필리핀한인상공회의소 만찬
② 2005.12.15. 노무현 대통령 필리핀 방한 시 비즈니스 오찬

부록

2007년

2007.05.23. 노발리체스 Korea IT Training Center에서 필리핀 코이카, 필리핀한인상공회의소 면담

2008년

① 2008.05.09. 필리핀한인상공회의소 보라카이지부 개설
② 2008.11.26. 필리핀 투자진출 설명회

2009.07.27-31. 한-필 수교 60주년 기념 전라남도음식축제 개최

① 2010. 제6회 필리핀차세대무역스쿨
② 2010.11.10. 제1회 PHILKOREC-KCCP 골프대회

2014년

2014.7.24. 노인회 창립 10주년 기념식

2015년

① ② 2015.04.01.
말라떼 지역
한인자율파출소 개소식

부록

2019년

2019, 한-필 수교 70주년 기념 퍼레이드

2020년

코로나19 봉쇄령이 터진 후 필리핀 외교부 테오도로 록신 주니어 장관과 한동만 대사, 변재흥 당시 한인총연합회 회장이 한인 은퇴비자 소지 한국인 특별 입국 허용에 대해 논의

① 한국전 참전용사 기념관 내 전사자 위령비
②③④ 리잘공원 내 추도와 평화 기념비, 조각상

부록

리잘공원 내 한-필 우정의 식수 풍경

① ② 한국 기업체가 참여해 건립한 라푸라푸(Lapu-Lapu) 족장 동상

부록

한국전 참전용사 기념비

① 이원주 전 한인회 회장 저서 '헬로 민다나오'
②③ 동포사랑쉼터에서 포즈를 취한 박일경 회장(앞줄 4번째)과 자원봉사자들

부록

필리핀 한인 100년사
필리핀 한인사회의 발전과 도전

발행일   2025년 12월 20일 (초판 1쇄)

지은이   100년사 편찬위원회
펴낸이   김구정
편 집   신은숙 이조안 이진희
디자인   이정아

펴낸곳   좋은아침
등록일   2020년 12월 16일
등록번호   제2020-000050
주 소   서울시 강북구 도봉로 142. 4층
전 화   02-988-8358
이메일   joaabooks@naver.com
인쇄처   한영문화사

ISBN   979-11-980349-1-5 (03910)
정가   45,000원

* 이 책은 필리핀한인총연합회에서 재외동포청 및 관련 기관, 개인, 단체, 한국기업의 후원으로 발간되었습니다.
  이 책의 내용을 일부 인용하거나 전재시 반드시 출처를 밝혀주시기 바랍니다.